DICTIONARY OF OLYMPIAD IN INFORMATICS

信息学奥林匹克辞典

全国青少年信息学奥林匹克系列竞赛大纲详解

中国计算机学会 组编

赵启阳 主编

本辞典是对全国青少年信息学奥林匹克竞赛（NOI）大纲的详解。辞典立足于 NOI 大纲的知识体系，从准确性、学术性和实用性等原则出发，对有关的知识和概念给出了严谨的解析，并在此基础上对所涉及的思想、方法和技巧做了精要的述评，全面涵盖了全国青少年信息学奥林匹克竞赛所考查的计算机科学基础知识、程序设计语言及其环境、数据结构与算法，以及数学和其他内容。

本辞典的适读人群为参加全国青少年信息学奥林匹克竞赛活动的学生、教师，以及广大信息学、程序设计竞赛爱好者，对从事数据结构和算法的学习或教学等活动的其他读者也有较好的参考价值。

图书在版编目（CIP）数据

信息学奥林匹克辞典：全国青少年信息学奥林匹克系列竞赛大纲详解/中国计算机学会组编；赵启阳主编. —北京：机械工业出版社，2023.8（2025.4 重印）

ISBN 978-7-111-73316-4

Ⅰ. ①信… Ⅱ. ①中… ②赵… Ⅲ. ①计算机课-中小学-教学参考资料 Ⅳ. ①G634.673

中国国家版本馆 CIP 数据核字（2023）第 104440 号

机械工业出版社（北京市百万庄大街 22 号　邮政编码 100037）
策划编辑：梁　伟　　　　　责任编辑：梁　伟
责任校对：张亚楠　王　延　封面设计：马若濛
责任印制：张　博
北京瑞禾彩色印刷有限公司印刷
2025 年 4 月第 1 版第 6 次印刷
184mm×260mm・24.25 印张・514 千字
标准书号：ISBN 978-7-111-73316-4
定价：88.00 元

电话服务　　　　　　　　网络服务
客服电话：010-88361066　机　工　官　网：www.cmpbook.com
　　　　　010-88379833　机　工　官　博：weibo.com/cmp1952
　　　　　010-68326294　金　书　网：www.golden-book.com
封底无防伪标均为盗版　机工教育服务网：www.cmpedu.com

《信息学奥林匹克辞典》

——全国青少年信息学奥林匹克系列竞赛大纲详解

—————（编委会）—————

顾　问	杜子德　王　宏　尹宝林
主　编	赵启阳
副主编	叶金毅　胡伟栋　金　靖　李　建
	叶国平　汪星明　谢秋锋　李　曙
参　编	陈奕哲　谷多玉　韩思瑶　李绍鸿　梁　霄
	佟松龄　张　超　张　康　张炜其　周　苗

序 ▶ FOREWORD

近期 OpenAI 等机构推出了 ChatGPT 等大语言模型（LLM），在多轮对话、自动编程和内容生成等方面都有着令人惊异的表现，这引起了社会上的热议，也给有些行业的从业人员带来了不安。不少人认为，信息技术似乎已经发展到了通用人工智能（AGI）的前夜，不久之后，AI 将在多个领域替代人类，甚至超过人类。在泡沫式的宣传和狂热背后，我们要冷静地看到，这些技术进展在可解释性和第一性原理方面还存在很大的不足。究其根本，这些系统基本上还都是源自经典的思想、模型和算法，由海量的数据和巨大的算力多次迭代而成，但在逻辑推理以及常识等方面还差得很远。

无论 AI 系统如何发展，其背后依然是算法和程序，实现原理还是冯·诺依曼计算机结构。就这个角度而言，中国计算机学会（CCF）开展了四十年的青少年信息学奥林匹克竞赛（NOI），始终抓住根本，强调对青少年思维和技能的训练，因此在计算机科学优秀后备人才培养方面取得了很好的效果，为我国信息技术的发展源源不断地注入新鲜血液。当然，我们也要清醒地看到，现阶段国内信息学奥林匹克活动还只是在少部分条件较好的中学开展，大部分学校还没有能力或条件配备合格的师资，加之教育行政部门不允许初中生参加竞赛，也影响了活动的开展。

近年来，CCF NOI 科学委员会在推广和规范信息学奥林匹克活动方面做了大量的工作，其中包括于 2021 年首次发布的 NOI 大纲。NOI 大纲对信息学奥林匹克活动的知识体系和知识范围做出了规定，推出后即在全国师生中得到了较大的反响，并在过去的两年中很好地指导了 NOI 的教学和竞赛工作。但是，NOI 大纲仅对各知识点做了列举，尚未对知识点进行详细的阐释。

为了弥补这一不足，NOI 科学委员会启动了《信息学奥林匹克辞典》（以下简称《辞典》）的编撰工作，并责成 NOI 科学委员会副主席赵启阳博士负责此项工作。他组织了一批年富力强、学养深厚的 NOI 指导教师，对 NOI 大纲中的知识点做了全面详解。目前呈现在大家面前的这部《辞典》，就是他们近两年辛苦努力的成果。这部《辞典》不仅具有很高的学术质量，在体例设计等方面也有很多独到之处。我相信，《辞典》在出版之后，会对学生的学习和教师的教学起到很好的辅助作用。

最后，我谨代表中国计算机学会，对参与这部《辞典》编撰工作的老师致以真诚的谢意。我要特别感谢赵启阳博士，通过这些工作，不仅体现出他的公益心，还体现了他的领导力。我也恳请大家在使用过程中对本《辞典》提出宝贵意见，以便我们更快地迭代和完善这部《辞典》。

全国青少年信息学奥林匹克竞赛主席

序 II ▶ FOREWORD

在当今时代，信息技术已经成为推动各行业发展的关键力量。自从邓小平同志提出"电脑要从娃娃抓起"，我国对计算机科学普及教育予以高度重视，并由中国计算机学会创办了面向全国青少年的信息学竞赛活动。经过近四十年的发展，全国青少年信息学奥林匹克竞赛取得了显著成绩，在国际上取得了领先的地位，为我国计算机科学人才的培养做出了巨大贡献。全国教师及学子为此付出了辛勤的努力，我谨代表中国计算机学会，向大家表示诚挚的感谢和崇高的敬意。

为了推动信息学竞赛的发展，中国计算机学会组织资深专家和金牌教练，倾力完成了《信息学奥林匹克辞典》，对编程语言、数据结构、算法和有关数学知识等做了详细介绍，可以为广大教师、学生和信息学爱好者提供权威而实用的指导和参考。在此，我们衷心感谢本辞典的所有作者。他们投入了大量的心血和时间，不仅从经典文献中追根溯源，还从国家集训队论文等新文献中广泛收集原创算法，使辞典成为兼具权威性和创新性的知识宝库。我们相信，《信息学奥林匹克辞典》出版后，将对我国信息学奥林匹克竞赛的发展提供良好的助力，并进一步推动计算机科学后备人才的培养。

最后，预祝广大学子在信息学奥林匹克竞赛的道路上取得更加优异的成绩，成为祖国的栋梁之才，为实现中华民族伟大复兴贡献出智慧和力量。

中国计算机学会秘书长

前 言 ▶ PREFACE

全国青少年信息学奥林匹克竞赛(NOI)大纲于 2021 年 4 月首次发布。NOI 大纲规范了 NOI 系列赛的知识体系，对信息学竞赛的发展影响深远。NOI 主席杜子德老师对大纲给予了高度评价，同时也指出：应当编制一本辞典(《信息学奥林匹克辞典——全国青少年信息学奥林匹克系列竞赛大纲详解》)对各知识点进行详解，进一步明晰和充实竞赛知识体系。辞典编撰团队随即成立，有关工作也全面铺开。

在工作开展初期，编撰团队原计划以资料收集和文字汇编的方式，在数月内完成辞典的编撰。随着工作的深入，辞典编撰的复杂性和挑战性逐渐显现：知识关联错综复杂、内容繁多，各类资料也纷繁芜杂、难以取舍；NOI 大纲在此期间做了全面修订，给编撰工作带来了额外挑战。为确保辞典质量，编委会调整了工作方式，对竞赛知识体系进行了梳理、归类和一体化地重新描述。各位成员不遗余力、各展所长，历经近两年夜以继日的撰写和上百次线上线下的研讨，以及反复的内部整合修订，终于完成了这部辞典。以下就辞典的目标原则、体例设计、编撰过程等做简要说明。

一、目标原则

作为信息学竞赛知识方面的首部辞典，《信息学奥林匹克辞典——全国青少年信息学奥林匹克系列竞赛大纲详解》具有十分明确的目标，即立足于 NOI 大纲的知识体系，厘清当前信息学竞赛中的知识概念，高屋建瓴地评析竞赛中常见的思想、方法和技巧，简明扼要但不失全面地对各知识点做出解析。为此，编撰团队制定了如下编撰原则。

（1）准确性原则：在概念的把握和辨析上务求简练、准确，在结论性文字的表述上务求严谨和必有所本，避免似是而非和无的放矢。

（2）学术性原则：在概念铺陈和思想阐发上，务求与计算机科学学术体系全面接轨，为学生深造架设好知识桥梁，纠正当前小圈子里闭门造车的部分现象。

（3）可用性原则：在内容的设计和侧重上，务求贴近国内信息学竞赛教、学、赛的现状，充分展现面向 NOI、服务竞赛师生和信息学爱好者的特点。

二、体例设计

在上述目标原则下，经过反复研讨和实践，编撰团队设计了辞典的如下体例。

（1）按照 NOI 大纲体系和版块划分组织词条。辞典按照入门级、提高级和 NOI 级三个等级进行组织，在每个等级下又划分"基础知识与编程环境""C++程序设计""数据结构""算法"和"数学与其他"五个版块。

每个知识点均单独设置词条，在每个词条后均注明全部作者。其中排名最前的作者为词条的主要执笔人，排名最后的作者为词条的学术负责人，其他作者均依工作量大小排序。

（2）每个词条原则上设置"正文（不特别注明）""代码示例""参考词条""延伸阅读"和"典型题目"五部分。五部分内容的定位分别如下。

- 正　　文：以图文结合的形式，对词条中的概念、思想或方法予以述评。
- 代码示例：紧密配合正文，给出本词条知识点的典型C++代码实现。
- 参考词条：指出有关联的其他词条，以建立和加强知识点间的横向联系。
- 延伸阅读：给出进一步阅读的文献，引导纵向、深入的学习和思考。
- 典型题目：列出NOI系列赛以及国外权威赛事中的相关题目，引导读者做针对性的练习。

考虑到部分版块的特殊性，在"基础知识与编程环境"版块中不设置"代码示例"和"典型题目"，而在"数学与其他"版块中这两部分内容均设置为可选。

三、编撰过程

辞典编写工作启动后，我们首先在全国范围内遴选了多位优秀的一线信息学竞赛指导教师，分别带领所在学校的信息学竞赛教学团队参与编撰工作。他们是：

叶金毅（中国人民大学附属中学）

胡伟栋（北京师范大学附属实验中学）

金　靖（华东师范大学第二附属中学）

李　建（杭州第二中学）

叶国平（安徽师范大学附属中学）

汪星明（北京市十一学校）

谢秋锋（长沙市长郡中学）

李　曙（南京外国语学校）

随后确定了辞典的编撰原则和体例设计，将辞典编写工作分成分头编撰、审读重构、整合统稿三个阶段，并依序开展。由胡伟栋建立了辞典git服务器，以实施书稿的分布式提交与版本管理。在分头编撰阶段，按照辞典的等级与版块设置，我们将词条编撰工作划分成若干部分，分别请以上教师与NOI科学委员会副主席赵启阳一起，牵头撰写了相应词条的初稿。

初稿完成后，我们按照"正文""代码示例""参考词条、延伸阅读与典型题目"的纵向划分，将以上牵头教师分成三个小组，分别对初稿进行全面的审读和大幅度重构。其中，叶金毅、胡伟栋、金靖、赵启阳负责"正文"部分，李建、叶国平、李曙负责"代码示例"部分，汪星明、谢秋锋、金靖负责"参考词条、延伸阅读与典型题目"部分（叶国平也参与了部分"正文"的审读重构）。经过纵向的审读与重构，辞典在准确性、学术性、可用性等方面都得到了显著的改进与提升。

在整合统稿阶段，赵启阳、叶金毅、胡伟栋、金靖等对全书内容进行了整合与统稿，从整体性的角度出发，对部分文字、插图等内容进行了调整和修订。金靖对典型题目部分做了全面的梳理和补充。

编写完成这部辞典，没有相当的精力和时间投入是做不到的。全体参编人员都积极投入到辞典的编撰工作中。每个词条都历经数次逐字逐句的推敲，有的词条还经过了前后数十次的修订，其间查阅了大量的学术著作和第一手文献。为了写好、改好每个词条，各位老师纷纷拿出自己经年积累的独家讲义和宝贵的内部材料，充分体现出了无私的奉献精神。在此期间，广泛涉猎算法特别是图算法研究的学界前辈 R. Tarjan，凭借其原始论文在辞典编撰过程中极高的"出镜率"和多次意想不到的出场，也逐渐变成了大家非常熟悉的一位"虚拟参编人员"。

在辞典编撰过程中，杜子德老师对各项工作给予了直接指导和全面支持，尹宝林、王宏两位老师在词条的学术性方面也提出了大量宝贵的建议，NOI 科学委员会、NOI 办公室也在各方面提供了支持和帮助。陈知轩、高麟翔、管晏如、郭羽冲、胡瑞岩、林帮才、柯怿憬、柯绎思、彭思进、齐楚涵、万成章、王又嘉、吴雨洋、肖子尧、郑佳睿、周逸桐、左骏驰（以上按拼音顺序）等也参与了辞典的材料准备和整理工作。在此向他们致以真诚的谢意。

尽管这部辞典是全体参编人员倾力合作完成的，但是由于我们学识有限，而且时间仍显仓促等，其中必然还存在着各种缺陷和不足。在此恳请读者予以指正，以帮助我们更好地改进这部辞典。

《信息学奥林匹克辞典》编委会

符号表

符号	含义
$\lfloor x \rfloor$	对 x 下取整，见 1.5.3.2 节取整
$\lceil x \rceil$	对 x 上取整，见 1.5.3.2 节取整
$\max(a,b)$	a 和 b 中的较大值
$\max(S)$	求集合 S 中的最大值
$\min(a,b)$	a 和 b 中的较小值
$\min(S)$	求集合 S 中的最小值
$\sum_{i=L}^{R} f(i)$ 或 $\sum_{i=L}^{R} f(i)$	求和 $f(L)+f(L+1)+\cdots+f(R)$
$\sum_{i \in S} f(i)$ 或 $\sum_{i \in S} f(i)$	对集合 S 中的所有元素 i 求 $f(i)$ 的和
$\prod_{i=L}^{R} f(i)$ 或 $\prod_{i=L}^{R} f(i)$	求积 $f(L) \cdot f(L+1) \cdots f(R)$
$\prod_{i \in S} f(i)$ 或 $\prod_{i \in S} f(i)$	对集合 S 中的所有元素 i 求 $f(i)$ 的积
$a \bmod b$	a 除以 b 的余数，见 1.5.1.1 节自然数、整数、有理数、实数及其算术运算(加、减、乘、除)
$a\%b$	a 除以 b 的余数，见 1.5.1.1 节自然数、整数、有理数、实数及其算术运算(加、减、乘、除)
$a \mid b$	a 是 b 的约数
$a \equiv b \pmod{m}$	a 和 b 对于 m 同余，即 $m \mid (a-b)$
$n!$	n 的阶乘，即 $1 \times 2 \times 3 \times \cdots \times n$
$\log_c n$	以 c 为底 n 的对数
$\log n$	常用在复杂度的描述中，表示以某个常数为底 n 的对数，一般采用 $\log_2 n$ 或 $\ln n$ 而不会影响复杂度的量级
$\gcd(a,b)$	a 和 b 的最大公约数
(a,b)	含义1：a 和 b 的最大公约数。含义2：开区间，表示集合 $\{x \mid a<x<b\}$，见 1.5.4.1 节集合
$[a,b)$	左闭右开区间，表示集合 $\{x \mid a \leq x<b\}$，见 1.5.4.1 节集合

(续)

符号	含义
$[a,b]$	闭区间，表示集合 $\{x \mid a \leq x \leq b\}$，见 1.5.4.1 节集合
$\text{lcm}(a,b)$	a 和 b 的最小公倍数
∞	无穷大，在算法实现时常用足够大的数作为替代
$\mathbb{Z}$	整数集 $\{0, \pm 1, \pm 2, \pm 3, \cdots\}$
$\mathbb{N}$	自然数集 $\{0, 1, 2, 3, \cdots\}$
$\mathbb{N}^*$	正整数集 $\{1, 2, 3, \cdots\}$
$\mathbb{Q}$	有理数集
$\mathbb{R}$	实数集
$\mathbb{C}$	复数集
$\|S\|$	集合 S 的基数，也称集合 S 的大小
$\varnothing$	空集
$x \in S$	元素 x 在集合 S 中，见 1.5.4.1 节集合
$x \notin S$	元素 x 不在集合 S 中，见 1.5.4.1 节集合
$A \subseteq S$	集合 A 是集合 S 的子集，见 1.5.4.1 节集合
$A \subsetneq S$	集合 A 是集合 S 的真子集，见 1.5.4.1 节集合
$A \cap S$	集合 A 和集合 S 的交，见 1.5.4.1 节集合
$A \cup S$	集合 A 和集合 S 的并，见 1.5.4.1 节集合
$O(f(n))$	表示不超过 $f(n)$ 的量级，一般用于复杂度表示，见 2.4.1 节复杂度分析
C_n^m	组合数，也记为 $\binom{n}{m}$，见 1.5.4.5 节组合
A_n^m	排列数，也记为 P_n^m，见 1.5.4.4 节排列
$S[l..r]$	字符串 S 中由从第 l 个字符到第 r 个字符组成的子串
$\varphi(n)$	欧拉函数，表示 1 到 n 中与 n 互质的数的个数，见 2.5.2.2 节欧拉定理和欧拉函数
$\mu(n)$	莫比乌斯函数，见 3.4.1.3 节狄利克雷卷积
a^{-1}	a 的逆元
$a \oplus b$	整数 a 和整数 b 按位异或
$\|\boldsymbol{v}\|$	向量 $\boldsymbol{v}$ 的长度，见 2.5.4.2 节向量的运算
$\forall$	任取
$\exists$	存在
$[P]$	艾弗森括号，当 P 为真时值为 1，否则值为 0

主要信息学竞赛及相关活动列表

英文缩写	英文全称	中文全称
NOI	National Olympiad in Informatics	全国青少年信息学奥林匹克竞赛
NOIP	National Olympiad in Informatics in Provinces	全国青少年信息学奥林匹克联赛
CTS(C)	China Team Selection (Competition)	国际信息学奥林匹克中国队选拔(赛)
WC	NOI Winter Camp	全国青少年信息学奥林匹克竞赛冬令营
CSP-J	Certified Software Professional Junior	CCF 非专业级软件能力认证(入门级)
CSP-S	Certified Software Professional Senior	CCF 非专业级软件能力认证(提高级)
IOI	International Olympiad in Informatics	国际信息学奥林匹克竞赛
APIO	Asia-Pacific Informatics Olympiad	亚洲与太平洋地区信息学奥林匹克
CEOI	Central-European Olympiad in Informatics	中欧信息学奥林匹克竞赛
BOI	Balkan Olympiad in Informatics	巴尔干信息学奥林匹克竞赛
BalticOI	Baltic Olympiad in Informatics	波罗的海信息学奥林匹克竞赛
USACO	United States of America Computing Olympiad	美国计算机奥林匹克竞赛
JOI	Japanese Olympiad in Informatics	日本信息学奥林匹克竞赛
POI	Polish Olympiad in Informatics	波兰信息学奥林匹克竞赛
COCI	Croatian Open Competition in Informatics	克罗地亚信息学公开赛

目 录 ▶ CONTENTS

序 I
序 II
前言
符号表
主要信息学竞赛及相关活动列表

入门级

1.1 基础知识与编程环境 ………………………………………………………… 3

    1.1.1   计算机的基本构成 ……………………………………………………… 3
    1.1.2   Windows、Linux 等操作系统的基本概念及其常见操作 …………… 3
    1.1.3   计算机网络和 Internet 的基本概念 …………………………………… 4
    1.1.4   计算机的历史和常见用途 ……………………………………………… 4
    1.1.5   NOI 以及相关活动的历史 ……………………………………………… 6
    1.1.6   NOI 以及相关活动的规则 ……………………………………………… 7
    1.1.7   位、字节与字 …………………………………………………………… 8
    1.1.8   程序设计语言以及程序编译和运行的基本概念 ……………………… 8
    1.1.9   使用图形界面新建、复制、删除、移动文件或目录 ………………… 9
    1.1.10   使用 Windows 系统下的集成开发环境 ……………………………… 10
    1.1.11   使用 Linux 系统下的集成开发环境 …………………………………… 10
    1.1.12   g++、gcc 等常见编译器的基本使用 ………………………………… 10

1.2 C++程序设计 ··· 11

- 1.2.1 程序基本概念 ·· 11
- 1.2.2 基本数据类型 ·· 14
- 1.2.3 程序基本语句 ·· 16
- 1.2.4 基本运算 ··· 21
- 1.2.5 数学库常用函数 ·· 24
- 1.2.6 结构化程序设计 ·· 25
- 1.2.7 数组 ·· 27
- 1.2.8 字符串的处理 ·· 29
- 1.2.9 函数与递归 ··· 30
- 1.2.10 结构体与联合体 ··· 34
- 1.2.11 指针类型 ··· 35
- 1.2.12 文件及基本读写 ··· 38
- 1.2.13 STL 模板 ··· 40

1.3 数据结构 ·· 44

- 1.3.1 线性结构 ·· 44
- 1.3.2 简单树 ··· 48
- 1.3.3 特殊树 ··· 52
- 1.3.4 简单图 ··· 59

1.4 算 法 ·· 65

- 1.4.1 算法概念与描述 ·· 65
- 1.4.2 入门算法 ·· 66
- 1.4.3 基础算法 ·· 69
- 1.4.4 数值处理算法 ·· 74
- 1.4.5 排序算法 ·· 82
- 1.4.6 搜索算法 ·· 88
- 1.4.7 图论算法 ·· 90
- 1.4.8 动态规划 ·· 93

1.5 数学与其他 ········· 100

- 1.5.1 数及其运算 ········· 100
- 1.5.2 初等数学 ········· 102
- 1.5.3 初等数论 ········· 102
- 1.5.4 离散与组合数学 ········· 108
- 1.5.5 其他 ········· 113

提高级

2.1 基础知识与编程环境 ········· 117

- 2.1.1 Linux 系统终端中常用的文件与目录操作命令 ········· 117
- 2.1.2 Linux 系统下常见文本编辑工具的使用 ········· 118
- 2.1.3 g++、gcc 等编译器与相关编译选项 ········· 119
- 2.1.4 在 Linux 系统终端中运行程序，使用 time 命令查看程序用时 ········· 120
- 2.1.5 调试工具 GDB 的使用 ········· 120

2.2 C++程序设计 ········· 121

- 2.2.1 类 ········· 121
- 2.2.2 STL 模板 ········· 125

2.3 数据结构 ········· 135

- 2.3.1 线性结构 ········· 135
- 2.3.2 集合与森林 ········· 144
- 2.3.3 特殊树 ········· 146
- 2.3.4 常见图 ········· 161
- 2.3.5 哈希表 ········· 166

2.4 算 法 ··· 169

- 2.4.1 复杂度分析 ··· 169
- 2.4.2 算法策略 ··· 173
- 2.4.3 基础算法 ··· 173
- 2.4.4 排序算法 ··· 174
- 2.4.5 字符串相关算法 ··· 182
- 2.4.6 搜索算法 ··· 184
- 2.4.7 图论算法 ··· 188
- 2.4.8 动态规划 ··· 218

2.5 数学与其他 ··· 224

- 2.5.1 初等数学 ··· 224
- 2.5.2 初等数论 ··· 224
- 2.5.3 离散与组合数学 ··· 229
- 2.5.4 线性代数 ··· 234

NOI 级

3.1 C++程序设计 ··· 243

3.2 数据结构 ··· 244

- 3.2.1 线性结构 ··· 244
- 3.2.2 序列 ··· 245
- 3.2.3 复杂树 ··· 246
- 3.2.4 可合并堆 ··· 267
- 3.2.5 可持久化数据结构 ··· 270

3.3 算 法 ··· 275

- 3.3.1 算法策略 ··· 275

- 3.3.2 字符串算法 ··· 282
- 3.3.3 图论算法 ··· 295
- 3.3.4 动态规划 ··· 322

3.4 数学与其他 ··· 330

- 3.4.1 初等数论 ··· 330
- 3.4.2 离散与组合数学 ·· 335
- 3.4.3 线性代数 ··· 342
- 3.4.4 高等数学 ··· 344
- 3.4.5 概率论 ·· 349
- 3.4.6 博弈论 ·· 352
- 3.4.7 最优化 ·· 353
- 3.4.8 计算几何 ··· 357
- 3.4.9 信息论 ·· 362
- 3.4.10 其他 ·· 363

附录 全国青少年信息学奥林匹克系列竞赛大纲索引 ···························· 365

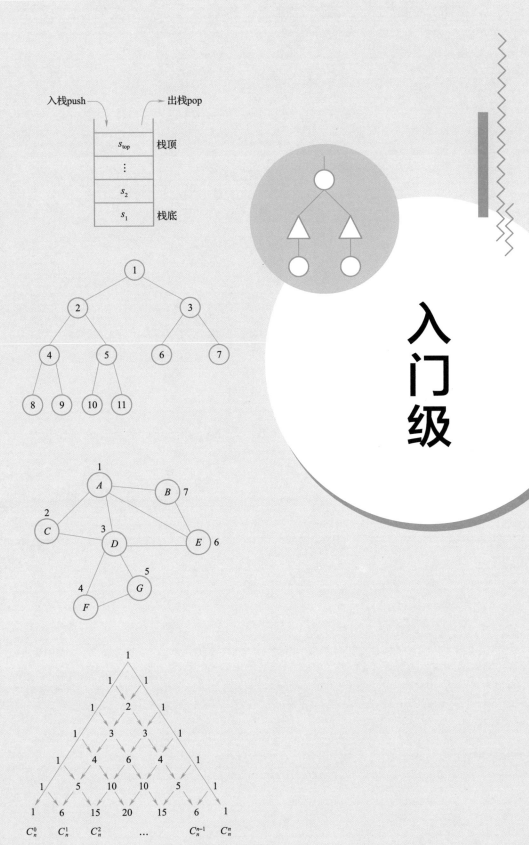

入门级

1.1 基础知识与编程环境

1.1.1 计算机的基本构成

现代计算机的理论模型是由艾伦·麦席森·图灵（Alan Mathison Turing）提出的图灵机模型，采用冯·诺依曼（John von Neumann）结构，即计算机可分为5个部分：运算器、控制器、存储器、输入设备和输出设备。计算机内部使用二进制来存储数据。

中央处理单元（CPU）用于数据的计算，一般有3个组成部分：算术逻辑单元负责对数据进行逻辑、移位和算术运算；控制单元控制各个子系统的操作；寄存器组（快速存储单元）用来临时存放数据，是高速独立的存储单元。

内存用于数据的存储，每一个存储单元都有唯一的标识，称为地址。内存断电后无法保存数据，数据可保存至磁盘、磁带、光盘和闪存等设备中，这些设备称为外部存储器，简称外存。

输入和输出（I/O）设备用于数据的输入和输出，可以使计算机与外界通信，键盘、鼠标、显示器、打印机、触摸屏、麦克风和扬声器都是常见的输入和输出设备。

CPU、内存和I/O设备之间互相连接，CPU和主存之间通常由三组总线连接在一起，分别是数据总线、地址总线和控制总线，其作用分别是传输数据、访问地址和传输控制命令。I/O设备通过I/O控制器或接口连接到总线上。

延伸阅读

FOROUZAN B，MOSHARRAF F. 计算机科学导论[M]. 刘艺，等译. 2版. 北京：机械工业出版社，2008：1-4，67-79.

（金靖）

1.1.2 Windows、Linux等操作系统的基本概念及其常见操作

操作系统是介于计算机硬件和用户（程序或人）之间的接口，它作为通用管理程序管理着计算机系统中每个部件的活动，并确保计算机系统中的硬件和软件资源能够更加有效地使用。

常见的桌面级操作系统包括Windows、UNIX、Linux系列发行版、MacOS等。

Windows操作系统，是由美国微软（Microsoft）公司研发的操作系统，问世于1985年。前身是MS-DOS系统，后续不断更新升级，逐渐提升易用性，现已成为应用最广泛

的操作系统之一。

UNIX 是一个强大的多用户、多任务操作系统，支持多种处理器架构，最早由 Ken Thompson、Dennis Ritchie 和 Douglas Mcllroy 于 1969 年在 AT&T 的贝尔实验室开发完成。

Linux 是一个类 UNIX 操作系统，其内核最早由 Linus Torvalds 发布，它是一个多用户、多任务、支持多线程和多 CPU 的操作系统，能运行主要的 UNIX 工具软件、应用程序和网络协议，并支持 32 位和 64 位硬件。Linux 继承了 UNIX 以网络为核心的设计思想，是一个性能稳定的多用户网络操作系统。Linux 有上百种不同的发行版，如 Ubuntu、Debian、Red Hat Enterprise Linux、SUSE 等。

延伸阅读

FOROUZAN B，MOSHARRAF F. 计算机科学导论[M]. 刘艺，等译. 2 版. 北京：机械工业出版社，2008：137-139.

（金靖）

1.1.3　计算机网络和 Internet 的基本概念

计算机网络是利用通信线路和通信设备，将地理位置不同的、功能独立的多台计算机互连起来，以实现资源共享和信息传递的硬件和软件的组合。

计算机网络的拓扑结构主要包括网状形、星形、总线型和环形等。根据传输距离，网络也可以分为局域网和广域网等。当两个或多个网络相连时，它们就成为了互联网。

最著名的互联网是因特网（Internet），它是数以万计、互相联结的网络的集合。大多数需要因特网连接的终端用户使用因特网服务提供商（ISP）的服务。TCP/IP 是因特网最基本的协议，由物理层、数据链路层、网络层、传输层和应用层共 5 层协议组成。常见的因特网应用层协议有超文本传输协议（HTTP）、电子邮件协议（STMP、POP 和 IMAP）、文件传输协议（FTP）、远程登录（Telnet）等。

延伸阅读

FOROUZAN B，MOSHARRAF F. 计算机科学导论[M]. 刘艺，等译. 2 版. 北京：机械工业出版社，2008：98-122.

（金靖）

1.1.4　计算机的历史和常见用途

计算机的历史，一般被分为三个阶段。

1930 年以前为机械计算器的阶段，它与现代意义上的计算机几乎没有相似之处。

17世纪，法国数学家帕斯卡(Blaise Pascal)发明了一个用来进行加减运算的计算机器。17世纪后期，德国数学家莱布尼兹(Gottfried Wilhelm Leibniz)发明了支持加减乘除运算的计算机器。1823年，巴贝奇(Charles Babbage)发明了能求解多项式的计算机器，名为差分机，之后又设计了分析机。在某种程度上，分析机和现代计算机的概念类似。

1930年~1950年，电子计算机诞生。1939年，美国科学家阿塔纳索夫(John Vincent Atanasoff)和贝利(Clifford Berry)发明了ABC计算机。同一时期，德国科学家朱斯(Konrad Zuse)设计出名为Z1的计算机。20世纪30年代，美国海军和IBM公司在哈弗大学发明建造了名为Mark I的巨型计算机。同期在英国，图灵发明了名为"巨人"的计算机，用于破译德国的Enigma密码机。1946年，第一台通用的、完全电子的计算机由莫克利(John W. Mauchly)和艾克特(J. Presper Eckert)发明，名为ENIAC(Electronic Numerical Integrator and Caculator)。前面五种计算机的存储单元仅用来存放数据，它们利用配线或开关进行外部编程。冯·诺依曼(John von Neumann)提出程序和数据应存储在存储器中，便于修改程序，无须重新布线或调节成百上千的开关。第一台基于冯·诺依曼思想的计算机于1950年在宾夕法尼亚大学诞生，名为EDVAC(Electronic Datum Variable Automatic Calculator)。

1950年后的计算机大多基于冯·诺依曼结构，计算速度变得越来越快、体积变得越来越小。从硬件和软件方面，这些计算机可以划分为以下几代。

- 第一代计算机主要以商用计算机的出现为主要特征，体积庞大，且使用真空管作为电子开关。
- 第二代计算机使用晶体管代替了真空管，缩小了计算机的体积，也节省了成本。
- 第三代计算机使用集成电路，进一步降低了计算机的空间占用和成本。
- 第四代计算机的集成电路进一步大规模化，微型计算机出现，第一台桌面计算机(Altair 8800)出现于1975年。20世纪80年代，基于英特尔的x86架构及微软公司的MS-DOS操作系统的个人电脑(PC)登上历史舞台。

计算机是20世纪最先进的科学技术发明之一，对人类的生产活动和社会活动产生了极其重要的影响，并以强大的生命力飞速发展。台式电脑、笔记本电脑、掌上电脑、平板电脑逐步微型化，为人们提供便捷的服务。而通过互联网，世界各地的计算机连接在一起，人们通过互联网进行沟通、交流、资源共享、信息查阅等，特别是无线网络的出现，极大地提高了人们使用网络的便捷性。近年来各行业对人工智能(AI)领域的探索也让人对未来充满期待。

延伸阅读

FOROUZAN B，MOSHARRAF F. 计算机科学导论[M]. 刘艺，等译. 2版. 北京：机械工业出版社，2008：6-8.

(金靖)

1.1.5　NOI 以及相关活动的历史

NOI（China National Olympiad in Informatics）即为全国青少年信息学奥林匹克竞赛。

宗旨：向中学阶段的青少年普及计算机科学知识；为学校的信息技术教育课程提供动力和新的思路；为有才华的学生提供相互交流和学习的机会；通过竞赛和相关的活动培养、选拔优秀的计算机人才。

原则：公平公正。

背景：1984 年邓小平指出："计算机的普及要从娃娃做起"。中国计算机学会（China Computer Federation，CCF）于 1984 年创办全国青少年计算机程序设计竞赛（后改为全国青少年信息学奥林匹克竞赛），当年参加竞赛的有 8000 多人。这一新的活动形式受到党和政府的关怀，得到社会各界的关注与支持。王震同志出席了首届竞赛颁奖大会，并对此项活动给予了充分肯定。从此每年一次的 NOI 活动，吸引越来越多的青少年投身其中。几十年来，通过竞赛活动培养和发现了大批计算机爱好者，选拔出了许多优秀的计算机后备人才。

为了在更高层次上推动普及，培养更多的计算机技术优秀人才。NOI 竞赛及相关活动遵循开放性原则，任何有条件和兴趣的学校及个人，都可以在业余时间自愿参加。

NOI 系列活动包括：全国青少年信息学奥林匹克竞赛和全国青少年信息学奥林匹克网上同步赛、全国青少年信息学奥林匹克联赛、冬令营、国家队选拔、APIO 和 IOI。

NOI：全国青少年信息学奥林匹克竞赛，又称全国赛，自 1984 年至今，由 CCF 在计算机普及较好的城市举办，是国内最高水平的 NOI 赛事。每年经各省自主选拔产生的省队选手以省为单位参加。省队由 A、B 两队组成，A 队为基本名额（其中至少有 1 位女选手名额）；B 队为激励名额。NOI 全国赛记个人成绩，同时记团体总分。大赛期间，CCF 同期举办夏令营和 NOI 网上同步赛，给那些程序设计爱好者和高手提供参与机会。

NOIP：全国青少年信息学奥林匹克联赛（National Olympiad in Informatics in Provinces，NOIP），自 1995 年至今，每年由 CCF 统一组织。NOIP 在同一时间、不同地点以各省市为单位由 NOI 各省组织单位组织。全国统一大纲、统一试卷。高中在校学生以学籍学校为单位在各省报名参加，NOI 各省组织单位负责学生学籍审核。

冬令营：全国青少年信息学奥林匹克冬令营（简称冬令营），自 1995 年至今，每年在寒假期间开展为期一周的培训活动。冬令营共 8 天，包括授课、讲座、讨论、测试等。参加冬令营的营员分正式营员和非正式营员。国家集训队集训成绩前 30 名的选手和指导教师为正式营员，非正式营员限量自愿报名参加。在冬令营授课的是著名大学的资深教授及国际金牌获得者的指导教师。

APIO：亚洲与太平洋地区信息学奥林匹克（Asia Pacific Informatics Olympiad，APIO），自 2007 年至今，APIO 是亚洲和太平洋地区每年一次的国际性活动，属于区域性的网上同步赛。APIO 旨在给青少年提供更多的赛事锻炼机会，推动亚太地区的信息学奥林匹克发展。APIO 于每年 5 月举行，由不同的国家轮流主办。每个参赛团队的选手上限为 100 名，其中成绩排在前 6 名的选手代表参赛团队参加主办国的成绩统计和国际奖牌竞争。

国家队选拔：CCF 选拔参加国际信息学奥林匹克竞赛（International Olympiad in Informatics，IOI）中国国家代表队的活动，简称国家队选拔。获得 NOI 金牌且成绩排名前 50 的选手进入国家集训队，集训队选手经过作业训练、集中培训、冬令营和论文答辩等层层选拔，产生当年 IOI 中国代表队的四位选手。IOI 中国队的四位选手代表中国参加当年的国际竞赛。

IOI：国际信息学奥林匹克竞赛（International Olympiad in Informatics，IOI）是面向各国参赛者的信息学科国际奥林匹克竞赛。由 CCF 组织选拔 IOI 中国代表队，代表中国参加每年一次的 IOI。中国是 IOI 创始国之一。第 12 届国际信息学奥林匹克竞赛（IOI2000）于 2000 年 9 月 23 日~30 日在中国举办，由 CCF 承办。自 1989 年 IOI 创建开始，中国代表队参加了每一届 IOI。中国选手不仅在国际大赛中有好的表现，而且在现代信息学科上也大展才华。

CSP-J/S：2019 年，CCF 面向社会推出非专业级别软件能力认证（Certified Software Professional Junior/Senior，CSP-J/S）。每年在同一时间、不同地点，以各省市为单位，由 CCF 授权的省认证组织单位组织。全国统一大纲、统一认证题目，任何人均可报名参加。CSP-J/S 分两个认证级别，分别为 CSP-J（Junior，入门级）和 CSP-S（Senior，提高级），两个级别的难度不同，均涉及算法和编程。CSP-J/S 的两个级别均分第一轮和第二轮两个认证阶段。第一轮认证考查通用和实用的计算机科学知识，以笔试为主，部分省市可申请机试方式。第二轮认证为程序设计，考生须在计算机上调试完成。第一轮认证成绩优异者进入第二轮认证，第二轮认证结束后，CCF 将根据 CSP-J/S 各组的认证成绩和评定等级，颁发认证证书。CSP-J/S 成绩优异者，有机会优先参加 NOI 系列活动。

（周苗　金靖）

1.1.6　NOI 以及相关活动的规则

为了规范 NOI 及其相关活动，NOI 竞赛委员会和科学委员会制定了一系列规则，对竞赛组织、参赛规则、竞赛语言和竞赛环境等方面进行了全面细致的规定，具体参见 NOI 官方网站。

1. CCF NOI 系列活动

(1)《全国青少年信息学奥林匹克竞赛条例》

(2)《NOI 竞赛规则》

(3)《CCF 关于 NOIP 复赛程序雷同的处理办法》

(4)《关于 NOIP 复赛若干技术问题的说明》

(5)《CCF 关于 NOIP 复赛网络申诉问题的公告》

（6）《CCF 关于 NOI 省队选拔的若干规定》

（7）《CCF NOI 系列活动考场纪律》

（8）《CCF NOI 系列活动监考须知》

2. CSP-J/S 认证

（1）《CCF CSP-J/S 认证须知》

（2）《CCF 关于 CSP-J/S 认证考务的工作规范》

（3）《关于规范 CSP-J/S 试卷管理办法的通知》

3. 技术规则

（1）《关于 NOI 系列赛编程语言使用限制的规定》

（2）NOI 系列活动标准竞赛环境

（3）NOI Linux 及其相关说明文档

以上规则清单仅供参考，具体请以 NOI 网站最新内容为准。

（周苗　金靖）

1.1.7　位、字节与字

进制，即进位计数制，是一种带进位的计数方法，用有限的数字符号代表所有数值。可使用的符号状态的数目称为基数或底数，基数为 n，则称为 n 进制，即每一位上的运算逢 n 进位。

数据的最小单位是位，又称比特（binary digit，bit），1 字节（byte）包含 8 比特。字节是描述数据存储容量的基本单位。字（word）是计算机进行数据处理和运算的单位。1 字中包含的二进制位数称为字长。

参考词条

进制与进制转换：二进制、八进制、十进制、十六进制

延伸阅读

FOROUZAN B，MOSHARRAF F. 计算机科学导论[M]. 刘艺，等译. 2 版. 北京：机械工业出版社，2008：12-17.

（金靖）

1.1.8　程序设计语言以及程序编译和运行的基本概念

程序设计语言是指根据事先定义的语法规则而编写的预定语句的集合。常用的程序设计语言包括高级语言和汇编语言。

在计算机发展的早期，机器语言是唯一的程序设计语言，由 01 序列组成。虽然用

机器语言编写的程序真实地表示了数据是如何被计算机操作的，但特定型号的计算机有其专用的机器语言规范，程序不能在不同的硬件上执行，使用机器语言编写程序和调试排错都很困难。

汇编语言是机器语言之后的演化，它使用了带符号或助记符的指令和地址代替二进制代码，并使用汇编程序将汇编语言代码翻译为机器语言。尽管汇编语言大大提高了编程效率，但仍然需要程序员在所使用的硬件上花费大量精力，使用符号语言编程也很不直观。

高级语言适用于许多不同的计算机，使程序员能够关注要解决的问题，将精力集中在应用程序上，无须考虑计算机的复杂性。高级语言的设计目标是使程序员摆脱汇编语言烦琐的细节。

高级语言和汇编语言都有一个共性：它们必须被转化为机器语言。高级语言程序被称为源程序，被翻译成的机器语言程序称为目标程序。这个转化过程称为编译。

程序运行即按照控制流程依次执行程序中的语句，实现其特定的功能。

参考词条

编辑、编译、解释、调试的概念

延伸阅读

[1] FOROUZAN B，MOSHARRAF F. 计算机科学导论[M]. 刘艺，等译. 2版. 北京：机械工业出版社，2008：163-165.

[2] BRYANT R E，O'HALLARON D R. 深入理解计算机系统[M]. 龚奕利，雷迎春，译. 2版. 北京：机械工业出版社，2010：448-473.

（金靖）

1.1.9 使用图形界面新建、复制、删除、移动文件或目录

图形用户界面（Graphics User Interface，GUI），是指采用图形方式显示的计算机操作用户界面，是计算机与其使用者之间的对话接口。用户可以通过窗口、菜单、按键等方式来方便地进行操作，GUI是计算机系统的重要组成部分。

在图形界面中，用户可以通过如"资源管理器"等程序，以目录树的形式访问文件系统，进行文件操作，可实现复制、删除和移动文件或目录。

参考词条

Linux系统终端中常用的文件与目录操作命令

延伸阅读

FOROUZAN B，MOSHARRAF F. 计算机科学导论[M]. 刘艺，等译. 2版. 北京：

机械工业出版社，2008：127-139.

（金靖）

1.1.10 使用 Windows 系统下的集成开发环境

集成开发环境（Integrated Development Environment，IDE）是一种工具软件，它包含程序员编写和测试程序所需的所有基本工具，通常包含源代码编辑器、编译器或解释器以及调试器。

Dev-C++（或称为 Dev-Cpp）是 Windows 环境下的一个轻量级 C/C++ 集成开发环境。它是一款自由软件，遵守 GPL 许可协议分发源代码。它集合了功能强大的源码编辑器、MingW64/TDM-GCC 编译器、GDB 调试器和 AStyle 格式整理器等众多自由软件，适合于在教学中供 C/C++ 语言初学者使用，也适合于非商业级普通开发者使用。

在 Windows 系统下还可以使用 Code::Blocks、VS Code 等集成开发环境编写程序。

（金靖）

1.1.11 使用 Linux 系统下的集成开发环境

Linux 系统下有多种集成开发环境，如 Code::Blocks（C/C++ 集成开发环境）、VS Code、Lazarus（Pascal 集成开发环境）、Geany（C/C++/Pascal（轻量级）集成开发环境）。

Code::Blocks 是一款免费开源的 C/C++ IDE，支持 GCC、MSVC++ 等多种编译器，还可以导入 Dev-C++ 的项目。Code::Blocks 的优点是跨平台，它在 Linux、Mac、Windows 等平台上都可以运行。

参考词条

Linux 系统下常见文本编辑工具的使用

（金靖）

1.1.12 g++、gcc 等常见编译器的基本使用

Linux 下使用最广泛的 C/C++ 编译器是 g++，它是 gcc（GNU complier collection）下基于命令行的 C++ 编译器，由 GNU 组织开发。大多数的 Linux 发行版本都默认安装，不管是开发人员还是初学者，一般都将 g++ 作为 Linux 下首选的编译工具。

通过 g++ 命令可以将源文件编译成可执行文件，举例如下：

```
$ g++ hello.cpp -o hello
```

该命令将文件 "hello.cpp" 中的代码编译为机器码并存储在可执行文件 "hello"

中。机器码的文件名是通过"-o"选项指定的。如果被省略，输出文件默认为"a.out"。如果当前目录中与可执行文件重名的文件已经存在，重名文件将被覆盖。gcc 编译方式与 g++ 类似，不再赘述。

参考词条

1. g++、gcc 等编译器与相关编译选项
2. 在 Linux 系统终端中运行程序，使用 time 命令查看程序用时
3. 调试工具 GDB 的使用

（金靖）

1.2 C++程序设计

1.2.1 程序基本概念

1.2.1.1 标识符、关键字、常量、变量、字符串、表达式的概念

标识符是由字符组成的序列，可用字符包含字母、数字和下划线（"_"）。标识符不能由数字作为第一个字符。

关键字是具有特殊意义的预定义保留标识符。它们不能用作程序中的标识符。在 C++中的关键字包括但不限于以下内容：auto、bool、break、case、catch、char、class、const、continue、default、delete、do、double、else、enum、explicit、extern、false、float、for、friend、goto、if、inline、int、long、mutable、namespace、new、operator、private、protected、public、register、return、short、signed、sizeof、static、struct、switch、template、this、throw、true、try、typedef、union、unsigned、using、void、while。

常量是在程序执行过程中，其值不可改变的量。

变量是在程序执行过程中，其值可以改变的量。

字符串是用英文双引号括起来的字符序列。

C++中的表达式是一个递归的定义：

（1）一个简单的运算对象，如字面值、变量和函数等；

（2）由多个运算对象和运算符组合成新的表达式；

（3）一个表达式可以作为一个运算对象，成为子表达式。

延伸阅读

[1] KERNIHAN B W, RITCHIE D M. C 程序设计语言[M]. 徐宝文，李志，译. 2

版．北京：机械工业出版社，2004：167-185.

[2] BJARNE S. C++程序设计语言(第1~3部分)[M]．王刚，杨巨峰，译．4版．北京：机械工业出版社，2016：33-36，134-136.

（金靖）

1.2.1.2 常量与变量的命名、定义及作用

常量是在程序执行过程中，其值不可改变的量。

常量可表示为"字面量"，直接写出值即可。整数常量无后缀时为 int 类型，long long 类型的常量以字母 ll 或者 LL 结尾。实数常量中包含小数点或一个指数（如 1e-3），也可以两者皆有。没有后缀的实数常量为 double 类型，后缀 f 或者 F 表示该常量为 float 类型。

#define 称为宏定义命令，可以将一个标识符定义为一个常量。const 也可以定义常量。

```
#define PI 3.14159
const int MaxNum = 100;
```

变量是构成程序的要素之一。程序中的变量是某个有符号名的存储位置（内存地址），该位置上存放着描述某种信息的量（称为变量的值）。

变量名除了代指变量本身外，也是访问变量值的最常见方式。变量名称和变量值的分离，使得变量名可以独立于其所表示的值而使用。程序中的标识符可以在运行时再与具体的值绑定，因此变量的值可以在程序执行中改变。但通常来说，变量的名称、类型和存储位置等都是不变的。

注意，程序变量与数学变量区别很大。数学变量仅有抽象意义，而不涉及对物理对象（例如内存）的引用。程序变量名可能会很长，以便于描述变量的含义，而数学变量名通常只是一或两个字符，以简化数学公式。此外，程序变量可以直接用包含该变量的运算来赋值，而这种赋值语句在数学上往往是无意义的，例如：

```
n = n + 1; // n 为整数类型,该语句将 n 的值增加 1
```

变量对应的存储位置可以被多个不同的标识符所引用，这种情况称为别名。使用任意一个标识符均可修改变量的值。在程序编译时，编译器将使用实际存储地址来替换变量的符号名称。

一般来说，变量声明语句需要给出变量类型和变量名，有时还会给出变量的初始值。对于 C++语言来说，变量的命名需要由字母、数字、下划线组成，而且第一个符号为字母或下划线，变量名中的字符需要区分大小写。

建议在定义变量时赋以初值。因为系统在分配内存给变量时，并不会清空这块区域原先存储的数据，对于没有指定初始值的变量，其存储的初始数据可能是任意一个数值，直接参与运算的话可能会造成意外的错误。

延伸阅读

KERNIHAN B W,RITCHIE D M.C 程序设计语言[M].徐宝文,李志,译.2 版. 北京:机械工业出版社,2004:27-28.

(赵启阳 金靖)

1.2.1.3 头文件与名字空间的概念

头文件是后缀名为".h"的文件,通过文件包含指令(即#include 指令),可以在编译期间将指定头文件的内容包含进当前的文件中。不同的头文件包含不同的功能,可以提供给程序设计者使用,节省程序设计人员的重复劳动。程序设计者只需用一行#include 命令就可以使用这些功能,大大地提高了编程效率。

在源文件中,任何形如#include "filename"或#include<filename>的行都将被替换为 filename 指定的文件的内容。如果 filename 用双引号括起来,则在源文件所在的位置查找该文件。如果在该位置没有找到文件,或者 filename 是用<>括起来的,则在系统目录中查找该文件。如果找不到文件,编译系统将显示出错信息。被包含的文件本身也可以包含#include 指令。

C++语言支持 ANSI 标准定义的函数库(简称标准库),标准库中的函数、类型和宏在标准头文件中定义。在 C++语言中可以包含标准模板库(standard template library),使程序设计者更方便地编写程序。

在算法竞赛中,使用"bits/stdc++.h"较为流行,这个头文件中包含了几乎所有C++库中的头文件,因此一般只需要包含这一个头文件就能满足所有的需求,简单便捷。但从另一个角度来看,由于包含了所有头文件,因此编译的速度自然就稍慢一些,增加了编译时间。而且这不是 C++的标准库,因而不是所有的编译系统都有。

C++语言是在 C 语言的基础上开发的,早期的 C++语言编译器是将 C++程序转换为C 程序,再通过 C 编译器完成编译。当时 C++使用 C 语言的函数库,C++头文件仍然以".h"为后缀,它们所包含的类、函数、宏等都是全局范围的。但如果有多人开发软件,由于各自分工,可能会出现变量或函数命名冲突的问题。为了解决这类问题,C++引入了命名空间(namespace)的概念。

namespace 是 C++中的关键字,用来定义一个命名空间。命名空间由{ }包围,可包含变量、函数、类等。"::"称为域解析操作符,在 C++中用来指明要使用的命名空间。除了直接使用域解析操作符,还可以采用 using 声明。

自 C++引入了命名空间的概念后,为了保持兼容性,C++语言保留原来的头文件,保证其在 C++中可以继续使用,然后再把原来的函数库复制一份,并在此基础上稍加修改,把变量、函数、类等纳入命名空间 std(std 意为 standard)下,即"标准命名空间"。这两份相似的函数库就可以分别被不同时期开发的程序同时使用,不会产生冲突。

为了避免头文件重名,原来 C 语言的头文件的名字前添加了字母 c,比如 stdio.h 变成了 cstdio.h。C++函数库也对头文件的命名做了调整,去掉了后缀".h",比如

iostream. h 变成了 iostream。一般来说，对于不带".h"的头文件，其变量、函数都位于命名空间 std 中，使用时需要声明命名空间 std。而对于带".h"的头文件，则没有使用任何命名空间，所有符号都位于全局作用域中。

延伸阅读

[1] KERNIHAN B W，RITCHIE D M. C 程序设计语言[M]. 徐宝文，李志，译. 2 版. 北京：机械工业出版社，2004：69-70.

[2] BJARNE S. C++程序设计语言（第 1~3 部分）[M]. 王刚，杨巨峰，译. 4 版. 北京：机械工业出版社，2016：74-76，337-359.

(金靖)

1.2.1.4　编辑、编译、解释、调试的概念

C++是高级语言，对 C++源程序文件（即.cpp）进行编写，称为"编辑"源程序。高级语言需要被翻译为机器语言才能被计算机执行。

编译型语言：使用编译器程序，把文本形式的源代码翻译成机器语言，并形成目标文件。C++是一种编译型语言。

解释型语言：程序不需要编译，而是由语言特定的解释程序执行。Python 是典型的解释型语言。

调试：运行编写的程序，跟踪程序运行，发现并修正程序错误的过程。

延伸阅读

BJARNE S. C++程序设计语言（第 1~3 部分）[M]. 王刚，杨巨峰，译. 4 版. 北京：机械工业出版社，2016：362-384.

(金靖)

1.2.2　基本数据类型

1.2.2.1　整数型：int、long long

不同数据类型的变量占用的存储空间大小不同。以下是两种常用的整数类型。

（1）int，整数类型，简称整型，占用 4 个字节，取值范围是 $-2^{31} \sim 2^{31}-1$，大约能够表示绝对值不超过 2.1×10^9 的整数。

（2）long long，64 位整数类型，简称长整型，占用 8 个字节，又称 int 64，即用 64 个 bit 来存储，取值范围是 $-2^{63} \sim 2^{63}-1$，大约能够表示绝对值不超过 9.2×10^{18} 的整数。

延伸阅读

[1] KERNIHAN B W，RITCHIE D M. C 程序设计语言[M]. 徐宝文，李志，译. 2 版. 北京：机械工业出版社，2004：27-28.

[2] BJARNE S. C++程序设计语言(第1~3部分)[M]. 王刚, 杨巨峰, 译. 4版. 北京: 机械工业出版社, 2016: 124-126.

(金靖)

1.2.2.2 实数型: float、double

实数型的存储方式, 是由一个整数或定点数(即尾数)乘以某个基数(计算机中通常是2)的整数次幂。这种表示方法类似基数为10的科学计数法, 这种设计可以在某个固定长度的存储空间内表示更大范围的数。常用的实数型包括float和double。

(1) float, 单精度实数型, 取值范围是 $-3.4×10^{38} \sim 3.4×10^{38}$, 占用4个字节, 精度约为7位有效数字。

(2) double, 双精度实数型, 取值范围是 $-1.7×10^{308} \sim 1.7×10^{308}$, 占用8个字节, 精度约为15位有效数字。

延伸阅读

[1] KERNIHAN B W, RITCHIE D M. C程序设计语言[M]. 徐宝文, 李志, 译. 2版. 北京: 机械工业出版社, 2004: 27-28.

[2] BJARNE S. C++程序设计语言(第1~3部分)[M]. 王刚, 杨巨峰, 译. 4版. 北京: 机械工业出版社, 2016: 126-127.

(金靖)

1.2.2.3 字符型: char

char, 字符型, 占用1个字节, 表示一个字符, 如'a', '0'(必须使用英文单引号括起来)。char类型中存放字符的是ASCII码, 因此字符型变量可以转化为整数, 取值范围为-128~127。

延伸阅读

[1] KERNIHAN B W, RITCHIE D M. C程序设计语言[M]. 徐宝文, 李志, 译. 2版. 北京: 机械工业出版社, 2004: 27-28.

[2] BJARNE S. C++程序设计语言(第1~3部分)[M]. 王刚, 杨巨峰, 译. 4版. 北京: 机械工业出版社, 2016: 121-124.

(金靖)

1.2.2.4 布尔型: bool

bool, 布尔型, 用于表示真、假逻辑值, 占用1个字节。可以用整数对bool类型变量赋值, 赋0值即为false, 非0值即为true。

延伸阅读

BJARNE S. C++程序设计语言(第1~3部分)[M]. 王刚, 杨巨峰, 译. 4版. 北京: 机械工业出版社, 2016: 119-120.

(金靖)

1.2.3 程序基本语句

1.2.3.1 cin 语句、scanf 语句、cout 语句、printf 语句、赋值语句、复合语句

1. cin 语句

cin(character input)，在 iostream 头文件中定义，可以控制来自标准输入流 stdin 的输入。

```
int a;
std::cin >> a;
```

2. scanf 语句

scanf 是格式化输入函数，在 cstdio 头文件中定义，从 stdin 中读取数据。

scanf 的语法为：

```
scanf(格式字符串,变量列表)
```

其返回值为成功赋值的参数的数量，可以为 0；若在赋值首个接收的参数前输入失败则为文件末尾(end of file，EOF)。

scanf 函数的格式字符串由非空白多字节字符、空白符和转换说明符%三类符号组成。转换说明符由以下几类组成：

1) %c，代表一个字符；
2) %s，代表一个字符串，会读入一个到空白字符或者 EOF 为止的字符串；
3) %d，代表一个十进制整数；
4) %u，代表一个无符号十进制整数；
5) %f，代表一个十进制的实数。

```
int a;
long long b;
char s[10];
scanf("%d%lld%s",&a,&b,s);
```

3. cout 语句

cout(character output)，在 iostream 头文件中定义，可以控制来自标准输出流 stdout 的输出。可以用 fixed 和 setprecision() 来保留指定位数的浮点数。

```
#include <iostream>
#include <iomanip> //控制精度需要包含
using namespace std;
int main(){
    double d = 1234.5678912;
```

```
        cout << 123 << " NOI" << endl;
        cout << d << endl; // 默认保留 6 位有效数字,输出为 1234.57
        cout << setprecision(3) << d << endl; // 保留 3 位有效数字,输出为 1.23e+003
        cout << setprecision(9) << d << endl; // 保留 9 位有效数字,输出为 1234.56789
        cout << setiosflags(ios::fixed); // 设置小数部分的精度
        cout << d << endl; // 小数部分保留 9 位有效数字,输出为 1234.567891200
        cout << fixed << setprecision(3) << d << endl; // 小数部分保留 3 位有效数字,输
                                                          出为 1234.568
    return 0;
}
```

4. printf 语句

printf 是格式化输出函数,在 cstdio 头文件中定义,可以输出到 stdout。

printf 的语法为:

```
printf(格式字符串,表达式列表)
```

其格式字符串由普通多字节字符和转换说明符%构成。转换说明符类似 scanf 函数中的定义。

```
#include <cstdio>
#include <cmath>
using namespace std;
int main(){
    int a = 1;
    double pi = std::acos(-1.L);
    printf("a = %d,pi = %.9lf\n",a,pi); //输出 a = 1,pi = 3.141592654
    return 0;
}
```

5. 赋值语句

形如 $a=b$ 的语句是基本赋值语句,作用是将 b 的值赋值给 a,b 可以是常量、变量或表达式。

6. 复合语句

复合语句由一对大括号和中间的语句组成,在语法上等价于单条语句。

延伸阅读

[1] KERNIHAN B W, RITCHIE D M. C 程序设计语言[M]. 徐宝文,李志,译. 2 版. 北京:机械工业出版社,2004:133-138.

[2] BJARNE S. C++程序设计语言(第 1~3 部分)[M]. 王刚,杨巨峰,译. 4 版. 北京:机械工业出版社,2016:78-80.

(金靖)

1.2.3.2　if 语句、switch 语句、多层条件语句

1. if 语句

if 语句分为单分支和双分支两种形式。

(1) 单分支，即如果表达式的值为真，则其后的语句块被执行；否则，其后的语句块略过。

```
int a,b,max;
scanf("%d %d",&a,&b); //读入两个数值,分别赋给 a 和 b
max = b; // 假设 b 最大
if (a > b)
    max = a; // 如果 a>b,那么更改 max 的值
printf("%d 和%d 的较大值是: %d",a,b,max);
```

(2) 双分支，即如果表达式的值为真，则其后的语句块被执行；否则，执行 else 后的语句块。

```
int a,b,max;
scanf("%d %d",&a,&b);
if (a > b)
    max = a;
else
    max = b;
printf("%d 和%d 的较大值是: %d\n",a,b,max);
```

if-else 语句也可以同时使用多个，构成多个分支，语法如下。

```
if (表达式 1) {
    语句块 1
} else if (表达式 2) {
    语句块 2
} else if (表达式 3) {
    语句块 3
}
...
else if (表达式 n) {
    语句块 n
} else {
    语句块 n + 1
}
```

2. switch 语句

switch 语句适用于表达数量较多的分支条件，语法如下。

```
switch（表达式）{
case 常量表达式 1：语句块 1
case 常量表达式 2：语句块 2
    …
default：语句块 n
}
```

switch 语句可以包含多个 case 条件，case 后面的常量表达式必须各不相同。进入 switch 语句后，先计算表达式的值，然后逐一匹配每个 case 的常量表达式，当匹配成功时，执行对应的语句块，然后顺序执行之后的所有语句，直到整个 switch 语句结束。如果遇到一个 break 语句，则中止 switch 语句的执行。如果表达式与所有的 case 都不能成功匹配，则执行 default 后面的语句块，直到 switch 语句结束。

break 是专门用于跳出类似 switch 的分支和其他循环结构的语句。"跳出"是指一旦遇到 break，就不再执行 switch 中的其他语句，包括当前分支中的语句和其他分支中的语句。

default 负责处理不符合任何 case 的情况，而且 switch 语句中只能有一个 default 分支，它可以出现在开头或者结尾，也可以出现在两个 case 的中间，但 switch 语句中不是必须出现 default 选项的。

3. 多层条件语句

条件语句可以层层嵌套，形成多层条件语句。

参考词条

三目运算

延伸阅读

［1］KERNIHAN B W，RITCHIE D M. C 程序设计语言［M］. 徐宝文，李志，译. 2 版. 北京：机械工业出版社，2004：45-48.

［2］BJARNE S. C++程序设计语言（第 1~3 部分）［M］. 王刚，杨巨峰，译. 4 版. 北京：机械工业出版社，2016：196-200.

（金靖）

1.2.3.3　for 语句、while 语句、do while 语句

1. for 语句

for 语句可以控制一个语句或语句组重复执行指定的次数，语句块可以执行 0 或多次，直到给定的条件不成立。一般来说，在 for 语句开始时设定初始条件，比如给某个变量设定初始值。然后在 for 语句的每次循环中改变此变量的值，并将此变量作为判断循环是否结束的条件。

C++14 中有两种常见的使用 for 语句的方法：范围 for 和通用 for。

（1）范围 for 可用于依次访问指定范围内的每个元素。

```
for (auto x : v) //v 可以是数组、vector、set 等
```

关键词 auto 的作用是自动类型推断，即根据 v 的值来推测变量 x 的类型。冒号之后的表达式必须是一个序列，变量 x 指向当前正在处理的元素，它类似于通用 for 中的 a[i]（a[] 为循环中调用的数组）。

（2）通用 for 的用法如下所示。

```
for (表达式 1;表达式 2;表达式 3)
    语句块
```

通用 for 语句的执行顺序如下：
① 表达式 1 仅被执行 1 次，一般用作循环变量的初始化；
② 表达式 2 作为循环是否继续的判断条件，如果条件为真则执行循环体中的语句块，否则循环结束；
③ 表达式 3 在语句块执行后执行，一般为改变循环变量的值。

3 个表达式均可省略，此时 `for(;;)` 代表无限循环，只有遇到语句块中的 break 或 return 语句时才会退出循环。

2. while 语句

类似 for，while 也是实现循环结构的语句，用于重复执行循环体内的语句块，直到条件表达式的值为假，语法如下。

```
while (表达式)
    语句块
```

如果 while 括号内条件表达式的值为真，则执行语句块，之后程序控制转向，继续判断条件表达式是否成立。如果表达式的值为假，则不执行语句块，程序直接转到 while 语句后面的语句继续执行。

相比 for，while 语句更适合处理无明显循环变量的情况。while 也可以通过 break 或 return 语句结束。

3. do while 语句

do while 与 while 类似，用于重复执行循环体内的语句块，直到条件表达式的值为假，语法如下。

```
do
    语句块
while (表达式);
```

每一次循环中，先执行 do 语句块，如果 while 括号内条件表达式的值为真，则继续

执行 do 语句块。如果表达式的值为假,则不执行语句块,程序直接转到 do while 语句后面的语句继续执行。

do while 与 while 语句的区别在于表达式是在语句或语句组被执行之后计算的,所以 do 后面的语句块至少被执行 1 次。do while 语句同样可以通过 break 或 return 语句结束。

延伸阅读

[1] KERNIHAN B W, RITCHIE D M. C 程序设计语言[M]. 徐宝文,李志,译. 2 版. 北京:机械工业出版社,2004:49-53.

[2] BJARNE S. C++程序设计语言(第 1~3 部分)[M]. 王刚,杨巨峰,译. 4 版. 北京:机械工业出版社,2016:201-204.

(金靖)

1.2.3.4 多层循环语句

循环语句中的循环体又出现循环语句,则形成多层循环。

可用 break 强制结束循环,直接跳出该层循环(不会直接跳出所有循环),也可用 continue 跳过当前循环中的代码,开始下一次循环。

在多层循环中,可使用 for、while、do while 等循环体,这些语句均可实现多层循环。需注意,每一层的循环变量互不相同,不得重复。

延伸阅读

KERNIHAN B W, RITCHIE D M. C 程序设计语言[M]. 徐宝文,李志,译. 2 版. 北京:机械工业出版社,2004:51.

(金靖)

1.2.4 基本运算

1.2.4.1 算术运算:加、减、乘、除、整除、求余

算术运算符用于数值运算,包括加(+)、减(-)、乘(*)、除(/)、求余(%)等。

除法运算符在使用的时候需要注意,如果 a、b 是两个整数类型的表达式,那么 a/b 表示整除,值为 a 除以 b 的商的整数部分。只有 a、b 至少有一个为实型时,a/b 的值才是实型。

求余运算符"%"也称为取模运算符。它是双目运算符,两个操作数都是整数类型的,a%b 的值就是 a 除以 b 的余数。需注意,求余数的值的正负与 a 保持一致,b 在运算中取其绝对值。

参考词条

1. 高精度的加法

2. 高精度的减法

3. 高精度的乘法

4. 高精度整数除以单精度整数的商和余数

5. 成员函数和运算符重载

延伸阅读

KERNIHAN B W，RITCHIE D M. C 程序设计语言[M]. 徐宝文，李志，译. 2 版. 北京：机械工业出版社，2004：32.

（金靖）

1.2.4.2　关系运算：大于、大于等于、小于、小于等于、等于、不等于

关系运算符用于表达式之间的大小比较，共有 6 种：大于(>)、小于(<)、等于(==)、大于等于(>=)、小于等于(<=)和不等于(!=)，都是双目运算符。

关系运算符的优先级低于算术运算符，高于赋值运算符。在六个关系运算符中，<、<=、>、>=的优先级相同，高于==和!=，==和!=的优先级相同。

关系运算符运算的结果是布尔型，值只有两种：真或假，在表达式中，分别用 1 和 0 来代表。

延伸阅读

KERNIHAN B W，RITCHIE D M. C 程序设计语言[M]. 徐宝文，李志，译. 2 版. 北京：机械工业出版社，2004：32-33.

（金靖）

1.2.4.3　逻辑运算：与(&&)、或(||)、非(!)

逻辑运算符，即对表达式或者变量做出逻辑判断的运算符，常用的有以下 3 种。

1. 与(&&)

双目运算符，&& 左右两边的值均为真时，结果才为真，否则为假。

2. 或(||)

双目运算符，|| 左右两边的值均为假时，结果才为假，否则为真。

3. 非(!)

单目运算符，如果表达式的值为真，那么"!表达式"的值为假，否则为真。

延伸阅读

KERNIHAN B W，RITCHIE D M. C 程序设计语言[M]. 徐宝文，李志，译. 2 版. 北京：机械工业出版社，2004：32.

（金靖）

1.2.4.4　变量自增与自减运算

自增运算符"++"用于将整型或浮点型变量的值加 1，自减运算符"--"则是减

1。它们是单目运算符,只有一个操作数。

"++"出现在变量前面和后面是有区别的:"++"在变量前面时,先进行自增操作,再执行本行语句;"++"在变量后面时,待本行语句执行完成后,再进行自增操作。自减运算符出现在变量前后的运算步骤与自增运算符类似。当自增或自减完成后,新值会替换旧值。

请注意自增和自减运算符只能针对变量,不能用于表达式和数值。

延伸阅读

[1] KERNIHAN B W,RITCHIE D M.C程序设计语言[M].徐宝文,李志,译.2版.北京:机械工业出版社,2004:37.

[2] BJARNE S.C++程序设计语言(第1~3部分)[M].王刚,杨巨峰,译.4版.北京:机械工业出版社,2016:238-239.

(金靖)

1.2.4.5 三目运算

三目运算符,又称为条件运算符,是C++中唯一具有3个操作数的运算符。

a?b:c表示对表达式a求值,若值为真则执行表达式b,否则执行表达式c。

参考词条

if语句、switch语句、多层条件语句

延伸阅读

KERNIHAN B W,RITCHIE D M.C程序设计语言[M].徐宝文,李志,译.北京:机械工业出版社,2004:184.

(金靖)

1.2.4.6 位运算:与(&)、或(|)、非(~)、异或(^)、左移(<<)、右移(>>)

位运算直接对整数在内存中的二进制位进行运算。常用位运算包括与、或、非、异或、左移、右移等。

1. 与(&)

将参与运算的两个操作数各自对应的二进制位进行"逻辑与"操作。只有对应的两个二进制位均为1时,对应二进制位的运算结果才为1,否则为0。

2. 或(|)

将参与运算的两个操作数各自对应的二进制位进行"逻辑或"操作。只有对应的两个二进制位均为0时,对应二进制位的运算结果才是0,否则为1。

3. 非(~)

单目运算符,它将操作数中的二进制位0变成1,把1变成0。

4. 异或(^)

将参与运算的两个操作数各自对应的二进制位进行"异或"操作。当对应的两个二进制位不相同时，对应二进制位的运算结果为 1，当对应的两个二进制位相同时，运算结果为 0。

5. 左移(<<)

左移运算是将左操作数的二进制形式全部向左移动若干位(右操作数的值)后得到的值。左移时，高位丢弃，右边低位补 0。左移 n 位，就是乘以 2^n。

6. 右移(>>)

右移运算的操作方式和左移运算类似，不同的是移动方向，移出最右边的位被丢弃。同样，右移 n 位相当于左操作数除以 2^n，并且将结果向下取整。对于无符号数，右移时高位总是补 0。对于有符号数，在右移时，符号位(即最高位)一起移动。如果原符号位为 1(代表负数)，则右移时右边高位都补 1；如果原符号位为 0(代表正数)，则右移时高位补 0，即保持原有的正负。

参考词条

1. 进制与进制转换：二进制、八进制、十进制、十六进制
2. 状态压缩动态规划

延伸阅读

[1] KERNIHAN B W, RITCHIE D M. C 程序设计语言[M]. 徐宝文，李志，译. 2 版. 北京：机械工业出版社，2004：38-39.

[2] BJARNE S. C++程序设计语言(第 1~3 部分)[M]. 王刚，杨巨峰，译. 4 版. 北京：机械工业出版社，2016：236-238.

（金靖）

1.2.5 数学库常用函数

数学库常用函数包括绝对值函数、四舍五入函数、上取整函数、下取整函数、平方根函数、常用三角函数、对数函数、指数函数等，如表 1.1 所示。

表 1.1 数学库常用函数

函数	语法	功能
绝对值函数	abs(x)	返回 x 的绝对值
四舍五入函数	round(x)	返回离 x 最近的整数值
上取整函数	ceil(x)	返回大于或等于 x 的最小的整数值
下取整函数	floor(x)	返回小于或等于 x 的最大的整数值
正弦函数	sin(x)	返回三角函数的正弦值，x 是弧度

(续)

函数	语法	功能
余弦函数	cos(x)	返回三角函数的余弦值，x 是弧度
正切函数	tan(x)	返回三角函数的正切值，x 是弧度
反正弦函数	asin(x)	返回三角函数的反正弦值，x 是弧度
反余弦函数	acos(x)	返回三角函数的反余弦值，x 是弧度
反正切函数	atan(x)	返回三角函数的反正切值，x 是弧度
对数函数	log(x)	返回 x 的自然对数
指数函数	pow(x,y)	返回 x^y 的值
平方根函数	sqrt(x)	返回 $\sqrt{x}$ 的值

对于绝对值函数，需注意，在 stdlib.h 中定义的是 C 语言的绝对值函数 int abs(int x)，使用 double fabs(double x) 可以计算实数型的绝对值。在 cmath 头文件中定义的是 C++ 版本的绝对值函数 double abs(double x)，可以支持整型和实数型的绝对值计算。

延伸阅读

KERNIHAN B W，RITCHIE D M. C 程序设计语言[M]. 徐宝文，李志，译. 2 版. 北京：机械工业出版社，2004：228-229.

(金靖)

1.2.6 结构化程序设计

1.2.6.1 顺序结构、分支结构和循环结构

结构化程序设计是程序设计的一种原则，该原则以模块化为中心，将复杂的计算任务划分为许多子任务，并针对每个子任务(模块或函数)进行设计。

结构化程序设计遵循"程序=算法+数据结构"的原则，将算法和数据结构分别进行独立设计，其中以算法的设计为主。在保证程序仅存在一个入口、一个出口的基础上，采用自顶向下、逐步求精的设计方法，利用顺序、分支、循环这三个基本控制结构连接各模块，最终构成整体。

1. 顺序结构

顺序结构是最简单的线性结构，其逻辑是自上而下，依次执行各语句。顺序结构可独立构成程序，但更常见的是作为分支、循环结构的组成部分，与其他结构共同构成更加复杂的逻辑。变量定义、赋值和函数调用等皆可作为顺序结构的组成部分。

2. 分支结构

分支结构依据判断条件的真假对部分模块进行选择性执行，而非严格依照语句出现的前后顺序。常见的分支语句有单分支(if…)、双分支(if…else…)、嵌套分支(if…else if…else…)和 switch 语句。

3. 循环结构

循环结构依据判断条件的真假对部分语句进行循环执行，直至不满足判断条件后终止循环。依据判断与循环体的先后顺序分为"当型"循环和"直到型"循环。"当型"循环先判断条件，若满足条件则执行循环体，常见语句有 for 循环，while 循环；"直到型"循环先执行循环体，执行完成后判断条件，若不满足条件则跳出循环，常见语句有 do…while 循环。

参考词条

1. if 语句、switch 语句、多层条件语句
2. for 语句、while 语句、do while 语句
3. 多层循环语句

（金靖）

1.2.6.2　自顶向下、逐步求精的模块化程序设计

结构化程序设计具有自顶向下、逐步求精和模块化三个特点。

自顶向下，即进行程序设计时，应先考虑整体，后考虑细节，从最上层的总目标开始设计，并逐步将问题细化。逐步求精，即面对复杂的问题时，应设计一些子目标作为过渡，逐步细化。因此，程序设计会将总目标细分为许多子任务，其中每个子任务成为一个模块——此即结构化程序设计中的模块化特点。

（金靖）

1.2.6.3　程序流程图的概念及流程图描述

程序流程图，又称程序框图，即用统一规定的标准符号描述程序运行具体步骤的图形表示，是程序设计最根本的依据。

程序流程图的绘制采用简单规范的符号，因此具有绘制简单、结构清晰、易于描述和理解的特点，在各个领域受到广泛使用。具体的符号与控制结构的图例如表 1.2 所示。

表 1.2　程序流程图符号及控制结构图例

符号	名称	功能
▭	起止框	表示流程开始或结束
▱	输入输出框	表示输入输出功能
▭	处理框	表示一般的处理功能
◇	判断框	表示对一个给定的条件进行判断，根据给定的条件是否成立决定如何执行其后的操作
→	流程线	表示流程的路径和方向

参考词条

算法描述：自然语言描述、流程图描述、伪代码描述

（金靖）

1.2.7 数组

1.2.7.1 数组与数组下标

数组是一种数据结构。它可以存储一个固定长度的、由同类型元素构成的序列。数组由连续的内存位置组成。数组中每个元素都有其对应的下标。

数组支持随机访问。随机访问指的是，对于任意一个下标，能在任意时刻访问数组中该下标对应的元素。

在C++中，数组的常用声明方法为：

```
T a[N]; // T 代表数据类型,a 代表数组名,N 代表数组长度
```

数组长度即数组包含的元素个数，N 必须是常数或常量表达式，并且其值必须是正整数。这条语句相当于声明了 $a[0],a[1],\cdots,a[N-1]$ 这 N 个元素，方括号内的数为该元素的下标，在程序中调用 $a[i]$ 即可访问下标为 i 的元素。

对于下标 i，如果它不在 0 到 N-1 的范围内，则访问 $a[i]$ 会造成数组越界。这是一种未定义行为（undefined behavior），会导致不可预测的后果，例如经常会造成运行时错误（runtime error）。因此在程序设计中，应避免出现这种错误。

需要特别注意的是，在 C++ 中数组的下标从 0 开始（即 0-indexed），因此若声明大小为 N 的数组，访问 $a[N]$ 就会造成数组越界。为了防止这类越界情况的发生，可以声明比所需稍大一点的数组。

如果直接声明，全局数组会被默认初始化（基础数据类型被赋值为 0，结构体则调用默认构造函数），而局部数组不会。往往声明局部数组时要用大括号初始化。

```
int a[3] = {1,2,0};
// 声明长度为 3 的局部数组 a,其初值为 a[0]=1,a[1]=2,a[2]=0;
// 等价写法 1:int a[] = {1,2,0}; (省略数组长度,按照初始化列表的长度,数组长度为 3)
// 等价写法 2:int a[3] = {1,2}; (省略数组末尾的 0)
int b[3] = {};
// 声明长度为 3 的局部数组 b,其初值为 b[0]=0,b[1]=0,b[2]=0;
```

在 C++ 中，用如下语句可以定义一个二维数组：

```
T a[N][M];
```

N 代表数组的第一维长度，M 代表数组的第二维长度，N 和 M 必须是常数或常量表达式，其值必须是正整数。这条语句相当于声明了 $a[0][0], a[0][1], \cdots, a[0][M-1]$, $a[1][0], a[1][1], \cdots, a[1][M-1], \cdots, a[N-1][0], a[N-1][1], \cdots, a[N-1][M-1]$ 这 $N \times M$ 个元素，方括号内的数为元素下标，在程序中调用 $a[i][j]$ 即可访问下标为 i, j 的元素。

参考词条

基于指针的数组访问

延伸阅读

[1] KERNIHAN B W, RITCHIE D M. C 程序设计语言[M]. 徐宝文, 李志, 译. 2 版. 北京: 机械工业出版社, 2004: 83-86, 95-97.

[2] BJARNE S. C++程序设计语言(第 1~3 部分)[M]. 王刚, 杨巨峰, 译. 4 版. 北京: 机械工业出版社, 2016: 150-152, 158-161.

（金靖）

1.2.7.2 数组的读入与输出

根据数组的定义，可使用循环结构来实现数组的读入与输出。

```
for (int i = 1; i <= n; i++)
    cin >> a[i]; // 输入 a[i]
for (int i = 1; i <= n; i++)
    cout << a[i] << " "; // 输出 a[i]
```

（金靖）

1.2.7.3 二维数组与多维数组

二维数组可看作一个 N 行 M 列的二维表格，也可以看作一个有 N 个元素的一维数组，而每个元素又都是一个长度为 M 的一维数组。在内存中存储时，二维数组按照先行后列的顺序连续存放数组元素，可以通过嵌套循环结构来访问其元素。超过三维的多维数组一般难以想象其对应的实际形态，但只需理解数组的每一个维度代表一类信息，常见于动态规划算法中记录多维状态信息。

参考词条

1. 图的表示与存储：邻接矩阵
2. 向量与矩阵的概念

（金靖）

1.2.8 字符串的处理

1.2.8.1 字符数组与相关函数

字符数组是一种 C 语言风格的字符串，在 C++中依然被保留下来。如下定义一个字符数组：

```
char a[10];
```

如果要在定义的时候进行初始化，可以用：

```
char a[10] = "Hello";
```

等价于

```
char a[] = {'H','e','l','l','o'};
```

其中，$a[5]$ = '\0'。'\0'是字符数组的终止符，它的 ASCII 码是 0，有关字符数组的函数都需要利用终止符工作。对字符数组进行初始化或者读入等操作时，都会自动在字符数组末尾补上一个'\0'，它也会占据数组的一个位置，如果没有预留这个位置就会造成数组越界。

除了数组本身的应用方式，字符数组还有其独有的函数。在 cstring 或 string.h 头文件中有许多对字符数组进行操作的函数，如表 1.3 所示。注意，使用这些函数前必须确保字符数组末尾有终止符'\0'。

表 1.3 字符数组函数

函数	语法	功能
strcpy	strcpy(a,b);	将字符数组 b 复制到 a 中，并覆盖 a 中原有字符
strcat	strcat(a,b);	将字符数组 b 拼接到 a 的后面
strlen	strlen(a);	返回 a 的终止符'\0'前的字符个数
strcmp	strcmp(a,b);	如果 a 和 b 完全相同，则返回 0；否则设第一对不相同的字符为 $a[i]$ 和 $b[i]$，返回 $a[i]-b[i]$ 的值（对应 ASCII 码相减）
strchr	strchr(a,x);	如果 x 在 a 中出现，则返回第一次出现的指针；否则返回空指针 null
strstr	strstr(a,b);	如果 b 是 a 的子串，则返回第一次出现的位置的左端点指针；否则返回空指针 null

参考词条

字符指针

延伸阅读

KERNIHAN B W, RITCHIE D M. C 程序设计语言[M]. 徐宝文,李志,译. 2 版. 北京:机械工业出版社,2004:89-90,145-146.

(金靖)

1.2.8.2 string 类与相关函数

string 是 C++的字符串类型,需引用 string 头文件。如下定义一个字符串:

```
string a;
string a = "Hello"; //长度为5,末尾没有字符数组终止符 '\0'
```

字符串的下标从 0 开始。它支持用 $a[i]$ 的形式访问下标为 i 的位置的字符,但如果超出当前长度就会造成越界。

字符串常用方法如表 1.4 所示。

表 1.4 字符串常用方法

方法	语法	功能
+	c=a+b;	字符串 a 的末尾添加字符串 b 并赋给字符串 c
+=	a+=b;	在字符串 a 的末尾添加字符串 b
push_back	a.push_back(x);	在字符串的末尾加入一个字符 x
find	a.find(b,pos);	忽略字符串 a 中严格在 pos 之前的字符,如果字符串 b 是 a 的子串,则返回第一次出现的左端点的下标;否则返回 string::npos
insert	a.insert(pos,b);	在字符串 a 的下标 pos 之前插入字符串 b
size	a.size();	返回字符串 a 中的字符个数
substr	a.substr(pos,len);	返回字符串 a 中从 pos 开始的 len 个字符形成的字符串

参考词条

类的概念及简单应用

延伸阅读

BJARNE S. C++程序设计语言(第 1~3 部分)[M]. 王刚,杨巨峰,译. 4 版. 北京:机械工业出版社,2016:77-78.

(金靖)

1.2.9 函数与递归

1.2.9.1 函数定义与调用、形参与实参

如果一个程序中需要多次实现同一种功能,通常会将其设计成相对独立的代码段,

便于调用，这种代码段称为函数。函数是程序语言中的一种基本组成单位，通常以实现某种功能为目的。有时也可以把复杂的功能分解成若干个相对简单的子功能，每个子功能分别作为一个函数，用模块化的方式来设计程序，使得程序易于理解且便于维护。

函数由函数原型和函数体两部分组成，如下所示：

```
返回值类型 函数名(参数1类型 参数名1,参数2类型 参数名2,…) {
    语句组
    return  返回值; //类型须与第一行相同
}
```

函数原型用于指定函数的名称、传入参数列表及返回值类型。函数的参数是可选的，可以有0至多个参数。每个参数都应写明类型。函数名称前面的返回值类型表示当函数执行完之后，返回何种类型的值。

函数体由{ }中的一组语句组成，实现数据处理的功能。函数体中一般包含 return 语句，如果返回值类型为 void，则不用返回语句，或返回一个 void 类型的值。函数中可以有多个 return 语句，一旦遇到 return 语句，无论后面有没有代码，函数立即运行结束，将值返回。

函数的调用是指在一段程序中引用一个已经定义过的函数。一般来说，函数必须在被调用之前进行声明。例如，如果 main 函数中调用了 add 函数，add 函数的定义必须在 main 函数之前。但如果这样的自定义函数很多，那么 main 函数就会在程序代码中处于比较靠后的位置，这会影响阅读程序。为了避免这种情况，可以把函数原型声明放在函数调用之前，函数体放在函数调用之后。示例代码如下。

```
int add(int x,int y); //函数原型声明
int a = 3,b = 5;
int c = add(a,b); //声明整型变量 c 并赋值为函数调用返回值,即 3+5=8
int add(int x,int y) { //add 函数体
    return x + y; //计算 x、y 的和,并将其结果返回给调用它的程序语句
}
```

程序语句调用函数时，将需要处理的数据作为参数传递给函数体。调用函数时传入的参数称为实际参数，简称"实参"；在函数定义中出现的参数则称为形式参数，简称"形参"。在示例代码中，a 和 b 为实参，add 函数中的 x 和 y 为形参。

实参和形参在类型、数量和顺序上须保持一致。实参可以是任何表达式的求值结果，形参可看作占位符，在函数没有被调用时不会被赋值。当函数被调用时，形参被分配内存，接受实参的赋值，或作为实参的隐式引用。当函数调用结束后，立刻释放形参内存。所以形参不能在函数外部使用，其作用范围只在函数内部。

延伸阅读

BJARNE S.C++程序设计语言(第1~3部分)[M]. 王刚，杨巨峰，译. 4版. 北京：

机械工业出版社,2016:264-272.

(金靖)

1.2.9.2 传值参数与传引用参数

实参和形参用于程序语句和函数之间的数据传输。发生函数调用时,实参的值会传递给形参。传递分为值传递和引用传递两种。

值传递是一种单向的数据传送,只能把实参值的一份复制传送给形参,而不能把形参的值反向地传送给实参。

```
void calc(int b) {
    b *= b; //语句执行完成,b 的值为 4
}
int a = 2;
calc(a); //语句执行完成,a 的值为 2
//实参的值不随形参的值的改变而改变
```

引用传递,是一种双向的数据传送,形参在函数内的变化也会导致实参的值发生变化。一个引用传递的形参需要在变量名之前加上 &,即变量类型 & 变量名,例如 int &a。

```
void calc(int &b) {
    b *= b; //语句执行完成,b 的值为 4
}
int a = 2;
calc(a); //语句执行完成,a 的值为 4
//实参的值随形参的值的改变而改变
```

参考词条

指针

延伸阅读

BJARNE S. C++程序设计语言(第 1~3 部分)[M]. 王刚,杨巨峰,译. 4 版. 北京:机械工业出版社,2016:273-281.

(金靖)

1.2.9.3 常量与变量的作用范围

局部变量定义在函数内部,作用域仅限于函数内部。形参变量、在函数体内定义的变量都是局部变量。局部变量可以在不同的函数中使用相同的变量名,但它们的作用域不同,互不干扰。在语句块中也可定义变量,它的作用域只限于当前语句块。例如在 for 语句块中定义的变量,当语句块结束后,非静态变量就不存在了。而 static 关键字定义的静态变量存储于进程的全局数据区,它的值不随函数的调用或返回而改变。

全局变量定义在所有函数的外部,它的作用域默认是整个程序,也就是所有的源文件(包括头文件)。因此全局变量名称不能与头文件中的变量名相同。

延伸阅读

BJARNE S. C++程序设计语言(第1~3部分)[M]. 王刚, 杨巨峰, 译. 4版. 北京: 机械工业出版社, 2016: 136-138.

(金靖)

1.2.9.4 递归函数

一个自定义函数既可以被 main 函数或者其他函数调用,也可以被自身调用。自定义函数在函数体内调用它自身的行为称为递归调用,这种函数称为递归函数。

递归函数首先要确定递归的退出条件,称为递归边界。执行递归函数将反复调用其自身,每调用一次就进入新的一层,传入的参数和函数内的变量不影响上一层的函数。事实上,每一次调用函数,系统给它们分配的内存空间都是独立的。以下是阶乘的递归实现。

```cpp
int factorial(int n) {
    int ans;
    if (n == 0 || n == 1) { //递归边界
        ans = 1;
    } else {
        ans = factorial(n - 1) * n; // 递归调用
    }
    return ans;
}
```

在求阶乘函数中,当 $n==0$ 或 $n==1$ 时,函数才会执行结束,否则就一直调用函数自身。

根据阶乘的定义,$f(n)=f(n-1)\times n$。例如,求5!(5的阶乘),递归调用过程如下所示:

① 调用 factorial(5),ans=factorial(5-1)×5;

② 调用 factorial(4),ans=factorial(4-1)×4;

③ 调用 factorial(3),ans=factorial(3-1)×3;

④ 调用 factorial(2),ans=factorial(2-1)×2;

⑤ 调用 factorial(1),ans=1。

至此递归已经达到边界,开始自底向上返回调用结果,如下所示:

① ans=1,factorial(2-1)×2=2;

② ans=2,factorial(3-1)×3=6;

③ ans=6,factorial(4-1)×4=24;

④ ans=24,factorial(5-1)×5=120。

因其使用内存空间来实现每一层函数的状态保存，比较消耗内存。在实际使用时要注意递归的层数，否则会导致内存溢出的错误。在大部分 Windows 和 Linux 系统中默认给程序分配的栈大小只有 1MB~8MB 不等，所以需要使用较多栈空间时可以通过编译指令增加操作系统分配的栈空间，以下以 Windows 系统为例。

```
-Wl,--stack=SIZE
```

其中 SIZE 是指定的栈大小，单位是字节。以下编译指令的作用是编译 a.cpp 并为其指定分配 512MB 的栈空间。

```
g++ a.cpp -Wl,--stack=536870912
```

在 Linux 系统中也可以通过 ulimit-s SIZE 命令调大栈空间，其中 SIZE 为一个数字，表示程序可使用的栈空间大小，单位为 kb（或为 unlimited，表示程序可使用的栈空间无限制）。

参考词条

递归法

延伸阅读

KERNIHAN B W, RITCHIE D M. C 程序设计语言[M]. 徐宝文，李志，译. 2 版. 北京：机械工业出版社，2004：73-75.

（金靖）

1.2.10 结构体与联合体

1.2.10.1 结构体

C++可以在已有基本数据类型的基础上自定义新的复合类型，用来存放一组不同类型的数据，称为结构体。结构体在数据结构和算法中应用广泛，常见于图和树的存储等需要自定义复合数据类型的场景。结构体中存放的不同数据，称为结构体的成员变量。如下定义结构体：

```
struct 结构体名 {
    成员类型名 成员变量名;
    ...
};
```

结构体变量可以在定义时使用"{}"进行初始化，再依次对结构体变量的各个成员变量赋值，如下：

> 结构体类型 结构体变量={成员变量1初始值,成员变量2初始值,…};

两个同类型的结构体变量，可以直接使用"="运算符赋值。用"结构体变量名.成员变量名"的方式，访问结构体变量的成员变量。

一个结构体变量占用的空间是各成员变量占用的空间之和。

参考词条

类的概念及简单应用

延伸阅读

BJARNE S. C++程序设计语言（第1~3部分）[M]．王刚，杨巨峰，译. 4版．北京：机械工业出版社，2016：173-186.

（金靖）

1.2.10.2 联合体

联合体"union"是一种构造类型的数据结构，在一个联合体中可以定义多种不同的数据类型，这点与结构体相似。如下定义联合体：

> union 联合体名 {
>   成员类型名 成员变量名；
>   …
> };

联合体变量可以存入其定义的任何一种数据类型，各成员变量共享一段内存空间，即每次只能赋一种值，赋入新值则覆盖旧值。一个联合体变量占用的空间等于各成员中最大的变量所占用的空间。

（金靖）

1.2.11 指针类型

1.2.11.1 指针

指针是一种特殊的变量，存放的是所指向对象在内存中的起始地址。在C++中，可以用指针变量来存放内存地址。

对于类型 T，用 $T*$ 表示"指向 T 的指针"的类型，即 $T*$ 类型的变量存放的是 T 类型的变量的地址。

为了赋值一个指针，就需要取出一个变量的地址，& 为取地址运算符，&a 表示变量 a 的地址。

为了调用一个指针，需要取出它指向的变量的值，* 为间接取值运算符，*p 表示

指针 p 所指向的变量的值。

```
char c = 'a';
char *p = &c; //p 存放 c 的地址
char c2 = *p; //c2='a'
```

对于指向数组的指针,如果数组类型为 $T[s_1][s_2]\cdots[s_n]$,则指向这种数组的指针类型为 $T(*)[s_1][s_2]\cdots[s_n]$。注意区分 int *a[10] 和 int (*a)[10]。前者表示定义一个长度为 10 的数组,每个元素类型为 int*,而后者表示定义一个指向一个长度为 10 的整型数组的指针。具体代码如下。

```
int a[10] = {1,2,3};
int (*p)[10] = &a; //让 p 指向 a
cout << (*p)[0] << " " << (*p)[1] << endl; //运行结果:1 2
```

对于指向函数的指针,如果函数返回值类型为 T,参数类型为 $T_1,T_2,\cdots,T_n$,那么用 $T(*)(T_1,T_2,\cdots,T_n)$ 表示指向这种函数的指针的类型。具体代码如下。

```
int calc(int a,int b) {
    return a + b;
}
int main() {
    int (*p)(int,int); //定义一个类型为 int(*)(int,int)的指针 p,指向类型为 int
                       (int,int) 的函数
    p = calc;
    cout << p(1,2) << endl; //调用 p 指向的函数
    return 0;
}
```

声明指针时应将其赋值,否则对未赋值的指针取值会访问不确定的内存空间,从而引起未知错误。

延伸阅读

[1] KERNIHAN B W, RITCHIE D M. C 程序设计语言[M]. 徐宝文,李志,译. 2 版. 北京:机械工业出版社,2004:79.

[2] BJARNE S. C++程序设计语言(第 1~3 部分)[M]. 王刚,杨巨峰,译. 4 版. 北京:机械工业出版社,2016:148-150.

(金靖)

1.2.11.2 基于指针的数组访问

C++中的一维数组名可以看作指向首个元素的指针,即 a=&a[0]。

若指针 p 指向数组 a 中某个元素,则 $p+1$ 指向它的下一个元素,$p+i$ 就指向它后面

第 i 个元素，$p-i$ 指向它前面第 i 个元素。因此，如果 p 指向 a[0]，那么 $p+i$ 就指向 a[i]，有 p+i=&a[i]，*(p+i)=a[i]=*(a+i)。赋值 p=&a[0] 可以简写成 p=a。

数组和指针也有一些差异。对于类型为 T 的数组 a，sizeof(a) 返回的是数组长度*sizeof(T)，而 sizeof(&a[0]) 返回的是一个指针所占用的空间。而且若 p 为指针，则 p=a 和 p++ 是合法的，但是 a=p 和 a++ 是不合法的。

当数组作为函数的参数时，实际传输的是数组首个元素的地址，将数组以指针形式传输过去。

延伸阅读

KERNIHAN B W，RITCHIE D M. C 程序设计语言[M]. 徐宝文，李志，译. 2 版. 北京：机械工业出版社，2004：83-86.

（金靖）

1.2.11.3　字符指针

字符指针是指向字符类型的指针，与普通指针的使用方法基本一致。

可以将字符串的首地址赋给字符指针，使其指向字符串。若 s1 为 const char* 型指针，可以直接用字符串字面值常量赋值，s1 = "Hello"；合法。但若 s2 为字符数组，则语句 s2 = "Hello"；不合法。

对于 string 类的 str 变量，可以用 str.c_str() 将其转化为 const char* 的类型，也可以直接用 char* 和 const char* 的变量给其赋值。

参考词条

字符串的处理

延伸阅读

[1] KERNIHAN B W，RITCHIE D M. C 程序设计语言[M]. 徐宝文，李志，译. 2 版. 北京：机械工业出版社，2004：89-90.
[2] BJARNE S. C++程序设计语言(第 1~3 部分)[M]. 王刚，杨巨峰，译. 4 版. 北京：机械工业出版社，2016：77.

（金靖）

1.2.11.4　指向结构体的指针

指向一个结构体变量的指针，就是该变量所占据的内存段的起始地址。

对于一个结构体指针 p，要调用其成员对象 a，可以写成 (*p).a，或者更简单地写成 p->a，注意不能写成 *p.a。

当函数变量参数要传递结构体时，如果按值传递，就要复制整个结构体，效率不高，一般可以使用结构体指针。

📖 延伸阅读

KERNIHAN B W，RITCHIE D M. C 程序设计语言[M]. 徐宝文，李志，译. 2 版. 北京：机械工业出版社，2004：119-120.

（金靖）

1.2.12 文件及基本读写

1.2.12.1 文件的基本概念、文本文件的基本操作

文件指存储在外部介质上数据的集合，简单来讲就是把数据通过字节序列保存在磁盘上。在磁盘上存储、调用数据都是通过文件操作的。根据编码方式，文件可分为两种类型：文本文件和二进制文件。

文本文件的基本操作有读取和写入等。

（金靖）

1.2.12.2 文本文件类型与二进制文件类型

文本文件是一个字符文件。它是基于字符编码的文件，常见的编码有 ASCII 编码、UNICODE 编码等。二进制文件是用计算机的内部格式存储数据集合。二进制文件中的数据只有被程序正确地解释时才有意义，因此要事先知道它的编码形式才能正确解码转换。

（金靖）

1.2.12.3 文件重定向、文件读写等操作

C++ 程序读写文件的方式有两种：流式和 I/O 方式。信息学竞赛中一般使用流式文件操作，分为两种：文件指针 FILE 和 stream 类的文件流。

1. 输入与输出流

流是与磁盘或其他外围设备关联的数据的源或目的地，C++ 中提供了文本流和二进制流两种类型，其中文本流是由文本行组成的序列，每一行包含 0 个或多个字符，并以 '\n' 结尾。程序开始执行时，stdin、stdout 和 stderr 这 3 个流已经处于打开状态，分别为标准输入、标准输出和标准错误。在大多数环境中，stdin 指向键盘，而 stdout 和 stderr 指向显示器。

2. 文件指针 FILE

FILE 类型结构体用来定义文件指针变量，即文件流，其中封装了与文件有关的信息，如缓冲区、位置指针等。使用时要包含头文件 cstdio。

```
FILE *fopen(const char *filename,const char *mode)
```

fopen 函数用于打开 filename 指定的文件，并返回一个指向它的流。如果打开操作

失败，则返回 NULL。mode 为打开模式，可以为下列合法值之一：
- "r"，以只读方式打开文本文件，若文件不存在则操作失败；
- "w"，以只写方式打开文本文件，并删除已存在的内容，若文件不存在则创建该文件；
- "a"，以只写方式打开文本文件，并向文件末尾追加内容，若文件不存在则创建该文件；
- "+"，添加上面的字符串之后，表示以读写的方式打开文件（既可以读又可以写）；
- "b"，添加上面的字符串之后，表示对二进制文件进行操作。

在对同一文件进行读和写的交叉过程中，必须调用 fflush 函数或文件定位函数。

```
int fflush(FILE *stream)
```

对于输出流来说，fflush 函数将已写入缓冲区但尚未写入文件的所有数据写入文件中。对输入流来说，fflush 函数的结果是未定义的，如果在写的过程中发生错误，则返回 EOF(其值一般为-1)，否则返回 0。

```
int fclose(FILE *stream)
```

fclose 函数将所有未写入的数据写入 stream 中，丢弃缓冲区中的所有未读输入数据，并释放自动分配的全部缓冲区，最后关闭流。若发生错误则返回 EOF，否则返回 0。

3. 格式化文件输入输出

```
int fscanf(FILE *stream,const char *format,…)
```

fscanf 函数按照 format 说明的格式从 stream 流中读取输入，并把转换后的值赋给后续各个参数。当格式串 format 用完时，函数返回。如果到达文件的末尾或在转换输入前发生错误，该函数返回 EOF；否则，返回实际被转换并赋值的输入项的数目。

```
int fprintf(FILE *stream,const char *format,…)
```

fprintf 函数按照 format 说明的格式对输出进行转换，并写入 stream 流中。返回值是实际写入的字符数，若出错则返回一个负值。

fscanf、fprintf 函数中的 format 格式串与 scanf、printf 函数遵循相同的模式。特别指出，fscanf(stdin,…)函数等价于 scanf(…)，fprintf(stdout,…)函数等价于 printf(…)。

4. fstream 类文件流

C++还提供了 fstream 类用于读写文件，使用时要包含头文件 fstream，用于从文件中读写数据。ifstream 用于从文件中读取数据，ofstream 用于向文件中写入数据。

5. 文件重定向

信息学竞赛中通常只需要同时打开一个输入文件和一个输出文件，因此可以使用 freopen 函数实现输入输出文件重定向，将 stdin、stdout 等已打开的文件流重定向到指定文件。

> FILE *freopen(const char *filename,const char *mode,FILE *stream)

freopen 函数将 stream 流重新定向到 filename 指定的文件。mode 为打开模式，可以为下列合法值之一：
- "r"，以只读方式打开文本文件，若文件不存在则操作失败；
- "w"，以只写方式打开文本文件，并删除已存在的内容，若文件不存在则创建该文件。

freopen 若操作失败则返回 NULL，否则返回参数 stream。

延伸阅读

KERNIHAN B W，RITCHIE D M. C 程序设计语言[M]. 徐宝文，李志，译. 2 版. 北京：机械工业出版社，2004：140-141，220.

（金靖）

1.2.13 STL 模板

1.2.13.1 算法模板库中的函数：min、max、swap、sort

C++的 algorithm 库提供了以下几种函数。

1. min 函数

const T& min(const T& a,const T& b)，利用类型 T 的<运算符，如果 $a<b$ 则返回 a，否则返回 b。

2. max 函数

const T& max(const T& a,const T& b)，利用类型 T 的<运算符，如果 $a<b$ 则返回 b，否则返回 a。

3. swap 函数

void swap(T& a,T& b)，交换 a 和 b 这两个地址中的值。如果交换的是两个数组，那么会进行 $O(n)$ 次交换，其中 n 是数组长度。

4. sort 函数

void sort(*begin,*end,cmp)，将一段连续的区间[first,last)中的元素排序。cmp 是一个 bool 比较函数，可以省略。当省略时，sort 使用<运算符作为比较函数，可以通过重载 operator<运算符对复杂类型排序，也可以编写自定义函数 cmp 来明确排序规则，还可以在如表 1.5 所示的选项中选择。

表 1.5 sort 函数选项

选项	说明
equal_to	相等
not_equal_to	不相等
less	小于
greater	大于
less_equal	小于等于
greater_equal	大于等于

如果将一个区间的整数按照降序排序,可以写成:sort(*begin,*end,greater<int>());。

sort 函数采用的不是简单的快速排序。当数据量大时,sort 函数采用快速排序算法,分段归并排序;一旦分段后的数据量小于某个门槛,为避免快速排序的递归调用带来过大的额外负荷,就改用插入排序;如果递归层次过深,还会改用堆排序(HeapSort)。因此它具有很好的平均性能,时间复杂度为 $O(n\log n)$。

参考词条

1. 排序算法
2. 算法模板库中的常用函数

延伸阅读

BJARNE S. C++程序设计语言(第 4 部分:标准库)[M]. 王刚,杨巨峰,译. 4 版. 北京:机械工业出版社,2016:71-73.

(金靖)

1.2.13.2 栈、队列、链表、向量等容器

C++的 STL 标准模板库中提供了以下几种容器。

1. 栈

栈(stack)是限定仅在表尾进行插入或删除操作的线性表。它按照后进先出的原则存储数据,先进入的数据被压入栈底,最后进入的数据在栈顶。容器定义在头文件 stack 中。对于 stack 类型的变量 stk,基本操作有如表 1.6 所示的几种。

表 1.6 栈的基本操作

方法	功能
stk.empty()	判断栈是否为空
stk.size()	返回栈中元素个数
stk.top()	返回栈顶元素的引用
stk.push(x)	在栈顶加入一个元素
stk.pop()	删除栈顶元素(至少保证有一个元素)

栈操作示例代码如下。

```
stack<int> stk;
for(int i=0;i<5;i++)
    stk.push(i* i);
while(!stk.empty()){
    cout<<stk.top()<<" "<<stk.size()<<endl;
    stk.pop();
}
/*
运行结果：
16 5
9 4
4 3
1 2
0 1
*/
```

2. 队列

队列(queue)是限定在前端(称为队头)进行删除操作，在后端(称为队尾)进行插入操作的线性表。它按照先进先出的原则存储数据。容器定义在头文件 queue 中。对于 queue 类型的变量 q，基本操作有如表 1.7 所示的几种。

表 1.7　队列的基本操作

方法	功能
q.empty()	返回队列中元素个数是否为 0
q.size()	返回队列中的元素个数
q.front()	返回队列中队头元素的引用
q.back()	返回队列中队尾元素的引用
q.pop()	删除队头元素
q.push(x)	在队尾插入一个元素

3. 链表

链表(list)是支持常数时间从容器任何位置插入和移除元素的线性表，通常实现为双向链表。容器定义在头文件 list 中。对于 list 类型的变量 lst，基本操作有如表 1.8 所示的几种。

表 1.8　链表的基本操作

方法	功能
lst.empty()	返回链表中元素个数是否为 0
lst.size()	返回链表中的元素个数，时间复杂度为 $O(n)$
lst.front()	返回链表中第一个元素的引用

(续)

方法	功能
lst.back()	返回链表中最后一个元素的引用
lst.clear()	擦除所有元素
lst.insert(pos,value)	在 pos 迭代器之前插入一个值为 value 的元素
lst.erase(pos)	从容器中删除位于 pos 的元素
lst.erase(first,last)	从容器中删除[first,last)范围中的元素
lst.push_back(value)	把给定元素添加到容器尾
lst.push_front(value)	把给定元素添加到容器首
lst.pop_back()	删除容器的首元素
lst.pop_front()	删除容器的末元素
lst.resize(count)	重设容器大小以容纳 count 个元素。若当前大小大于count，则减小容器为其首 count 个元素。若当前大小小于 count，则后附额外的默认插入的元素

4. 向量(vector)

向量是一个封装了动态大小数组的顺序容器(sequence container)。跟任意其他类型容器一样，它能够存放各种类型的对象。可以简单地认为，向量是一个能够存放任意类型的动态数组。容器定义在头文件 vector 中。对于 vector 类型的变量 vec，基本操作有如表 1.9 所示的几种。

表 1.9　向量的基本操作

方法	功能
vec.empty()	判断是否为空
vec.push_back(x)	在尾部增加一个元素 x
vec.insert(it,x)	迭代器指向元素前增加一个元素 x
vec.insert(it,n,x)	迭代器指向元素前增加 n 个相同的元素 x
vec.insert(it,first,last)	迭代器指向元素前插入另一个相同类型向量的[first,last)间的数据
vec.size()	返回元素的个数
vec.max_size()	返回最大可允许的元素数量值
vec.at(pos)	返回 pos 位置元素的引用
vec.front()	返回首元素的引用
vec.back()	返回尾元素的引用
vec.begin()	返回头指针，指向第一个元素
vec.end()	返回尾指针，指向最后一个元素的下一个位置
vec.rbegin()	反向迭代器，指向最后一个元素
vec.rend()	反向迭代器，指向第一个元素之前的位置
vec.erase(it)	删除迭代器指向元素
vec.erase(first,last)	删除[first,last)中元素
vec.pop_back()	删除最后一个元素
vec.clear()	清空所有元素

参考词条

1. 线性结构
2. 双端队列（deque）、优先队列（priority_queue）

延伸阅读

［1］BJARNE S. C++程序设计语言（第1~3部分）［M］. 王刚，杨巨峰，译. 4版. 北京：机械工业出版社，2016：81-84.

［2］BJARNE S. C++程序设计语言（第4部分：标准库）［M］. 王刚，杨巨峰，译. 4版. 北京：机械工业出版社，2016：54-55.

（全靖）

1.3　数据结构

1.3.1　线性结构

1.3.1.1　链表：单链表、双向链表、循环链表

链表是一种在物理存储空间上不连续的存储结构，链表内元素的逻辑顺序是通过链表中的指针链接次序实现的。根据链表的指针链接方式，链表一般分为单链表、双向链表、循环链表三种形式。

1. 单链表

单链表也称为单向链表，其结点中包含数据域 data 与指针域 next，数据域用来存储数据，指针域用来链接下一个结点，如图 1.1 所示。

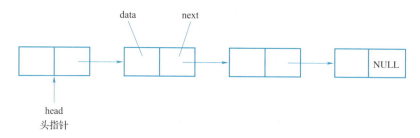

图 1.1　单链表

单链表一般有查找、插入、删除等操作，其中插入操作有头插法、尾插法两种方法。

2. 双向链表

双向链表结点中包含数据域 data 与两个指针域 prev 和 next，prev 指向当前元素的前驱元素，next 指向当前元素的后继元素，如果某个元素没有前驱元素，则该元素是链表的第一个元素，也就是头指针（head），如果某个元素没有后继元素，则该元素是链表的最后一个元素，也就是尾指针（tail）。双向链表如图 1.2 所示。

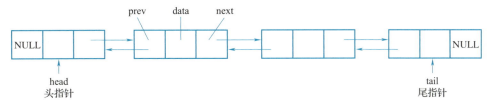

图 1.2 双向链表

双向链表一般有查找、插入、删除等操作。

3. 循环链表

循环链表分为单向循环链表和双向循环链表。

如果将单向链表中最后一个元素的指针指向第一个元素，则这样的单向链表就是单向循环链表。

如果将双向链表中第一个元素的前驱指针指向双向链表的最后一个元素，再将双向链表中最后一个元素的后继指针指向双向链表的第一个元素，那么这样的双向链表就是双向循环链表。

循环链表一般有查找、插入、删除等操作。

代码示例

使用结构体实现双向链表的数据结构，代码如下。

```
struct List
{
    int data,prev,next;
    List(){};
    List(int x,int a,int b) : data(x),prev(a),next(b){};
} t[1000005];
int tot;
```

在双向链表的结点 p 后面插入值为 x 的新结点，代码如下。

```
int np = ++tot;
int next = t[p].next;
t[p].next = np;
t[np] = List(x,p,next);
t[next].prev = np;
```

删除双向链表中的结点 p，代码如下。

```
int prev = t[p].prev,next = t[p].next;
t[prev].next = next;
t[next].prev = prev;
```

参考词条

1. 数组与数组下标
2. 指针

延伸阅读

[1] THOMAS H C，CHARLES E L，RONALD L R，et al. 算法导论（原书第 3 版）[M]. 殷建平，徐云，王刚，等译. 北京：机械工业出版社，2013：131-134.

[2] 严蔚敏，吴伟民. 数据结构[M]. 北京：清华大学出版社，2007：27-37.

[3] DONALD E K. 计算机程序设计艺术 卷 1：基本算法[M]. 李伯民，范明，蒋爱军，译. 3 版. 北京：人民邮电出版社，2016：217-236.

典型题目

CSP2021-J 小熊的果篮

（叶金毅）

1.3.1.2 栈

栈是一种限定仅在表尾进行插入和删除操作的线性表。一般情况下，操作端称为栈顶，另一端称为栈底。栈实现了一种后进先出（last-in，first-out，LIFO）的策略，栈的模型如图 1.3 所示。

栈的基本操作包括入栈、出栈、取栈顶元素等。

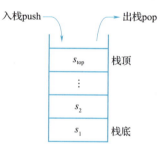

图 1.3 栈的模型

代码示例

利用数组可以实现栈的数据结构及部分基本操作，代码如下。

```
const int maxsize = 1010;
int s[maxsize];
int top = 0;
//入栈操作
s[++top] = x;
//出栈操作
top--;
//取栈顶元素
int x = s[top];
```

参考词条

1. 数组与数组下标
2. 链表：单链表、双向链表、循环链表
3. 双端栈

延伸阅读

[1] THOMAS H C, CHARLES E L, RONALD L R, et al. 算法导论（原书第3版）[M]. 殷建平，徐云，王刚，等译. 北京：机械工业出版社，2013：129-130.

[2] 严蔚敏，吴伟民. 数据结构[M]. 北京：清华大学出版社，2007：44-58.

[3] DONALD E K. 计算机程序设计艺术 卷1：基本算法[M]. 李伯民，范明，蒋爱军，译. 3版. 北京：人民邮电出版社，2016：191-194.

典型题目

1. NOIP2003 普及组 栈
2. NOIP2013 普及组 表达式求值

（叶金毅）

1.3.1.3 队列

队列是一种限定仅在队尾进行插入和在队头进行删除操作的线性表，队列实现了先进先出（first-in first-out，FIFO）策略，队列的模型如图1.4所示。

图1.4 队列的模型

队列的基本操作包括入队、出队、取队首元素、取队尾元素等。

代码示例

利用数组可以实现队列的数据结构及部分基本操作，代码如下。

```
const int maxsize = 1010;
int q[maxsize];
int front = 1;
int tail = 0;
int x;
//入队列
q[++tail] = x;
//出队列
front++;
```

```
//取队首元素
x = q[front];
//取队尾元素
x = q[tail];
```

参考词条

1. 数组与数组下标
2. 链表：单链表、双向链表、循环链表
3. 双端队列
4. 单调队列
5. 优先队列

延伸阅读

[1] THOMAS H C, CHARLES E L, RONALD L R, et al. 算法导论（原书第3版）[M]. 殷建平，徐云，王刚，等译. 北京：机械工业出版社，2013：130.

[2] 严蔚敏，吴伟民. 数据结构[M]. 北京：清华大学出版社，2007：58-65.

[3] DONALD E K. 计算机程序设计艺术 卷1：基本算法[M]. 李伯民，范明，蒋爱军，译. 3版. 北京：人民邮电出版社，2016：191-194.

典型题目

1. NOIP2004 提高组 合并果子
2. NOIP2010 提高组 机器翻译

（叶金毅）

1.3.2 简单树

1.3.2.1 树的定义与相关概念

如果一个无向简单图 G 满足以下相互等价的条件之一，那么 G 是一棵树。

(1) G 是没有回路的连通图。

(2) G 没有回路，但在 G 内添加任意一条边就会形成一个回路。

(3) G 是连通的，且去掉任意一条边后都不再连通。

(4) G 内的任意两个顶点能被唯一简单路径所连通。

(5) 如果 G 有有限个顶点（设为 n 个顶点），那么 G 是一棵树还等价于 G 是连通的且具有 $n-1$ 条边的图。

树是一种非线性数据结构。设 n 为树的顶点个数。如果 $n=0$，则称为空树。

在一棵树中可以指定一个特殊的结点——根。一棵有根的树叫作有根树。

对于一棵有根树，一条边的两个端点中，靠近根的那个结点称作另一个结点的父结点，距离根比较远的那个结点称作另一个结点的子结点。除了根结点，每个结点有且仅有一个父结点。

对于一棵有根树，从根结点到任意结点的路径的长度称为该结点在树中的深度。结点在树中的高度是该结点向下到某个叶子结点最长简单路径中边的条数。树的高度是根结点的高度，也等于树中结点的最大深度。

树上结点分为叶子结点和分支结点。其中叶子结点是没有子结点的结点，分支结点是有子结点的结点，分支结点也称为内部结点。

树上结点之间的关系如下。

（1）父结点和子结点：某个内部结点与自己的子结点形成父结点与子结点关系。

（2）兄弟结点：同一个父结点的子结点之间互称兄弟结点。

（3）祖先结点：从该结点到根结点的简单路径上经过的结点称为该结点的祖先结点。

（4）子孙结点：以该结点为根的子树下的所有结点称为该结点的子孙结点。

如果一棵树中任意结点的子结点之间没有顺序关系，那么这棵树就是无序树；如果一棵树中任意结点的子结点之间有顺序关系，那么这棵树就是有序树。

若干棵互不相交的树的集合就是森林，只有一棵树也可以称为森林。

参考词条

图的定义与相关概念

延伸阅读

[1] THOMAS H C，CHARLES E L，RONALD L R，et al. 算法导论（原书第 3 版）[M]. 殷建平，徐云，王刚，等译. 北京：机械工业出版社，2013：687-691.

[2] 严蔚敏，吴伟民. 数据结构[M]. 北京：清华大学出版社，2007：118-121.

（叶金毅）

1.3.2.2　树的表示与存储

对于一个树形结构，一般有三种表示法：双亲表示法、孩子表示法、孩子兄弟表示法。

- 双亲表示法：通过记录树中每个结点的父亲结点来表示一棵树。双亲表示法只需在内存中使用一个数组记录父结点即可完成存储。
- 孩子表示法：通过记录树中每个结点的所有子结点来表示一棵树。由于每个结点的子结点数量不确定，可以使用动态数组的方法记录每个结点的子结点，也可以使用图的"链式前向星"存储方法存储一棵树。
- 孩子兄弟表示法：如果将一棵树中每个结点的所有孩子确定一个顺序，每个结点记录两个信息，第一个信息为其第一个孩子结点，第二个信息为其下一个兄弟结点，那么一棵树会被转换为一个二叉树再进行存储，该表示法即为孩子兄弟表示法，也称为左孩子右兄弟表示法。

🔗 参考词条

1. 树的定义与相关概念
2. 图的表示与存储：邻接表

📖 延伸阅读

严蔚敏，吴伟民．数据结构[M]．北京：清华大学出版社，2007：118-120.

（叶金毅）

1.3.2.3 二叉树的定义与基本性质

二叉树是一种树形结构，其特点是每个结点最多只有两个子树，二叉树的递归定义如下：

（1）它或者是一棵不包含任何结点的空树，或者有且仅有一个结点称为根结点；

（2）根结点至多有两个互不相交的子树，并且每个子树也是一棵二叉树。

定义二叉树根结点的层是 1，其余结点的层等于该结点的父结点的层加 1。

二叉树的性质如下：

（1）非空二叉树第 i 层上至多有 2^{i-1} 个结点；

（2）高为 h 的二叉树至多有 $2^{h+1}-1$ 个结点；

（3）对于任何非空二叉树，若其叶结点个数为 n_0，有两个孩子的结点个数为 n_2，则 $n_0 = n_2 + 1$。

🔗 参考词条

1. 二叉树的表示与存储
2. 完全二叉树的定义与基本性质

📖 延伸阅读

严蔚敏，吴伟民．数据结构[M]．北京：清华大学出版社，2007：118-120.

（叶金毅）

1.3.2.4 二叉树的表示与存储

使用孩子表示法表示一棵二叉树，可定义二叉树的数据结构中包含如下信息。

（1）数据域：存放结点本身信息。

（2）孩子域：存放结点左右子结点的数组下标或者内存地址，由于最多只有两个孩子，所以只需要设置左子域以及右子域。

💻 代码示例

对于二叉树的数据结构，结构体中使用整数存储左右孩子在数组中的下标，代码如下。

```
struct BinaryTreeNode
{
    int data;
    int leftchild,rightchild; //记录左右子数组下标
};
```

参考词条

1. 二叉树的定义与基本性质
2. 树的表示与存储

延伸阅读

［1］THOMAS H C, CHARLES E L, RONALD L R, et al. 算法导论（原书第 3 版）［M］. 殷建平, 徐云, 王刚, 等译. 北京：机械工业出版社, 2013：137-138.

［2］严蔚敏, 吴伟民. 数据结构［M］. 北京：清华大学出版社, 2007：121-123.

（叶金毅）

1.3.2.5 二叉树的遍历：前序、中序、后序

二叉树的遍历是指从二叉树的根结点开始，按照某种次序依次访问二叉树中的所有结点，每个结点都被访问且仅被访问一次。二叉树有三种常用遍历顺序，分别是前序、中序、后序遍历。

- 前序遍历：先访问根结点，再递归前序访问左子树，最后递归前序访问右子树。
- 中序遍历：先递归中序访问左子树，再访问根结点，最后递归中序访问右子树。
- 后序遍历：先递归后序访问左子树，再递归后序访问右子树，最后访问根结点。

代码示例

以下代码使用结构体实现了二叉树的数据结构，并且中序递归遍历了二叉树的所有结点。

```
const int maxsize = 1010;
struct BinaryTreeNode
{
    int data;
    int leftChild;
    int rightChild;
} t[maxsize];
//二叉树中序遍历    左-> 根-> 右
void inOrder(int node)
{
    if (node == 0)
        return;
```

```
        inOrder(t[node].leftChild);
        cout << node.data << '';
        inOrder(t[node].rightChild);
    }
```

参考词条

1. 递归法
2. 二叉树的表示与存储
3. 二叉搜索树的定义和构造

延伸阅读

［1］DONALD E K. 计算机程序设计艺术 卷1：基本算法［M］. 李伯民，范明，蒋爱军，译. 3版. 北京：人民邮电出版社，2016：253-262.

［2］严蔚敏，吴伟民. 数据结构［M］. 北京：清华大学出版社，2007：128-133.

典型题目

1. NOIP2001 普及组 求先序排列
2. NOIP2004 普及组 FBI 树
3. NOIP2003 提高组 加分二叉树
4. NOIP2018 普及组 对称二叉树
5. CSP2020-J 表达式

（叶金毅）

1.3.3 特殊树

1.3.3.1 完全二叉树的定义与基本性质

一棵二叉树只有最下面两层结点的度数可以小于2，且最下面一层的结点都处于该层左边的连续位置上，这样的二叉树称为完全二叉树，如图1.5所示。

完全二叉树具有如下基本性质。

（1）具有 n 个结点的完全二叉树的深度为 $\lfloor \log_2 n \rfloor$。

（2）对于具有 n 个结点的完全二叉树，若按层次从上到下、从左到右、从1开始依次对每个结点进行编号，则编号为 x 的结点具有以下性质。

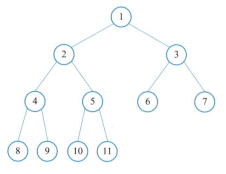

图1.5 完全二叉树

① 如果 $x=1$，则结点 x 为二叉树的根结点，没有父结点；若 $x>1$，则该结点的父结点编号为 $\lfloor x/2 \rfloor$。

② 如果 $2x>n$，则结点 x 无左子结点，否则结点 x 的左子结点编号为 $2x$；

③ 如果 $2x+1>n$，则结点 x 无右子结点，否则结点 x 的右子结点编号为 $2x+1$。

对于一棵完全二叉树，除最下面一层没有子结点外，其余每一层上的所有结点有且都有两个子结点，这样的完全二叉树就是满二叉树，又称为完美二叉树。

参考词条

1. 二叉树的定义与基本性质
2. 堆排序

延伸阅读

THOMAS H C，CHARLES E L，RONALD L R，et al. 算法导论（原书第 3 版）[M]. 殷建平，徐云，王刚，等译. 北京：机械工业出版社，2013：690-691.

典型题目

NOIP2004 普及组 FBI 树

（佟松龄　叶金毅）

1.3.3.2 完全二叉树的数组表示法

完全二叉树的数组表示法就是使用数组表示一个完全二叉树，其方法是将 n 个结点的完全二叉树，按层次从上到下、从左到右、从 1 开始（根结点编号为 1）依次对每个结点进行编号，并以编号作为数组的下标，依次存放在一维数组中。

图 1.6 是一棵完全二叉树，利用数组表示法，存储在一维数组中，如表 1.10 所示。

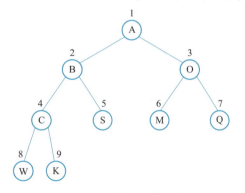

图 1.6　完全二叉树示例

表 1.10　完全二叉树的数组表示法

下标	0	1	2	3	4	5	6	7	8	9	10
存储信息		A	B	O	C	S	M	Q	W	K	

在数组表示法，根据结点存储在数组中的下标数值，可以获得结点在完全二叉树上的父子逻辑关系：

- 非根结点 x（编号 $x>1$）的父结点的编号为 $\lfloor x/2 \rfloor$；
- 结点 x 的左子编号是 $2x$（$2x<=n$），右子编号是 $2x+1$（$2x+1<=n$）。

参考词条

1. 堆排序
2. 线段树

延伸阅读

THOMAS H C，CHARLES E L，RONALD L R，et al. 算法导论（原书第 3 版）[M].
殷建平，徐云，王刚，等译. 北京：机械工业出版社，2013：690-691.

（佟松龄　叶金毅）

1.3.3.3　哈夫曼树的定义、构造和哈夫曼编码

给定 n 个权值作为 n 个叶子结点构造一棵二叉树，使该树的带权路径长度达到最小，则这样的二叉树称为哈夫曼树（Huffman tree），也称为最优二叉树。

从根结点到某叶子结点经过的边的数量称为该叶子结点的路径长度，每个叶子结点的路径长度与叶子结点权值之积的和称为树的带权路径长度（Weighted Path Length of tree，WPL），计算公式如下：

$$\text{WPL} = \sum_{i=1}^{n}（W_i \times L_i）$$

其中，n 为叶子结点个数，W_i 为第 i 个叶子结点的权值，L_i 为第 i 个叶子结点的路径长度。哈夫曼树就是 WPL 最小的二叉树。

哈夫曼树构造的基本思想（哈夫曼算法）：权值越大的叶结点越靠近根结点，权值越小的叶结点越远离根结点。

构造的具体过程如下。

（1）根据给定的 n 个权值 $\{w_1, w_2, \cdots, w_n\}$，构造一个森林 $F = \{T_1, T_2, \cdots, T_n\}$。该森林中的每一棵二叉树 T_i 只有权值为 w_i 的根结点，其左、右子树均为空。

（2）在森林 F 中选取两棵根结点权值最小的树作为左、右子树构造一棵新的二叉树，并且这棵新二叉树根结点的权值为其左、右子树根结点权值之和。

（3）在森林 F 中删除这两棵二叉树，同时将新得到的二叉树加入森林 F 中。

（4）重复步骤（2）~（3），直至森林 F 只包含一棵树为止。最后剩下的这棵二叉树便是所要建立的哈夫曼树。

如设定哈夫曼左子路径编码为 0，右子路径编码为 1，从根结点递归访问每个叶子结点，记录每个根结点到叶子结点路径上的编码，该编码即为哈夫曼编码。

代码示例

构造哈夫曼树的代码如下。

```
const int MAXM = 1010;
const int MAXN = 1010;
```

1.3 数据结构

```cpp
struct HuffmanNode
{
    double weight;
    int id,fa,lc,rc; //结点 id 的权值为 weight,结点 id 的父结点为 fa,结点 id 的左右
                     孩子分别为 lc 和 rc
    bool operator<(const HuffmanNode &a) const
    { // weight 小优先
        return weight > a.weight;
    }
} ht[MAXM];
double w[MAXN]; //数组 w 中存放着 n 个叶子结点的权,构造哈夫曼树 ht。
bool HuffmanTree(int n)
{
    if (n <= 1)
        return 0;
    int m = 2 * n - 1;
    // m 记录哈夫曼树的结点个数,哈夫曼树没有度为 1 的结点,对于具有 n 个叶子结点的哈夫
    //   曼树,根据二叉树的性质,可以推出其具有 2n-1 个数组元素
    priority_queue<HuffmanNode> hq;
    for (int i = 1; i <= n; i++)
    { //执行哈夫曼算法的第 1 步
        ht[i].weight = w[i];
        ht[i].id = i;
        ht[i].fa = 0;
        ht[i].lc = ht[i].rc = 0;
        hq.push(ht[i]);
    }
    HuffmanNode s1,s2;
    for (int i = n + 1; i <= m; i++)
    { //重复执行哈夫曼算法的第 2~3 步,直至只剩一棵树
        s1 = hq.top();
        hq.pop();
        s2 = hq.top();
        hq.pop();
        ht[i].weight = s1.weight + s2.weight;
        ht[i].id = i;
        ht[i].fa = 0;
        ht[i].lc = s1.id;
        ht[i].rc = s2.id;
        ht[s1.id].fa = i;
        ht[s2.id].fa = i;
        hq.push(ht[i]);
    }
    return 1;
}
```

🔗 参考词条

1. 二叉树的定义与基本性质
2. 完全二叉树的定义与基本性质

延伸阅读

[1] THOMAS H C, CHARLES E L, RONALD L R, et al. 算法导论(原书第3版)[M]. 殷建平, 徐云, 王刚, 等译. 北京：机械工业出版社, 2013：245-249.

[2] 严蔚敏, 吴伟民. 数据结构[M]. 北京：清华大学出版社, 2007：144-149.

典型题目

NOI2015 荷马史诗

（佟松龄　叶金毅）

1.3.3.4 二叉搜索树的定义和构造

二叉搜索树(Binary Search Tree，BST)又称为二叉排序树、二叉查找树。一棵二叉搜索树或者是空树，或者是结点包含权值，且具有以下特征：

（1）若左子树不空，则左子树上所有结点的权值均小于根结点的权值；

（2）若右子树不空，则右子树上所有结点的权值均大于根结点的权值；

（3）左、右子树也是二叉搜索树。

二叉搜索树一般有查找、插入、删除等操作。

1. 查找操作

在以 p 为根结点的二叉搜索树中查找一个权值为 val 的结点，步骤如下：

（1）若 p 为空，则查找不成功；

（2）若 p 的权值等于 val，则查找成功；

（3）若 val 小于 p 的权值，则递归查找左子树；

（4）若 val 大于 p 的权值，则递归查找右子树。

2. 插入操作

在以 p 为根结点的二叉搜索树中插入一个权值为 val 的新结点，步骤如下：

（1）若 p 为空，直接插入新结点；

（2）若 p 的权值大于 val，在 p 的左子树中插入权值为 val 的结点；

（3）若 p 的权值小于 val，在 p 的右子树中插入权值为 val 的结点。

3. 删除操作

在以 p 为根结点的二叉搜索树中删除一个权值为 val 的结点，步骤如下。

如果查找到权值为 val 的结点，分三种情况进行处理：

（1）若该结点的度为 0，即为叶子结点，可以直接删除。

（2）若该结点的度为 1，即只有左子树或右子树，则用这棵子树代替 p 结点即可。

(3) 若该结点的度为 2，即左子树和右子树均不空，有两种不同做法。

方法 1：找出左子树中权值最大的结点 x，将该结点的权值替换为 x 结点的权值，再按照(2)或(3)方法删除 x 结点(x 作为左子树中权值最大的结点，度一定是 0 或 1)。

方法 2：找出右子树中权值最小的结点 y，将该结点的权值替换为 y 结点的权值，再按照(2)或(3)方法删除 y 结点(y 作为右子树中权值最小的结点，度一定是 0 或 1)。

二叉搜索树的构造方法：将给定的所有结点，依次按照插入操作的步骤，插入到二叉搜索树中相应的叶结点位置，即完成了二叉搜索树的构造。

二叉搜索树的遍历与二叉树的遍历方式相同。对二叉搜索树中序遍历，可以得到各结点权值从小到大排序的序列。

> **代码示例**

二叉搜索树的构造、查找、插入、删除、中序遍历代码如下。

```
struct BSTNode
{
    int lc,rc; // 左、右子结点在数组中的下标
    int val; // 值
} BST[SIZE]; // 数组模拟链表存储二叉排序树
int tot = 0; // 总结点数
int root, INF = 1 << 30;
// 在二叉排序树中建立一个新结点
int NewNode(int val)
{
    BST[++tot].val = val;
    return tot;
}
// 建树初始化
void InitBuild()
{
    NewNode(-INF);
    NewNode(INF);
    root = 1;
    BST[1].rc = 2;
}
// 在二叉排序树中从结点 p 开始，查找值为 val 的结点，并返回结点编号
int SearchBST(int p, int val)
{
    if (p == 0) // 查找失败
        return 0;
    if (val == BST[p].val) // 查找成功
        return p;
    else if (val < BST[p].val)
```

```
        return SearchBST(BST[p].lc,val);
    else
        return SearchBST(BST[p].rc,val);
}
//在二叉排序树中从结点 p 开始,插入值为 val 的结点
void InsertBST(int &p,int val)
{
    if (p == 0)
        {                           //若二叉排序树为空,则生成并返回一个结点的二叉排序树
        p = NewNode(val); // p 是引用,所以其父结点的 lc 或 rc 值会被同时更新
        return;
        }
    if (val == BST[p].val)  //待插入值 val 在原树中已存在
        return;
    else if (val < BST[p].val)
        InsertBST(BST[p].lc,val);
    else
        InsertBST(BST[p].rc,val);
}
//在二叉排序树中删除值为 val 的结点
void DeleteBST(int &p,int val)
{
    if (p == 0)
        return;
    if (val == BST[p].val)
        {                                           //找到值为 val 的结点
        if (BST[p].lc == 0 && BST[p].rc == 0)//值为 val 的结点的左右子树都为
                                                空,直接删除 p = 0;
        else if (BST[p].lc == 0) // 值为 val 的结点的左子树为空,用右子树代替
            p = BST[p].rc;
        else if (BST[p].rc == 0) //值为 val 的结点的右子树为空,用左子树代替
            p = BST[p].lc;
        else
        { // 值为 val 的结点有左右两个子树
            //查找左子树的最大值
            int x = BST[p].lc;
            while (BST[x].rc > 0)
                x = BST[x].rc;
            DeleteBST(BST[p].lc,BST[x].val); //在左子树上将 x 删除,使 x 的子
                                                树可以填充 x 的位置
            //用结点 x 代替结点 p
            BST[x].lc = BST[p].lc;
            BST[x].rc = BST[p].rc;
            p = x;
```

```
            /*
            //上面四句可以替换为下面两句,直接用结点 x 的值替换原 val 值,再将结点 x
                删除
            BST[p].val = BST[x].val;
            DeleteBST(BST[p].lc,BST[x].val);
            */
        }
    }
    else if (val < BST[p].val) //值 val 比当前结点值小,在当前结点左子树继续查找
        DeleteBST(BST[p].lc,val);
    else //值 val 比当前结点值大,在当前结点右子树继续查找
        DeleteBST(BST[p].rc,val);
}
//二叉排序树中序遍历
Void InOrderTraveral(int p)
{
    if (p == 0)
        return;
    InOrderTraveral(BST[p].lc);
    cout << BST[p].val;
    InOrderTraveral(BST[p].rc);
}
```

参考词条

1. 二叉树的定义与基本性质
2. 二叉树的遍历：前序、中序、后序

延伸阅读

THOMAS H C, CHARLES E L, RONALD L R, et al. 算法导论(原书第 3 版)[M]. 殷建平, 徐云, 王刚, 等译. 北京：机械工业出版社, 2013: 161-173.

（佟松龄　叶金毅）

1.3.4　简单图

1.3.4.1　图的定义与相关概念

图是由若干个顶点和若干条边构成的数据结构，顶点是实际对象的抽象，边是对象之间关系的抽象。可以将图形式化表示为二元组。

$$G = (V, E)$$

其中，V 是顶点集，表征数据元素；E 是边集，表征数据元素之间的关系。信息学竞赛

中一般使用 n 表示图中结点的数量，使用 m 表示图中边的数量。

图可以分为无向图（undirected graph）、有向图（directed graph）、混合图（mixed graph）。无向图的边集 E 中的每个元素是一个无序二元组 (u,v) 称作无向边（undirected edge），简称边（edge），其中 u 和 v 称为端点（endpoint）。有向图的边集 E 中的每个元素是一个有序二元组 (u,v)，称作有向边（directed edge）或弧（arc），其中 u 称为弧尾，v 称为弧头。混合图中的边集既有无向边也有有向边。

在无向图中，若任意两个顶点之间都存在边，则该无向图称为无向完全图。n 个顶点的无向完全图，一共有 $n(n-1)/2$ 条边。在有向图中，若任意两个顶点 x、y，既存在 x 到 y 的弧，也存在 y 到 x 的弧，则该有向图称为有向完全图。n 个顶点的有向完全图，一共有 $n(n-1)$ 条弧。

在无向图中，若点 u 与点 v 存在边 (u,v)，则顶点 v 和顶点 u 互称为邻接点。在有向图中，若点 u 与点 v 之间存在一条点 u 指向点 v 的一条弧 (u,v)，则称顶点 u 邻接到顶点 v，顶点 v 邻接自顶点 u。

与顶点相关联的边的数目或者弧的数目称为该顶点的度。在无向图中，顶点的度就是其关联的边的数目。在有向图中，由于与顶点关联的弧具有方向性，因此要区分顶点的入度和出度。入度指以该顶点为弧头的弧的数目，而出度指以该顶点为弧尾的弧的数目，入度与出度之和是该顶点的度。

图中的边或者弧有时带有具有某种意义的数值，称为该边或弧的权。权是边或弧某种属性的数值化描述，边或弧上带权的图可以称为带权图。

在图 $G=(V,E)$ 中，由顶点 u 至顶点 v 的序列，称为路径。路径上边或者弧的数目称为路径长度。如果一条路径中不包含重复结点，则该路径为一条简单路径。如果 u 和 v 相等，则称为一个环。

对于图 $G=(V,E)$ 和 $G'=(V',E')$，若 V' 是 V 的子集，即 $V' \subseteq V$，并且 E' 是 E 的子集，即 $E' \subseteq E$，则称 G' 是 G 的子图。

图中的顶点数也称为图的阶。

图论中的握手定理：对于一个有向图，所有顶点的入度之和等于出度之和，并且和边数也相等；对于一个有向图或者无向图，所有顶点的度数之和等于边数的两倍。

📖 参考词条

树的定义与相关概念

📖 延伸阅读

严蔚敏，吴伟民. 数据结构[M]. 北京：清华大学出版社，2007：156-160.

（佟松龄　叶金毅）

1.3.4.2　图的表示与存储：邻接矩阵

邻接矩阵存储也称为数组存储，用一个二维数组存放图中的全部边或者弧，以数组中的下标代表对应顶点。邻接矩阵中的矩阵元素 $A[i][j]$ 存放了顶点 i 和顶点 j 之间的关系。若图是无向图，则 $A[i][j]$ 和 $A[j][i]$ 同时存放顶点 i 与顶点 j 之间的边，若图是有向图，则 $A[i][j]$ 存放顶点 i 到顶点 j 的弧。

对于无权图，邻接矩阵元素 $A[i][j]$ 定义为：

$$A[i][j] = \begin{cases} 1, & \text{点 } i \text{ 与点 } j \text{ 之间存在边} \\ 0, & \text{点 } i \text{ 与点 } j \text{ 之间不存在边} \end{cases}$$

对于带权图，邻接矩阵元素 $A[i][j]$ 定义为：

$$A[i][j] = \begin{cases} w_{ij}, & \text{点 } i \text{ 与点 } j \text{ 之间存在权值为 } w_{ij} \text{ 的边} \\ 0, & \text{点 } i \text{ 与点 } j \text{ 之间不存在边} \end{cases}$$

邻接矩阵存储具有以下特征：

（1）无向图的邻接矩阵是对称矩阵，有向图的邻接矩阵是非对称矩阵；

（2）对于无向图，其邻接矩阵第 i 行（或第 i 列）非零元素的个数正好是第 i 个顶点的度；

（3）对于有向图，其邻接矩阵第 i 行非零元素的个数正好是第 i 个顶点的出度，而第 j 列非零元素的个数正好是第 j 个顶点的入度。

对于 n 个顶点的图，采用邻接矩阵存储，需要占用 $n \times n$ 个存储单元，其空间复杂度为 $O(n^2)$。

代码示例

建立一个最多 MAXN 个顶点的无权无向图，代码如下。

```
const int MAXN = 1010;
int G[MAXN][MAXN];
void addEdge(int u, int v)
{ // 加入一条边
    G[u][v] = G[v][u] = 1;
}
```

建立一个最多 MAXN 个顶点的有权有向图，代码如下。

```
const int MAXN = 1010;
int G[MAXN][MAXN];
void addEdge(int u, int v, int w)
{ // 加入一条权为 w 的边
    G[u][v] = w;
}
```

参考词条

二维数组与多维数组

延伸阅读

[1] THOMAS H C, CHARLES E L, RONALD L R, et al. 算法导论（原书第 3 版）[M]. 殷建平，徐云，王刚，等译. 北京：机械工业出版社，2013：341-342.

[2] 严蔚敏，吴伟民. 数据结构[M]. 北京：清华大学出版社，2007：161-163.

（佟松龄　叶金毅）

1.3.4.3　图的表示与存储：邻接表

图的邻接表存储是一种顺序存储与链式存储相结合来存储图信息的存储结构。通常以顺序结构存储建立一个顶点表，记录图中各个顶点的信息；以链式存储结构对图中每个顶点建立一个存储边的线性链表，第 i 个线性链表的结点存储邻接自顶点 v_i 的边及其相关信息。

在无向图的邻接表中，以图中邻接自顶点 v_i 的所有边为结点，构成一个带头结点的线性链表，该线性链表的头结点位置存储于顶点表的第 i 个顶点中。

不带权的无向图的邻接表表示，如图 1.7 所示。

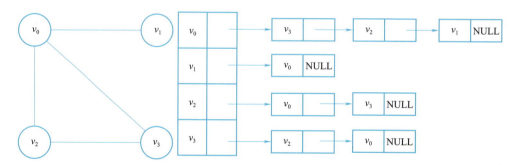

图 1.7　不带权的无向图的邻接表表示

在有向图的邻接表中，以图中顶点 v_i 为弧尾的所有弧作为结点，构成一个带头结点的线性链表，该线性链表的头结点位置存储于顶点表的第 i 个顶点中。

带权的有向图的邻接表表示，如图 1.8 所示。

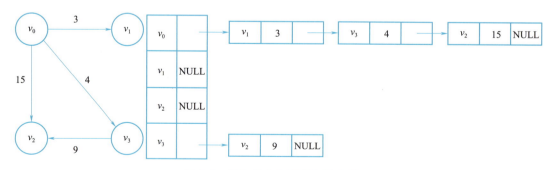

图 1.8　带权的有向图的邻接表表示

顶点表中的每个结点，一般需要定义两个域：

（1）数据域，用于存放该顶点的信息；

（2）指针域，用于指向第一条关联边（弧）的结点。

每一个由边或者弧构成的链表结点，一般需要定义 3 个域：

（1）结点域，用于存储该边的另一个端点或者该弧的弧头信息；

（2）权值域，用于存储该边（弧）上的权或者其他信息，如果是无权图，则可以不定义该域；

（3）指针域，用于存储该结点在同一链表中的后继结点的位置。

邻接表存储的空间复杂度为 $O(n+m)$。在边或者弧稀疏的情况下，用邻接表存储图比用邻接矩阵存储图要节省存储空间。

代码示例

使用 vector 模拟链表存储一个最多 MAXN 个顶点的无向无权图，代码如下。

```
const int MAXN = 1010;
vector<int> G[MAXN];
void addEdge(int u,int v)
{ // 加入一条边
    G[u].push_back(v);
    G[v].push_back(u); //若无向图,一般需要加双向边
}
void visit(int u)
{ //遍历 u 点所连接的每一个点
    for (int i = 0; i < G[u].size(); i++)
    {
        int v = G[u][i];
    }
}
```

利用结构体存储一个最多 MAXN 个结点的有向有权图，代码如下。

```
const int MAXN = 1010;
struct EDGE
{
    int v,w;
};
vector<EDGE> G[MAXN];
void addEdge(int u,int v,int w)
{ //添加一条有向边 u->v 权值为 w
    EDGE tmp;
    tmp.v = v;
    tmp.w = w;
```

```
        G[u].push_back(tmp);
}
void visit(int u)
{ //遍历u点所连接的每一个点
    for (int i = 0; i < G[u].size(); i++)
    {
        int v = G[u][i].v;
        int w = G[u][i].w;
    }
}
```

使用链式前向星存储方法，构造最多包含 MAXN 个顶点、MAXM 条边的有向有权图，代码如下。

```
const int MAXN = 1e6 + 5;
const int MAXM = 1e6 + 5;
struct Node
{
    int v,w;
    int next;
} e[MAXM << 1];
int head[MAXN],cnt;
void addEdge(int u,int v,int w)
{
    cnt++;
    e[cnt].v = v;
    e[cnt].w = w;
    e[cnt].next = head[u];
    head[u] = cnt;
}
void visit(int u)
{ //遍历u结点链接的所有边
    for (int i = head[u]; i; i = e[i].next)
    {
        int v = e[i].v;         //获得u->v边的另一端点
        int weight = e[i].v;    //获得边的权值
    }
}
```

🔗 参考词条

1. 链表：单链表、双向链表、循环链表
2. 栈、队列、链表、向量等容器

延伸阅读

［1］THOMAS H C，CHARLES E L，RONALD L R，et al. 算法导论（原书第 3 版）
  ［M］. 殷建平，徐云，王刚，等译. 北京：机械工业出版社，2013：341-342.
［2］严蔚敏，吴伟民. 数据结构［M］. 北京：清华大学出版社，2007：163-166.

（佟松龄　叶金毅）

1.4　算　法

1.4.1　算法概念与描述

1.4.1.1　算法概念

在数学和计算机科学之中，算法（algorithm）是指一个被定义好的、计算机可实施的有限步骤或次序，常用于计算、数据处理和自动推理。算法是有效方法，包含一系列定义清晰的指令，并可于有限的时间及空间内清楚地表述出来。

通常用空间复杂度和时间复杂度来衡量一个算法的优劣，而同一个问题可以用具有不同时间复杂度和空间复杂度的算法来求解。

算法具有以下五个重要的特征。

（1）输入项：一个算法有 0 个或多个输入。

（2）输出项：一个算法有 1 个或多个输出。

（3）确定性：算法的每一个步骤必须有确定的定义，即语句的描述不能存在二义性，对于每一种情况，需要执行的动作都应该是严格的、清晰的。

（4）有穷性：算法必须能在执行有限步之后终止，即在执行完有限步之后自动结束，而不会出现无限循环，并且每一步都在规定的时间内完成。

（5）可行性：算法中执行的任何计算步骤都是可以被分解为基本的、可执行的操作步骤，即算法的每一条运算原则上都能精确地执行。

算法可采用多种描述语言来描述，各种描述语言在对问题的描述能力方面存在一定的差异。常用的方式有自然语言、流程图、伪代码等。不管用哪种描述方式表达算法，其描述的结果必须满足算法的五个特征。

延伸阅读

THOMAS H C，CHARLES E L，RONALD L R，et al. 算法导论（原书第 3 版）［M］.

殷建平，徐云，王刚，等译. 北京：机械工业出版社，2013：3-7.

（李绍鸿　谢秋锋）

1.4.1.2　算法描述：自然语言描述、流程图描述、伪代码描述

描述算法有很多种方式，其中最常用的描述方式包括自然语言描述、流程图描述和伪代码描述。这些描述方式各有其优缺点，需要根据具体场景选择最合适的描述方式。

1. 自然语言描述

算法的自然语言描述，指的是用日常使用的语言来描述解决问题的具体步骤。

用自然语言描述算法的优点是通俗易懂，当算法中的操作步骤都是顺序执行时，比较直观，容易理解。缺点是如果算法中包含了判断结构和循环结构，并且操作步骤较多时，容易引起歧义，且描述得不够清晰。

2. 流程图描述

流程图是以特定的图形符号加上说明来表示算法的图。流程图用一些图框来表示各种类型的操作，在框内写出各个步骤，然后用带箭头的线将它们连接起来，以表示算法执行的先后顺序。

使用流程图来描述算法，其优点是可以使读者更加清楚地了解整个算法的完整操作过程，有助于在工作过程中及时对算法进行修改。但流程图有其约定的符号，绘制时需要根据其符号进行搭建，绘制过程比较繁琐。

3. 伪代码描述

伪代码是一种非正式的用于描述模块结构图的语言。使用伪代码的目的是使被描述的算法可以容易地以任何一种编程语言实现。因此，伪代码必须结构清晰、代码简单、可读性好。伪代码介于自然语言与编程语言之间，以编程语言的书写形式说明算法功能。使用伪代码，不用拘泥于具体实现，相比程序语言它更类似自然语言，可以将整个算法运行过程的结构用接近自然语言的形式描述出来。

使用伪代码描述算法没有严格的语法限制，书写格式比较自由，只要把意思表达清楚就可以了，它更侧重于对算法本身的描述。在伪代码描述中，表述关键词的语句一般用英文单词，其他语句可以用英文语句，也可以用中文语句。

🔗 参考词条

算法概念

（李绍鸿　谢秋锋）

1.4.2　入门算法

1.4.2.1　枚举法

枚举法（enumeration method），又称穷举法，指在一个有穷的、可能的解的集合中，枚举出集合中的每一个元素，用题目给定的检验条件来判断该元素是否符合条件，若满

足条件，则该元素为问题的一个解；否则，该元素不是该问题的解。枚举法也是一种搜索算法，即对问题的所有可能解的状态集合进行一次扫描或遍历。

枚举法常用于解决"是否存在"或"有多少种可能"等类型的问题。如，寻找给定范围$[1,n]$内质数个数的问题，可以通过枚举所求范围内的所有自然数，依次判断其是否为质数而求得最终解。

代码示例

求$[1,n]$内质数的个数，主要代码如下。

```
for (int i = 1; i <= n; i++)  //枚举[1,n]范围内所有的自然数
    if (isprime(i))           //利用 isprime()函数,判断 i 是否为质数,如果 i 是质数,
                              //则函数返回 1,否则返回 0
        cnt++;                //如果 i 是质数,数量加 1
```

参考词条

1. 算法描述：自然语言描述、流程图描述、伪代码描述
2. 搜索算法

典型题目

1. NOIP2008 提高组 火柴棒等式
2. NOIP2010 普及组 数字统计

（李绍鸿　谢秋锋）

1.4.2.2　模拟法

模拟法（simulation method）是一种基本的算法思想，其主要特征是根据给定的规则编写程序，按照时序、逻辑顺序等，对原始计算过程进行细粒度地展现。模拟法一般不会针对计算目标优化或精简计算过程，而是力求尽可能地展现原始计算过程的细节。

代码示例

NOIP2015 提高级题目"神奇的幻方"，即可使用模拟法完成求解。根据题意，确定 1 的位置后，从上至下，按照给定的四个规则，模拟填数字构造幻方的过程，直到 N 个数字都填完即可。题目描述及主要代码实现如下。

幻方是一种很神奇的 $N×N$ 矩阵，它由数字 $1,2,3,\cdots,N×N$ 构成，且每行、每列及两条对角线上的数字之和均相同。

当 N 为奇数时，我们可以通过以下方法构建一个幻方，首先将 1 写在第一行中间，之后按如下方式从小到大依次填写每个数 $K(K=2,3,\cdots,N×N)$：

① 若$(K-1)$在第一行但不在最后一列，则将 K 填在最后一行，$(K-1)$所在列的右一列；

② 若($K-1$)在最后一列但不在第一行，则将 K 填在第一列，($K-1$)所在行的上一行；
③ 若($K-1$)在第一行最后一列，则将 K 填在($K-1$)的正下方；
④ 若($K-1$)既不在第一行，也不在最后一列，如果($K-1$)的右上角还未填数，则将 K 填在($K-1$)的右上方，否则将 K 填在($K-1$)的正下方。

现给定 N，请按上述方法构造 $N×N$ 的幻方。

```cpp
cin >> n;
a[1][n / 2 + 1] = 1; //将1写在第一行正中间
x = 1;
y = n / 2 + 1; // x 和 y 分别代表此时填数的位置
m = n * n;
for (int i = 2; i <= m; i++)
{
    int dx,dy;
    if (x == 1 && y != n)
    { //按①的规则填数
        dx = n;
        dy = y + 1;
    }
    else if (y == n && x != 1)
    { //按②的规则填数
        dy = 1;
        dx = x - 1;
    }
    else if (x == 1 && y == n)
    { //按③的规则填数
        dx = x + 1;
        dy = y;
    }
    else if (x != 1 && y != n)
    { //按④的规则填数
        if (!a[x - 1][y + 1])
        { // 右上方还未填数,填在右上方
            dx = x - 1;
            dy = y + 1;
        }
        else
        { //否则填在正下方
            dx = x + 1;
            dy = y;
        }
    }
    a[dx][dy] = i;
```

```
        x = dx;
        y = dy;
    }
    for (int i = 1; i <= n; i++)
    { //输出结果
        for (int j = 1; j <= n; j++)
            cout << a[i][j] << " ";
        cout << endl;
    }
```

典型题目

1. NOIP2003 普及组 乒乓球
2. NOIP2009 普及组 多项式输出
3. NOIP2010 普及组 接水问题
4. NOIP2011 提高组 铺地毯
5. NOIP2012 普及组 寻宝
6. NOIP2012 提高组 Vigenère 密码
7. NOIP2014 提高组 生活大爆炸版石头剪刀布
8. NOIP2015 提高组 神奇的幻方
9. NOIP2016 普及组 海港
10. NOIP2016 提高组 玩具谜题
11. NOIP2017 提高组 时间复杂度
12. NOIP2018 普及组 龙虎斗
13. CSP2019-J 公交换乘
14. CSP2021-J 网络连接

(李绍鸿　谢秋锋)

1.4.3　基础算法

1.4.3.1　贪心法

贪心法(greedy method)又称贪婪算法,是一种在每次决策时采取当前最优策略的算法,即由局部最优得到整体最优,而任何对于局部最优策略的改变都会使得整体结果变差。通常可以使用反证法、数学归纳法、邻项交换法(exchange argument)等方法来证明贪心法的正确性。

代码示例

如排队接水问题,该问题可以用贪心法来求解。要使得 n 个人的平均等待时间最小,即可以求出一种排列方式,使得所有人的等待总时间最少。等待总时间为每个人的接水时间与后续等待人数乘积的总和,因此,对接水时间从小到大排序,使得到的等待总时间最少,同时也使得 n 个人的平均等待时间最少。用贪心法实现排队接水问题,主要代码如下。

```
long long sum = 0;
for (int i = 1; i <= n; i++)
{
    printf("%d ",a[i].num); //按接水时间从小到大排好序后的队伍就是接水队伍
    if (i != n)
        sum += (n - i) * a[i].ti; //第 i 个人接水时,其后 n-i 个人在等待,总等待时间
                                   为 a[i].ti*(n-i)
}
printf("\n%0.2f",double(sum * 1.0 / n));
```

参考词条

排序算法

延伸阅读

THOMAS H C, CHARLES E L, RONALD L R, et al. 算法导论(原书第 3 版)[M]. 殷建平, 徐云, 王刚, 等译. 北京: 机械工业出版社, 2013: 237-254.

典型题目

1. NOIP2004 提高组 合并果子
2. NOIP2007 普及组 纪念品分组
3. NOIP2010 普及组 三国游戏
4. NOIP2015 普及组 推销员
5. NOIP2011 提高组 观光公交
6. NOIP2012 提高组 国王游戏
7. NOIP2013 提高组 积木大赛
8. NOI2014 起床困难综合症
9. USACO2006Feb Stall Reservations
10. USACO2007Nov Sunscreen

(李绍鸿　谢秋锋)

1.4.3.2 递推法

递推法(iterative method)指的是从给定条件出发,依据某种递推关系,依次推出所求问题的中间结果及目标结果的方法。其中,给定条件可能是问题本身明确给出的,也有可能是通过对问题的分析与化简后而确定的。

递推计算的顺序,可以与问题中的时序、逻辑顺序等一致,也可以恰好相反。按照

顺序是否一致，递推法可以分为顺推和逆推两种：从初始结果出发，逐步推向最终结果，被称为顺推；从最终结果出发，逐步推向初始结果，被称为逆推。无论顺推还是逆推，递推法的关键都是要准确地确定递推关系。如果递推关系还可以表示成数学公式，则将相应公式称为递推公式。

Fibonacci 数列第 n 项的值是可用递推法求解的典型问题。其中，初始条件为 $F_0 = F_1 = 1$，递推公式为 $F_i = F_{i-1} + F_{i-2}$。

典型题目

1. NOIP2001 普及组 数的计算
2. NOIP2001 提高组 数的划分
3. NOIP2003 普及组 栈

（陈奕哲　谢秋锋）

1.4.3.3　递归法

递归法（recursive method）是把一个大型复杂的问题层层转化为一个与原问题相似的、规模较小的问题来求解的方法。

在问题求解过程中，能够用递归法解决的问题，一般需要满足如下要求：

（1）需要求解的问题可以化为子问题求解，其子问题的求解方法与原问题相同，只是问题规模缩小；

（2）递归调用的次数是有限的，必须有递归结束的条件，即递归的边界。

代码示例

递归法解决汉诺塔（Hanoi tower）问题的代码如下。

```
void mov(int n,char a,char c,char b)
{
    if (n == 0)
        return; // 递归的边界,没有盘子可以移动了,结束本层递归
    mov(n - 1,a,b,c); // 先将上面的 n-1 个盘子,从 A 柱移动到 B 柱,可以借助于 C 柱
    movedisc(a,c); // 将 A 柱上剩余的一个盘子,直接移动到 C 柱上
    mov(n - 1,b,c,a); // 将 B 柱上的 n-1 个盘子,从 B 柱上移动到 C 柱上,可以借助于 A 柱
}
```

参考词条

1. 栈
2. 递归函数

延伸阅读

王晓东．计算机算法设计与分析［M］．3 版．北京：电子工业出版社，2007：9-14.

典型题目

1. NOIP2001 提高组 数的划分
2. NOIP2001 普及组 求先序排列
3. NOIP2007 普及组 Hanoi 双塔问题

（李绍鸿　谢秋锋）

1.4.3.4　二分法

二分法（bisection method）是一种在有序序列中查找某一个元素的方法。其基本思路是每次用有序序列的中间元素与待查找元素比较，根据比较结果将区间缩小到左边的一半或右边的一半，经过大约 $\log_2 n$ 次比较即可在长度为 n 的有序序列中确定待查找元素的位置。二分法的基本流程如下。

（1）定义 L 和 R 分别表示区间的左端点和右端点，初始化为有序序列的最小和最大的下标。

（2）令 M 为区间的中点，将有序序列中的第 M 个元素与待查找元素比较，根据比较结果确定待查找元素在左边一半还是右边一半，并更新区间。

（3）重复执行步骤（2），直到区间中只剩下一个元素或区间为空。如果区间中剩下的一个元素为待查找元素，则找到待查找元素，否则待查找元素不在序列中。

二分法也可用于查找第一个大于等于待查找元素的位置、最后一个小于等于待查找元素的位置等。在编程实现时，中点是选取偏左的还是偏右的以及比较结束后剩余区间是否包含中点需要根据具体问题分析。

对于自变量为整数或实数的函数，如果存在一个自变量的分界点，使得在分界点的一侧条件都满足，另一侧条件都不满足，则二分法可以应用在此函数上用于找到该分界点。

对于最优化问题，如果对于一个期望的答案大小 A 可以定义检测函数判断是否存在等于或优于 A 的答案，则可以在可行的答案范围内找到该检测函数的分界点，即最优答案。该方法称为二分答案法。

代码示例

二分法查找的核心代码如下。

```
// 该写法针对的是整数域上的二分
// 在实数域上二分时,判断条件改为 l+eps<=r,其中 eps 为自设的精度值
// 在实数域上二分时,区间的调整改为 l=mid 和 r=mid
int binary_search(int l, int r, int x)
{
    int mid, res = -1;
    while (l <= r)
```

```
        {                    // 查找范围非空
            mid = (l + r) / 2; // 取中间位置的元素作为基准值
            if (a[mid] >= x)
            { // 基准值符合要求,区间右端点向左调整
                res = mid;
                r = mid - 1;
            }
            else
                l = mid + 1; // 基准值不符合要求,区间左端点向右调整
        }
        return res;
    }
```

参考词条

算法模板库中的常用函数

延伸阅读

王晓东. 计算机算法设计与分析[M]. 3版. 北京：电子工业大学出版社，2007：15-16.

典型题目

1. NOIP2001 提高组 一元三次方程求解
2. NOIP2011 提高组 聪明的质检员
3. NOIP2012 提高组 借教室
4. NOIP2015 提高组 跳石头
5. USACO17JAN Cow Dance Show

（陈奕哲　金靖　谢秋锋）

1.4.3.5 倍增法

倍增法(binary lifting method)是一种通过成倍增长的方式来优化问题求解过程的算法，其基本思想是先通过成倍增长的方式求出状态空间上 2 的整数次幂项位置的值，再利用这些值组合为需要求解的答案。

以 x^n 的计算为例，若 $n=2^{b_1}+2^{b_2}+\cdots+2^{b_w}(b_1<b_2<\cdots<b_w)$，则根据幂运算的运算法可得 $x^n=x^{2^{b_1}+2^{b_2}+\cdots+2^{b_w}}=x^{2^{b_1}}\times x^{2^{b_2}}\times\cdots\times x^{2^{b_w}}$。此时令 $y=x^{2^0}$ 并重复执行 b_w 次 $y=y\times y$ 操作，便可计算出 $x^{2^1},x^{2^2},x^{2^3},\cdots,x^{2^{b_w}}$ 的所有值，随后最多执行 b_w 次乘法操作可得答案。由于 n 的二进制表示最多有 $\lfloor \log_2 n \rfloor+1$ 个非零位，故运用倍增法计算 x^n 的时间复杂度为 $O(\log n)$。倍增法优化的幂运算也被称为快速幂。

代码示例

倍增法计算 x^n 的核心代码如下。

```cpp
long long quick_pow(long long x,int n)
{
    long long res = 1;
    while (n > 0)
    { // 若 n 大于 0,说明还有等于 1 的二进制位需要处理
        if (n & 1)
            res = res * x; // n&1 算出二进制下最后一位,若该位的值为 1 就将当前位对
                           //      应的 x 的 2^k 次幂的值乘入答案
    // 由于后续不断执行 n>>=1 操作,此处 n&1 的结果依次为初始 n 的二进制位上第 1,2,…位
        x = x * x; // 倍增计算 x 的 2^k 次幂,每操作一次 k 的值就 +1
        n >>= 1; // 处理完当前位后,通过右移操作消去当前位
    }
    return res;
}
```

参考词条

1. ST 表
2. 最近公共祖先

典型题目

1. NOIP2013 提高组 转圈游戏
2. NOIP2012 提高组 开车旅行

（陈奕哲　谢秋锋）

1.4.4　数值处理算法

1.4.4.1　高精度加法

数值大小超出计算机标准数据类型可表示范围的数被称为高精度数。高精度加法是指实现高精度数加法操作的算法,算法的基本思路是将高精度数按数位拆分后分别存储,再通过模拟加法竖式来计算结果。高精度加法的主要步骤如下:

(1) 以字符串形式读入两个高精度数,分别表示两个加数;
(2) 将两个高精度数按数位拆分后,逆序存储在两个数组中;
(3) 模拟加法竖式,按位分别计算相加的结果;
(4) 从低位到高位依次处理进位的情况;

（5）从高位到低位依次输出。

代码示例

高精度加法的核心代码如下。

```c
scanf("%s%s",s1 + 1,s2 + 1); // 读入两个高精度数
len1 = strlen(s1 + 1),len2 = strlen(s2 + 1);
len3 = max(len1,len2); // 计算高精度数的长度
for (int i = 1; i <= len1; i++)
    num1[i] = s1[len1 - i + 1] - '0'; // 按数位拆分后逆序存储
for (int i = 1; i <= len2; i++)
    num2[i] = s2[len2 - i + 1] - '0';
for (int i = 1; i <= len3; i++)
{
    res[i] += num1[i] + num2[i];
    if (res[i] >= 10)
    { // 处理进位
        res[i + 1]++;
        res[i] -= 10;
    }
}
if (res[len3 + 1])
    len3++;
for (int i = len3; i >= 1; i--)
    printf("%d",res[i]); // 从高位到低位依次输出

struct bignum
{
    char s[20005];
    // len 表示长度,a 数组按位存储高精度数拆分后的值,flag 表示数字的正负状态
    int len,a[20005],flag;
    // 无参构造,初始化为 0,长度为 1,非负
    bignum()
    {
        memset(a,0,sizeof(a));
        len = 1;
        flag = 0;
    }
    // 有参构造,将单精度数 x 以高精度数的方式存储
    bignum(int x)
    {
        for (len = 1; x; len++)
        {
            a[len] = x %10;
            x /= 10;
```

```cpp
        }
        len--;
    }
    // 重载[],使调用每一位的值时更方便
    int &operator[](int i)
    {
        return a[i];
    }
    // 重载<,用于比较两个高精度数的大小
    friend bool operator<(bignum a,bignum b)
    {
        if (a.len < b.len)
            return true;
        if (a.len > b.len)
            return false;
        for (int i = a.len; i >= 1; i--)
        {
            if (a[i] < b[i])
                return true;
            if (a[i] > b[i])
                return false;
        }
        return false;
    }
    // 定义高精度数的输入函数
    void input()
    {
        scanf("%s",s + 1);
        len = strlen(s + 1);
        for (int i = 1; i <= len; i++)
            a[i] = s[len - i + 1] - '0';
    }
    // 定义高精度数的输出函数
    void print()
    {
        if (flag)
            putchar('-');
        for (int i = len; i >= 1; i--)
            printf("%d",a[i]);
    }
};
// 重载高精度加法
bignum operator+(bignum a,bignum b)
{
```

```
    bignum res;
    res.len = max(a.len,b.len);
    for (int i = 1; i <= res.len; i++)
    {
        res[i] += a[i] + b[i];
        if (res[i] >= 10)
        {
            res[i + 1]++;
            res[i] -= 10;
        }
    }
    if (res[res.len + 1])
        res.len++;
    return res;
}
// 高精度数的加法计算
bignum a,b,c;
a.input();
b.input();
c = a + b;
c.print();
```

（陈奕哲　谢秋锋）

1.4.4.2　高精度减法

高精度减法是指实现高精度数减法操作的算法，算法的基本思路是将高精度数按数位拆分后分别存储，再通过模拟减法竖式来计算结果。高精度减法的主要步骤如下：

（1）以字符串形式读入两个高精度数，分别表示被减数和减数，若减数大于被减数，则最后输出时先输出一个负号，同时交换被减数和减数；

（2）将两个高精度数按数位拆分后，逆序存储在两个数组中；

（3）模拟减法竖式，按位分别计算相减的结果；

（4）从低位到高位处理借位的情况；

（5）从高位到低位依次输出（前导 0 不输出）。

代码示例

高精度减法的核心代码如下。

```
scanf("%s%s",s1 + 1,s2 + 1); // 读入两个高精度数
len1 = strlen(s1 + 1);
len2 = strlen(s2 + 1);
f = false;
if (len1 < len2 || (len1 == len2 && strcmp(s1 + 1,s2 + 1) < 0))
```

```cpp
    { // 判断被减数和减数的大小
        f = true;
        swap(s1,s2);
        swap(len1,len2);
    } // 若减数更大就交换被减数和减数,同时在输出时先输出一个负号
    for (int i = 1; i <= len1; i++)
        num1[i] = s1[len1 - i + 1] - '0'; // 按数位拆分后逆序存储
    for (int i = 1; i <= len2; i++)
        num2[i] = s2[len2 - i + 1] - '0';
    for (int i = 1; i <= len1; i++)
    {
        res[i] += num1[i] - num2[i];
        if (res[i] < 0)
        { // 处理借位
            res[i + 1]--;
            res[i] += 10;
        }
    }
    len3 = len1; // 计算高精度数的长度
    while (len3 > 1 && res[len3] == 0)
        len3--; // 删除前导 0
    if (f == true)
        putchar('-');
    for (int i = len3; i >= 1; i--)
        printf("%d",res[i]); // 从高位到低位依次输出

// 重载高精度减法
bignum operator-(bignum a,bignum b)
{
    bignum res;
    if (a < b)
    {
        res.flag = 1;
        swap(a,b);
    }
    res.len = a.len;
    for (int i = 1; i <= res.len; i++)
    {
        res[i] += a[i] - b[i];
        if (res[i] < 0)
        {
            res[i + 1]--;
            res[i] += 10;
        }
    }
```

```
        while (res.len > 1 && res[res.len] == 0)
            res.len--;
        return res;
    }
    // 高精度数的减法计算
    bignum a,b,c;
    a.input();
    b.input();
    c = a - b;
    c.print();
```

> **参考词条**

高精度加法

（陈奕哲　谢秋锋）

1.4.4.3　高精度乘法

高精度乘法是指实现高精度数乘法操作的算法，算法的基本思路是将高精度数按数位拆分后分别存储，再通过模拟乘法竖式来计算结果。高精度乘法的主要步骤如下：

（1）以字符串形式读入两个高精度数，分别表示两个乘数；

（2）将两个高精度数按数位拆分后，逆序存储在两个数组中；

（3）模拟乘法竖式，枚举两个乘数的每一位分别相乘，将结果统计到积的对应位上；

（4）从低位到高位依次处理进位的情况；

（5）从高位到低位依次输出。

> **代码示例**

高精度乘法的核心代码如下。

```
    scanf("%s%s",s1 + 1,s2 + 1); // 读入两个高精度数
    len1 = strlen(s1 + 1);
    len2 = strlen(s2 + 1);
    len3 = len1 + len2; // 计算高精度数的长度
    for (int i = 1; i <= len1; i++)
        num1[i] = s1[len1 + 1 - i] - '0'; // 按数位拆分后逆序存储
    for (int i = 1; i <= len2; i++)
        num2[i] = s2[len2 + 1 - i] - '0';
    // 第 i 位和第 j 位的位权分别是 10^(i-1) 和 10^(j-1)
    // 故一个乘数的第 i 位与另一乘数的第 j 位乘积的位权是 10^(i+j-2)
    // 故累加至积的第 i+j-1 位
    for (int i = 1; i <= len1; i++)
        for (int j = 1; j <= len2; j++)
```

```
            res[i + j - 1] += num1[i] * num2[j];
    for (int i = 1; i <= len3; i++)
    {
        if (res[i] >= 10)
        { // 处理进位
            res[i + 1] += res[i] / 10;
            res[i] %= 10;
        }
    }
    while (len3 > 1 && res[len3] == 0)
        len3--; // 删除前导 0
    for (int i = len3; i >= 1; i--)
        printf("%d",res[i]); // 从高位到低位依次输出
// 重载高精度乘法
bignum operator* (bignum a,bignum b)
{
    bignum res;
    res.len = a.len + b.len;
    for (int i = 1; i <= a.len; i++)
        for (int j = 1; j <= b.len; j++)
            res[i + j - 1] += a[i] * b[j];
    for (int i = 1; i <= res.len; i++)
    {
        if (res[i] >= 10)
        {
            res[i + 1] += res[i] / 10;
            res[i] %= 10;
        }
    }
    while (res.len > 1 && res[res.len] == 0)
        res.len--;
    return res;
}
// 高精度数的乘法计算
bignum a,b,c;
a.input();
b.input();
c = a * b;
c.print();
```

参考词条

高精度乘法

1.4 算 法

📚 典型题目

1. NOIP1998 普及组 阶乘之和
2. NOIP2000 提高组 乘积最大
3. NOIP2012 提高组 国王游戏

（陈奕哲　谢秋锋）

1.4.4.4　高精度整数除以单精度整数的商和余数

高精度除法是指实现高精度数除法操作的算法。当被除数是高精度数，除数是单精度数时，可以通过模拟除法竖式来计算结果。高精度数除以单精度数算法的主要步骤如下：

（1）读入一个高精度数和一个单精度数，分别表示被除数和除数；

（2）将高精度数按位拆分后，逆序存储在数组中，同时定义一个初始值为 0 的变量 k 表示余数；

（3）模拟除法竖式，从高位到低位依次计算出商的每一位，并不断更新 k；

（4）从高位向低位依次输出数组的值，数组的值为商；输出 k 的值，k 的值为余数。

💻 代码示例

高精度数除以单精度数算法的核心代码如下。

```c
scanf("%s%d",s + 1,&n); // 读入一个高精度数和一个单精度数
len1 = len2 = strlen(s + 1); // 计算高精度数的长度
for (int i = 1; i <= len1; i++)
    a[i] = s[len1 - i + 1] - '0'; // 按数位拆分后逆序存储
for (int i = len1; i > 0; i--)
{
    b[i] = (a[i] + k * 10) / n; // 计算商每一位的值
    k = (a[i] + k * 10) %n; // 更新余数的值
}
while (len2 > 1 && b[len2] == 0)
    len2--; // 删除前导 0
for (int i = len2; i >= 1; i--)
    printf("%d",b[i]); // 从高位到低位依次输出商的每一位
printf("\n%d",k); // 输出余数

// 重载高精度除法
bignum operator/(bignum a,int b)
{
    bignum res;
    res.len = a.len;
    long long k = 0;
    for (int i = res.len; i >= 1; i--)
    {
```

```
            res[i] = (a[i] + k * 10) / b;
            k = (a[i] + k * 10) %b;
        }
        while (res.len > 1 && res[res.len] == 0)
            res.len--;
        return res;
}
// 重载高精度模运算
int operator%(bignum a,int b)
{
    long long k = 0;
    for (int i = a.len; i >= 1; i--)
        k = (a[i] + k * 10) %b;
    return k;
}
// 高精度数除以单精度数,求商和余数
int b,k;
bignum a,c;
a.input();
scanf("%d",&b);
c = a / b;
c.print();
k = a %b;
printf("\n%d",k);
```

参考词条

高精度除法

(陈奕哲　谢秋锋)

1.4.5　排序算法

1.4.5.1　排序的基本概念

排序就是把一组记录（元素）按照某个域值的递增或递减的次序重新排列的过程。通常将用于排序的域称为排序域或排序项，其值称为排序码。在解决问题时，有序序列常常比无序序列更容易操作，解决问题的效率更高。如在有序序列上进行二分法查找会优于在无序序列上按顺序查找。

目前常见的排序算法有冒泡排序、选择排序、插入排序、归并排序、快速排序、堆排序、桶排序、计数排序、基数排序等。

如果某种排序方法只通过对任意两个元素的比较进行排序，则该方法称为基于比较的排序（comparison sort），或简称为比较排序。常见的比较排序方法包括冒泡排序、选

1.4 算 法

择排序、插入排序、归并排序、快速排序和堆排序等。如果排序方法不是基于比较的，则可以简称为非比较排序。常见的非比较排序方法包括基数排序和计数排序等。桶排序是允许多种排序策略并存的混杂方法，但是其主要框架是非比较排序，因此常被分类为非比较排序方法。

在评估排序算法的性能时，一般需要考虑如下因素。

（1）时间复杂度（time complexity）：即算法对一个序列进行排序时需要运算的次数关于序列长度的数量级。可以证明，基于比较的排序算法的平均时间复杂度不可能低于 $O(n\log n)$，而部分非比较排序算法则可以突破这个复杂度瓶颈。

（2）空间复杂度（space complexity）：即算法在排序过程中需要使用的内存空间关于序列长度的数量级。在排序算法的评估中，一般不考虑存储序列本身所用的空间，而是评估排序算法所用的额外空间的复杂度。

（3）稳定性（stability）：对于稳定的排序算法，序列中若存在若干相同的元素，排序后相同元素的相对位置不变。插入排序、冒泡排序、归并排序、计数排序等算法通常是稳定的，选择排序、快速排序、堆排序等算法通常是不稳定的。具体的排序算法是否稳定与代码实现有关。

常见的比较排序方法如表 1.11 所示（n 为待排序元素的数量，稳定性仅就排序方法的常见实现而言，下同）。

表 1.11 常见的比较排序方法

方法	平均时间复杂度	最坏时间复杂度	空间复杂度	是否稳定	备注
冒泡排序	$O(n^2)$	$O(n^2)$	$O(1)$	✓	
选择排序	$O(n^2)$	$O(n^2)$	$O(1)$	✗	如果使用 $O(n)$ 的额外空间，可以做到稳定排序，此时需要使用链表，或采用元素插入而非交换方式
插入排序	$O(n^2)$	$O(n^2)$	$O(1)$	✓	最坏时间复杂度可以更准确地表示为 $O(n+d)$，其中 d 为原始序列中的逆序数量
归并排序	$O(n\log n)$	$O(n\log n)$	$O(n)$	✓	
快速排序	$O(n\log n)$	$O(n^2)$	$O(\log n)$	✗	可用原址（in-place）操作来减少存储空间占用
堆排序	$O(n\log n)$	$O(n\log n)$	$O(1)$	✗	

常见的非比较排序方法如表 1.12 所示。

表 1.12 常见的非比较排序方法

方法	平均时间复杂度	最坏时间复杂度	空间复杂度	是否稳定	备注
基数排序	$O\left(kn+\sum_{i=1}^{k}w_i\right)$	$O\left(kn+\sum_{i=1}^{k}w_i\right)$	$O(n+\max_i w_i)$	✓	k 为关键值的划分个数，w_i 为第 i 个关键值划分的值域规模
计数排序	$O(n+w)$	$O(n+w)$	$O(n+w)$	✓	w 为值域规模
桶排序	$O\left(n+\dfrac{n^2}{m}+m\right)$	$O(n^2)$	$O(n+m)$	✓	对应 m 个桶且桶内做插入排序的情形。如果在桶内采用归并排序等，最坏时间复杂度为 $O(n\log n)$

参考词条

1. 算法概念
2. 时间复杂度分析
3. 空间复杂度分析

延伸阅读

[1] 徐孝凯. 数据结构实用教程[M]. 2版. 北京：清华大学出版社，2006：343-344.

[2] DONALD E K. 计算机程序设计艺术 卷3：排序与查找[M]. 2版. 北京：人民邮电出版社，2017：1-61.

典型题目

NOIP2009 普及组 分数线划定

（赵启阳　谢秋锋）

1.4.5.2　冒泡排序

冒泡排序是一种基于相邻元素比较的简单排序算法。其基本思想是通过相邻元素之间的比较和交换使排序码较大的元素逐渐从顶部移向底部，而排序码较小的元素逐渐上移，就像水底下的气泡一样逐渐上冒。对于长度为 n 的序列 a，冒泡排序算法的主要步骤如下：

（1）扫描序列 $n-1$ 次；

（2）第 i 次扫描，从前往后比较相邻的两个元素，即比较 $a[j]$ 与 $a[j+1]$，其中 $1 \leqslant j \leqslant n-i$；

（3）每次比较时，若靠前的元素比靠后的元素大，则交换它们，否则不做操作。

冒泡排序需要扫描序列 $n-1$ 次，第 i 次扫描进行 $n-i$ 次比较操作，总共比较 $(n-1)+(n-2)+\cdots+1=\dfrac{n(n-1)}{2}$ 次，故时间复杂度为 $O(n^2)$。

冒泡排序算法的额外空间复杂度为 $O(1)$。

冒泡排序算法在遇到两个相邻的相同元素时不会产生交换，故冒泡排序是稳定的算法。

冒泡排序的优化方法：如果某次扫描没有元素进行交换，说明序列已经有序，可以结束冒泡排序。使用该方法，最优情况下初始序列有序，则只需要进行一次扫描，最优时间复杂度为 $O(n)$；最坏情况下初始序列反序，冒泡排序仍需扫描 $n-1$ 次，故最坏时间复杂度为 $O(n^2)$。

代码示例

优化后的冒泡排序算法核心代码如下。

```
//优化后的冒泡排序
for (int i = 1; i <= n - 1; i++)
{                        // 扫描序列 n-1 次
    bool flag = false; // 记录本次扫描是否交换了元素
    for (int j = 1; j <= n - i; j++)
    { // 从前往后比较相邻的两个元素
        if (a[j] > a[j + 1])
        {                    // 如果前面的元素大于后面的元素
            swap(a[j],a[j + 1]); // 交换它们
            flag = true;
        }
    }
    if (flag == false)
        break; // 如果没有产生交换则排列有序,跳出循环
}
```

参考词条

排序的基本概念

延伸阅读

[1] 徐孝凯. 数据结构实用教程[M]. 2版. 北京:清华大学出版社,2006:352-354.

[2] DONALD E K. 计算机程序设计艺术 卷3:排序与查找[M]. 2版. 北京:人民邮电出版社,2017:81-87.

(谢秋锋)

1.4.5.3 选择排序

选择排序是从待排序的区间中选择出具有最小排序码的元素,并将该元素与该区间的第1个元素交换位置。这样通过 $n-1$ 次选择未排序部分的最小元素,将其放在正确位置从而达到对整个序列进行排序的效果。对于长度为 n 的序列,选择排序算法的主要步骤如下。

(1) 扫描序列 $n-1$ 次。

(2) 第 $i(1 \leq i \leq n-1)$ 次扫描,找到待排序区间 $a[i],a[i+1],\cdots,a[n]$ 中的最小元素 $a[m]$。

(3) 交换 $a[i]$ 与 $a[m]$。这样 $a[1],a[2],\cdots,a[i]$ 储存的恰好依次是序列中的第 $1,2,\cdots,i$ 项元素。

选择排序进行 n-1 次扫描，第 i 次扫描 n-i+1 个元素，扫描结束进行一次交换，总共扫描 $n+(n-1)+\cdots+2=\frac{n(n+1)}{2}-1$ 个元素，故时间复杂度为 $O(n^2)$。

选择排序本身只需要维护一个 m 变量存储每次扫描的最小元素的位置，故额外空间复杂度为 $O(1)$。

与冒泡排序不同，选择排序并不是稳定的排序，因为其涉及不相邻位置的元素的交换。如序列(2,2,1)，在第一次扫描后 1 与第一个 2 交换，那么在最终序列中，原始序列中的第一个 2 被换到第二个 2 后面了，因此选择排序并不稳定。

代码示例

选择排序的核心代码如下。

```
for (int i = 1; i <= n - 1; i++)
{ // 扫描序列 n-1 次
    int pos = i;
    for (int j = i + 1; j <= n; j++)
    {
        if (a[j] < a[pos])
        {
            pos = j; // 寻找 a[i] 到 a[n] 中的最小元素的位置
        }
    }
    swap(a[i],a[pos]); // 将最小元素放在第 i 个位置
}
```

参考词条

排序的基本概念

延伸阅读

[1] 徐孝凯. 数据结构实用教程[M]. 2 版. 北京：清华大学出版社，2006：347-348.

[2] DONALD E K. 计算机程序设计艺术 卷3：排序与查找[M]. 2 版. 北京：人民邮电出版社，2017：107-112.

（谢秋锋）

1.4.5.4 插入排序

插入排序是一种将待排序元素依次加入到已排序序列中的恰当位置，最终形成有序序列的方法。对于长度为 n 的序列，插入排序的主要步骤如下：

（1）从第 2 个元素开始，执行步骤 n-1 次；

（2）第 i 次步骤，需要将第 $i+1$ 个元素插入到已经排好序的前 i 个元素中。

在实现时，一般先将第 $i+1$ 个元素存储到临时变量 t 中，从第 i 个元素开始，倒序将每个元素的值与 t 的值比较，如果当前元素的值比 t 大，那么将该元素后移一个位置；否则将 t 的值放置到当前元素的后一个位置，并结束比较。

插入排序的时间复杂度为 $O(n^2)$，插入排序是稳定的排序方法。

代码示例

插入排序的实现代码如下。

```
//对数组 a 进行排序
for (int i = 2; i <= n; i++)
{
    int t = a[i];
    int j = i - 1;
    while (a[j] > t && j >= 1)
    {
        a[j + 1] = a[j];
        j--;
    }
    a[j + 1] = t;
}
```

参考词条

排序的基本概念

延伸阅读

［1］徐孝凯. 数据结构实用教程［M］. 2 版. 北京：清华大学出版社，2006：347-348.

［2］DONALD E K. 计算机程序设计艺术 卷3：排序与查找［M］. 2 版. 北京：人民邮电出版社，2017：107-112.

（谢秋锋）

1.4.5.5 计数排序

计数排序是对于元素值域在特定范围内的整数序列的一种排序方法，不是一种基于比较的方法。其基本思路是通过一个大小为值域的数组，统计每个元素的值的出现次数，利用前缀和思路，对每个值求出序列中小于等于该值的元素数量，即可确定序列中每个元素排序后的位置，最终得到排序结果。

计数排序的时间复杂度为 $O(n+w)$，其中 n 为数组大小，w 为值域大小。计数排序是稳定的排序方法。

🖥 代码示例

计数排序的核心代码如下。

```
int a[N + 10],b[N + 10],c[W + 10];  //W 为值域大小
for (int i = 1; i <= n; i++) c[a[i]]++;
for (int i = 1; i <= W; i++) c[i] += c[i - 1];
for (int i = 1; i <= n; i++) b[c[a[i]]--] = a[i];
```

🔗 参考词条

排序的基本概念

📖 延伸阅读

THOMAS H C, CHARLES E L, RONALD L R, et al. 算法导论(原书第 3 版)[M]. 殷建平,徐云,王刚,等译. 北京:机械工业出版社,2013:108-110.

(叶金毅)

1.4.6 搜索算法

搜索又称状态空间搜索,是指通过探索从初始状态到目标状态的路径以完成问题求解的算法。

典型的搜索算法有深度优先搜索、广度优先搜索(宽度优先搜索)、启发式搜索等。

搜索算法可以看成在以状态为结点、根据状态间的扩展关系确定连边的图上进行遍历的算法,可以将搜索中的一个状态称为搜索中的一个结点,起始状态和目标状态分别称为起始结点和目标结点。

在搜索一个连通图 $G=(V,E)$ 时,若将每个结点第一次被生成时的边的集合记为 E',则 $G'=(V,E')$ 是图 G 的一棵生成树。

1.4.6.1 深度优先搜索

深度优先搜索在算法执行的过程中每次将目前未扩展的状态中最深的状态进行扩展,生成新的状态。一般使用递归调用的方式实现深度优先搜索算法,有时也会通过模拟栈以非递归的方式实现。

使用递归调用的方式实现深度优先搜索算法,需要实现一个递归函数,可命名为 $dfs(p)$,参数 p 包含状态信息,dfs 的基本步骤如下。

(1) 如果状态 p 已经被访问过,则退出函数;否则将 p 标记为访问过。

(2) 如果 p 是目标状态,则找到解,退出函数。

(3) 将 p 进行扩展,生成出子状态,对于每一个子状态 q,调用函数 $dfs(q)$,如果有任意一次调用找到解,则退出函数。

深度优先搜索对应图中的深度优先遍历，通常也将图中的深度优先遍历称为深度优先搜索。按照深度优先搜索生成的子图称为深度优先搜索生成树，简称深搜生成树。

在深度优先搜索中，可以仅计算出当前正在展开或访问的一系列状态，并用栈进行记录。算法的空间复杂度为 $O(d)$，其中 d 为最大搜索深度。算法的时间复杂度为 $O(n)$，其中 n 为全部状态的总数。

参考词条

深度优先遍历

典型题目

1. NOIP2000 提高组 单词接龙
2. USACO Training Checker Challenge
3. USACO2005Dec Scales

（胡伟栋）

1.4.6.2 广度优先搜索

广度优先搜索又称宽度优先搜索，在算法执行的过程中每次将目前最浅的未扩展状态进行扩展，生成新的状态。一般使用一个队列来实现广度优先搜索算法。广度优先搜索算法的基本步骤如下：

（1）定义队列 Q 用于保存已生成但未扩展的状态，初始仅包含初始状态；

（2）定义集合 S 用于判重，初始仅包含初始状态；

（3）从 Q 中取出队首元素 p，对 p 进行扩展，如果扩展中生成的状态不在 S 中，则加入 S，并加入 Q；

（4）若在步骤（3）生成了目标状态，则找到了解，否则重复执行步骤（3）直到 Q 为空。

广度优先搜索对应图中的广度优先遍历，通常也将图中的广度优先遍历称为广度优先搜索。按照广度优先搜索生成的子图称为广度优先搜索生成树，简称广搜生成树。

在广度优先搜索中，需要记录当前已访问的状态信息。记 b 为每个状态的子状态数量，d 是最大搜索深度，则算法的时间和空间复杂度均为 $O(b^d)$。

参考词条

广度优先遍历

典型题目

1. NOIP2002 提高组 字串变换
2. NOIP2017 普及组 棋盘
3. CSP2019-J 加工零件

4. USACO2009Oct Invasion of the Milkweed

（胡伟栋）

1.4.7 图论算法

1.4.7.1 深度优先遍历

从图中某一顶点出发，访问图中其余顶点，且每一个顶点仅被访问一次，这种访问的过程叫作图的遍历。常见的图的遍历方式有深度优先遍历和广度优先遍历。图的深度优先遍历也称为深度优先搜索(Depth-First Search，DFS)。

从图中的某个顶点 u 出发，访问此顶点后，依次从 u 的未被访问的邻接点出发深度优先遍历图，直到图中所有和 u 有路径相通的顶点都被访问到；若此时图中尚有顶点未被访问，则另选一个未曾访问的顶点作为起始点重复上述过程，直至图中的所有顶点都被访问到为止。深度优先遍历算法常用递归来实现，使用栈结构来存放遍历的顶点。算法主要步骤如下。

（1）从某个顶点 u 出发，并标记 u 为已访问状态，表示 u 点已被访问。

（2）访问 u 的邻接点 v，若 v 点未被访问，则从 v 点出发继续深度优先遍历。

在对图进行深度优先遍历时，按照顶点首次被访问的顺序，对各顶点进行编号，所得到的编号序列被称为 DFS 序，常记作 dfn。

在图 1.9 中，从顶点 A 出发对该无向图进行深度优先遍历，可得到一组遍历序列 A、C、D、F、G、E、B。图中的数字即为各顶点的 DFS 序编号。

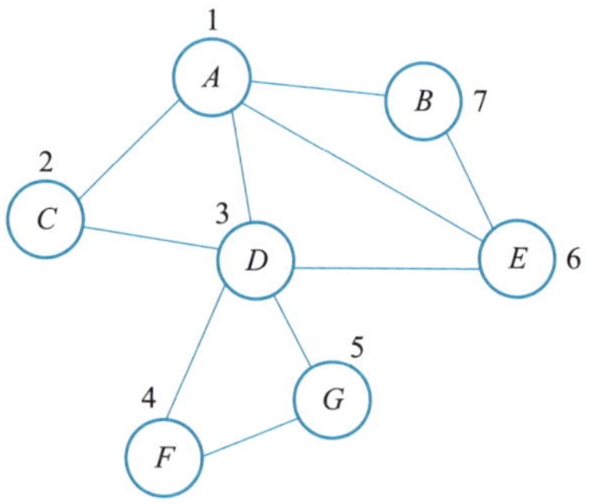

图 1.9 图的深度优先遍历

</> 代码示例

深度优先遍历的核心代码如下。

```
void dfs(int u)
{
    cout << u << " ";
    vis[u] = true; //标记顶点 u
    for (int i = head[u]; i; i = e[i].next)
    { //枚举所有与 u 相邻的顶点
        int v = e[i].v;
        if (vis[v])
            continue; //若该顶点被访问过,则跳过
        dfs(v); //从 v 顶点出发,继续深度优先遍历
    }
}
```

参考词条

1. 递归函数
2. 图的定义与相关概念

延伸阅读

THOMAS H C, CHARLES E L, RONALD L R, et al. 算法导论(原书第 3 版)[M]. 殷建平, 徐云, 王刚, 等译. 北京: 机械工业出版社, 2013: 349-354.

(李绍鸿　谢秋锋)

1.4.7.2 广度优先遍历

图的广度优先遍历也称为宽度优先遍历或广度优先搜索(Breadth-First Search, BFS)。

从图中某一顶点 s 出发,依次访问 s 的各个未曾访问过的邻接点,并借助队列将这些点保存起来,再分别从这些邻接点出发并依次访问它们未曾访问过的邻接点,并将新访问到的邻接点依次保存在队列中。这个过程使得"先被访问的顶点的邻接点"先于"后被访问的顶点的邻接点"被访问,直到图中所有与顶点 s 有通路的顶点都被访问完毕。若此时图中尚有顶点未被访问,则另选图中一个未曾被访问的顶点作为起始点重复上述过程,直至图中所有顶点均被访问到为止。

因此,广度优先遍历的过程是以 s 为起点,由近至远,依次访问和 s 有路径相通且路径长度为 1、2、…的顶点的过程。算法的主要步骤如下。

(1) 起点 s 入队,并标记 s 为已访问状态。

(2) 若队列非空,则重复以下步骤: 队首顶点 u 出队,访问 u 的所有邻接点 v,若 v 未被访问,则让 v 入队并标记 v 为已访问状态。

在图 1.10 中,从顶点 A 出发对该无向图进行广度优先遍历,可得到一组遍历序列 A、C、D、E、B、F、G。图中的数字即对应各顶点被访问的次序。

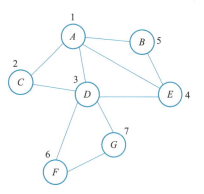

图 1.10　图的广度优先遍历

代码示例

广度优先遍历的核心代码如下。

```
vis[s] = true; //标记起始点 s 为访问过
queue<int> q;
q.push(s); //将访问过的顶点存入队列中
while (!q.empty())
{                   //当队列不为空,则扩展队头元素
    int u = q.front(); //取出队头顶点 u
```

```
        cout << u << " ";
        q.pop();
        for (int i = head[u]; i; i = e[i].next)
        { //枚举所有与队头顶点 u 相邻的顶点
            int v = e[i].v;
            if (vis[v])
                continue; //如果该顶点被访问过,则跳过
            vis[v] = true; //否则标记 v 为访问过
            q.push(v); //将顶点 v 存入队列中
        }
    }
```

参考词条

1. 队列
2. 图的定义与相关概念

延伸阅读

THOMAS H C, CHARLES E L, RONALD L R, et al. 算法导论(原书第 3 版)[M]. 殷建平,徐云,王刚,等译. 北京:机械工业出版社,2006:343-348.

（李绍鸿　谢秋锋）

1.4.7.3 泛洪算法

洪水填充算法(flood fill algorithm),也称为泛洪算法,用于将格点图某一块连通区域内的所有格点状态修改为目标状态。状态通常用颜色表示。一般处理方法是,从一个起始顶点开始把附近与其连通的顶点填充成新的颜色,直到连通区域内的所有顶点都被处理过为止。因为其思路类似洪水从一个区域扩散到所有能到达的其他区域而得名。

洪水填充算法可以使用深度优先遍历、广度优先遍历或其他方式实现。

洪水填充算法最常见的有四邻域填充法和八邻域填充法。四邻域包括上、下、左、右四个方向,而八邻域包括四邻域的四个方向和对角线四个方向,如图 1.11 所示。

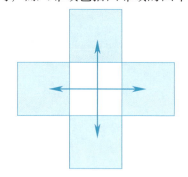 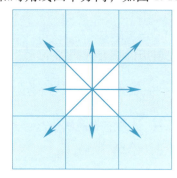

图 1.11　四邻域与八邻域

代码示例

四邻域填充法的核心代码如下。

```
const int dx[4] = {-1,0,0,1};
const int dy[4] = {0,-1,1,0}; // 以四邻域填充法为例
// newcolor 表示替换颜色 oldcolor 表示目标颜色
void dfs(int x,int y,int newcolor,int oldcolor)
{
    c[x][y] = newcolor;
    for (int i = 0; i < 4; ++i)
    {
        int nx = x + dx[i],ny = y + dy[i];
        if (nx < 1 ||nx > n ||ny < 1 ||ny > n)
            continue;
        if (c[nx][ny] != oldcolor)
            continue;
        dfs(nx,ny,newcolor,oldcolor);
    }
}
```

参考词条

1. 深度优先遍历
2. 广度优先遍历

（李绍鸿　谢秋锋）

1.4.8 动态规划

1.4.8.1 动态规划的基本思路

动态规划是 1957 年理查德·贝尔曼在 Dynamic Programming 一书中提出的一种表格处理方法，它将原问题分解为若干子问题，自底向上先求解最小的子问题，并把结果存储在表格中，在求解大的子问题时直接从表格中查询小的子问题的解，以避免重复计算，从而提高效率。

动态规划算法常用来求解最优化问题，尤其是带有多步决策的最优化问题。能用动态规划解决的问题具备以下 3 个要素。

（1）最优子结构：如果问题的最优解所包含的子问题的解也是最优的，就称该问题具有最优子结构。也就是说一个问题的最优解只取决于其子问题的最优解。

（2）无后效性：将原问题分解为若干子问题，每个子问题的求解过程作为一个阶段，当前阶段的求解只与之前阶段有关，与之后阶段无关，即某阶段的状态一旦确定，

就不受这个状态后续决策的影响。

(3) 重叠子问题：求解过程中每次产生的子问题并不总是新问题，会有大量子问题重复。在遇到重复子问题时，只需在表格中查询，无须再次求解。该性质不是使用动态规划解决问题的必要条件，但是凸显了动态规划的优势。

动态规划解题的一般设计模式如下。

(1) 划分阶段：按照问题的时间或空间特征，将问题分为若干个阶段。这也是动态规划状态转移的顺序，所以在划分阶段时，要注意划分后的阶段一定要有序或者是可排序的，以保证各状态的无后效性。

(2) 状态表示：将问题发展到各个阶段时所处于的各种情况用不同的状态表示出来，通常状态的表示可以设为问题最终结果的一般化表示，并将最优解进行递归定义。

(3) 决策与状态转移方程：在对问题的处理中做出的每种选择性的行动称为决策，即从该阶段的每一个状态出发，通过一次选择性的行动转移至下一阶段的相应状态。根据上一阶段的状态和决策来导出本阶段的状态就是状态转移。通常做法是根据相邻两个阶段的状态之间的关系来确定决策方法和状态转移方程。

(4) 边界条件：给出的状态转移方程是一个递推式，需要一个递推的终止条件或边界条件。

(5) 答案：问题的求解目标。

由数字组成的金字塔型图案如图 1.12 所示：

图 1.12　由数字组成的金字塔型图案

问题（IOI1994 Number Triangle）：从最高点到底层任意处结束有多条路径，每一步可以走到左下方的点也可以到达右下方的点，求路径上经过数字的和的最大值。

这个问题可以看作多步决策求最优解，即按层逐层做最优决策，整个求解过程符合动态规划求解的 3 个要素，可用动态规划思想求解，算法设计如下。

(1) 状态：$dp_{i,j}$ 表示第 i 行第 j 列走到最底层时经过的数字的最大和。

(2) 状态转移方程：$dp_{i,j} = \max\{dp_{i+1,j}, dp_{i+1,j+1}\} + a_{i,j}$，其中 $a_{i,j}$ 为数字三角形中第 i 行第 j 列的数值。

(3) 边界：$dp_{n,1} = a_{n,1}, dp_{n,2} = a_{n,2}, \cdots, dp_{n,n} = a_{n,n}$。

(4) 答案：$dp_{1,1}$。

本算法的时间复杂度为 $O(n^2)$。

代码示例

动态规划解决 IOI1994 Number Triangle 问题的核心代码如下。

```
for (int i = 1; i <= n; i++) dp[n][i] = a[n][i]; // 初始化最底层状态的状态值
for (int i = n - 1; i >= 1; i--)
{ // 自底向顶计算
    for (int j = 1; j <= i; j++)
        dp[i][j] = max(dp[i + 1][j],dp[i + 1][j + 1]) + a[i][j];
    // 枚举两种可能的决策方式进行转移
}
printf("%d",dp[1][1]); // 输出答案
```

参考词条

1. 递归法
2. 记忆化搜索

延伸阅读

THOMAS H C，CHARLES E L，RONALD L R，et al. 算法导论（原书第 3 版）[M]. 殷建平，徐云，王刚，等译. 北京：机械工业出版社，2013：204-210.

（金靖　谢秋锋）

1.4.8.2　简单一维动态规划

一维动态规划是在一维数组上标识状态及进行转移的动态规划。

最长上升子序列（LIS）是一个常见的使用一维动态规划来解决的问题。最长上升子序列问题是对于一个给定的长度为 n 的序列，求其单调递增的最长子序列的长度。算法设计如下（阶段按每个数来划分）。

（1）状态：$dp[i]$ 表示以 $a[i]$ 结尾的最长上升子序列的长度。

（2）状态转移方程：$dp[i] = \max\limits_{0 \leqslant j < i, a[j] < a[i]} \{dp[j]+1\}$。对于位置 i 之前的每一个位置 j，如果满足 $a[j] < a[i]$，都可以将 $a[i]$ 接在以 $a[j]$ 结尾的子序列后面得到一个长度加 1 的子序列，其中最长的一个即为以 $a[i]$ 结尾的最长上升子序列。

（3）初始状态：$dp[0]=0$。

（4）答案：$\max\limits_{1 \leqslant i \leqslant n}(dp[i])$。

本算法的时间复杂度为 $O(n^2)$。

代码示例

求最长上升子序列（LIS）的核心代码如下。

```
dp[0] = 0; // 边界
res = 0; // 答案的初始值
for (int i = 1; i <= n; i++)
{
    dp[i] = 1;
    for (int j = 1; j <= i - 1; j++)
    {
        if (a[j] < a[i]) // 寻找能接且最长的子序列
            dp[i] = max(dp[i],dp[j] + 1);
    }
    if (dp[i] > res)
        res = dp[i]; // 更新最大值
}
```

参考词条

动态规划的基本思路

典型题目

1. IOI1994 Number Triangles
2. IOI1999 花店橱窗布置
3. NOIP1996 提高级 挖地雷
4. NOIP1999 普及组 导弹拦截
5. NOIP2000 提高级 方格取数
6. NOIP2004 提高组 合唱队形
7. NOIP2008 提高组 传纸条
8. NOIP2010 提高组 乌龟棋
9. NOIP2012 普及组 摆花
10. NOIP2013 提高组 花匠
11. NOIP2015 提高组 子串
12. CSP2020-J 方格取数
13. CSP2022-J 上升点列

（谢秋锋）

1.4.8.3 简单背包类型动态规划

背包问题是动态规划的经典问题之一。背包问题的一般形式是，有 n 种物品和一个容量为 V 的背包，第 i 种物品的费用（如体积）是 v_i、数量是 n_i、每个价值是 c_i，可以选择任意给出的物品中的若干个放入背包中。求满足所选择物品的体积之和不超过 V 的情况下物品价值的和最大是多少？当每种物品数量为 1 时，该问题称为 0-1 背包问题。

0-1 背包问题可以看作一个多步决策问题。若不选择第 i 个物品，则需要在前 $i-1$

个物品中选择若干个使得体积和不超过 V 的物品；若选择第 i 个物品，则需要在前 $i-1$ 个物品中选择若干个使得体积和不超过 $V-v_i$ 的物品。最优子结构性质是显然的，而由于候选的物品数量在不断减少，故无后效性也成立。因此可以使用动态规划算法解决该问题，算法设计如下。

（1）状态：$dp[i][j]$ 表示前 i 种物品放入容量为 j 的背包中所获得的最大价值。

（2）状态转移方程：$dp[i][j]=\begin{cases} dp[i-1][j], & j<v[i] \\ \max\{dp[i-1][j], dp[i-1][j-v[i]]+c[i]\}, & j\geq v[i] \end{cases}$

（3）初始值：$dp[][]$ 数组的 0 行 0 列为 0，即 $dp[0][j]=0$，$dp[i][0]=0$，其中 $i=0,1,\cdots,n$，$j=0,1,\cdots,V$，表示处理第 0 种物品或背包容量为 0 时，获得的价值均为 0。

（4）答案：$dp[n][V]$。

本算法的时间复杂度和空间复杂度均为 $O(nV)$。

代码示例

0-1 背包问题的核心代码如下。

```
for (int i = 1; i <= N; i++) // 依次枚举要考虑的物品
    for (int j = 0; j <= V; j++)
        if (j >= v[i])
            dp[i][j] = max(dp[i - 1][j],dp[i - 1][j - v[i]] + c[i]);
            // 能选第 i 个物品时,在是否选择间做最优决策
        else
            dp[i][j] = dp[i - 1][j]; //不能选第 i 个物品
printf("%d",dp[N][V]); //输出答案
```

参考词条

动态规划的基本思路

典型题目

1. NOIP2001 普及组 装箱问题
2. NOIP2005 普及组 采药
3. NOIP2006 普及组 开心的金明
4. NOIP2006 提高组 金明的预算方案
5. NOIP2014 提高组 飞扬的小鸟
6. NOIP2018 提高组 货币系统
7. CSP2019-J 纪念品

（谢秋锋）

1.4.8.4 简单区间类型动态规划

区间动态规划是在区间上进行动态规划，即求解一段区间上的最优解。与一维动态

规划在状态上的定义与转移有所不同：一维动态规划状态只有一维；而区间动态规划解决的问题与区间有关，状态有二维，分别表示区间的左端点与右端点；一个状态通常由被它包含且比它更小的区间状态转移而来。区间动态规划通常以区间长度作为动态规划的阶段。阶段（长度）、状态（左右端点）、决策三者按照由外到内的顺序构成三层循环。

例如在一个圆形操场的四周摆放 n 堆石子，现要将石子有次序地合并成一堆，规定每次只能选相邻的 2 堆合并成新的一堆，并将新的一堆的石子数，记为该次合并的得分。求出将 n 堆石子合并成 1 堆的最小得分和最大得分（NOI1995 石子合并）。

该问题可以看作多步决策问题，即决策每一次合并的两堆石子。首先考虑链上的情况，即第一堆和最后一堆无法合并。考虑最后一步，此时对于某个 k，一定是将 $a_1, a_2, \cdots, a_k$ 合在一起形成的石子堆和 $a_{k+1}, a_{k+2}, \cdots, a_n$ 合在一起形成的石子堆再进行最后一次合并，合成目标石子堆。枚举这个分界点 k，那么合并所有石子的问题在最后一步确定的前提下变成了两个小问题：合并下标在 $1 \sim k$ 中的石子和合并下标在 $k+1 \sim n$ 中的石子。最优子结构性质是显然的，且由于区间只会越分越小，所以状态也没有后效性，因而可以使用动态规划解决这个问题，算法设计如下。

（1）状态：$f[i][j]$ 表示合并第 i 堆到第 j 堆石子的最大得分，$g[i][j]$ 表示最小得分，$s[i]$ 表示 $\sum_{j=1}^{i} a_j$。

（2）状态转移方程：枚举分界点 k，有状态转移方程

$$f[i][j] = \left(\max_{k=i}^{j-1} f[i][k] + f[k+1][j]\right) + \sum_{t=i}^{j} a_t$$

$$g[i][j] = \left(\min_{k=i}^{j-1} f[i][k] + f[k+1][j]\right) + \sum_{t=i}^{j} a_t$$

（3）初始值：当 $i=j$ 时，$f[i][j]$ 和 $g[i][j]$ 均为 0。

（4）答案：$f[1][n]$，$g[1][n]$。

本算法的时间复杂度为 $O(n^3)$。

代码示例

动态规划求解 NOI1995 石子合并问题的核心代码如下。

```
for (int i = 1; i <= n; i++)
{
    a[i + n] = a[i];    // 将序列复制一份
    f[i][i] = g[i][i] = f[i + n][i + n] = g[i + n][i + n] = 0;
                        // 初始化最底层答案
}
for (int i = 1; i <= n + n; ++i)
{
    s[i] = s[i - 1] + a[i];
}
```

```
for (int len = 2; len <= n; len++)
{
    // 按长度从小到大计算
    for (int i = 1; i <= 2 * n - len; i++)
    {                           // 枚举区间左端点
        int j = i + len - 1; // 计算右端点
        int sum = a[j] - a[i]; // 计算这一次合并的贡献
        f[i][j] = -inf;
        g[i][j] = inf;
        for (int k = i; k <= j - 1; k++)
        {
            f[i][j] = max(f[i][j],f[i][k] + f[k + 1][j] + sum);
            g[i][j] = min(g[i][j],g[i][k] + g[k + 1][j] + sum);
            // 枚举断点进行转移
        }
    }
}
int mx = -inf;
int mn = inf;
for (int i = 1; i <= n; i++)
{ // 计算所有断环方式下的答案的最大最小值
    mx = max(mx,f[i][i + n - 1]);
    mn = min(mn,g[i][i + n - 1]);
}
printf("%d %d",mx,mn); // 输出答案
```

参考词条

动态规划的基本思路

典型题目

1. NOI1995 石子合并
2. IOI1998 Polygon
3. NOI1999 棋盘分割
4. NOIP2006 提高级 能量项链
5. NOIP2007 提高级 矩阵取数游戏
6. CSP2021-S 括号序列
7. USACO2005Jan Naptime
8. USACO2016Open 248

（谢秋锋）

1.5 数学与其他

1.5.1 数及其运算

1.5.1.1 自然数、整数、有理数、实数及其算术运算

程序中的算术运算与数学中的算术运算具有相同的概念。

程序中的加、减、乘、除的运算优先级与数学中的运算优先级是一样的，先乘除后加减。C/C++中的加号为"+"，减号为"-"，乘号为"*"，除号为"/"。

求余运算也叫取模运算。设 n 和 m 都是整数且 $n \neq 0$，则可以将 m 写为 $m = qn + r$，其中 n、q 和 r 是整数，q 称作商（quotient），r 称作余数（remainder），记作 $r = m \bmod n$。在数学中，余数 r 满足 $0 \leq r < |n|$，在 C/C++中求余符号为"%"，写作 $r = m \% n$，$r = m - qn$，且 $q = \left[\dfrac{m}{n}\right]$，即 $\dfrac{m}{n}$ 向零取整的结果。在 C/C++中，如果%左边的数为负数，则模除的结果为负数或者为 0，如果%左边的数为正数，则模除的结果为正数或者为 0，这两种情况下，余数的绝对值均小于除数。

参考词条

整除、因数、倍数、指数、质（素）数、合数

延伸阅读

BRIAN W K, DENNIS M R. C程序设计语言（第2版·新版）[M]. 徐宝文，李志，译. 北京：机械工业出版社，2004：32.

（佟松龄 叶金毅）

1.5.1.2 进制与进制转换：二进制、八进制、十进制、十六进制

进制就是进位计数制，是一种带进位的计数方法，即用有限的数字符号代表所有数值，可使用的符号状态的数目称为基数或底数，基数为 b，则称为 b 进制。

具有 n 个数位的 b 进制数可以表示为 $(d_n d_{n-1} \cdots d_2 d_1)_b$，其中 d_i 表示数字中第 i 位的数值，该 b 进制数的数值为

$$d_n \times b^{n-1} + d_{n-1} \times b^{n-2} + \cdots + d_2 \times b + d_1$$

在数制中，各位数字大小与所在位置有关，固定位置所对应的单位值，称为位权。

二进制是以 2 为基数的计数系统，只有 0、1 两种基本符号状态来表示数值，当表示更大数值时向高位进位，即逢二进一。

八进制、十进制、十六进制的基本原理与二进制类似,只是各进制下基本符号状态数不一样,特别是十六进制,其使用的是 0、1、2、3、4、5、6、7、8、9、A、B、C、D、E、F 十六种状态,十六进制下的 10 到 15 是以 A 到 F 对应表示。

书写时为了区分不同进制,通常将基数注在右下方,二进制通常在右下方注上基数 2,或在后面加 B 表示,例如 $(101011)_2$、101011B;八进制用下标 8 或在数据后面加 O 表示;十六进制用下标 16 或在数据后面加 H;十进制使用时可以不加标注,或加后缀 D。

十进制数转二进制,可将十进制数划分为整数部分和小数部分(若没有小数则省略此步)。整数部分用除二取余法,小数部分用乘二取整法。

- 除二取余法:用 2 连续除十进制整数,直到商为 0,逆序排列余数即可得到该十进制数整数的二进制表示。
- 乘二取整法:用 2 乘十进制小数,可以得到积,将积的整数部分取出,再用 2 乘余下的小数部分,如此循环,将每次取出的整数部分顺序排列,得到小数的二进制表示。

有的小数部分乘二取整可以无限运算下去,所以根据精度只需截取足够位数即可停止运算。

十进制整数转八进制即用 8 连续除十进制数,直到商为 0,逆序排列余数即可得到十进制数的八进制表示;十进制整数转十六进制即用 16 连续除十进制数,方法与以上转换类似。

二进制转十进制可使用按位权展开法,即将二进制数按位权展开,各个二进制位乘以对应位置的位权,并相加求和,即得到对应的十进制数。

例如二进制数 10110.1101B,将其各位上的系数乘以位权并求和,即得到对应十进制数:

$$1\times2^4+0\times2^3+1\times2^2+1\times2^1+0\times2^0+1\times2^{-1}+1\times2^{-2}+0\times2^{-3}+1\times2^{-4}=22.81625$$

以此类推,任意 b 进制数按照位权展开、相加,即可得到十进制数。二进制数的位权是以 2 为底的幂,八进制数的位权是以 8 为底的幂,十六进制数的位权是以 16 为底的幂。数位由高到低,以降幂的方式排列。

代码示例

整数 n 转为 b 进制数的核心代码如下。

```
int x = 0;
while (n != 0)
{
    a[x] = n % b;
    x++;
    n = n / b;
}
```

参考词条

1. 自然数、整数、有理数、实数及其算术运算
2. 位运算：与(&)、或(｜)、非(~)、异或(^)、左移(<<)、右移(>>)

延伸阅读

NELL D，JOHN L. 计算机科学概论(原书第 5 版)[M]. 吕云翔，刘艺博，译. 北京：机械工业出版社，2016：22-31，42-44.

（佟松龄　叶金毅）

1.5.2 初等数学

1.5.2.1 代数（初中部分）（略）
1.5.2.2 几何（初中部分）（略）

1.5.3 初等数论

1.5.3.1 整除、因数、倍数、指数、质（素）数、合数

如果整数 b 除以非零整数 a 的商为整数，且余数为零，则称为 b 能够被 a 整除，其中 b 为被除数，a 为除数，记作 $a|b$，读作"a 整除 b"或者"b 能够被 a 整除"。否则称为 b 不能被 a 整除，记作 $a\nmid b$。

如果整数 b 能够被 a 整除，则称 b 是 a 的倍数，a 是 b 的因数，因数也称为约数。

（1）只有在整除的条件下，才有因数和倍数的概念。

（2）因数和倍数是相互依存的，不能单独存在。只能说某个数是另一个数的因数或者倍数，而不能说某个数是因数或某个数是倍数。

（3）两个整数存在倍数和因数的关系是相互的，如果 a 是 b 的因数，则 b 一定是 a 的倍数。

形如 $a^n=b$ 的表达式为指数式，其中 a 为底数，n 为指数，b 为幂（指数运算的结果）。当指数 $n=0$ 时，$a^0=1(a\neq 0)$。当指数 $n=2$ 时，称为平方。当指数 $n=3$ 时，称为立方。当指数 n 为正整数时，a^n 表示 n 个 a 连乘，也即 $a^n=\underbrace{aa\cdots a}_{n\uparrow}(n\in N^*)$。

指数运算性质包括：

（1）$a^n a^m = a^{n+m}$；

（2）$(a^n)^m = a^{nm}$；

（3）$(ab)^n = a^n b^n$；

（4）$\left(\dfrac{a}{b}\right)^n = \dfrac{a^n}{b^n}$；

(5) $\dfrac{a^n}{a^m} = a^{n-m}\ (a \neq 0)$；

(6) $a^{-m} = \dfrac{1}{a^m}\ (a \neq 0)$。

一个大于1的正整数，除了1和它自身外，不能被其他正整数整除的数叫作质数（又称为素数），否则就叫合数。1既不是质数也不是合数。

质数的性质包括：

（1）质数的个数是无穷的；

（2）质数 p 的约数只有两个——1和 p。

延伸阅读

[1] RONALD L G, DONALD E K, OREN P. 具体数学 计算机科学基础（第2版）[M]. 张明尧，张凡，译. 北京：人民邮电出版社，2013：85-103.

[2] THOMAS H C, CHARLES E L, RONALD L R, et al. 算法导论（原书第3版）[M]. 殷建平，徐云，王刚，译. 北京：机械工业出版社，2013：544-546.

典型题目

NOIP2012 普及组 质因数分解

（谷多玉　叶金毅）

1.5.3.2 取整

对于给定的实数 x，求与其接近的整数称为取整。常用的取整包括四舍五入取整、下取整、上取整和向零取整。

四舍五入取整用于取最接近实数 x 的整数，取整的结果为区间 $(x-0.5, x+0.5]$ 中的唯一整数。在数学中，一般用 ≈ 表示四舍五入取整。例如：$1.2 \approx 1$，$-3.4 \approx -3$，$4.5 \approx 5$，$-4.5 \approx -4$，$5.6 \approx 6$，$-7.8 \approx -8$。

在C++中，round、lround、llround 等函数可实现四舍五入取整。

在C++中，输出语句 printf 中可以使用 %.0f 对实数四舍五入取整后输出。例如 printf("%.0f",-7.8) 的输出为 -8。

下取整又称向下取整，用于取不超过 x 的最大整数，取整结果为区间 $(x-1, x]$ 中的唯一整数。在数学中，一般用 $\lfloor x \rfloor$ 表示对 x 下取整。例如 $\lfloor 1.9 \rfloor = 1$，$\lfloor 2.1 \rfloor = 2$，$\lfloor -1.9 \rfloor = -2$，$\lfloor -1.1 \rfloor = -2$。

在C++中，floor 函数可实现下取整。

上取整又称向上取整，用于取不小于 x 的最小整数，取整结果为区间 $[x, x+1)$ 中的唯一整数。在数学中，一般用 $\lceil x \rceil$ 表示对 x 上取整。例如 $\lceil 1.9 \rceil = 2$，$\lceil 2.1 \rceil = 3$，$\lceil -1.9 \rceil = -1$，$\lceil -1.1 \rceil = -1$。

在C++中，ceil 函数可实现上取整。

向零取整又称去尾取整，用于取 0 和 x（含）之间最接近 x 的整数。当 $x \geq 0$ 时，对 x 向零取整的结果与下取整的结果相同；当 $x<0$ 时，对 x 向零取整的结果与上取整的结果相同。

在 C++ 中，强制类型转换可实现向零取整，例如 (int) 2.9 的值为 2。

在 C++ 中，整除运算的结果等于将商向零取整的结果。

（胡伟栋）

1.5.3.3 模运算与同余

模运算：对于给定的整数 a 和整数 b，a 对 b 的模为 0（含）和 b（不含）之间的整数 m，使得 $a-m$ 为 b 的整数倍。a 对 b 的模记为 $a \bmod b$，符号与 b 的符号相同。

模运算与求余运算在 a 和 b 为正整数时结果完全相同，因此在信息学中一般不严格区分模运算与求余运算。当 a 或 b 中出现负数时模运算和求余的结果可能不同。

同余：给定一个正整数 m，如果两个整数 a 和 b 除以 m 的余数相同，即 $a \bmod m = b \bmod m$，则称 a 和 b 对于 m 同余，m 称为同余的模。同余的概念也可以这样理解：$a-b$ 是 m 的整倍数，也就是 $m \mid (a-b)$。同余记作 $a \equiv b \pmod{m}$。同余的性质如下。

（1）自反性：$a \equiv a \pmod{m}$。

（2）对称性：如果 $a \equiv b \pmod{m}$，则 $b \equiv a \pmod{m}$。

（3）传递性：如果 $a \equiv b \pmod{m}$，$b \equiv c \pmod{m}$，则 $a \equiv c \pmod{m}$。

（4）可加性：如果 $a \equiv b \pmod{m}$，$c \equiv d \pmod{m}$，则 $a \pm c \equiv b \pm d \pmod{m}$。

（5）可乘性：如果 $a \equiv b \pmod{m}$，$c \equiv d \pmod{m}$，则 $ac \equiv bd \pmod{m}$。

（6）对于任意自然数 n，如果 $a \equiv b \pmod{m}$，则 $an \equiv bn \pmod{m}$。

（7）如果 $ac \equiv bc \pmod{m}$，$(c, m) = 1$，那么 $a \equiv b \pmod{m}$，其中 $(c, m) = 1$ 表示 c 与 m 的最大公约数为 1。

🔗 参考词条

算术运算：加、减、乘、除、整除、求余

📖 延伸阅读

[1] RONALD L G, DONALD E K, OREN P. 具体数学 计算机科学基础（第 2 版）[M]. 张明尧, 张凡, 译. 北京：人民邮电出版社, 2013：85-103.

[2] THOMAS H C, CHARLES E L, RONALD L R, et al. 算法导论（原书第 3 版）[M]. 殷建平, 徐云, 王刚, 译. 北京：机械工业出版社, 2013：544-546.

（谷多玉　叶金毅）

1.5.3.4 整数唯一分解定理

唯一分解定理又称作算术基本定理，对于任何一个大于 1 的自然数 n，要么 n 本身是质数，要么可以分解为 2 个或者 2 个以上的质数的乘积，而且分解方法唯一。n 的标准分解式可以写为：

$$n = p_1^{a_1} p_2^{a_2} \cdots p_m^{a_m}$$

其中，p_i 为质因子，a_i 为指数。

代码示例

整数唯一分解定理的核心代码如下。

```cpp
int p[105],a[105],tot = 0; // p 数组存储质因子,a 数组存储对应质因子的指数,tot 表示
                           //    质因子的个数
void getfac(int x)
{
    for (int i = 2; i * i <= x; i++)
    {
        if (x % i == 0)
        {
            p[++tot] = i;
            while (x % i == 0)
            {
                a[tot]++;
                x /= i;
            }
        }
    }
    if (x > 1)
    {
        p[++tot] = x;
        a[tot] = 1;
    }
}
```

参考词条

整除、因数、倍数、指数、质(素)数、合数

延伸阅读

[1] RONALD L G, DONALD E K, OREN P. 具体数学 计算机科学基础(第 2 版)[M]. 张明尧, 张凡, 译. 北京: 人民邮电出版社, 2013: 88-89.

[2] KENNETH H R. 初等数论及其应用(原书第 6 版)[M]. 夏鸿刚, 译. 北京: 机械工业出版社, 2015: 82-92.

[3] THOMAS H C, CHARLES E L, RONALD L R, et al. 算法导论(原书第 3 版)[M]. 殷建平, 徐云, 王刚, 译. 北京: 机械工业出版社, 2013: 546.

典型题目

1. NOIP2012 普及组 质因数分解
2. NOIP2009 提高组 Hankson 的趣味题

(谷多玉 叶金毅)

1.5.3.5 辗转相除法

辗转相除算法又称为欧几里得算法，用于求两个非负整数的最大公约数（Greatest Common Divisor，GCD）。

给定非负整数 a 和 b，它们最大公约数的计算公式为 $\gcd(a,b)=\gcd(b,a\%b)$，其中 $\gcd(a,b)$ 表示 a 和 b 的最大公约数。

代码示例

辗转相除算法的核心代码如下。

```
int gcd(int a,int b)
{
    if (b == 0)
        return a; //边界条件,如果b为0,则最大公因数为a
    return gcd(b,a %b); //辗转相除
}
```

参考词条

1. 整除、因数、倍数、指数、质(素)数、合数
2. 扩展欧几里得算法

延伸阅读

[1] KENNETH H R. 初等数论及其应用(原书第 6 版)[M]. 夏鸿刚，译. 北京：机械工业出版社，2015：74-80.

[2] THOMAS H C，CHARLES E L，RONALD L R，et al. 算法导论(原书第 3 版)[M]. 殷建平，徐云，王刚，译. 北京：机械工业出版社，2013：547-549.

典型题目

1. NOIP2001 普及组 最大公约数和最小公倍数问题
2. NOIP2009 提高组 Hankson 的趣味题

（谷多玉　叶金毅）

1.5.3.6 素数筛法：埃氏筛法与线性筛法

埃氏筛法（the sieve of Eratosthenes，埃拉托色尼筛）是一种古老而简单的方法，可以找到 $[2,n]$ 范围内的所有素数。埃氏筛法的核心思想是一个素数的倍数一定是合数。对于初始序列 2,3,4,5,6,7,8,9,10,11,12,13,…，操作步骤如下。

（1）首先筛去素数 2 的倍数。

2,3,4̸,5,6̸,7,8̸,9,1̸0,11,1̸2,13,…

（2）在之后未筛除的数中选择第一个数，即素数 3，再筛去 3 的倍数。

$$2,3,\cancel{4},5,\cancel{6},7,\cancel{8},\cancel{9},\cancel{10},11,\cancel{12},13,\cdots$$

（3）在之后未筛除的数中选择第一个数，即素数5，再筛去5的倍数。

$$2,3,\cancel{4},5,\cancel{6},7,\cancel{8},\cancel{9},\cancel{10},11,\cancel{12},13,\cdots$$

依次类推，直到 n 中所有素数的倍数都被筛除，留下的未被筛选的就是 n 之内的素数。本算法的时间复杂度为 $O(n\log\log n)$。

线性筛法，又称为欧拉筛法，其核心思想是，每个合数只被最小的质因子筛掉，或者说被最大的因子筛掉。埃氏筛法中有些合数被重复筛除，例如 $12 = 2^2 \cdot 3$，会被 2 筛除一次，又会被 3 筛除一次。欧氏筛法中每个合数只被最小的质因子或者说被最大的真因子筛除，确保每个数只被筛一次，实现过程为如下。

对于每个数 i，将 i 的质数倍筛除，设置 $i \bmod \mathrm{prime}[j] = 0$ 时停止，不再往后筛除 i 的质数倍。

线性筛法的原理是，因为 $i \bmod \mathrm{prime}[j] = 0$，则可设 $i = \mathrm{prime}[j] \cdot a$（其中 a 为正整数），则对于第 $j+1$ 个素数 $\mathrm{prime}[j+1]$，$i \cdot \mathrm{prime}[j+1]$ 可写为 $i \cdot \mathrm{prime}[j+1] = \mathrm{prime}[j] \cdot a \cdot \mathrm{prime}[j+1]$，显然 $a \cdot \mathrm{prime}[j+1]$ 是比 $a \cdot \mathrm{prime}[j]$ 更大的数，则 $i \cdot \mathrm{prime}[j+1]$ 可以被一个比 i 更大的因子乘以质数倍筛除。所以如果 $i \bmod \mathrm{prime}[j] = 0$，则以 i 为最大约数的筛数结束。

例如已经筛到 7，现有质数分别是 2，3，5，7，数字 8 可以筛掉 $8 \times 2 = 16$，因为 $8 \bmod 2 = 0$，所以使用数字 8 的筛数结束，如果继续向下筛，则 8 不会是继续筛掉数值的最大因子；数字 9 可以筛掉 $9 \times 2 = 18$，$9 \times 3 = 27$，因为 $9 \bmod 3 = 0$，所以使用数字 9 的筛数结束；后续数字以此类推。本算法的时间复杂度为 $O(n)$。

代码示例

埃氏筛法的核心代码如下。

```cpp
const int MAXN = 1e5 + 5;
int prime[MAXN],cnt;
bool flag[MAXN];
void E_Sieve(int n)
{
    for (int i = 2; i <= n; i++)
    {
        if (!flag[i])
        {
            for (int j = 2; j * i <= n; j++) //筛除素数 i 的所有倍数
                flag[j * i] = 1;
        }
    }
    for (int i = 2; i <= n; i++)
        if (!flag[i])
            prime[++cnt] = i;
}
```

线性筛法的核心代码如下。

```cpp
const int MAXN = 1e5 + 5;
int prime[MAXN],cnt;
bool flag[MAXN];
void Euler(int n)
{
    for (int i = 2; i <= n; i++)
    {
        if (!flag[i])
            prime[++cnt] = i; //素数
        for (int j = 1; j <= cnt && i * prime[j] <= n; j++)
        {
            flag[i * prime[j]] = 1;
            if (i %prime[j] == 0)
                break; //确保每个数只被最大的因子筛掉
        }
    }
}
```

参考词条

整除、因数、倍数、指数、质(素)数、合数

延伸阅读

KENNETH H R. 初等数论及其应用(原书第 6 版)[M]. 夏鸿刚，译. 北京：机械工业出版社，2015：51-55.

典型题目

1. NOIP2008 提高组 笨小猴
2. NOIP2009 普及组 细胞分裂
3. NOIP2021 提高组 报数

（谷多玉　叶金毅）

1.5.4 离散与组合数学

1.5.4.1 集合

集合，简称集，是指由一些确定的对象构成的整体。集合中的每一个对象称为一个元素。集合的元素具有确定性、互异性和无序性。

（1）确定性：一个元素是否属于一个集合是确定的。

（2）互异性：集合中的元素两两不同。

（3）无序性：集合中的元素不存在先后顺序。

如果一个集合包含有限个元素，则称这个集合为有限集。如果一个集合包含无限个元素，则称这个集合为无限集。

对于有限集，集合中的元素个数称为集合的基数（cardinal number），有时也称为集合的大小，集合 S 的基数记为 $|S|$。对于无限集，集合基数的表示和比较方法在信息学竞赛中不涉及，此处不再介绍。

不包含任何元素的集合称为空集，记为 $\varnothing$。如果某个集合包含所涉及的所有元素，则称该集合为全集，通常记作 U。

一个元素 x 在集合 S 中则称 x 属于 S，记为 $x \in S$；否则称 x 不属于 S，记为 $x \notin S$。

如果一个集合 A 中的所有元素都在集合 S 中，则称集合 A 为集合 S 的子集，记为 $A \subseteq S$。如果集合 A 是集合 S 的子集且 A 和 S 不相同，则称集合 A 为集合 S 的真子集，记为 $A \subsetneq S$。

集合可以使用列举法表示，通常写法为大括号中包含多个元素，例如，小写元音字母集 $\{a,e,i,o,u\}$，大写字母集 $\{A,B,\cdots,Z\}$，整数集 $\mathbb{Z}=\{0,\pm1,\pm2,\pm3,\cdots\}$。

集合也可以使用描述法来表示，例如，某个方程的解集 $\{x \mid x^2+x-1=0\}$，有理数集 $\left\{\dfrac{q}{p} \;\middle|\; p \in \mathbb{Z}, p \neq 0, q \in \mathbb{Z}\right\}$。

对于给定的两个实数 a、b，由介于 a 和 b 之间的实数组成的集合称为区间。区间用 $[a,b]$ 或 (a,b) 表示，其中中括号表示包含 a 和 b，即 $\{x \mid a \leq x \leq b\}$，小括号表示不包含 a 和 b，即 $\{x \mid a<x<b\}$。区间可以包含一端而不包含另一端，称为半开半闭区间，例如 $[a,b)$ 或 $(a,b]$。

集合 A 与集合 B 的公共部分称为集合 A 与集合 B 的交，记为 $A \cap B$，即 $\{x \mid x \in A, x \in B\}$。

由集合 A 与集合 B 中所有元素组成的集合称为集合 A 与集合 B 的并，记为 $A \cup B$，即 $\{x \mid x \in A \text{ 或 } x \in B\}$。

由在全集 U 中而不在集合 A 中的元素组成的集合称为 A 的补集，记为 $\overline{A}$ 或 $\complement_U A$，即 $\{x \mid x \in U, x \notin A\}$。

（胡伟栋）

1.5.4.2 加法原理

加法原理：做一件事情，有 n 类办法，第 1 类办法有 m_1 种方法，第 2 类办法有 m_2 种方法，第 n 类办法有 m_n 种方法，则完成这件事情的方法有 $m_1+m_2+\cdots+m_n$ 种。

加法原理属于分类计数原理，分类需要包括所有情况，类与类之间不会产生重复。

🔗 参考词条

1. 排列

2. 组合

延伸阅读

[1] RICHARD A B. 组合数学(原书第5版)[M]. 冯速, 译. 北京: 机械工业出版社, 2012: 16-17.

[2] THOMAS H C, CHARLES E L, RONALD L R, et al. 算法导论(原书第3版)[M]. 殷建平, 徐云, 王刚, 译. 北京: 机械工业出版社, 2013: 676.

(谷多玉　叶金毅)

1.5.4.3 乘法原理

乘法原理:做一件事情,需要分 n 个步骤,第 1 步有 m_1 种方法,第 2 步有 m_2 种方法,第 n 步有 m_n 种方法,则完成这件事情的方法有 $m_1 \times m_2 \times \cdots \times m_n$ 种。

乘法原理属于分步计数原理,分步应注意如果各步依次独立完成,整个事件也应完成。

参考词条

1. 排列
2. 组合

延伸阅读

[1] RICHARD A B. 组合数学(原书第5版)[M]. 冯速, 译. 北京: 机械工业出版社, 2012: 17-18.

[2] THOMAS H C, CHARLES E L, RONALD L R, et al. 算法导论(原书第3版)[M]. 殷建平, 徐云, 王刚, 译. 北京: 机械工业出版社, 2013: 676.

(谷多玉　叶金毅)

1.5.4.4 排列

排列是指从 n 个不同的元素中取出 $m(m \leq n)$ 个元素进行排序,其个数就是排列数,叫作从 n 个不同元素中取出 m 个元素的排列数,用符号 A_n^m 来表示,排列数的计算公式为:

$$A_n^m = n(n-1)(n-2)\cdots(n-m+1) = \frac{n!}{(n-m)!}$$

排列数的性质如下。

$$A_n^m = nA_{n-1}^{m-1}$$
$$A_n^m = mA_{n-1}^{m-1} + A_{n-1}^m$$

参考词条

1. 加法原理

2. 乘法原理

延伸阅读

[1] RICHARD A B. 组合数学(原书第 5 版)[M]. 冯速，译. 北京：机械工业出版社，2012：21-24.

[2] THOMAS H C，CHARLES E L，RONALD L R，et al. 算法导论(原书第 3 版)[M]. 殷建平，徐云，王刚，译. 北京：机械工业出版社，2013：676-678.

（谷多玉　叶金毅）

1.5.4.5　组合

组合是指从 n 个不同元素中取出 $m(m \leq n)$ 个元素，不考虑排序，其个数就是组合数，叫作从 n 个不同元素中取出 m 个元素的组合数，用符号 C_n^m 来表示，组合数的计算公式为：

$$C_n^m = \frac{A_n^m}{A_m^m} = \frac{n(n-1)(n-2)\cdots(n-m+1)}{m!} = \frac{n!}{m!(n-m)!}$$

组合数的性质如下。

$$C_n^0 = C_n^n = 1$$
$$C_n^m = C_n^{n-m}$$
$$C_n^m = C_{n-1}^m + C_{n-1}^{m-1}$$
$$C_n^0 + C_n^1 + C_n^2 + \cdots + C_n^n = 2^n$$

参考词条

1. 加法原理
2. 乘法原理

延伸阅读

[1] RICHARD A B. 组合数学(原书第 5 版)[M]. 冯速，译. 北京：机械工业出版社，2012：24-27.

[2] THOMAS H C，CHARLES E L，RONALD L R，et al. 算法导论(原书第 3 版)[M]. 殷建平，徐云，王刚，译. 北京：机械工业出版社，2013：676-678.

典型题目

NOIP2006 提高组 2^k 进制数

（谷多玉　叶金毅）

1.5.4.6　杨辉三角

杨辉三角是二项式系数在三角形中的几何排列，中国南宋数学家杨辉于 1261 年在《详解九章算术》中介绍过，又称为开方作法本源，如图 1.13 所示。

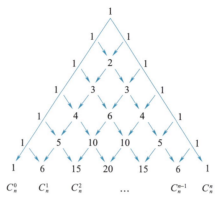

图 1.13 杨辉三角

杨辉三角中第 $i(0\leq 0\leq n)$ 行第 $j(0\leq j\leq i)$ 列的数字，可以用 C_i^j 来求得，即从 i 个元素中取 j 个的组合数。除此以外，杨辉三角中的数字也可以通过递推公式获得，即每行的第一个数和最后一个数为 1，其他数字等于其左上和右上数字之和。递推公式为：

$$C_i^j = C_{i-1}^{j-1} + C_{i-1}^j$$

代码示例

杨辉三角的核心代码如下。

```
long long c[50][50];
c[0][0] = 1;
for (int i = 1; i <= n; i++)
{
    c[i][0] = c[i][i] = 1;
    for (int j = 1; j < i; j++)
        c[i][j] = c[i - 1][j - 1] + c[i - 1][j];
}
```

参考词条

组合

延伸阅读

[1] 杨辉. 增补《详解九章算法》释注[M]. 北京：科学出版社，2014.

[2] THOMAS H C, CHARLES E L, RONALD L R, et al. 算法导论（原书第 3 版）[M]. 殷建平，徐云，王刚，译. 北京：机械工业出版社，2013：677-678.

[3] RICHARD A B. 组合数学（原书第 5 版）[M]. 冯速，译. 北京：机械工业出版社，2012：24-27.

典型题目

NOIP2016 提高组 组合数问题

（谷多玉　叶金毅）

1.5.5　其他

1.5.5.1　ASCII 码

ASCII 码（American Standard Code for Information Interchange），即美国信息交换标准码。ASCII 码使用指定的 7 位或 8 位二进制数组合来表示 128 或 256 种可能的字符。

标准 ASCII 码，是美国信息交换标准委员会制定的 7 位二进制码，共有 128 种字符，其中包含 32 个通用控制字符、10 个十进制数码、52 个英文大写与小写字母、34 个专用符号（如 $、%、+、=等）。除了 32 个控制字符不可打印外，其余 96 个字符全部可以打印。

标准 ASCII 码由 $b_7b_6b_5b_4b_3b_2b_1$ 这 7 个二进制位组成，书写上可用两位十六进制数表示，如 "A" 可用 41H 表示，"7" 可用 37H 表示。一般一个字符用一个字节保存。字符以整数形式（字符的 ASCII 代码）存放在内存单元中。

延伸阅读

NELL D, JOHN L. 计算机科学概论（原书第 5 版）[M]. 吕云翔，刘艺博，译. 北京：机械工业出版社，2016：22-31，44-45.

（佟松龄　叶金毅）

1.5.5.2　格雷码

格雷码（Gray code）由贝尔实验室的弗兰克·格雷（Frank Gray）在 20 世纪 40 年代提出。

将 2^n 个长为 n 的二进制串组成一个序列，使得将序列按圆形排列时一对相邻的二进制串只有一位不同，则称这些序列为 n 阶格雷码，简称格雷码。

在格雷码中，任意两个相邻的代码只有一位二进制数不同，最大码与最小码之间也仅一位不同，即"首尾相连"，因此又称循环码或反射码。例如，长度为 3 的格雷码为 000，001，011，010，110，111，101，100。

对 n 位二进制的码字从右到左以 0 到 $n-1$ 编号，一个 n 位普通二进制码记为 $B_{n-1}\cdots B_1B_0$，一个 n 位格雷码记为 $G_{n-1}\cdots G_1G_0$。

普通的 n 位二进制码转换为 n 位格雷码的规则为：

$$\begin{cases} G_{n-1} = B_{n-1} \\ G_i = B_i \oplus B_{i+1} \end{cases}$$

其中，⊕ 表示异或运算符。

n 位格雷码转换为普通 n 位二进制码的规则为：

$$\begin{cases} B_{n-1} = G_{n-1} \\ B_i = G_i \oplus B_{i+1} \end{cases}$$

其中，$\oplus$ 表示异或运算符。

代码示例

n 位二进制码转换为 n 位格雷码的核心代码如下。

```cpp
char B[1010];
int G[1010];
void BintoGray()
{
    cin >> B;
    int n = strlen(B);
    for (int i = 0; i <= (n - 1) / 2; i++)
        swap(B[i],B[n - 1 - i]);
    for (int i = 0; i <= n - 1; i++)
        B[i] = B[i] - '0';
    G[n - 1] = B[n - 1];
    for (int i = n - 2; i >= 0; i--)
        G[i] = B[i] ^ B[i + 1];
    for (int i = n - 1; i >= 0; i--)
        cout << G[i];
}
```

参考词条

位运算：与(&)、或(|)、非(~)、异或(^)、左移(<<)、右移(>>)

延伸阅读

[1] NELL D, JOHN L. 计算机科学概论(原书第5版)[M]. 吕云翔, 刘艺博, 译. 北京：机械工业出版社, 2016：22-31, 44-45.

[2] THOMAS H C, CHARLES E L, RONALD L R, et al. 算法导论(原书第3版)[M]. 殷建平, 徐云, 王刚, 译. 北京：机械工业出版社, 2013：245-249.

[3] 严蔚敏, 李冬梅, 吴伟民. 数据结构(C语言版)[M]. 2版. 北京：清华大学出版社, 2015：144-149.

[4] 刘铎. 离散数学及应用[M]. 2版. 北京：清华大学出版社, 2018：420-421.

典型题目

CSP2019-S 格雷码

（佟松龄　叶金毅）

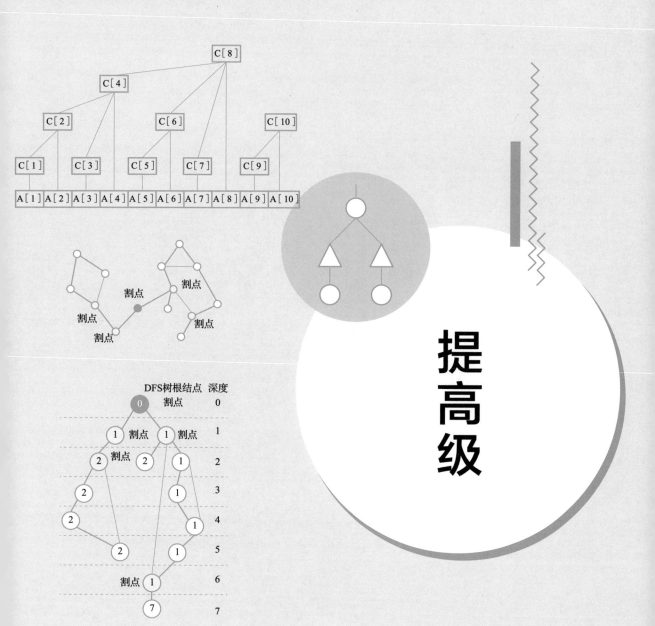

提高级

2.1 基础知识与编程环境

2.1.1 Linux 系统终端中常用的文件与目录操作命令

在计算机早期历史中,终端专指用户与计算机系统进行交互的物理设备,包括命令行终端和图形化终端等。在流行的 UNIX Linux 发行版中,可以使用快捷键调出命令行终端模式,也可以在图形界面中使用终端仿真器(terminal emulator)来模拟命令行终端。在桌面版 Ubuntu 中常见的终端仿真器有"终端"程序(Terminal)、Xterm、UXterm、Byobu Terminal 等。

以"终端"程序(Terminal)为例,操作系统使用命令解释器 Shell 处理用户与内核的交互,将从终端中读取用户的输入命令,并将执行结果提供给终端进行显示。

NOI Linux 2.0 默认终端中显示的命令提示符形如 user@ hostname:~$。"user"为当前用户的用户名;"hostname"为主机名;"~"代表当前用户主目录路径,一般为/home/user;"$"为提示符,表示命令提示符结束,用户可以在此处输入命令。

常用的文件操作命令如表 2.1 所示。

表 2.1 常用文件操作命令

功能	命令
新建文件夹	mkdir\<folder_name\>
新建一个空白文档	touch\<file_name\>
复制一个文件	cp\<file1_name\>\<file2_name\>
复制一个文件夹及其包含的文件	cp-a\<folder1_name\>\<folder2_name\>
删除文件夹	rm-r\<folder_name\>
删除一个文件	rm\<file_name\>
修改文件名	mv\<file1_name\>\<file2_name\>
修改文件夹名	mv\<folder1_name\>\<folder2_name\>

常用的目录操作命令如表 2.2 所示。

表 2.2 常用目录操作命令

功能	命令
改变当前工作路径到某个子目录	cd\<folder_name\>
改变当前工作路径到上一级目录	cd..
显示当前工作文件路径	pwd
显示文件及文件夹命令	ls

(续)

功能	命令
终端中显示普通文本类型文件	cat<file_name>
终端中分页显示普通文本类型文件	more<file_name>
终端比较两个文件的差异	diff<file1_name><file2_name>

参考词条

1. Windows、Linux 等操作系统的基本概念及其常见操作
2. 使用图形界面新建、复制、删除、移动文件或目录

延伸阅读

BRAIN W. 精通 Linux[M]. 姜南, 等译. 2 版. 北京: 人民邮电出版社, 2015: 40-43.

（金靖）

2.1.2 Linux 系统下常见文本编辑工具的使用

NOI Linux 2.0 中可以使用文本编辑器（Gedit）、nano、Emacs（GUI 模式或终端模式）、Vim 等文本编辑工具编写代码。

文本编辑器（Gedit）可从"程序"菜单中点选"文本编辑器"或在终端中输入 gedit 命令打开，为图形化界面形式，选择菜单中的命令即可使用对应功能。

nano 可从终端中输入 nano 命令打开，为命令行界面形式，常用编辑命令处于窗口下方，使用组合键即可使用对应功能。

Emacs 可从"程序"菜单中点选"Emacs（GUI）"或"Emacs（Ternimal）"，也可在终端中输入 emacs 命令打开。对于命令行形式运行的 Emacs，常用功能对应的组合键如表 2.3 所示。

表 2.3 Emacs 常用功能组合键

功能	命令
创建或打开文件	Ctrl+x, Ctrl+f, 按提示输入文件名；如果已有文件则打开文件，如果没有文件则新建文件
保存文件	Ctrl+x, Ctrl+s
退出程序	Ctrl+x, Ctrl+c

Vim 可从"程序"菜单中点选"Vim"或在终端中输入 vim 命令打开，为命令行界面形式。Vim 有三种模式。

（1）命令模式：使用快捷键对文件进行操作，输入"ZZ"，保存文件并退出。

（2）插入模式：可在文件中输入字符，从命令模式中输入 a、i、o 进入，Esc 键可返回命令模式。

(3)末行模式：对文件进行保存或退出等操作，从命令模式输入":"或 Esc 键进入。
详细操作方式可参考程序的帮助文档。

参考词条

1. 使用 Linux 系统下的集成开发环境(例如 Code::Blocks 等)
2. g++、gcc 等常见编译器的基本使用

延伸阅读

BRAIN W. 精通 Linux[M]. 姜南，等译. 2 版. 北京：人民邮电出版社，2015：54.

（金靖）

2.1.3　g++、gcc 等编译器与相关编译选项

通过 g++ 命令可将 c++ 源文件编译成可执行文件，配合多个编译选项实现灵活的编译需求，举例如下：

```
$ g++ -g -Wall -lm -O2 -std=c++11 hello.cpp -o hello
```

选项"-g"添加 gdb 调试选项，在生成的目标文件中带调试信息。
选项"-Wall"开启编译器几乎所有常用的警告。
选项"-lm"表示连接数学库函数。
选项"-O2"为优化标识之一。当优化标识被启用之后，编译器将会试图在不改变程序语义的情况下改变程序的结构，以满足代码所占空间更小或运行速度更快等目标。优化标识共有以下几种。

(1) -O0：关闭所有优化选项。
(2) -O1：可在不影响编译速度的前提下，尽量采用一些优化算法降低代码大小和可执行代码的运行速度。
(3) -O2：除了执行-O1 所执行的所有优化之外，增加了一些优化算法，以增加相对略多的编译时间为代价，提高目标代码的运行速度。这是推荐的优化等级。
(4) -O3：除了执行-O2 所有的优化选项之外，一般会采取很多向量化算法，提高代码的并行执行程度，利用现代 CPU 中的流水线技术、Cache 等特性实现性能优化。

选项"-std"指定 C++ 特定版本的规范进行编译，在 NOI Linux 2.0 中，缺省选项是 C++14。

程序运行时受到系统默认栈空间大小的限制，Linux 的默认栈空间大小为 8MB。在信息学竞赛中，一般要求程序可使用的栈空间大小与题目要求的内存空间限制一致。执行命令 ulimit -s unlimited 可将当前终端下的栈空间限制放大，在当前终端中运行程序即可，关闭当前终端后栈空间恢复系统默认设置。

参考词条

g++、gcc 等常见编译器的基本使用

延伸阅读

BRAIN W. 精通 Linux[M]. 姜南, 等译. 2 版. 北京：人民邮电出版社, 2015: 325-331.

（金靖）

2.1.4 在 Linux 系统终端中运行程序，使用 time 命令查看程序用时

time 命令是 Linux 的内置命令，用于对 Linux 程序的运行进行计时，计时结果往往在真实结果上下浮动。命令格式为：`time[ PathToProgram ]`，其中 `[ PathToProgram ]` 为拟计时程序的绝对路径或相对路径。

计时结果输出分为三个部分。

（1）real：真实时间（real time）又称墙钟时间（wall clock time），指的是在普通时钟上，从程序的开始执行时刻到执行结束时刻之间的时间间隔。

（2）user：用户时间（user time），指的是程序在用户态执行所耗费的 CPU 时间。该时间仅指程序执行时实际占用 CPU 的时间，不包括其对应进程的阻塞时间和调度时间，也不包括在此期间其他程序耗费的 CPU 时间。

（3）sys：系统时间（sys time），指的是程序在内核态执行所耗费的 CPU 时间，即调用内核执行某项操作时实际占用 CPU 的时间（sys time）。

程序执行所耗费的 CPU 总时间为用户时间和系统时间之和。

延伸阅读

BRAIN W. 精通 Linux[M]. 姜南, 等译. 2 版. 北京：人民邮电出版社, 2015: 190.

（金靖）

2.1.5 调试工具 GDB 的使用

GDB 即 GNU 组织开发的 GNU symbolic debugger，是 Linux 下常用的程序调试器。GDB 可以实现在某个指定的地方或条件下暂停程序；当程序被暂停时，可查看和修改程序中的变量等多种功能。

在"终端"程序中，gdb 使用方法如下。

（1）编译程序时加入调试选项：`g++<file_name.cpp>-o<file_name>-g`

（2）输入调试命令：`gdb<file_name>`

进入 GDB 调试界面后，可对程序进行调试，常用的调试命令如表 2.4 所示。

表 2.4　GDB 常用调试命令

功能	命令
设置断点	breakpoint 行号　或者　b 行号
显示代码	list
单步执行语句(不进入函数)	next　或者　n
单步执行语句(进入函数)	step　或者　s
继续执行语句(直到下个断点或者程序结束)	continue　或者　c
查看当前某个变量的值(变量值会一直显示,直到关闭或者程序结束)	display 变量名　或者　disp 变量名
不查看某个变量的值	undisp　变量编号
查看当前某个变量的值(仅显示一次)	print　变量名
退出 gdb 调试	quit 或者　q

参考词条

使用 Linux 系统下的集成开发环境(例如 Code::Blocks 等)

延伸阅读

BRAIN W. 精通 Linux[M]. 姜南,等译. 2 版. 北京:人民邮电出版社,2015:337.

(金靖　汪星明)

2.2　C++程序设计

2.2.1　类

2.2.1.1　类的概念及简单应用

类(class)是一种用户自定义的数据类型,用于在程序代码中表示某种概念。类由一组成员组成,通常为数据成员和成员函数。类可以实例化,称为对象(object),可以通过.(点)访问对象的成员。类也可被认为是包含其成员的名字空间。

代码示例

类的示例代码如下。

```cpp
class Rectangle // 将 class 关键字替换为 struct 也可以定义类,但略有不同
{
    private:
        int width,height;
    public:
        void set_values(const int &_width,const int &_height)
        {
            width = _width,height = _height;
        }
        int area() const
        {
            return width * height;
        }
        Rectangle operator + (const Rectangle &rhs) const
        {
            return Rectangle(width + rhs.width,height + rhs.height);
        }
        Rectangle& operator += (const Rectangle &rhs)
        {
            return width += rhs.width,height += rhs.height,* this;
        }
} rect;
```

上述代码声明了一个矩形(Rectangle)类,在声明类之后定义的 rect 变量是一个 Rectangle 类的对象。

Rectangle 类包含 int 类型的成员数据宽(width)和高(height),且用 private 关键字修饰,对于一个类对象无法直接访问它的这两个成员数据,以起到保护数据的作用。对于成员数据的修改和调用均需要通过公开(public)的成员函数来进行。

需要注意的是,以 struct 声明的类中的成员默认为 public 形式,以 class 声明的类中的成员默认为 private 形式。因此上述代码中的 private 修饰符可以省略。

参考词条

结构体

延伸阅读

[1] STANLEY B L, JOSEE L, BARBARA E M. C++ Primer 中文版[M]. 李师贤,等译. 4 版. 北京:人民邮电出版社,2016:367-376.

[2] BJARNE S. C++程序设计语言(第 1～3 部)[M]. 王刚,杨巨峰,译. 4 版. 北京:机械工业出版社,2016:386-410.

(金靖 李曙)

2.2.1.2 成员函数和运算符重载

类的成员函数是定义在类的内部的函数，用于实现类的某项操作，具有访问类内所有成员的权限。可以使用 public、private 等关键字定义类成员的对外可访问性。定义为 public 的成员函数可被外界调用，定义为 private 的成员函数仅可被类的其他成员函数调用。

类的成员函数代码示例如下。

```
class Rectangle {
        int width,height;
    public:
        void set_values(int,int); //不通过类外调成员数据的方式,修改矩形的宽和高
};
void Rectangle::set_values(int x,int y) {
        width = x;
        height = y;
}
```

可以对常见的运算符或操作进行重载，如表 2.5 所示。

表 2.5 常见的运算符或操作

赋值运算	=										
数学运算	+	+=	-	-=	*	*=	/	/=	++	--	% %=
逻辑比较	<	>	<=	>=	==	!=					
逻辑运算	&&	||	!								
位运算	|	|=	&	&=	^	^=	~	>>	>>=	<<	<<=
特殊符号	[]	()	->	->*	,	new	delete	new[]	delete[]		

代码示例

下面的代码实现了一个简单的高精度加法类。

```
//高精度加法类
const int lengthBound = 1000;
class Number
{
    int value[lengthBound],length;
    public:
    void clear()
    {
        length = 0;
        memset(value,0,sizeof value);
    }
```

```cpp
    void input()
    {
        static char buf[lengthBound];
        scanf("%s",buf);
        for (int i = 0; buf[i]; ++i) value[length++] = buf[i] - '0';
        std::reverse(value,value + length);
    }
    void output()
    {
        for (int i = length - 1; ~i; --i) putchar(value[i] + '0');
        puts("");
    }
    Number operator + (const Number & rhs) const
    {
        Number result; result.clear();
        result.length = std::max(length,rhs.length);
        for (int i = 0; i < result.length; ++i)
        {
            result.value[i] += value[i] + rhs.value[i];
            if (result.value[i] > 9)
            {
                result.value[i] -= 10;
                result.value[i + 1]++;
            }
        }
        if (result.value[result.length]) result.length++;
        return result;
    }
} A,B;
```

参考词条

1. 高精度的加法
2. 高精度的减法
3. 高精度的乘法

延伸阅读

[1] STANLEY B L, JOSEE L, BARBARA E M. C++ Primer 中文版[M]. 李师贤, 等译. 4版. 北京: 人民邮电出版社, 2006: 385-396.

[2] BJARNE S. C++程序设计语言(第1~3部)[M]. 王刚, 杨巨峰, 译. 4版. 北京: 机械工业出版社, 2016: 452-468.

（金靖　李曙）

2.2.2 STL 模板

2.2.2.1 容器和迭代器

1. 容器（containers）

容器可分为顺序容器和关联容器，分别可以提供对元素序列的访问以及基于关键字的查询。此外，标准库提供对底层容器特殊访问的容器适配器，以及拥有大部分容器功能和保存元素序列的拟容器。

顺序容器包含 vector，list，forward_list 和 deque，他们都维护了一个有序的元素列表。

其中 vector 和 deque 支持用[ ]访问其中任意序号的元素，vector 支持末端插入删除，而 deque 支持双端插入删除。list 和 forward_list 分别由双向链表和单链表实现，同样支持首尾增删，但空间不连续，不支持随机访问。

关联容器分为有序关联容器和无序关联容器，其中有序关联容器包含 map，multimap，set，multiset，而无序关联容器只是在它们之前加上 unordered_前缀。有序关联容器在使用时需注意其元素需要定义大小关系，在此基础上可以支持基于关键字地查询或在集合中找到指定元素，而无序关联容器需要其元素有相等性判定函数。

一般有序关联容器被当作平衡树使用，而无序关联容器被当作哈希表使用。

容器适配器包含 priority_queue，queue 以及 stack，其中 priority_queue 为优先队列，queue 为队列，stack 为栈。

此外还有 string，bitset 等拟容器，可以更加高效地进行字符处理、位处理等操作。

注意 STL 容器在有些场合下（如查询关键字）发生预期外结果会返回尾后迭代器（end()）表示未找到或错误。而当出现非法访问（例如访问了超出 vector 范围的元素），则可能会抛出异常。

2. 迭代器（iterators）

迭代器的作用与指针类似，可通过引用操作（*）访问其所指向的元素内容。常用的容器（例如 map，set，vector 等）都可以使用一对迭代器来表示，即 begin（指向该容器第一个元素）和 end（指向该容器最后一个元素之后的位置）。空序列或空容器的 begin()=end()。

迭代器共有 5 个类别：输入迭代器，输出迭代器，前向迭代器，双向迭代器，随机访问迭代器。

（1）输入迭代器的定义方式为 istream_iterator<int,char>，其中第一个参数指出要读取的数据类型，第二个参数指出输入流使用的类型字符。输入流可以是 cin，可以是文件，也可以是容器等。

```
istream_iterator<int,char> A(cin); // A 是输入迭代器,cin 一个 int
int n = *A; printf("%d\n",n);
int m = *(istream_iterator<int,char>(cin)); // 临时迭代器
```

(2) 输出迭代器是类似的，定义方式为 ofstream_iterator<…,…>。相应输出流为 cout。

(3) 前向迭代器是 forward_list 容器提供的迭代器，只能使用++访问其他元素，使用==和!=进行比较。

(4) 双向迭代器是 list，map，set 等容器提供的迭代器，使用++或--（但不能是+或-）访问其他元素，使用==和!=进行比较。

(5) 随机访问迭代器是 vector 提供的迭代器，使用++、--、+=、-=访问其他元素，使用==、!=、<、<=、>、>=进行比较。可以使用[]或*反复读写元素（除非元素是 const 的）。在+=、-=、+、-后写上一个整数，表示随机访问的元素与当前迭代器的距离。

如果一个前向、双向或者随机访问迭代器指向一个类对象，可以使用->访问其成员。例如：

```
map<int,int> M;
for (map<int,int>::iterator it = M.begin(); it != M.end(); ++it) {
    int x = it->first,y = it->second; // M[x]=y
}
```

使用 auto（自动类型推导）更为简洁地进行迭代器的定义。auto 可认为是占位符，在编译时会被所推导出来的类型替代。auto 还可以与其他类型混合使用，例如：

```
auto n = 100;
auto *N = &n,m = 200; // N 和 m 的变量类型都是 int
```

以下是迭代器的常用操作示例：

```
it2 = it; // it2 是 it 的一个拷贝
++it; // 令 it 指向下一个元素,表达式的值为 it 的新值
it++; // 令 it 指向下一个元素,表达式的值为 it 的旧值
// ++it 返回 it 的引用,it++ 必须保存旧值并返回副本,因此 ++it 可能更高效
it = next(it,n); // 类似于 it=it+n,it 至少是一个前向迭代器
it = next(it); // it=next(it,1)
it = prev(it,n); // 类似于 it=it-n,it 至少是一个双向迭代器
it = prev(it); // it=prev(it,1)
advance(it,n); // 类似于 it=it+n
n = distance(it,it2); // 类似于 n=it2-it
// 如果不是随机访问迭代器,都需要花费 n 步
```

此外，在 set、multiset、vector 等容器中使用 lower_bound，upper_bound 或 find 等函数，会返回一个 iterator（而不是元素本身的值）。元素的值不足以描述所找到的元素。

可以使用一个迭代器正向遍历一个序列[b,e)，也可以使用反向迭代器 reverse_iterator 逆序遍历，即从 e 到 b。reverse_iterator 和 iterator 是不同的数据类型。对于 reverse_iterator itr，itr.base()返回 itr 之后的位置。因此，为了

获取与 itr 相同的元素，需使用 itr.base()-1。

一些 STL 容器自带 rbegin()、rend()函数，分别为其 end()、begin()的反向迭代器。在 C++14 中，反向迭代器可以通过 make_reverse_iterator(i)便捷构造。例如：

```
for (auto it2 = M.rbegin(); it2 != M.rend(); ++it2) { // 逆序访问
    auto x = --it2.base();
}
```

或是：

```
vector<int> v{1,2,3,4,5},w(5);
copy(v.begin(),v.end(),w.rbegin()); // 将 v 倒序复制到 w
```

参考词条

1. 栈（stack）、队列（queue）、链表（list）、向量（vector）等容器
2. 集合（set）、多重集合（multiset）
3. 双端队列（deque）、优先队列（priority_queue）
4. 映射（map）、多重映射（multimap）

延伸阅读

BJARNE S. C++程序设计语言（第 1~3 部分）[M]. 王刚，杨巨峰，译. 4 版. 北京：机械工业出版社，2016：24-38.

（金靖）

2.2.2.2　对、元组

pair 定义在头文件 utility 中，用于将两个值组合在一起存储。
tuple 定义在头文件 tuple 中，用于将多个值组合在一起存储。
pair 和 tuple 中的每个值都可以是不同的类型。

代码示例

std::pair <int,double>是一个 pair 类，其第一个值类型为 int，第二个值类型为 double，可以通过.first 和.second 访问 pair 的两个值。

```
/*
pair 的模板形式
template <class T1,class T2> struct pair;
*/

//std::pair <int,double> pair=std::make_pair(1,2.3);
std::pair <int,double> pair(1,2.3);
printf("%d %lf\n",pair.first,pair.second);
```

tuple <int,char,double>是一个包含3个元素，类型分别为 int,char,double 的 tuple 类，可以通过函数 get <index>(tuple)的来访问 tuple 的某一个值。

```
/*
tuple 的模板形式
template <class T1,class T2> struct pair;
*/
std::tuple <int,char,double> tuple(1,'2',3.0);
// auto tuple=std::make_tuple(1,'2',3.0);
printf("%d %c %lf\n",std::get<0>(tuple),std::get<1>(tuple),std::get<2>(tuple));
```

参考词条

结构体

延伸阅读

[1] STANLEY B L，JOSEE L，BARBARA E M．C++ Primer 中文版[M]．李师贤，等译．4版．北京：人民邮电出版社，2006：306-308．

[2] BJARNE S．C++程序设计语言(第1~3部)[M]．王刚，杨巨峰，译．4版．北京：机械工业出版社，2016：104-107．

（金靖　李曙）

2.2.2.3　集合、多重集合

1. 集合（set）

set 是维护有序不可重集合的容器，容器定义在头文件 set 中，一般使用平衡树作为底层数据结构。对于 set 类型的变量 st，基本操作有以下几种，如表 2.6 所示。

表 2.6　集合的基本操作

方法	功能
st.empty()	判断是否为空
st.size()	返回集合中元素个数
st.clear()	擦除所有元素
st.insert(value)	在集合中插入元素
st.erase(value)	从集合中删除给定值的元素
st.erase(pos)	从集合中删除位于 pos 位置的元素
st.erase(first,last)	从集合中删除迭代器范围为[first,last-1]中的元素
st.find(value)	查询一个给定值对应的迭代器，如果不存在则返回 end()
st.count(value)	查询一个给定值在集合中的个数，因为是不可重集，所以个数不超过 1

（续）

方法	功能
st.lower_bound(value)	查询集合中不小于给定值的最小元素的迭代器，如果不存在则返回end()
st.upper_bound(value)	查询集合中大于给定值的最小元素的迭代器，如果不存在则返回end()
st.swap(st1)	交换两个集合的值

2. 多重集合(multiset)

multiset是维护有序可重集合的容器，容器定义在头文件set中，基本操作与set类似，对于multiset类型的变量ms，以下为multiset特有的方法，如表2.7所示。

表2.7 多重集合特有方法

方法	功能
ms.erase(value)	从集合中删除给定值的所有元素
ms.equal_range(value)	查询一个给定值在集合中出现的范围，用pair的形式返回迭代器对

代码示例

构造集合的代码如下。

```cpp
template < class T,                   // 元素类型
    class Compare = less<T>,          // 比较方式,默认调用元素运算符<比较
    class Alloc = allocator<T>        // 申请内存的方式
    > class set;  //以声明一个逆序的'int'集合为例
std::set <int,std::greater<int>> st;
//std::set <int,std::greater<int>> :: iterator begin = st.begin(), end =
  st.end();
//std::set <int,std::greater<int>> :: reverse_iterator
rbegin=st.rbegin(),rend=st.rend();

// pair<iterator,bool> insert (const value_type& val);
st.insert(1);
st.erase(1);
st.erase(st.begin());
st.erase(st.begin(),st.end()); // st.clear()

st1.swap(st2); // swap(st1,st2)

std::set <int,std::greater<int>> :: iterator it
it=st.find(1);
if(it==st.end()) puts("1 is not in the set");
else puts("1 is in the set");

if(st.count(2)==0) puts("2 is not in the set");
```

```
        else puts("2 is in the set");

        it=st.lower_bound(3);
        if(it==st.end() || *it!=x) puts("3 is not in the set");
        else puts("3 is in the set");

        it=st.upper_bound(4);
        if(it==st.begin() || *(--it)!=x) puts("4 is not in the set");
        else puts("4 is in the set");
```

延伸阅读

［1］STANLEY B L，JOSEE L，BARBARA E M. C++ Primer 中文版［M］. 李师贤，等译. 4 版. 北京：人民邮电出版社，2006：319-324.

［2］BJARNE S. C++程序设计语言（第 1~3 部）［M］. 王刚，杨巨峰，译. 4 版. 北京：机械工业出版社，2016：44-50.

（金靖　李曙）

2.2.2.4　双端队列、优先队列

1. 双端队列（deque）

双端队列是在前后两端进行插入和删除操作的线性表，按照先进先出的原则存储数据。容器定义在头文件 deque 中。对于 deque 类型的变量 dq，基本操作有以下几种，如表 2.8 所示。

表 2.8　双端队列的基本操作

方法	功能
dq.empty()	返回双端队列是否为空
dq.size()	返回双端队列中的元素个数
dq.front()	返回双端队列中的第一个元素的引用
dq.back()	返回双端队列中的最后一个元素的引用
dq.insert(pos,value)	在 pos 迭代器之前插入一个值为 value 的元素
dq.erase(pos)	从双端队列中删除位于 pos 的元素
dq.erase(first,last)	从双端队列中删除迭代器范围为[first,last-1]中的元素

2. 优先队列（priority_queue）

优先队列是一个队列中元素拥有优先级的队列。在优先队列中，出队列时优先级最高的元素先出队列（first in，largest out）。对于 priority_queue 类型的变量 pq，基本操作有以下几种，如表 2.9 所示。

表 2.9 优先队列的基本操作

方法	功能
pq.empty()	返回优先队列是否为空
pq.size()	返回优先队列中的元素个数
pq.pop()	删除优先队列的队首元素
pq.push(x)	在优先队列中插入一个元素

代码示例

队列的构造及使用代码如下。

```
/*
list 的模板形式,通常只需要了解模板的第一个参数
template < class T,class Alloc = allocator<T> > class list;
list 也可以通过 begin(),end(),rbegin(),rend() 来访问头尾迭代器,通过 empty(),
size() 访问元素个数情况。
front(),back() 则返回链表头尾元素的引用类型,可以用于修改。
插入/删除元素的方法:
1. push_front(),pop_front() 在链表头插入/删除。
2. push_back(),pop_back() 在链表尾插入/删除。
3. insert 在特定位置(用一个)前面插入元素。
4. erase 删除元素,并且返回删除元素的后继。
5. clear 清空
*/
std::list <int> list({1,2,3,4,5,6,7,8}); // 初始化一个链表
printf("%d\n",list.front());
list.front() = 10; // 修改链表头元素
printf("%d\n",list.front());
//insert
list.insert(list.begin(),1); // [1]
auto it = list.begin();
it++; // it=list.end()
list.insert(it,2); //[1,2]
list.insert(it,3,10); // 在 it 前面插入 3 个 10 元素,得到[1,2,10,10,10]
//erase
it = list.begin();
it++; it++;
it = list.erase(it); // [1,2,4,5]
it = list.erase(it); // [1,2,5]
list.erase(list.begin(),list.end()); //list.clear()

/*
deque 的基本方法
deque 的模板形式,通常只需要了解模板的第一个参数
```

```
template < class T,class Alloc = allocator<T> > class deque;
```
deque 也可以通过 `begin()`,`end()`,`rbegin()`,`rend()` 来访问头尾迭代器,通过 `empty()`,`size()` 访问元素个数情况。

修改和访问元素情况时,可以通过 `front` 和 `back` 对于头尾进行操作,通过 `[]` 运算符,或者 `at()` 来访问特定的元素。

deque 插入/删除元素的方法可以完全参考 `list`。但是需要注意,通过 3,4 操作插入/删除单个元素无法在常数时间内完成。
```
*/
std::deque <int> deque({1,2,3,4,5});
printf("%d %d\n",deque[0],deque[3]);

/*priority_queue 的基本方法
```
priority_queue 不能访问头尾元素,但是可以通过 `empty()`,`size()` 访问元素个数情况。
插入/删除元素:
1. `push()` 压入元素
2. `pop` 弹出堆顶元素

C++11 还提供了一组特殊的函数 `make_heap` 和 `pop_heap`,可以在数组上原地实现类似的操作。
```
*/
// priority_queue 的模板形式
template <class T,class Container = vector<T>,
    class Compare = less<typename Container::value_type> > class priority_queue;

//由于在默认模板中,将 Container 放在 Compare 的前面,故如果需要声明一个小根堆需写满三个参数:
std::priority_queue <int,std::vector<int>,std::greater<int>> queue;
```

参考词条

1. 链表:单链表、双向链表、循环链表
2. 队列
3. 二叉堆

延伸阅读

[1] STANLEY B L, JOSEE L, BARBARA E M. C++ Primer 中文版[M]. 李师贤,等译. 4 版. 北京:人民邮电出版社,2006:263-286.

[2] BJARNE S. C++程序设计语言(第 1~3 部)[M]. 王刚,杨巨峰,译. 4 版. 北京:机械工业出版社,2016:55-56.

(金靖 李曙)

2.2.2.5 映射、多重映射

map 是维护关键字和关联值的映射的容器,关键字不可重复,但多个关键字可以映射到同一个关联值。

multimap 是允许有重复关键字的 map。这两个容器定义在头文件 map 中，一般使用平衡树作为底层数据结构。基本操作与 set 类似。

代码示例

映射的代码如下。

```cpp
std::map <int,int> map1;
map1.insert(std::make_pair(1,2));
map1.insert({1,2});
map1.emplace(1,2);
//map 还支持以 set 的所有形式查找元素,包括 lower_bound,upper_bound。
std::map <int,int> map({{1,2},{3,4},{5,6}});
std::map <int,int> :: iterator it;
it = map.lower_bound(1);
printf("%d %d\n",it->first,it->second); // 1 2
it = map.upper_bound(1);
printf("%d %d\n",it->first,it->second); // 3 4
it = map.find(5);
printf("%d %d\n",it->first,it->second); // 5 6
printf("%llu\n",map.count(6)); //0

//map 还支持用[ ]运算符和 at()函数来对于特定键值对应的映射值进行访问和修改,但是实现
    上略有不同。
//at()用于对于确定已经存在的元素进行访问,但是[ ]访问时会插入一个元素,也就是说 map[ ]
    实际上等价于如下操作:map[k];
map.insert(std::make_pair(k,mapped_type())).first->second
// mapped_type()是映射值的构造函数
map.insert(std::make_pair(0,0)).first->second = -1;
for (auto i : map) printf("%d %d\n",i.first,i.second);
```

multimap 用于维护多映射，即键值可以重复，映射值也可以重复，因此不再支持[ ]和 at()访问，其他操作类似 multiset。

多重映射代码如下。

```cpp
std::multimap <int,int> map;
map.insert({1,2});
puts("---");
for (auto i : map) printf("%d %d\n",i.first,i.second);
map.insert({1,3});
puts("---");
for (auto i : map) printf("%d %d\n",i.first,i.second);
map.insert({1,2});
puts("---");
for (auto i : map) printf("%d %d\n",i.first,i.second);
map.insert({1,3});
```

```
puts("---");
for (auto i : map) printf("%d %d\n",i.first,i.second);

/*
output:
---
1 2
---
1 2
1 3
---
1 2
1 3
1 2
---
1 2
1 3
1 2
1 3
*/
```

参考词条

1. 集合(set)、多重集合(multiset)
2. 对(pair)、元组(tuple)

延伸阅读

[1] STANLEY B L, JOSEE L, BARBARA E M. C++ Primer 中文版[M]. 李师贤, 等译. 4 版. 北京: 人民邮电出版社, 2006: 309-318, 322-325.

[2] BJARNE S. C++程序设计语言(第 1~3 部)[M]. 王刚, 杨巨峰, 译. 4 版. 北京: 机械工业出版社, 2016: 44-50.

(金靖 李曙)

2.2.2.6 算法模板库中的常用函数

算法(algorithms)是一类 C++ algorithm 头文件中所提供的模板函数,常用函数如表 2.10 所示。

表 2.10 算法(algorithms)常用函数

方法	功能
reverse(first,last)	翻转一段连续区间[first,last)中的所有元素
next_permutation(first,last)	取出一段连续的区间[first,last),利用<运算符,把这些元素改为字典序严格大于当前排列的所有排列中的字典序最小的一个,也可以称为"下一个排列"。如果存在"下一个排列"则返回 true,否则将所有元素从小到大排序后返回 false。这个函数会调用 $O(n)$ 次<运算符,其中 n 是元素个数

（续）

方法	功能
prev_permutation(first, last)	取出一段连续的区间[first, last]，利用<运算符，把这些元素改为字典序严格小于当前排列的所有排列中的字典序最大的一个，也可以称为"上一个排列"。如果存在"上一个排列"则返回 true，否则会将所有元素从大到小排序后返回 false。这个函数会调用 $O(n)$ 次<运算符，其中 n 是元素个数
lower_bound(first, last, value)	取出一段连续的区间[first, last]，利用<运算符，返回这些元素中第一个不满足 x<value 的。使用时需要保证这一段连续区间是从小到大排好序的，否则不能保证返回正确的结果。这个函数会调用 $O(\log n)$ 次<运算符
upper_bound(first, last, value)	取出一段连续的区间[first, last]，利用<运算符，返回这些元素中第一个满足 value<x。使用时需要保证这一段连续区间是从小到大排好序的，否则不能保证返回正确的结果。这个函数会调用 $O(\log n)$ 次<运算符

上述函数都需要利用<运算符，可以在传入的参数中在最后增加一个比较函数 comp 用于代替<运算符。上述函数如需应用于 STL 容器上，只需要传入对应容器的迭代器（iterator）即可。

参考词条

算法模板库中的函数：min、max、swap、sort

延伸阅读

BJARNE S. C++程序设计语言(第1~3部分)[M]. 王刚, 杨巨峰, 译. 4版. 北京：机械工业出版社, 2016：71-73.

（金靖）

2.3 数据结构

2.3.1 线性结构

2.3.1.1 双端栈

双端栈（double end stack）是将一个线性表的两端分别当做两个栈的栈底，两栈顶从两端向中间延伸的特殊的栈。双端栈通过共享一个空间达到节约空间的目的。

双端栈的操作包括入栈、出栈、判空、判满等。

双端栈入栈、出栈需要区分是对左端栈还是右端栈的操作；双端栈进行判空操作时，两个栈需要分别进行判断；判满时要根据两个栈顶相对的位置进行判断。

双端栈如图 2.1 所示。

图 2.1 双端栈

代码示例

双端栈的构造及操作代码如下。

```cpp
//双端栈定义
const int MAXSIZE = 1e6 + 5;
struct DoubleStack
{
    int top[2], bot[2]; //栈顶栈底指针
    int m; //栈最大可容纳的元素个数
    int data[MAXSIZE];
};

//进栈操作
int push(DoubleStack ds, int num, int flag)
{
    if (ds.top[0] + 1 == ds.top[1])
        return 0;
    if (flag == 1)
    {
        ds.data[++ds.top[0]] = num;
        return 1;
    }
    else if (flag == 2)
    {
        ds.data[--ds.top[1]] = num;
        return 1;
    }
    return 0;
}

//出栈操作
int pop(DoubleStack ds, int flag)
{
    if (flag == 1)
    {
        if (ds.top[0] == -1)
            return -1;
```

```
            return ds.data[ds.top[0]--];
        }
        else if (flag == 2)
        {
            if (ds.top[1] == ds.m)
                return -1;
            return ds.data[ds.top[1]++];
        }
        return -1;
    }

    //取栈顶元素
    int get_top(DoubleStack ds, int flag)
    {
        if (flag == 1)
        {
            if (ds.top[0] == -1)
                return -1;
            return ds.data[ds.top[0]];
        }
        else if (flag == 2)
        {
            if (ds.top[1] == MAXSIZE)
                return -1;
            return ds.data[ds.top[1]];
        }
        return -1;
    }
```

参考词条

1. 链表：单链表、双向链表、循环链表
2. 栈

延伸阅读

严蔚敏，吴伟民. 数据结构[M]. 2 版. 北京：清华大学出版社，2022：44-45.

（韩思瑶　叶金毅　汪星明）

2.3.1.2　双端队列

双端队列(deque：double ended queue)是一种允许同时从队首和队尾添加和删除元素的特殊队列，其相当于栈和队列的结合。

双端队列的操作一般包括队首入队、队首出队、队尾入队、队尾出队、队列判空等操作。

双端队列如图 2.2 所示。

允许在一端进行插入和删除，另一端只允许删除的双端队列称为输入受限的双端队列。

允许在一端进行插入和删除，另一端只允许插入的双端队列称为输出受限的双端队列。

图 2.2 双端队列

</> 代码示例

双端队列的代码如下。

```
const int MAXN = 1e5 + 10;
struct deQue
{
    int buffer[MAXN * 2];
    int head = MAXN, tail = MAXN - 1;
};
bool rev; //翻转标记
bool empty(struct deQue q)
{
    return q.tail < q.head;
}
int size(struct deQue q)
{
    return q.tail - q.head + 1;
}
int front(struct deQue q, bool rev)
{
    return rev ? q.buffer[tail] : q.buffer[head];
}
int back(struct deQue q, bool rev)
{
    return rev ? q.buffer[head] : q.buffer[tail];
}
void push_front(struct deQue q, bool rev, int x)
{
    rev ? q.buffer[++tail] = x : q.buffer[--head] = x;
}
void push_back(struct deQue q, bool rev, int x)
{
    rev ? q.buffer[--head] = x : q.buffer[++tail] = x;
}
void pop_back(struct deQue q, bool rev)
{
    rev ? q.head++ : q.tail--;
```

```
}
void pop_front(struct deQue q,bool rev)
{
    rev ? q.tail-- : q.head++;
}
void reverse(bool rev)
{
    rev ^= 1;
}
```

参考词条

1. 链表：单链表、双向链表、循环链表
2. 队列

延伸阅读

[1] DONALD E K. 计算机程序设计艺术 卷1：基本算法[M]. 李伯民，范明，蒋爱军，译. 2版. 北京：人民邮电出版社，2017：192.

[2] 严蔚敏，吴伟民. 数据结构[M]. 2版. 北京：清华大学出版社，2022：60-61.

（韩思瑶　叶金毅　汪星明）

2.3.1.3　单调队列

单调队列是指队列中元素是按照值从大到小或从小到大有序排列的队列。

单调队列与队列一样支持入队、出队操作。

对于一个从队首到队尾元素是从大到小排列的单调队列，其入队和出队操作原理如下。

（1）入队操作需要将待入队元素与队尾元素比较，如果待入队元素比队尾元素大，那么删除队尾元素，重新比较待入队元素与新的队尾元素，直到待入队元素比队尾元素小或者队列为空，然后将待入队元素插入队尾。

（2）出队操作只需要把队首元素出队，队首指针后移即可。

代码示例

求所有长度为 k 的区间的最小值代码如下。

```
const int maxn = 1e6 + 5;
int n,k,head,tail,a[maxn];
struct node
{
    int id,val;
} q[maxn];
```

```
void find_min()
{
    head = 1,tail = 0;
    for (int i = 1; i <= n; i++)
    {
        while (head <= tail && a[i] <= q[tail]. val) tail--;
        q[++tail]. id = i;
        q[tail]. val = a[i];
        while (q[head]. id <= i - k) head++;
        if (i >= k) printf("%d ",q[head]. val);
    }
}
```

参考词条

队列

(叶金毅　汪星明)

2.3.1.4　优先队列

优先队列(priority queue)是一个队列中元素拥有优先级的队列。在优先队列中，出队列时优先级最高的元素先出队列(first in, largest out)。

优先队列主要有如下操作。

1) 入队 push：将元素按优先级插入到优先队列中适当位置。

2) 出队 pop：取出优先级最高的元素，并从队列中删除该元素。

3) 取队首 top：取出优先级最高的元素，并在队列保留该元素。

如果使用堆结构实现优先队列，那么入队和出队操作的时间复杂度是 $O(\log n)$，其中 n 表示优先队列中的元素数量，取队首操作的时间复杂度则是 $O(1)$。

除了堆以外，优先队列还可以使用平衡树、线段树等来实现。

代码示例

用堆实现的最小优先队列基本操作，这里以元素类型为整数操作为例，代码如下。

```
struct pri_queue
{
    int que[maxn];
    int num;
} pq;

//调堆函数
void adjust(int i)
{
    if (2 * i + 1 <= pq. num)
```

```
    {
        if (pq.que[i] > pq.que[2 * i + 1] && pq.que[2 * i] >= pq.que[2 * i + 1])
        {
            swap(pq.que[i],pq.que[2 * i + 1]);
            adjust(2 * i + 1);
        }
        else if (pq.que[i] > pq.que[2 * i] && pq.que[2 * i + 1] > pq.que[2 * i])
        {
            swap(pq.que[i],pq.que[2 * i]);
            adjust(2 * i);
        }
    }
    else if (2 * i <= pq.num && pq.que[i] > pq.que[2 * i])
    {
        swap(pq.que[i],pq.que[2 * i]);
    }
}

// 如果队列为空返回真
bool empty()
{
    if (pq.num == 0)
        return true;
    return false;
}

// 删除优先队列中的最小元素
void pop()
{
    pq.que[1] = pq.que[pq.num];
    pq.num--;
    adjust(1);
}

// 加入一个元素 x
void push(int x)
{
    pq.num++;
    pq.que[pq.num] = x;
    int i = pq.num;
    while (i >= 1)
    {
        i = i / 2;
        adjust(i);
    }
```

```
    }

    // 返回优先队列中拥有的元素个数
    int size()
    {
        return pq.num;
    }

    // 返回优先队列最小元素
    int top()
    {
        return pq.que[1];
    }
```

参考词条

1. 双端队列
2. 优先队列
3. 队列
4. 堆排序
5. 二叉树的定义与基本性质

延伸阅读

[1] LANGSAM Y，AUGENSTEIN M J，TENENBAUM A M. 数据结构 C 和 C++语言描述[M]. 李化，潇东，译. 2 版. 北京：清华大学出版社，2004：157-159.

[2] CORMEN T H，LEISERSON C E，KIVEST R L，et al. 算法导论[M]. 潘金贵，等译. 2 版. 北京：机械工业出版社，2006：80-82.

[3] SAHNI S. 数据结构、算法与应用：C++语言描述[M]. 汪诗林，等译. 北京：机械工业出版社，2000：276-302.

典型题目

1. NOIP2004 提高组 合并果子
2. NOIP2016 提高组 蚯蚓
3. USACO2012Feb Cow Coupons

（叶金毅　韩思瑶　汪星明）

2.3.1.5　ST 表

ST 表（Sparse Table，稀疏表）是应用了倍增法思想的数据结构，主要用来解决区间最值查询（RMQ，Range Maximum/Minimum Query）的问题。

对于一个长度为 n 的数组询问区间最值，ST 表需先预处理两个数组，其中一个是

一维数组 s,其中 $s[i]=\lfloor \log_2 i \rfloor$,另外一个是二维数组 f,其中 $f[i][j]$ 表示区间 $[i,i+2^j-1]$ 上的最值,利用倍增思想计算 $f[i][j]$ 的值 $f[i][j]=\max\{f[i][j-1],f[i+2^{j-1}][j-1]\}$。询问时,利用这些子区间最值求出待求区间的最值,当询问区间 $[l,r]$ 上的最值时,根据区间 $[l,l+2^t-1]$ 上的最值和区间 $[r-2^t+1,r]$ 上的最值,其中 $t=s[r-l+1]$,所求区间最值为 $\max\{f[l][t],f[r-2^t+1][t]\}$,上述区间上的操作如图 2.3 所示。

ST 表求区间最值预处理的时间复杂度为 $O(n\log n)$、查询的时间复杂度为 $O(1)$。

图 2.3　ST 表的区间最值操作

ST 表具有时间复杂度低、易于实现的优点,但是 ST 表能维护的信息不能较好地扩展,并且不支持修改操作。

代码示例

ST 表的构造代码如下。

```
int f[N][M]; // 第二维的大小根据数据范围决定,不小于 log(N)
for (int i = 1; i <= n; ++i)
    f[i][0] = read(); // 读入数据
for (int i = 1; i < M; ++i)
    for (int j = 1; j + (1 << i) - 1 <= n; ++j)
        f[j][i] = max(f[j][i - 1],f[j + (1 << (i - 1))][i - 1]);

//对 log 进行一次递推的预处理:
for (int i = 2; i <= n; ++i)
    Log2[i] = Log2[i / 2] + 1;

//在线查询代码实现
for (int i = 0; i < m; ++i)
{
    int l = read(),r = read();
    int t = Log2[r - l + 1];
    printf("%d\n",max(f[l][s],f[r - (1 << s) + 1][s]));
}
```

参考词条

倍增法

延伸阅读

STROUSTRUP B. The C++ Programming Language[M]. Boston:Addison-Wesley Professional,2013.

📚 典型题目

1. NOI2010 超级钢琴
2. CSP2022-S 策略游戏
3. USACO2007Jan Balanced Lineup

（叶金毅　韩思瑶　汪星明）

2.3.2 集合与森林

2.3.2.1 并查集

并查集是一种支持不相交集合的查询和合并操作的数据结构。并查集常用森林表示，每棵树表示一个集合，根结点作为该集合的代表元素。树一般采用父亲表示法存储。

并查集支持的操作主要包括2个。

（1）查询两个元素是否属于同一个集合：方法是判断两个元素所在树的根结点是否相同，如果相同则属于同一个集合，否则属于不同集合。

（2）将两个不同的集合合并为同一个集合：对于两个不同集合的根结点，将其中一个根结点设置为另一个根结点的父结点。

并查集通常会采用两种方法进行优化：路径压缩和启发式合并。路径压缩是指在查询某个元素的根结点的时候，将该元素到根结点路径上的所有结点的父结点都直接修改为根结点，这样下次对这些元素或其子结点查询的时候可以跳过已经查询过的路径。启发式合并是指对集合设置估价函数，在合并两个集合时，将估价较大的集合设置为新集合的根结点，在并查集中，一般估价函数与集合内结点数量或者表示集合的树的最大深度相关。启发式合并也称为按秩合并，其中的秩就是指估价函数。

在使用路径压缩和启发式合并的情形下，并查集操作的平均时间复杂度为 $O(\alpha(n))$，其中 α 为反阿克曼函数，其增长极其缓慢，可以近似地认为是一个很小的常数。

带权并查集是结点存有权值信息的并查集，权值一般表示结点与其父结点之间的关系。带权并查集一般也支持路径压缩和启发式合并。

💻 代码示例

find 函数是查询元素 x 所在树对应的根结点是哪个点，同时进行路径压缩，代码如下。

```
int find(int x)
{
    if (father[x] != x)
        father[x] = find(father[x]);
    return father[x];
}
```

merge 函数是合并 x 结点和 y 结点所在两棵子树为一棵树，$mx[i]$ 表示以结点 i 的秩，代码如下。

```
void merge(int x,int y)
{
    x = find(x);
    y = find(y);
    if (mx[x] > mx[y])
        father[y] = x;
    else
    {
        father[x] = y;
        mx[x] += (mx[x] == mx[y]);
    }
}
```

🔗 参考词条

1. 递归函数
2. 树的定义与相关概念
3. 树的表示与存储

延伸阅读

CORMEN T H，LEISERSON C E，KIVEST R L，et al. 算法导论[M]. 潘金贵，等译. 2版. 北京：机械工业出版社，2006：310-320.

典型题目

1. CEOI1999 Parity game
2. NOI2001 食物链
3. NOI2002 银河英雄传说
4. NOIP2010 提高组 关押罪犯
5. NOI2015 程序自动分析
6. NOIP2015 提高组 信息传递
7. USACO2018Jan MooTube

（叶金毅　汪星明）

2.3.2.2　树的孩子兄弟表示法

对于一棵多叉树，可以将其转化成二叉树的结构，其中最常用的是树的孩子兄弟表示法。

树的孩子兄弟表示法用左子树表示孩子，右子树表示兄弟。

一棵二叉树如图 2.4 所示。

孩子兄弟表示法转换后其表示如图 2.5 所示。

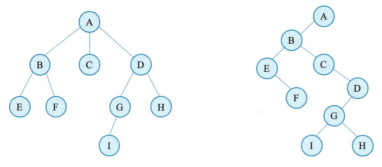

图 2.4　二叉树　　　　　图 2.5　二叉树孩子兄弟表示法

对于由多棵树组成的森林,把每棵树的根结点当成兄弟关系,即可使用孩子兄弟表示法将多棵树表示为一棵二叉树。

参考词条

1. 树的定义与相关概念
2. 二叉树的表示与存储

延伸阅读

[1] CORMEN T H, LEISERSON C E, KIVEST R L, et al. 算法导论[M]. 潘金贵, 等译. 2 版. 北京：机械工业出版社, 2006：128.

[2] 严蔚敏, 吴伟民. 数据结构[M]. 2 版. 北京：清华大学出版社, 2022：134-137.

（叶金毅　汪星明）

2.3.3　特殊树

2.3.3.1　二叉堆

堆一般有二叉堆、左式堆、斜堆等不同形态,其中应用最广泛的是二叉堆,如果没有特别指明,堆一般指二叉堆。

二叉堆是一棵完全二叉树,除了最后一层,每层都是满的,且最后一层也需要从左至右放置每个结点。二叉堆可以使用数组表示,在数组表示的二叉堆中,对于某个结点位置为 i 的非叶子结点,其左子位置为 $2i$,右子位置为 $2i+1$,对于位置为 i 的非根结点,其父结点位置为 $\lfloor i/2 \rfloor$。

堆有两种典型的类型,即大根堆和小根堆。在大根堆中,除了根结点外,堆中每个结点的值均小于等于其父结点的值;小根堆中的父子结点的大小关系则恰好相反,此即堆的性质。因此,大根堆中的序列最大值,以及小根堆中的序列最小值,都位于相应堆的根结点位置。

堆支持的主要操作有插入新元素、删除堆顶元素等。

在堆中插入元素。首先在数组的末尾添加新元素,元素数量加1。然后将新元素与其父结点元素比较,如满足堆的性质,则插入操作结束;否则,交换新元素与父结点元素的值,交换后继续比较,直到再次满足堆的性质或者新元素变成根结点为止。

在堆中删除堆顶元素。将数组最后一个元素与第一个元素交换,元素数量减1。对于新交换上去的堆顶元素,将其与子结点元素比较,如满足堆的性质,则删除操作结束;否则根据堆的类型,选择子结点中的最大或最小元素与其进行交换,并继续处理交换后的子结点以满足堆的性质。

堆的插入和删除操作的时间复杂度均为 $O(\log n)$,其中 n 为元素数量。

代码示例

二叉堆的构造和操作代码如下。

```
int n,a[maxsize];
void heap_push(int d)//堆中插入新元素
{
    a[++n] = d;
    for (int i = n; i != 1; i /= 2)
        if (a[i] > a[i / 2])
            swap(a[i],a[i / 2]);
        else
            break;
}
void max_heapify(int i)//递归处理结点 i 以保持堆的性质
{
    int maxs;
    if (2 * i > n) return;
    if (2 * i <= n) maxs = 2 * i;
    if (2 * i + 1 <= n && a[2 * i] < a[2 * i + 1]) maxs = 2 * i + 1; if (a[i] < a[maxs])
    {
        swap(a[i],a[maxs]);
        max_heapify(maxs);
    }
}
void heap_pop()
{
    swap(a[1],a[n]);
    n--;
    max_heapify(1);
}
```

参考词条

1. 树的定义与相关概念
2. 树的表示与存储
3. 二叉树的定义与基本性质
4. 二叉树的表示与存储

延伸阅读

CORMEN T H, LEISERSON C E, KIVEST R L, et al. 算法导论[M]. 潘金贵, 等译. 2 版. 北京: 机械工业出版社, 2006: 73-78.

(叶金毅)

2.3.3.2 树状数组

树状数组(fenwick tree)是主要用于前缀信息维护的一维数组。

以求区间和为例,对于数组 a,可以构造数组 c,其中 $c[i]=a[i-2^k+1]+\cdots+a[i]$ (其中 k 为 i 在二进制下末尾 0 的个数),即从 $a[i-2^k+1]$ 到 $a[i]$ 的累加和。数组 c 被称为 a 的树状数组。

数组元素 $c[i]$ 也可以通过 $c[i]=a[i-\text{lowbit}(i)+1]+\cdots+a[i]$ 得到。其中 $\text{lowbit}(i)$ 为 i 在二进制下最低位的 1 及后面的 0 所组成的二进制数值,可以通过与自身的补码做按位与得到,即 $\text{lowbit}(i)=i\odot -i$,或者 $\text{lowbit}(i)=i\odot(i\oplus(i-1))$,这里 $\odot$ 表示二进制下的按位与运算,$\oplus$ 表示二进制下的按位异或运算。

树状数组每个位置上的值与原数组的关系如图 2.6 所示。

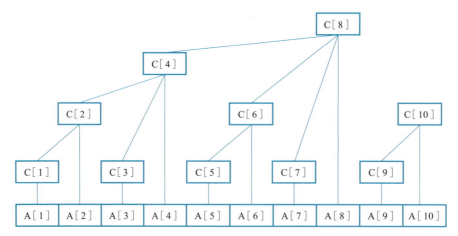

图 2.6 树状数组与原数组

利用树状数组求原数组的前 i 个元素的和,其计算公式为:
$\text{sum}(i)=c[i]+c[i-\text{lowbit}(i)]+c[i-\text{lowbit}(i)-\text{lowbit}(i-\text{lowbit}(i))]+\cdots+c[0]$,因为 $i-\text{lowbit}(i)$ 每次会去除 i 在二进制下最后一个 1,所以计算的时间复杂度不超过 $\log i$ 就

可得到结果。

对于修改操作，设原数组第 i 个元素增加 d，因为 $c[i]$ 包含 $a[i]$，所以 $c[i]$ 增加 d，接下来包含 $a[i]$ 的是 $c[i+\text{lowbit}(i)]$，其也增加 d，一直执行 $i=i+\text{lowbit}(i)$ 直到 i 的值超过数组的长度为止。

树状数组修改和查询的时间复杂度为 $O(\log n)$，这里 n 为数组元素数量。

树状数组具有代码简洁易写、常数很小等优点。

代码示例

以维护单点加法和区间求和为例的树状数组示例代码如下。

```
int lowbit(int x)
{
    return x & -x;
}
int sum(int k) //求 a 数组前 k 个数的和
{
    int s = 0;
    while (k > 0)
    {
        s += c[k];
        k -= lowbit(k); //寻找下一个相关的 c[k]
    }
    return s;
}
void update(int pos,int val) //将 a[pos]增加 val
{
    while (pos <= N) //如果当前位置还没达到 N,则继续往下推导
    {
        c[pos] += val;
        pos += lowbit(pos); //寻找下一个相关的 pos
    }
}
```

参考词条

1. 二叉树的定义与基本性质
2. 二叉树的表示与存储
3. 完全二叉树的数组表示法
4. 数组与数组下标
5. 进制与进制转换：二进制、八进制、十进制、十六进制
6. 位运算：与(&)、或(|)、非(~)、异或(^)、左移(<<)、右移(>>)

延伸阅读

[1] RYABKO B. A fast on-line code[J]. Soviet Math. 1989, 39 (3): 533-537.

[2] FENWICK P M. A new data structure for cumulative frequency tables[J]. Software: Practice and Experience. 1994, 24 (3): 327-336.

典型题目

1. NOIP2013 提高组 火柴排队
2. NOIP2017 提高组 列队
3. NOI2016 区间
4. USACO2003Open Lost Cows
5. USACO2007Jan Balanced Lineup
6. USACO2017Jan Promotion Counting

（叶金毅　张炜其　汪星明）

2.3.3.3 线段树

线段树(segment tree)是一种用于区间信息存储和维护的平衡二叉树，由 Jon Louis Bentley 在 1977 年提出。线段树上的每个结点存储一个区间上的信息，区间上下界一般为整数。对于每一个非叶结点所对应的区间 $[l,r]$，其左儿子对应的区间为 $\left[l, \left\lfloor\frac{l+r}{2}\right\rfloor\right]$，右儿子对应的区间为 $\left[\left\lfloor\frac{l+r}{2}\right\rfloor+1, r\right]$。单位区间不能再分，为叶子结点。

对于区间 $[1,10]$ 所建的线段树如图 2.7 所示。

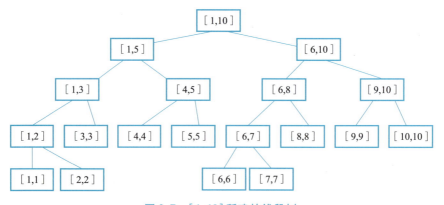

图 2.7 [1,10] 所建的线段树

线段树维护的常见区间信息包括区间最大值、区间最小值、区间和等。

线段树支持单位区间信息修改（单点修改），单位区间信息查询（单点查询），区间修改，区间查询等操作，上述操作的时间复杂度均为 $O(\log n)$，其中 n 表示区间长度。

线段树可以使用类似完全二叉树的数组表示法来存储，也可以使用结构体来存储，相比于数组存储法，结构体存储需要额外空间存储其左子和右子的位置。

在线段树上执行查询和修改操作，都需要从根结点开始递归向下找到区间被操作区间包含的结点，然后返回查询结果或者执行修改操作。对于区间查询，可能需要将得到的多个区间的结果合并。对于修改操作，需要在回溯时重新维护所经过结点区间信息。

线段树中的区间修改可以使用懒惰标记，所谓懒惰标记，就是通过延迟对区间结点信息的更改，从而减少不必要的操作次数。执行修改时，通过打标记的方法表明该结点对应的区间在某一次操作中被更改，但不更新该结点的子结点的信息，实质性的修改则在下一次访问带有标记的结点时才进行。查询时，如果经过的结点有懒惰标记也需要将标记下传。

代码示例

以维护区间加法和区间求和为例，代码如下。

```cpp
typedef long long ll;
const int MAXN = 100001; //表示数据范围的常数
struct node { //表示线段树用于存储数据的结点
    int l; //区间左端点索引
    int r; //区间右端点索引
    ll dat; //区间维护的信息(区间和)
    ll tag; //延迟标记,子区间待增加的数量
} ST[4 * MAXN]; //用于存储线段树的每个结点
ll a[MAXN]; //线段树维护的原序列
//根据序列 a 构建线段树,build(1,1,n)即可构造整线段树
void build(int node_num/* 该区间在 ST 数组中的索引*/,int l/* 区间左端点索引*/,int r/* 区间右端点索引*/) { //建立字典树
    ST[node_num].l = l;
    ST[node_num].r = r;
    ST[node_num].tag = 0;
    if (l == r) { //如果是叶子结点,直接根据 a 数组赋值
        ST[node_num].dat = a[l];
        return;
    }
    build(node_num * 2,l,(l + r) / 2); //如果不是叶子结点,递归先分别构造左右孩子
    build(node_num * 2 + 1,(l + r) / 2 + 1,r);
    ST[node_num].dat = ST[node_num * 2].dat + ST[node_num * 2 + 1].dat;
    //根据左右孩子的区间和求出当前结点对应的区间和
}
void push_down(int node_num) { //将索引为 node_num 的结点延迟修改标记传递给孩子
    if (ST[node_num].tag == 0)   return; //如果没有延迟修改标记,则无需传递
    int mid = (ST[node_num].l + ST[node_num].r) / 2; //区间中点
    ST[2 * node_num].dat += ST[node_num].tag * (mid - ST[node_num].l + 1);
```

```
            //修改左孩子对应的区间和
            ST[2 * node_num].tag += ST[node_num].tag; //将修改标记同步下传
            ST[2 * node_num + 1].dat += ST[node_num].tag * (ST[node_num].r - mid);
            //修改右孩子对应的区间和
            ST[2 * node_num + 1].tag += ST[node_num].tag; //将修改标记同步下传
            ST[node_num].tag = 0; //传递完成后,当前结点标记清空
        }
        ll ask(int node_num,int tar_l,int tar_r) { //询问 node_num 号结点内在 tar_l 到
                                                    tar_r 内的区间和
            int mid = (ST[node_num].l + ST[node_num].r) / 2; //区间中点
            if (ST[node_num].l >= tar_l && ST[node_num].r <= tar_r) {
                return ST[node_num].dat; //如果当前结点恰为所求区间,直接返回存储的区
                                           间和
            }
            push_down(node_num); //否则需要查询子区间,先将延迟标记下传
            ll res = 0;
            if (mid >= tar_l) //如果包含了左孩子的一部分,递归询问左孩子
                res += ask(node_num * 2, tar_l, tar_r);
            if (mid < tar_r) //如果包含了右孩子的一部分,递归询问右孩子
                res += ask(node_num * 2 + 1, tar_l, tar_r);
            return res;
        }
        void add(int node_num, int tar_l, int tar_r, ll val) {
        //将 node_num 结点下,tar_l 到 tar_r 区间内若有的值增加 val
            if (ST[node_num].l >= tar_l && ST[node_num].r <= tar_r) {
            //如果正好覆盖整个区间
                ST[node_num].dat += val * (ST[node_num].r - ST[node_num].l + 1);
                //直接将当前结点的区间和增加
                ST[node_num].tag += val; //将延迟标记增加,等待以后更新
                return;
            }
            int mid = (ST[node_num].l + ST[node_num].r) / 2; //区间中点
            push_down(node_num); //如需修改子区间,先将标记下传
            if (mid >= tar_l) //如果包含了左孩子的一部分,递归修改左孩子
                add(node_num * 2, tar_l, tar_r, val);
            if (mid < tar_r) //如果包含了右孩子的一部分,递归修改右孩子
                add(node_num * 2 + 1, tar_l, tar_r, val);
            ST[node_num].dat = ST[node_num * 2].dat + ST[node_num * 2 + 1].dat;
            //根据子结点的区间和更新当前结点
        }
```

参考词条

1. 二叉树的定义与基本性质

2. 二叉树的表示与存储
3. 完全二叉树的数组表示法
4. 数组与数组下标
5. 可持久化线段树

延伸阅读

[1] BENTLEY J L, OTTMANN T A. Algorithms for reporting and counting geometric intersections[J]. IEEE Transactions on Computers. 1979,C-28(9):643-647.

[2] MARK D B, MARC V K, MARK O, et al. More Geometric Data Structures[M]// Computational Geometry:algorithms and applications. 2nd Ed. Berlin:Springer, 2000.

典型题目

1. IOI2014 Wall
2. IOI2015 Horses
3. NOIP2017 提高组 列队
4. NOIP2022 提高组 比赛
5. USACO2008Feb Hotel
6. IOI2021 Candies

(叶金毅　张炜其　汪星明)

2.3.3.4 字典树

字典树(trie),又称前缀树,常用于在一组字符串中查找指定的字符串。与二叉查找树不同,字符或字符串不是直接保存在结点中,而是由结点在树中的位置决定。一个结点的所有子孙都有相同的前缀,也就是这个结点对应的字符串,而根结点对应空字符串。

一个保存了 "an"、"anna"、"make"、"mail"、"man"、"xman"、"zoo" 七个字符串的字典树如图 2.8 所示。

若字符集的大小为 k,则字典树中每个结点一般需要存储 k 个子结点指针,此时字典树是一个 k 叉树,所需的存储空间较多。

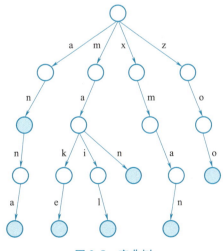

图 2.8 字典树

代码示例

下面为字典树的实例代码,字典树需要支持单词的插入和查询操作代码如下。

```cpp
struct Node
{
    int child[26]; /* 已存储小写字母为例,child[i]不为 0 表示有一条边指向编号为
                      child[i]的结点,即当前结点后续延伸出第 i 个小写字母。child
                      [i]为 0 则表示该结点没有第 i 个孩子*/
    int cnt; // cnt 为 0 表示没有以当前位置终结的单词,反之表示有,cnt 也可用于计数
} Trie[MAXN]; //可以使用该结构体数组表示一棵 Trie 树,其中 Trie[0]为根结点
int tot = 1; //用于表示 Trie 数组有多少个元素已被字典树使用
//字典树的插入过程
void insert(char * str)
{                   //将 str 插入字典树中,以只考虑小写字母为例
    int cur = 0; //从根结点出发
    for (int i = 0; i < strlen(str); i++)
    { //遍历 str 的每一个字符
        if (Trie[cur].child[str[i] - 'a'] == 0)
        {           //如果当前结点不存在对应的孩子结点
            Trie[cur].child[str[i] - 'a'] = tot;
                    //在 Trie 数组中分配一个新的结点作为对应的孩子
            tot++; //已用结点计数增加
        }
        cur = Trie[cur].child[str[i] - 'a']; //进入对应的孩子结点
    }
    Trie[cur].cnt++; //循环结束之后,表示走完了一条表示该单词的路径,将该终止结点
                     //的计数增加
}

//字典树的查询
bool search(char * str)
{                   //查询 str 是否在字典树中,返回 true 表示存在,反之表示不存在
    int cur = 0; //从根结点出发
    for (int i = 0; i < strlen(str); i++)
    { //遍历 str 的每一个字符
        if (Trie[cur].child[str[i] - 'a'] == 0)
        {           //如果当前结点不存在对应的孩子结点
            return false; //字典树中肯定不存在该单词
        }
        cur = Trie[cur].child[str[i] - 'a']; //进入对应的孩子结点
    }
    return (Trie[cur].cnt != 0); //循环结束之后,表示走完了一条表示该单词的路径,
                                  //如果最终的结点为终止结点,则说明存在此单词,否
                                  //则说明不存在
}
```

参考词条

1. 二叉树的定义与基本性质
2. 二叉树的表示与存储
3. 数组与数组下标
4. 字符数组与相关函数

延伸阅读

[1] DONALD K. 6. 3:Digital Search[M]//The Art of Computer Programming Volum 3: Sorting and Searching . 2nd Ed. Redding town:Addison-Wesley,1997:492.

[2] RENE D L B. File searching using variable length keys[C]//Western Joint Computer Conference. New York:Acm,1959:295-298.

[3] PETER B. Advanced Data Structures[M]. Cambridge:Cambridge University Press,2008,3(9):490-499.

[4] FREDKIN E. Trie Memory [J]. Communications of the ACM, 1960, 3(9):490-499.

典型题目

1. IOI2008 Type Printer
2. USACO2008Dec Secret Message
3. USACO2012Dec First!

(叶金毅 张炜其 汪星明)

2.3.3.5 笛卡尔树

笛卡尔树(Cartesian tree)是一种特定的二叉搜索树,通常用于范围最值、范围前 k 大值查询。

笛卡尔树中的结点需要维护二元组(key,value)信息。其中 key 值需满足二叉搜索树的性质,而 value 值需要满足堆的性质。笛卡尔树只有建树操作,没有插入及删除操作。

给定一个长度为 n 的数组,将其构建成笛卡尔树,需要保证 key 值是递增的,可以选择将数组下标作为 key 值。在将元素依次插入笛卡尔树中时,首先根据二叉搜索树的性质,每个元素按照 key 值都会插入到当前树的最右叶子结点位置,为了同时满足堆的性质,需要对新插入结点及其父结点的 value 进行比较,直到找到满足堆性质的合适位置,这个调整的过程用栈来维护。笛卡尔树构建的时间复杂度为 $O(n)$。

如图 2.9 所示,其数组下标为 key 值,数组值为 value 值。

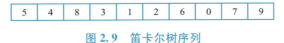

图 2.9 笛卡尔树序列

其构造的笛卡尔树如图 2.10 所示。

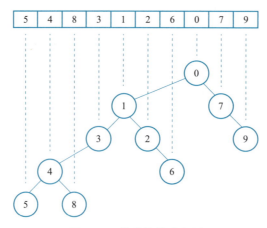

图 2.10 构造的笛卡尔树

📖 参考词条

1. 二叉树的定义与基本性质
2. 二叉树的表示与存储
3. 数组与数组下标
4. 字符数组与相关函数

延伸阅读

[1] VUILLEMIN J. A unifying look at data structures[J]. Communications of the ACM, 1980, 23(4): 229-239.

[2] BENDER M A, FARACH C M. The LCA problem revisited[C]//Proceedings of the 4th Latin American Symposium on Theoretical Informatics. Berlin: Springer, 2000: 88-94.

[3] BERKMAN O, SCHIEBER B, VISHKIN U. Optimal doubly logarithmic parallel algorithms based on finding all nearest smaller values[J]. Journal of Algorithms, 1993, 14(3): 344-370.

（叶金毅　张炜其　汪星明）

2.3.3.6 平衡树：AVL、Treap、Splay 等

二叉平衡树是一种二叉搜索树，设 T 是一棵二叉平衡树，其递归定义如下。

若 T 是一棵空树，则 T 是二叉平衡树，否则需要满足以下两点：

1) T 的左右子树是二叉平衡树；
2) 左右子树的高度差的绝对值≤1。

二叉平衡树的最大高度为 $\log n$，在树上查找、插入、删除等操作的时间复杂度为 $O(\log n)$。

大部分二叉平衡树都是基于树上结点的旋转使树达到平衡，结点旋转后需要保持原来二叉搜索树中序遍历的顺序，旋转一般分为左旋、右旋，如图 2.11 所示。

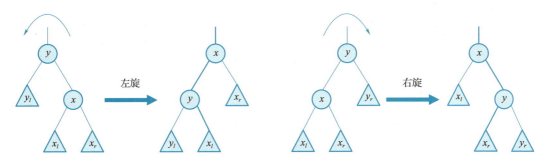

图 2.11　二叉树的旋转

左旋是以 y 为支点，将其右子 x 变成 y 的父结点，y 变成 x 的左子结点，x 的左子变成 y 的右子；右旋是以 y 为支点，将其左子 x 变成 y 的父结点，y 变成 x 的右子结点，x 的右子变成 y 的左子。

常见的平衡树有 AVL 树、Treap、伸展树（Splay）、红黑树等。

1. AVL 树

由 Adelson-Velskii 和 Landis 提出，故起名 AVL 树。AVL 树中引入"平衡因子"，其表示左右子树高度差的绝对值，AVL 树需要满足所有结点的左右子树都是 AVL 树，即树中所有结点的左右子树高度差的绝对值（平衡因子）最大为 1，AVL 通过旋转来调整平衡因子，使得 AVL 树始终保持平衡。

（1）AVL 树的插入操作。

要在 AVL 树中插入新结点，首先按照二叉搜索树的性质插入新结点，新插入的结点可能会导致 AVL 树失去平衡，对于失去平衡的情况通过旋转使得 AVL 树重新平衡。插入结点破坏平衡的情况分为以下四种。

1）LL 型，如图 2.12 所示。

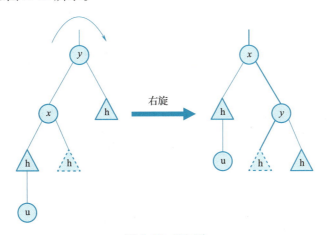

图 2.12　LL 型

LL 型就是上图左边那种情况，因为在根结点的左孩子的左子树添加了新结点，导致根结点的平衡因子变为+2，二叉树失去平衡。对于这种情况，对结点 x 右旋一次即可。

2）RR 型。RR 型的情况和 LL 型的情况对称，只需要对结点进行一次左旋即可。

3）LR 型，如图 2.13 所示。

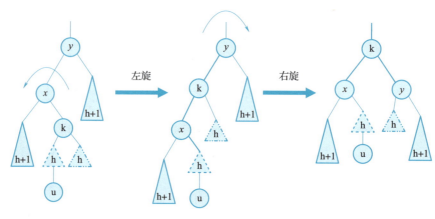

图 2.13　LR 型

LR 就是将新的结点插入到了 y 的左孩子的右子树上导致的不平衡的情况。需要先对 k 进行一次左旋再对 k 进行一次右旋。

4）RL 型。RL 是 LR 的对称情况，就是将新的结点插入到了 y 的右孩子的左子树上导致的不平衡的情况。需要执行的旋转和 LR 类型类似。

AVL 树中新插入结点后需要自下而上多次判断和旋转使得整棵树重新达到平衡。

（2）AVL 树的删除操作。

在 AVL 中进行删除操作，首先找到待删除结点，然后按照二叉搜索树中删除结点的方法删除该结点，删除后如果破坏了树的平衡，则需要通过旋转调整，直到 AVL 树重新平衡。

2. Treap

Treap 是由二叉搜索树和堆数据结构组合而成，其名称也是 Tree 和 Heap 的组合。Treap 中每个结点包含 key 和 priority 信息，其中 priority 值一般都是随机值。Treap 按照 key 值满足二叉搜索树性质，按照 priority 值满足堆性质。

Treap 基于实现平衡的操作方式不同分为有旋 Treap 和无旋 Treap。无旋 Treap 也称为 FHQ Treap，由前 OI 选手范浩强提出而得名。

（1）有旋 Treap。

有旋 Treap 中插入结点。首先给新结点的 priority 赋一个随机值，然后按照 key 值的大小插入到二叉搜索树的叶子结点位置，如果插入后新结点及其父结点的 priority 不满足堆的性质，需要使新插入结点一直旋转，直到新结点与其父结点满足堆性质或者新结点变成根结点为止。

有旋 Treap 中删除结点。删除方法先按照二叉搜索树删除结点的方法删除结点，然后调整结点使得 Treap 重新满足堆的性质。

（2）无旋 Treap。

无旋 Treap 中的核心操作主要是分裂和合并。

分裂操作主要是把一棵 Treap 按照某一 d 值分离为 key 小于 d 的 Treap 和 key 大于等于 d 的 Treap。

对于待合并的 Treap 树 X 和 Treap 树 Y，需要满足 X 中所有结点的 key 值小于等于 Y 中所有结点的 key 值。以 Treap 中满足大根堆为例，如果 X 的根结点的 priority 值比 Y 的根结点的 priority 值大，则递归合并 X 的右子树和 Y，并将其作为 X 的右子树，否则递归合并 X 和 Y 的左子树，并将其作为 Y 的左子树。

分裂和合并操作的时间复杂度都是 $O(\log n)$，其中 n 表示树中结点的数量。

无旋 Treap 中的查询、插入、删除等操作都是基于分离和合并基础上实现的。

Treap 是弱平衡二叉搜索树，其并不能满足所有结点左右子树的高度差 $\leqslant 1$。Treap 虽然不能做到完全平衡，但其执行效率与其他平衡树相比差异不大，并且代码较为简单，易于实现。

3. Splay（伸展树）

伸展树是一种自平衡二叉搜索树。它由 Daniel Sleator 和 Robert Tarjan 提出。

伸展树利用伸展操作保持平衡，即在每次查询之后对树进行重构，使被查找结点旋转到根结点位置，这样反复操作使得树保持平衡而不退化成链。

伸展树中伸展操作将某个结点旋转到根结点位置，根据结点和其父结点的位置以及父结点和祖父结点的位置，旋转方式包括以下几种情况。

（1）如果待旋转结点父结点是根结点，执行一次旋转即可。

（2）如果待旋转结点是父结点的左子，父结点是祖父结点的左子，那么将父结点旋转，再将该结点旋转，该情形属于 LL 型；另外一种对称情形属于 RR 型，旋转方法与 LL 一样。

（3）如果待旋转结点是父结点的左子，父结点是祖父结点的右子，那么将该结点旋转两次，该情形属于 RL 型；另外一种对称情形属于 LR 型，旋转方法与 RL 一样。

伸展树是弱平衡二叉搜索树，单次操作时间复杂度可能会到 $O(n)$，对于操作次数较多的情况下，其操作的平均时间复杂度为 $O(\log n)$。

伸展树不需要额外的空间存储附加信息以保持平衡，是自平衡二叉搜索树，具有代码较为简单，易于实现的优点。

代码示例

FHQ Treap 代码如下。

```
struct node
{
    int lson,rson,key,value;
    node () {}
    node (int a,int b,int c,int d) : lson(a),rson(b),key(c),value(d) {}
} t[1000005];

int tot;

mt19937 rng(time(0));
inline int newNode(int x)
{
    ++tot;
    t[tot] = node(0,0,rng(),x);
    return tot;
}

// 将 u 和 v 合并
int merge(int u,int v)
{
    if (!u || !v) return u|v;
    if (t[u].key < t[v].key)
    {
        t[u].rson = merge(t[u].rson,v);
        return u;
    }
    else
    {
        t[v].lson = merge(u,t[v].lson);
        return v;
    }
}

// 将 u 分成两个新的平衡树,l 内的权值 <= x,r 内的权值 > x
void split(int u,int x,int &l,int &r)
{
    if (!u) { l = r = 0; return; }
    if (t[u].value <= x)
    {
        l = u;
        split(t[u].rson,x,t[l].rson,r);
    }
    else
    {
```

```
            r = u;
            split(t[u].lson,x,1,t[r].lson);
        }
}
```

🔗 参考词条

1. 二叉树的定义与基本性质
2. 笛卡尔树

📖 延伸阅读

［1］严蔚敏，吴伟民. 数据结构［M］. 2 版. 北京：清华大学出版社，2022：231-241.

［2］DONALD E K. 计算机程序设计艺术 卷3：排序与查找［M］. 贾洪峰，译. 2 版. 北京：人民邮电出版社，2017：358-376.

［3］SAHNI S. 数据结构、算法与应用：C++语言描述［M］. 汪诗林，等译. 北京：机械工业出版社，2000：328-334.

📚 典型题目

1. NOI2003 文本编辑器
2. NOI2004 郁闷的出纳员
3. NOI2005 维护数列
4. NOIP2017 提高组 列队
5. NOI2021 密码箱

（叶金毅　张炜其　汪星明）

2.3.4 常见图

2.3.4.1 稀疏图

稀疏图（sparse graph）指的是边数较少的图，其边数远远少于最大可能边数；稠密图（dense graph）指的是边数接近或等于最大可能边数的图。稀疏图是和稠密图相对的概念，在稠密图与稀疏图之间，一般认为并没有明确的界限，但也有些文献将该界限设为顶点数与其对数（以 2 为底）之积。

在存储和表示方面，稀疏图一般采用邻接表存储，以节省空间开销。在算法设计方面，对于稀疏图上的很多问题，可以设计出时间复杂度明显低于一般图的算法，此时应在算法的设计中充分地考虑和利用图的稀疏性。例如，在求解树上指定的两个顶点之间的最短路时，可以从其中一个顶点出发对树进行深度优先遍历，时间复杂度为 $O(n)$，这里 n 为顶点数。

参考词条

1. 图的定义与相关概念
2. 图的表示与存储：邻接表
3. 最近公共祖先

延伸阅读

CORMEN T H，LEISERSON C E，KIVEST R L，et al. 算法导论[M]. 潘金贵，等译. 2 版. 北京：机械工业出版社，2006：391-394.

（汪星明）

2.3.4.2　偶图（二分图）

二分图（bipartite graph）又称二部图。对于无向图 $G=(V,E)$，满足顶点 V 可分割为两个互不相交的子集 V_1，V_2，并且图中的每条边 (x,y) 所关联的两个顶点 x 和 y 分别属于这两个不同的顶点集，则称图 G 为一个二分图。

参考词条

1. 二分图的判定
2. 匈牙利算法
3. KM 算法

延伸阅读

[1] CORMEN T H，LEISERSON C E，KIVEST R L，et al. 算法导论[M]. 潘金贵，等译. 2 版. 北京：机械工业出版社，2006：408-430.

[2] 严蔚敏，吴伟民. 数据结构[M]. 2 版. 北京：清华大学出版社，2022：193-197.

（汪星明）

2.3.4.3　欧拉图

对于图 $G=\langle V,E\rangle$，记 $n=|V|$，$m=|E|$。记顶点序列 $P=v_1v_2\cdots v_k$ 为一条路径。如果 P 中的各边均不相同，则称其为简单路径；如果 P 中的各顶点均不相同，则称其为基本路径。

如果简单路径 P 包含了 E 中的所有边，则称其为一条欧拉道路。

如果路径 P 中的首尾顶点相同，即 $v_1=v_k$，则称其为一条回路。如果简单路径 P 是一个包含了 E 中所有边的回路，则称其为一条欧拉回路，图 G 被称为是一个欧拉图。

无向图 G 是一个欧拉图，当且仅当 G 不包含度数为奇数的顶点，且所有度数非零的顶点都属于同一个连通分支。无向图 G 中有一条欧拉道路，当且仅当 G 中恰好包含零个或者两个度数为奇数的顶点，且所有度数非零的顶点都属于同一个连通分支。

有向图 G 是一个欧拉图，当且仅当每个顶点的入度和出度均相同，且所有度数非零的顶点都属于同一个强连通分支。有向图 G 中有一条欧拉道路，当且仅当 G 是欧拉图，或者 G 可以在加上某条边后成为欧拉图。

代码示例

判断一个无向图是否为欧拉图，代码如下。

```cpp
const int MAXN = 1e7 + 5;
int N,M,in[MAXN],out[MAXN];
bool vis[MAXN];
vector<int> V[MAXN];
void dfs(int u)
{
    if (vis[u])
        return;
    vis[u] = 1;
    for (int v : V[u])
        dfs(v);
}
bool judge()
{
    for (int i = 1; i <= N; ++i)
        if (in[i] != out[i])
            return false;
    dfs(1);
    for (int i = 1; i <= N; ++i)
        if (!vis[i])
            return false;
    return true;
}
```

参考词条

欧拉道路和欧拉回路

延伸阅读

CORMEN T H, LEISERSON C E, KIVEST R L, et al. 算法导论[M]. 潘金贵，等译. 2版. 北京：机械工业出版社，2006：342.

（赵启阳　汪星明）

2.3.4.4　有向无环图

对于有向图 $G=(V,E)$，如果满足图 G 中不存在环，则称图 G 为有向无环图(Directed Acyclic Graph，DAG)。

对于有向图，可以尝试用拓扑排序来判断是否有环：如果拓扑排序可以完成，则无环；否则有环。

参考词条

有向无环图的拓扑排序

延伸阅读

[1] 严蔚敏，吴伟民. 数据结构[M]. 2版. 北京：清华大学出版社，2022：177-179.

[2] CORMEN T H，LEISERSON C E，KIVEST R L，et al. 算法导论[M]. 潘金贵，等译. 2版. 北京：机械工业出版社，2006：364-366.

（汪星明）

2.3.4.5 连通图与强连通图

连通：对于一个无向图，若存在一条 u,v 之间的路径，则称顶点 u,v 是连通的。

连通图（Connected Graph）：对于一个无向图，如果任意一对顶点都是连通的，则此图被称为连通图。

连通子图：图 G 的一个子图是连通图，则称其为 G 的连通子图。

连通分量：图 G 的一个极大连通子图被称为 G 的连通分量。

强连通：对于一个有向图，若存在一条从 u 到 v 的路径，也存在一条从 v 到 u 的路径，则称顶点 u,v 是强连通的。

强连通图（Strongly Connected Graph）：对于一个有向图，如果任意一对顶点都是强连通的，则此图被称为强连通图。

强连通子图：有向图 G 的一个子图是强连通的，则称其为 G 的强连通子图。

强连通分量（Strongly Connected Component，SCC）：有向图 G 的一个极大强连通子图被称为 G 的强连通分量。

顶点之间的强连通关系具有自反性、对称性、传递性，因此是一种等价关系。

代码示例

对于一个无向图，判定它是否为连通图，可以从任意一点出发进行深度优先搜索，如果所有点都被搜索到即可判定图是连通的，否则图不是连通的，代码如下。

```cpp
const int MAXN = 100005;
int N,M,deg[MAXN];
vector<int> V[MAXN];
void dfs(int u)
{
    vis[u] = 1;
    for (int v : V[u])
        if (!vis[v])
```

```
            dfs(v);
    }
bool judge()
{
    dfs(1);
    for (int i = 1; i <= N; ++i)
        if (!vis[i])
            return 0;
    return 1;
}
```

参考词条

强连通分量

延伸阅读

[1] CORMEN T H, LEISERSON C E, KIVEST R L, et al. 算法导论[M]. 潘金贵, 等译. 2版. 北京：机械工业出版社，2006：338-340.

[2] 严蔚敏, 吴伟民. 数据结构[M]. 2版. 北京：清华大学出版社，2022：168-171.

（汪星明）

2.3.4.6 双连通图

对于无向图 $G=(V,E)$，如果在删去某个顶点 u 及其关联的边后，G 的连通分量数量增多，则称 u 为图 G 的割点(cut points, articulation vertices)；如果删去某条边 e 但保留其关联顶点后，G 的连通分量数量增多，则称 e 是图 G 的割边或桥(bridge)。

不存在割点的无向图称为 2-连通图(2-connected)，也称为点双连通图或重连通图，G 的极大 2-连通子图称为 G 的 2-连通分量。一个无向图是重连通的，当且仅当图中任意两个顶点之间至少有两条路径，且这两条路径除起点、终点外不含其他它公共顶点。

不存在割边的无向图称为 2-边连通图(2-edge-connected)，也称为边双连通图。G 的极大 2-边连通子图称为 G 的 2-边连通分量。

参考词条

割点、割边

延伸阅读

[1] CORMEN T H, LEISERSON C E, KIVEST R L, et al. 算法导论[M]. 潘金贵, 等译. 2版. 北京：机械工业出版社，2006：340-341.

[2] 严蔚敏, 吴伟民. 数据结构[M]. 2版. 北京：清华大学出版社, 2022：174-177.

（赵启阳　汪星明）

2.3.5 哈希表

哈希函数是将任意类型的数据映射为定长值的函数。一般原数据较为复杂或不易检索，哈希函数可将其映射为一个小范围的整数或其它易于表达和检索的类型。

哈希表是一个从哈希函数值到信息的映射，是一种"key-value"形式的数据结构，用于快速检索信息，又称散列表。

多个信息的哈希函数值相同，称为"冲突"。一般可将这些信息存放在链表中，在存储和查找时需逐个比对，最坏时间复杂度为 $O(N)$。设计较好的哈希函数，可使冲突较少，存储和查找元素的平均时间复杂度为 $O(1)$。

2.3.5.1 数值哈希函数构造

数值哈希函数是对整数或浮点数进行哈希的函数。记 H 为哈希函数，通常可以采用如下几种构造方法。

1. 除余法

设 $H(x) = x \bmod p$，即将整数 x 对 p 取余数。p 通常取一个质数。

2. 平方取中法

如果被哈希的值较为密集，为了使哈希后的值尽量分散，可以先计算元素值的平方，再取平方值的部分位，或平方值在二进制表示下的部分比特作为哈希值。

3. 折叠法

如果元素的位数较多，则可以将其划分为若干部分，然后分组求和作为哈希值。

4. 乘余取整法

$$H(x) = \lfloor n \times (\alpha \times x \bmod 1) \rfloor$$

如果元素为浮点数，先将其乘上某个常数 $\alpha(0 < \alpha < 1)$，再提取乘积的小数部分，随后用某个整数 n 乘以该值，对结果做下取整作为哈希值。

参考词条

无

延伸阅读

[1] CORMEN T H, LEISERSON C E, KIVEST R L, et al. 算法导论[M]. 潘金贵, 等译. 2版. 北京：机械工业出版社, 2006：132-133.

[2] 严蔚敏, 吴伟民. 数据结构[M]. 2版. 北京：清华大学出版社, 2022：255-258.

[3] DONALD E K. 计算机程序设计艺术 卷3：排序与查找[M]. 贾洪峰, 译. 2版. 北京：人民邮电出版社, 2017：404-407.

（张炜其　金靖　汪星明）

2.3.5.2　字符串哈希函数构造

字符串哈希函数是对字符串进行哈希的函数。

记字符串为 S，将其中的每种字符映射为一个 0 到 $M-1$ 之间的整数值，此时 S 可以被看做是一个 M 进制数。计算 S 对某个选定值 p 的余数，作为 S 的哈希值。

字符串的哈希值可以从左到右递推地计算。记 $S[1 \cdots i]$ 为字符串 S 前 i 个字符组成的子串，其哈希值为 $H(S[1 \cdots i])$，则 $H(S[1 \cdots i]) = (H(S[1 \cdots i]) \times M + v_{i+1}) \bmod p$，$v_{i+1}$ 是字符串第 $i+1$ 个字符对应的整数值。因此可在 $O(n)$ 时间内计算出长度为 n 的字符串的所有前缀的哈希值。

记 $S[i \cdots j]$ 为字符串 S 中从第 i 个字符到第 j 个字符组成的子串，则 $H(S[i \cdots j]) = (H(S[1 \cdots i]) - H(S[i \cdots j]) \times M^{j-i+1}) \bmod p$。可以对所有 $1 \leq i \leq n$ 预先计算出 $M^i \bmod p$，其后可在 $O(1)$ 时间内计算字符串的任意子串的哈希值。该哈希值可用于字符串的匹配问题。

</> 代码示例

字符串哈希函数构造代码如下。

```
#define ull unsigned long long
#define N 10000005
#define M 1145141923
    int len;
ull h[N],cf[N];
char s[N];
ull get(int l,int r)
{ //求字符串[l+1,r]的 hash 值
    return h[r] - h[l] * cf[r - l];
}
void pre()
{ //预处理进制的幂和前缀哈希数组
    len = strlen(s + 1);
    for (int i = cf[0] = 1; i <= len; ++i)
    {
        cf[i] = cf[i - 1] * M;
        h[i] = h[i - 1] * M + s[i];
    }
}
int main()
{
    scanf("%s",s + 1);
```

```
    pre();
    return 0;
}
```

📖 延伸阅读

LANGSAM Y，AUGENSTEIN M J，TENENBAUM A M. 数据结构 C 和 C++语言描述[M]. 李化，潇东，译. 2 版. 北京：清华大学出版社，2004：430-434.

📚 典型题目

NOI2017 蚯蚓排队

（张炜其　金靖　汪星明）

2.3.5.3　哈希冲突的常用处理方法

哈希冲突时，可使用两个或多个哈希函数进行处理。当在第一个函数上发生冲突时，采用第二个函数进行哈希，以此类推。应尽可能地降低不同哈希函数之间的相关性。例如在除余法中，不同哈希函数的模数应满足互素关系。除此之外的常用解决方法如下。

（1）开散列法：以哈希表中的每个元素作为表头，分别建立链表。将有哈希冲突的元素依次存储在其哈希值对应的链表中。

（2）闭散列法：当哈希冲突时，选取哈希表中另一个位置存储元素。常用的方法包括。

  a）线性探查法。依次查找后续可用的空闲位置，存储该元素。

  b）二次探查法。以 2 的不同次幂为位置偏移量，在原位置的两侧查找可用的存储位置。

🔗 参考词条

链表：单链表、双向链表、循环链表

📖 延伸阅读

[1] CORMEN T H，LEISERSON C E，KIVEST R L，et al. 算法导论[M]. 潘金贵，等译. 2 版. 北京：机械工业出版社，2006：134-136.

[2] 严蔚敏，吴伟民. 数据结构[M]. 2 版. 北京：清华大学出版社，2022：258-260.

[3] DONALD E K. 计算机程序设计艺术　卷3：排序与查找[M]. 贾洪峰，译. 2 版. 北京：人民邮电出版社，2017：407-412.

（张炜其　金靖　汪星明）

2.4 算 法

2.4.1 复杂度分析

同一问题可能存在多种算法，而在实际运用中，往往要根据情况选择某方面最优或者最合适的算法。为此，需要对有关算法的性能进行分析和比较。目前一般用算法执行过程所耗用的计算资源总量作为算法性能的衡量指标。时间资源和空间资源是最主要的两种计算资源。已知输入数据的规模，可以用时间复杂度来大致地度量算法所耗用的时间资源，而用空间复杂度来大致地度量算法所耗用的空间资源。

对算法的时间复杂度和空间复杂度进行分析，统称为算法的复杂度分析。在未加任何限定或特殊说明的情况下，算法的时间复杂度和空间复杂度指的都是最坏情况下的复杂度。

在算法的复杂度分析中，常用大 O 记号表示算法的时间或空间复杂度在渐进意义下的量级，例如 $O(n)$，$O(n\log n)$，$O(n^c)$，$O(2^n)$ 等。这里的 n 是输入数据规模以比特为单位的计数。在输入数据的各元素采用定长表示例如字节时，n 也可以采用输入数据规模在该定长单位下的计数，例如字节数等，这不会改变算法的时间或空间复杂度在渐进意义下的量级。

大 O 记号是德国数学家 Paul Bachmann 和 Edmund Landau 在 19 世纪末左右引入的，其作用是刻画给定函数 f 在渐进意义下的量级。对于函数 f 和 g，如果有某个常数 c，使得对所有足够大的正整数 n 都有 $|f(n)| \leqslant c|g(n)|$，则可以写做 $f(n) = O(g(n))$。在这里，对于给定的函数 g，$O(g(n))$ 是所有满足上述关系的函数 f 组成的集合。在 $O(g(n))$ 出现在等号右侧时，等号所表达的是与集合相关的关系，而非数值意义上的相等关系或者其他数学等价关系。此外，该关系往往不是对称的。

例如，$f(n) = O(g(n))$ 的严格含义是 $f(n) \in O(g(n))$，而 $O(f(n)) = O(g(n))$ 的严格含义则是 $O(f(n)) \subseteq O(g(n))$。在此意义下，$O(g(n)) = f(n)$ 的写法是完全错误的。等号在这里的含义比较多样而且容易引起混淆，但因历史习惯原因而一直沿用至今。

如果某两个算法具有相同量级的时间或空间复杂度，其耗用的计算时间或存储空间仍可能具有一定的差异。在对具体的算法分析复杂度时，为了分析和计算的简便，往往会在不影响量级的前提下，忽略一些不重要的细节。

在大 O 记号的意义下，算法的复杂度的量级可以有多种刻画方式，例如某个算法的时间复杂度是 $O(n)$，那么也是 $O(n^2)$。为了算法复杂度分析的准确性，往往选择最低的量级来刻画分析的结果。常用量级在渐进意义下的排序为：

$$1 < \log\log n < \log n < n^\epsilon < n < n\log n < n^c < n^{\log n} < c^n < n! < n^n < c^{c^n}$$

这里的 ϵ 和 c 分别是某个满足 $0<\epsilon<1<c$ 的常数。符号 < 用来比较两个函数的量级，其含义是：如果有 $\lim\limits_{n\to\infty}\dfrac{f(n)}{g(n)}=0$，则写做 $f(n)<g(n)$。不同量级所对应的函数的增长趋势如图 2.14 所示。特别指出，图中为了更好地区分出各曲线，并未采用统一的 c 值，部分函数加上了适当常数或做了常数缩放，但仍保持原量级。

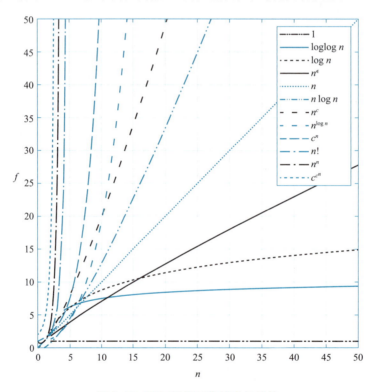

图 2.14　不同量级函数的增长趋势

除了大 O 记号以外，在算法复杂度分析中的常用记号还有 Ω、Θ 和 o 等，分别以不同的方式来刻画函数在渐进意义下的量级关系。

延伸阅读

GRAHAM R，KNUTH D，PATASHNIK O. Concrete Mathematics：A Foundation for Computer Science[M]. 2nd ed. NewYork：PearonEducation Press，1994：443-449.

（赵启阳）

2.4.1.1　时间复杂度分析

算法的时间复杂度，指的是算法在整个执行过程中所耗用的计算时间的总量，一般表示成关于输入数据规模的某个函数。由于对算法耗用时间的精确计数往往难以实现，而且也没有特别重要的意义,因此在算法的时间复杂度分析中,常用大 O 记号来给出算法时间复杂度在渐进意义下的量级。

算法的时间复杂度分析,一般通过对算法所执行的基本操作进行计数来实现。这里的基本操作,指的是耗用时间为某个固定量的操作,包括赋值、基本的数学运算和逻辑运算等。因此,算法所耗用的时间总量和算法所执行的基本操作的数量之间具有接近于线性的相关关系。一般来说,在同等规模的不同输入数据上,算法的执行时间不同。算法的时间复杂度,一般特指算法在最坏情况下所耗用的时间。

对于比较复杂的算法,在分析其时间复杂度时,往往会涉及到对递归方程的求解。在递归方程的求解中,可以用主定理来分析由大 O 记号所表达的渐进意义下的递归关系式。主定理最初由 J. Bentlery,D. Haken 和 J. B. Saxe 于 1980 年提出,目前已经成为算法复杂度分析中的常用工具。

按照时间复杂度的量级,可以对算法进行分类。例如时间复杂度为 $O(1)$ 的算法,一般被称为常数时间算法;时间复杂度为 $O(\log n)$ 的算法,一般被称为对数时间算法;时间复杂度为 $O(n)$ 的算法,一般被称为线性时间算法;时间复杂度为 $O(n^c)$ 的算法(这里有 $1<c$),一般被称为多项式时间算法;时间复杂度为 $O(2^n)$ 的算法,属于指数时间算法。以大 O 记号所刻画的算法时间复杂度,只是渐进意义下的量级,并不能精确地对应算法的运行时间。有些非多项式时间算法,仍有可能在一部分实例上快速地完成求解。

如果某个算法的时间复杂度是关于输入数据中绝对值最大的数值的多项式量级,则称该算法为伪多项式时间算法。由于输入数据中的具体数值可以取到输入数据规模的指数量级,因此伪多项式时间算法并不一定是真正的多项式时间算法。例如,0-1 背包问题的动态规划算法是一个伪多项式时间算法,而非多项式时间算法。

当算法的最坏时间复杂度的发生概率较小时,平均意义下的时间耗用能够更加准确地度量算法的性能。算法在所有实例上的平均时间耗用,称为算法的平均时间复杂度。例如,快速排序算法的最坏时间复杂度为 $O(n^2)$,平均时间复杂度则为 $O(n\log n)$。

某些算法会在输入数据上完成一系列的关联操作,如果对其中的每次操作都以最坏的情形来估计其耗时,可能会高估算法在该系列操作上的总体时间耗用。此时可以采用平摊分析方法,将该系列操作作为一个整体来估计其耗时,随后再将总体耗时平摊到每个操作上,以得到更为精准的分析结果。

如果某个问题存在多项式时间算法,则称该问题是一个 P(Polynomial)问题。对于某个问题,如果其解的正确性可以在多项式时间内完成验证,则称该问题是一个 NP (Nondeterministic Polynomial)问题。很显然,P 类问题同时也是 NP 类问题,即 P⊆NP。目前大多数研究人员倾向于认为 P≠NP,但是均无法给出证明。在目前未解决的问题中,P/NP 问题是最负盛名的数学难题之一,也是计算机科学的核心问题。

对于某个问题,如果所有的 NP 问题都可以多项式时间归约到该问题,则称其是

NP 难的(NP-hard)。如果某个问题不仅是 NP 问题，同时还是 NP 难的，则称其为 NP 完全(NP-Complete)问题。可以粗略地认为，NP 完全问题是 NP 问题中一类最难的问题：如果某个 NP 完全问题能够在多项式时间内解决，则所有的 NP 问题都将在多项式时间可解决。多数文献认为，可满足性问题(SAT)是第一个被证明的 NP 完全问题。

参考词条

1. 算法概念
2. 快速排序
3. 简单背包类型动态规划
4. 2-SAT

延伸阅读

［1］CORMEN T H，LEISERSON C E，RIVEST R L，et al. 算法导论［M］. 殷建平，等译. 3 版. 北京：机械工业出版社，2013：25-30，53-58，616-650.

［2］严蔚敏，吴伟民. 数据结构［M］. 2 版. 北京：清华大学出版社，2022：13-18.

（赵启阳）

2.4.1.2 空间复杂度分析

算法的空间复杂度，指的是算法在整个执行过程中，所耗用的全部存储空间的量的峰值，一般表示成关于输入数据规模的某个函数。由于对算法耗用空间的精确计数往往难以实现，而且也没有特别重要的意义，因此在算法的空间复杂度分析中，常用大 O 记号来给出算法空间复杂度在渐进意义下的量级。

在算法的具体实现中，所耗用的存储空间不仅包括静态的存储空间，还包括动态申请的存储空间。因此，在分析有关的空间复杂度时，不仅要统计全局变量所耗用的存储空间，还要包括因函数或子程序调用而耗用的存储空间，其中包括局部变量等。复用的存储空间不需要被重复计入。

特别地，对于包含递归计算的算法，递归计算部分所耗用的存储空间的量与递归调用的深度相关。因此，应合理地控制递归调用的深度。

在存储空间资源比较宽松，但是时间效率要求较高的情形下，可以考虑采用"空间换时间"的策略，设置额外的空间来存储在整个算法执行过程中可能会多次计算的值，例如记忆化搜索等方法。这样可以避免一部分重复计算，以适当地增加存储空间为代价，有效地降低算法的时间耗用量，甚至降低算法的时间复杂度量级。

在时间效率要求不高，但是空间资源较为紧张的情形下，则可以考虑采用"时间换空间"的策略，尽可能地避免存储中间结果。对于需要多次使用的中间结果，每次都重新予以计算。这样就以适当地增加时间耗用量为代价，有效地降低算法的空间耗用量。

参考词条

1. 算法概念
2. 递归函数

延伸阅读

严蔚敏，吴伟民. 数据结构[M]. 2版. 北京：清华大学出版社，2022：18.

（赵启阳）

2.4.2 算法策略

在信息学竞赛中，离散化（discretization）一般指的是，在待处理的元素来自于基数很大的集合甚至无穷集时，将这些元素映射到一个基数较小的有穷集，以降低后续处理的复杂度。如果这些元素之间是可比较的，则在离散化时往往采用保序映射，即映射后的结果也保持相同的比较关系。需要注意，数学中的离散化，一般指的是将连续空间内的元素映射到离散空间，与上述含义并不相同。

离散化的实质是对稀疏的原始数据建立稠密的索引。对于依赖于数值范围的算法，通过对数据做离散化处理，可以有效地提高算法的计算效率。

例如，对于二维平面上分布范围较大的 m 个整点，可以以横坐标为第一关键字、纵坐标为第二关键字进行排序，并且存储到长度为 m 的结构数组中。在访问这些整点时，可以仅对索引 $1 \sim m$ 进行遍历，再由每个索引映射回相应整点，而不必直接对整个二维平面上的全部或大范围内的整点进行遍历。

（赵启阳）

2.4.3 基础算法

分治算法的基本思路是分而治之，即将一个规模较大的问题分解为若干个规模较小的子问题，这些子问题相互独立并且与原问题有相同的结构，通过求出子问题的解之后再进行合并而得到原问题的解。

在使用分治算法时，拟解决的问题需要满足如下条件：

（1）可以分解成若干个与原问题结构相同的子问题；

（2）数据规模分解到一定程度可以快速得到解；

（3）子问题的解可以合并成原问题的解。

分治算法一般可以分为三个步骤。

（1）分解：将原问题分解为若干个规模较小，相互独立，与原问题结构相同的子问题；

（2）解决：若问题规模较小则直接进行求解，否则对子问题继续进行分解；

（3）合并：将各个子问题的解合并为原问题的解。

应用分治思想的经典算法有快速排序、归并排序等，典型问题有逆序对、平面最近点对等，另外对于树形结构，也可以使用分治算法快速求得某些问题的解。

参考词条

二分法

延伸阅读

CORMEN T H，LEISERSON C E，RIVEST R L，et al. 算法导论[M]. 殷建平，等译. 3 版. 北京：机械工业出版社，2013：16-20.

典型题目

1. NOIP1996 普及组 比赛安排
2. NOIP1998 普及组 幂次方
3. USACO2017Jan Secret Cow Code

（叶金毅　胡伟栋　金靖　赵启阳　张超　李曙）

2.4.4 排序算法

2.4.4.1 归并排序

归并排序是基于分治思想的排序算法，在合并子问题解的时候使用了归并操作。

在将两个有序序列合并为一个有序序列时，首先比较两个序列的首元素，取其中较小的元素放置到新序列中，并将取走元素的下一个元素设置成原序列的首元素；重复执行这样取元素的过程并将取到的元素依次放置到新序列中，直到其中一个序列为空，最后将非空序列中的剩余元素全部取走并依次放置到新序列中。这样两个序列合并的过程就是归并，归并操作的时间复杂度与两个序列的长度总和线性相关。

归并排序算法的递归流程如下。

（1）分治：将序列均分为两个子序列，如果均分后的子序列内包括不止一个元素，则继续分治，直到子序列内仅包含一个元素为止。

（2）归并：在回溯的过程中不断将原分治的子序列进行归并，直至得到整个序列的排序结果为止。

对于一个长度为 8 的序列，其归并排序的递归过程如图 2.15 所示。

归并排序需要额外的空间来存放每次归并的结果，每次归并结束还要将结果从额外的空间再放回原序列相应位置。

归并排序的时间复杂度是 $O(n\log n)$。

2.4 算法

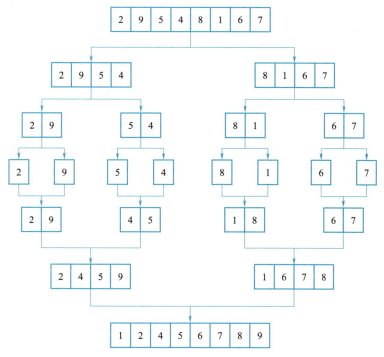

图 2.15 归并排序的递归过程

代码示例

归并排序算法代码如下。

```
// 函数 mergeSort 可完成对数组中指定范围内元素的归并排序
// a:为待排序元素的数组
// b:存放中间结果的临时数组
// l:数组 a 中当前待排序元素的最小下标
// r:数组 a 中当前待排序元素的最大下标
void mergeSort(int l,int r)
{
    if (l == r) return; // 当前元素数量为 1,无需额外处理
    int mid = (l + r) >> 1;

    mergeSort(l,mid); // 递归调用,对左半部分元素进行排序
    mergeSort(mid + 1,r); // 递归调用,对右半部分元素进行排序

    int i = l,j = mid + 1,cnt = l - 1;
    // 合并排好序的左右两部分
    while (i <= mid && j <= r)
    {
        if (a[i] < a[j])
```

```
            b[++cnt] = a[i++];
        else
            b[++cnt] = a[j++];
    }
    while (i <= mid)
        b[++cnt] = a[i++];
    while (j <= r)
        b[++cnt] = a[j++];

    // 将排好序的元素依次复制到原数组中
    for (int i = l; i <= r; ++i)
        a[i] = b[i];
}
```

参考词条

1. 分治算法
2. 排序的基本概念

延伸阅读

CORMEN T H, LEISERSON C E, RIVEST R L, et al. 算法导论[M]. 殷建平, 等译. 3 版. 北京：机械工业出版社, 2013：20-22.

典型题目

NOIP2011 普及组 瑞士轮

（叶金毅　张超　李曙）

2.4.4.2 快速排序

快速排序是一种基于分治思想的排序算法。

对于长度为 n 的序列，快速排序的算法流程如下：

(1) 在序列中随机选一个元素作为基准；

(2) 把比基准元素小的元素放在其左侧，比基准元素大的元素放在其右侧；

(3) 对于该基准元素的左右两侧，如果某一侧至少还有两个及以上的元素，则递归地解决该侧的排序问题。

例如，对于下图中长度为 8 的序列，其快速排序的过程如图 2.16 所示。

在上图中，第一轮选择 5 为基准元素，将序列划分成左右两侧，左侧有 3 个元素，右侧有 4 个元素，左右两侧分别递归处理直到某侧只有一个元素或者没有元素为止。

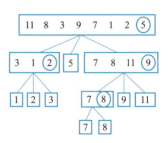

图 2.16　快速排序过程

基准元素的选择应使得左右两侧元素的数量尽量均衡。对于一般的序列，每次可以选择固定位置的元素作为基准，例如第一个或者最后一个。但是对于特殊的序列，例如有序序列，这种选择可能会导致左右两侧的元素数量差别较大，此时应随机选择基准元素。

快速排序的平均时间复杂度为 $O(n\log n)$，最坏时间复杂度为 $O(n^2)$。此外，快速排序不是稳定的排序算法，相同的元素在排序结束后的相对位置可能会发生变化。

代码示例

快速排序算法代码如下。

```
// 函数 quickSort 可完成对数组中指定范围内元素的快速排序
// a:为待排序元素的数组
// l:数组 a 中当前待排序元素的最小下标
// r:数组 a 中当前待排序元素的最大下标
void quickSort(int l,int r)
{
    int p = l - 1;

    // 随机选择某个待排序元素,将其与最右元素交换
    swap(a[r],a[l + rng() % (r - l + 1)]);
    // 以最右元素为基准,将待排序元素按大小分成两部分
    for (int i = l; i < r; i++)
        if (a[i] < a[r])
            swap(a[i],a[++p]);
    swap(a[r],a[++p]); // 将最右元素放到两部分中间的位置
    if (p - 1 > l) quickSort(l,p - 1); // 递归地解决左半部分
    if (r > p + 1) quickSort(p + 1,r); // 递归地解决右半部分
}
```

参考词条

1. 分治算法
2. 排序的基本概念

延伸阅读

CORMEN T H, LEISERSON C E, RIVEST R L, et al. 算法导论[M]. 殷建平, 等译. 3 版. 北京：机械工业出版社, 2013：95-103.

（叶金毅　张超　李曙）

2.4.4.3 堆排序

堆排序是利用堆实现排序的一种算法。

堆排序首先构建大根堆或小根堆，然后在其基础上完成排序。以大根堆为例，将一个长度为 n 的数组看作一个完全二叉树，其构建大根堆的算法流程如下。

1) 从完全二叉树的最后一个非叶子结点即 $\lfloor n/2 \rfloor$ 位置开始，逆序循环处理到第一个结点。

2) 在循环的每次处理中，首先将当前结点与其子结点中较大的结点进行比较，如果满足小于关系，那么交换两个结点的值，交换后的子结点，可能会破坏原来子树的大根堆性质，需递归处理子树直至其再次满足大根堆性质为止。

在堆构建结束之后，每次交换序列第一个和最后一个元素，然后将序列元素个数减 1，对于交换到第一个位置的元素，递归处理以保持堆的性质。以上过程重复 $n-1$ 次，则完成从小到大的排序过程。

堆排序的时间复杂度为 $O(n\log n)$。

代码示例

堆排序算法代码如下。

```
// 函数 heapSort 可完成对数组中指定范围内元素的堆排序(从小到大)
// a:存储最大堆的数组
// b:待排序元素的数组
// bn:待排序元素的数量
// 参见二叉堆词条中的 heap_push、heap_pop 函数以及变量定义
void heapSort()
{
    // 从数组 b 中逐个取出待排序元素,并将其放入最大堆 a
    for (int i = 0; i < bn; i++)
        heap_push(b[i]);

    // 逐一将当前堆中最大的元素"弹出",但仍存储在 a 中
    // 堆中所有元素均弹出后,a 中即为已经排好序的序列
    for (int i = 0; i < bn; i++)
        heap_pop();
}
```

参考词条

1. 排序的基本概念
2. 完全二叉树的数组表示法
3. 二叉堆

延伸阅读

CORMEN T H, LEISERSON C E, RIVEST R L, et al. 算法导论[M]. 殷建平，等

译. 3 版. 北京：机械工业出版社，2013：84-92.

（叶金毅　李曙）

2.4.4.4　桶排序

桶排序也称为箱排序，如果待排序元素为离散值而且较为均匀地分布于一个较大的范围时，可以使用桶排序方法。桶排序的基本思路是，将元素的取值范围分割成多个互不相交的区域，每个区域对应一个桶，将序列中每个元素根据其取值放入不同的桶，然后对每个桶中元素进行排序，最后所有桶中元素构成的序列就是有序的。

桶排序有以下两个关键问题。

（1）值域划分。值域划分既要避免划分后元素过于集中到少数桶中，也要避免划分过细而使得桶数过多。在最极端情况下，每个元素对应一个不同的桶，此时桶排序变成了计数排序。

（2）桶中排序算法的选择。对于每个桶中元素的排序，可以选择不同的排序方法。桶排序的时间复杂度与桶内排序方法的时间复杂度相关。

对于一个长度为 n 的序列，设桶的个数为 m，那么桶中元素平均个数为 $\frac{n}{m}$。如果在桶内使用插入排序，则其平均时间复杂度为 $O\left(n+\frac{n^2}{m}+m\right)$，当桶的个数为 $O(n)$ 时则为 $O(n)$；在所有元素恰好被分到同一个桶时，对应的是最坏时间复杂度 $O(n^2)$。

代码示例

桶排序算法代码如下。

```cpp
// 函数 bucketSort 可完成对数组中指定范围内元素的桶排序（从小到大）
// 待排序元素类型为整型，取值范围为 0 到 MAXV
// a:存储待排序元素的数组,并且存放排序后的序列,下标从 1 开始
// n:待排序元素的数量
// b:存储桶的数组,每个桶为 vector 类型
// m:桶的数量
void insert(int k,int x)
{
    b[k].push_back(x);
    for (int i = b[k].size() - 1; i; i--)
    {
        if (x < b[k][i - 1])
            b[k][i] = b[k][i - 1];
        else
        {
            b[k][i] = x;
            return;
        }
```

```
        }
        b[k][0] = x;
    }
    void bucketSort()
    {
        int s = MAXV / m + 1; // 每个桶对应的值的跨度
        // 将 a 中的元素逐一插入到相应的桶中
        for (int i = 1; i <= n; ++i)
            insert(a[i] / s, a[i]);
        int cnt = 0;
        // 将各个桶中的元素依次取出放到 a 中
        for (int i = 0; i < m; ++i)
            for (int j = 0; j < (int)b[i].size(); ++j)
                a[++cnt] = b[i][j];
    }
```

参考词条

1. 排序的基本概念
2. 插入排序

延伸阅读

CORMEN T H, LEISERSON C E, RIVEST R L, et al. 算法导论[M]. 殷建平，等译. 3 版. 北京：机械工业出版社，2013：112-114.

典型题目

NOIP2006 普及组 明明的随机数

（叶金毅　李曙）

2.4.4.5 基数排序

基数排序是一种非比较型排序算法，其原理是将数值按照某一计数系统划分成不同位的关键值，然后对每一位上的关键值进行稳定排序，最终完成对整个序列的稳定排序。所用计数系统的底数被称为基数。

基数排序需要额外的空间用来保存每一次按某位关键值稳定排序后的结果。

基数排序的时间复杂度，如果每一轮关键值排序使用计数排序，则基数排序的总时间复杂度为 $O\left(kn + \sum_{i=1}^{k} w_i\right)$，其中 k 表示划分关键值的个数，w_i 表示第 i 个关键值的值域的规模。

例如对于 4 字节无符号整数的序列排序，设置基数为 65536，则将每个数值按二进制下的高位 16 位值、低位 16 值分别设置为第一关键值和第二关键值，然后按照第一关键值和第二关键值分别进行计数排序，最终完成序列的排序。

代码示例

基数排序算法代码如下。

```
// 函数 radixSort 可完成对数组中元素的基数排序,采用第一关键字、第二关键字
// a:待排序元素的数组,有效存储位置从下标 1 开始,元素为 4 字节无符号整数
// b:存放排好序的元素
// s:关键字各可能值上的(累计)计数
// n:待排序元素的数量
// r:基数,设为 65536
void radixSort()
{
    // 基于第二关键字的计数排序
    for (int i = 0; i <= r; ++i)
        s[i] = 0;
    for (int i = 1; i <= n; ++i)
        s[a[i] % r]++;
    for (int i = 1; i <= r; ++i)
        s[i] += s[i - 1];
    for (int i = n; i >= 1; --i)
        b[s[a[i] % r]--] = a[i];

    // 将第二关键字排序结果复制到 a
    for (int i = 1; i <= n; ++i)
        a[i] = b[i];

    // 在第二关键字排序的基础上,再基于第一关键字进行计数排序
    for (int i = 0; i <= r; ++i)
        s[i] = 0;
    for (int i = 1; i <= n; ++i)
        s[a[i] / r]++;
    for (int i = 1; i <= r; ++i)
        s[i] += s[i - 1];
    for (int i = n; i >= 1; --i)
        b[s[a[i] / r]--] = a[i];
}
```

参考词条

1. 排序的基本概念
2. 计数排序

延伸阅读

CORMEN T H, LEISERSON C E, RIVEST R L, et al. 算法导论[M]. 殷建平,等

译. 3 版. 北京：机械工业出版社，2013：110-112.

（叶金毅　李曙）

2.4.5　字符串相关算法

KMP（Knuth-Morris-Pratt）算法是由 Knuth、Morris 和 Pratt 在 1977 年共同发表的一种解决模式串匹配问题的算法。

给出一个文本串和一个模式串，查询模式串在文本串中出现的次数或位置等一类问题称为模式串匹配问题。KMP 算法针对模式串构建特定的数组，在匹配失败时用来减少后续匹配中的无效或不必要的比较，可以在线性时间复杂度内解决此类问题。

设文本串为 S，其长度为 n，模式串为 T，其长度为 m。

定义 $T[l..r]$ 表示 T 字符串中第 l 个字符到第 r 个字符组成的子串。

KMP 算法对于模式串 T 构建的特定数组，被称为部分匹配表（partial match table），其对应的函数形式被称为失配函数（failure function）、前缀函数（prefix function）等。以下记该数组为 next：如果 next$[i]=j$，则表示以第 i 个字符为结尾的长度为 j 的子串与从第 1 个字符开始的长度为 j 的子串相等，即 $T[1\cdots j]=T[i-j+1\cdots i]$，且 j 为小于 i 的数中满足该条件的最大值，即：

$$\text{next}[i]=\max\{j\mid 0\leq j<i,\ T[1\cdots j]=T[i-j+1\cdots i]\}$$

例如 T 为 ababaca，对应的 next 数组如表 2.11 所示：

表 2.11　next 数组

i	1	2	3	4	5	6	7
next$[i]$	0	0	1	2	3	0	1

next 数组按照下标的递增顺序依次进行计算。对于 next$[i]$，计算过程如下。

（1）设 $j=$next$[i-1]$，若 $T[j+1]=T[i]$，则 next$[i]=j+1$。

（2）若不相等，j 需要变成小于 j 的数中满足 $T[1\cdots j]=T[i-j\cdots i-1]$ 的最大值，即 $j=$next$[j]$；此时若 $T[j+1]=T[i]$，则 next$[i]=j+1$。

（3）若仍不相等，则重复步骤 2，直到 $j=0$ 为止。

上述过程中的步骤 2 执行的次数不超过步骤 1。利用平摊分析方法可知，计算整个 next 的时间复杂度为 $O(m)$。

在对文本串与模式串进行匹配时，假设 $S[i-j\cdots i-1]=T[1\cdots j]$，接下来需要比较 $S[i]$ 和 $T[j+1]$，且发现匹配失败，设 $k=$next$[j]$，则有 $S[i-k\cdots i-1]=T[j+1-k\cdots j]=T[1\cdots k]$，因此不需要重复匹配 $S[i-k\cdots i-1]$ 与 $T[1\cdots k]$，只需要直接比较 $S[i]$ 与 $T[k+1]$ 是否相等，即置 $j=k$；重复执行以上步骤直到匹配成功或者 $j=0$。该匹配过程的时间复杂度为 $O(n)$。

KMP 算法的总时间复杂度为 $O(n+m)$。

2.4 算 法

代码示例

KMP 算法代码如下。

```
// t:模式串
// s:文本串
// n:文本串长度
// m:模式串长度
// next:存放部分匹配表的数组
//cnt:记录模式串的出现次数
void computePartialMatchTable()
{
    next[1] = 0;
    for (int q = 2,k = 0; q <=m; q++)
    {
        while(k && t[k + 1] != t[i])
            k = next[k];
        if (t[k + 1] == t[q])
            k = k + 1;
        next[q] = k;
    }
}
void kmp()
{
    cnt = 0;
    computePartialMatchTable();
    for (int i = 1,q = 0; i <= n; i++)
    {
        while (q && t[q + 1] != s[i])
            q = next[q];
        if (t[q + 1] == s[i])
            ++q;
        if (q == m)
        {
            cnt++;
            q = next[q];
        }
    }
}
```

参考词条

1. 字典树(Trie 树)
2. AC 自动机

3. 扩展 KMP 算法

延伸阅读

CORMEN T H，LEISERSON C E，RIVEST R L，et al. 算法导论［M］. 殷建平，等译. 3 版. 北京：机械工业出版社，2013：588-593.

典型题目

1. NOI2014 动物园
2. WC2016 论战捆竹竿
3. POI2005 SZA-Template
4. POI2006 OKR-Periods of Words
5. BOI2009 Radio Transmission
6. USACO2015Feb-S Censoring

（赵启阳　叶金毅）

2.4.6　搜索算法

2.4.6.1　搜索的剪枝优化

搜索的剪枝优化用于在搜索过程中缩小搜索范围，减少搜索耗时。最常用的搜索的剪枝优化方法包含可行性剪枝和最优化剪枝。

可行性剪枝是指在搜索的过程中，对当前状态进行判断，检查是否可能由当前状态到达一个可行解，如果无法从当前状态达到可行解，则不再从当前状态开始执行进一步搜索，即对当前状态进行剪枝。

最优化剪枝是指在搜索的过程中，对当前状态进行判断，检查由当前状态可达的解的最优上限是否优于目前已经找到的解，如果由当前状态可达的解的最优上限不比目前已经找到的解更优，则不再从当前状态开始执行进一步搜索，即对当前状态进行剪枝。

搜索的剪枝优化需要消耗一定的时间和空间对当前状态进行判断，在实际使用时需要将剪枝优化需要的代价和产生的优化收益进行比较，以权衡是否使用某一个剪枝优化。

参考词条

1. 深度优先搜索
2. 广度优先搜索

典型题目

1. NOI1999 生日蛋糕

2. NOIP2004 提高组 虫食算
3. NOIP2009 提高组 靶形数独
4. NOIP2011 提高组 Mayan 游戏

（胡伟栋）

2.4.6.2 记忆化搜索

记忆化搜索是一种利用存储减少重复搜索的方法：在搜索过程中，将一部分状态以及从该状态开始进行搜索的结果保存，在后续搜索到同样状态时直接取值，避免重复搜索。

记忆化搜索适用于搜索的状态可以使用较少的参数准确表示的问题。通常使用数组、映射等作为状态存储的数据结构。

对于动态规划算法，常用循环的方式是从初始状态求解目标状态，也可以将动态规划的每个状态看成搜索中的状态，将转移方程中一个状态所依赖的状态看成该状态的相邻状态，将动态规划转换成从目标状态到初始状态的搜索，并利用存储减少重复搜索，即得到动态规划的记忆化搜索实现方式。动态规划的记忆化搜索实现方式相对于常用的循环方式更易理解和实现，所需的时间和空间与动态规划的常见实现相近。

参考词条

1. 深度优先搜索
2. 动态规划的基本思路

典型题目

USACO2008Mar Cow Travelling

（胡伟栋）

2.4.6.3 启发式搜索

启发式搜索是指在搜索的过程中，对每个状态能达到的解进行估计，按照估计的优劣顺序进行搜索，以优化搜索顺序、提高剪枝效率，让搜索算法能快速找到解。

启发式搜索通常需要定义一个启发式函数 $f(x)=g(x)+h(x)$，其中 $g(x)$ 表示从起始状态到当前状态 x 的代价，$h(x)$ 表示从当前状态 x 到目标状态的估计代价。$f(x)$ 表示从起始状态经过当前状态到目标状态的总估计代价。在搜索时，按照 $f(x)$ 从小到大的顺序搜索，即每次选取一个还未扩展的 $f(x)$ 最小的状态，将其扩展。

按照启发式函数 $f(x)=g(x)+h(x)$ 从小到大的顺序搜索的算法称为 A 算法。A 算法对启发函数没有限制，不能确保第一次搜索到的解是最优解，甚至不能确保不遗漏最优解。

A^* 算法在 A 算法的基础上对启发式函数进行限制，包括 $g(x)$ 定义为从起始状态到当前状态 x 的最优代价，$h(x)$ 定义为从当前状态 x 到目标状态的代价的下界，$f(x)$ 表示从起始状态经过当前状态到目标状态的代价的下界。A^* 算法能确保不遗漏地搜索到最优解。

启发式搜索的一般流程如下。

（1）定义优先队列 Q 用于存放搜索中的所有状态，每个状态存储当前代价 g 和启发式函数 f 的值，优先队列 Q 按 f 的值从小到大的顺序出队。将初始状态放入优先队列中。

（2）每次从 Q 中取出一个状态 p，若 p 已访问过，则直接丢弃，否则对 p 进行访问。若 p 是目标状态，算法结束，找到解；否则对 p 进行扩展。对于新扩展状态 w，如与已访问的状态不重复，根据 p 的当前代价计算出扩展状态 w 的代价 g，并计算扩展状态 w 的估价函数 h，由 $g+h$ 得到启发式函数 f，将新状态加入优先队列中。

（3）若 Q 为空则表示无解，否则重复执行步骤(2)。

参考词条

1. 深度优先搜索
2. 广度优先搜索

典型题目

USACO2002Feb Power Hungry Cows。

（胡伟栋）

2.4.6.4 双向广度优先搜索

双向宽度优先搜索是宽度优先搜索的改进，在执行宽度优先搜索时，不仅从起始状态开始搜索，还从目标状态开始搜索，当从起点开始搜索的状态与从目标开始搜索的状态相同时，则找到了从起始状态到该状态再到目标状态的路径，该路径即问题的最优解。

双向宽度优先搜索相对于宽度优先搜索能有效减少搜索的状态数量，提高搜索效率。

双向宽度优先搜索的典型流程如下。

（1）定义队列 Q 用于存储宽度优先搜索中的所有状态，将起始状态和目标状态加入队列中，其中起始状态的方向标记为正向，目标状态的方向标记为反向。

（2）定义集合 S 用于判重，将起始状态和目标状态连同它们的方向加入 S。

（3）每次从队列 Q 中取出队首元素 p，对 p 进行扩展，对于扩展出的每一个状态 w，将 p 的方向标记到 w 上，对 w 进行判重。如果 S 中存在方向相同的重复状态，则将 w 舍弃；如果在 S 中存在方向不同的重复状态，则找到一个从初始状态到 w 再到目标状态的解，算法结束；如果不存在重复状态，则将 w 加入队列 Q 中。

（4）若 Q 为空则表示无解，否则重复执行步骤(3)。

参考词条

广度优先遍历

典型题目

1. USACO2005Dec Knights of Ni
2. USACO2012Open Balanced Cow Subsets
3. CEOI2015 Ice Hockey World Championship

（胡伟栋）

2.4.6.5 迭代加深搜索

迭代加深搜索（Iterative Deepening Search，IDS）是一种状态空间搜索策略，其实质是多轮次地执行有深度限制的深度优先搜索，直到找到目标解或确定无解为止。其中随着轮次的增加，搜索深度的上限也不断增加。

记当前搜索的深度限制为 τ。算法的主要流程如下。

（1）置深度限制为 $\tau=1$。

（2）从起始状态出发，执行深度不超过 τ 的深度优先搜索。

  a）如果当前状态是目标解，则算法终止并返回相关信息。

  b）如果当前状态的深度 d 有 $d=\tau$，或其所有子状态均已访问过，则返回前一状态；否则依次递归地处理其尚未访问过的子状态。

（3）按照指定的步长 s 增加搜索深度限制：$\tau=\tau+s$，并且转步骤（2）。

（4）如果全部搜索结束且没有找到目标解，则输出无解。

记 b 为每个状态的子状态数量，d^* 是目标状态在搜索树上的深度。迭代加深搜索往往不会记录历史状态及其信息，很难做状态判重，因此在每一轮搜索时，都要从初始状态开始，重复搜索上一轮已经访问过的状态。在 b 较大时，这种重复性访问量与状态访问总量相比基本可以忽略。

如果搜索空间组织得比较好，即搜索树在总体上比较平衡时，则迭代加深搜索的时间复杂度为 $O(b^{d^*})$，与广度优先搜索相同。迭代加深搜索的空间复杂度为 $O(d^*)$，与深度优先搜索相同。

一般地，在搜索空间较大、目标解的深度未知时，迭代加深搜索在时间复杂度方面优于深度优先搜索，而在空间复杂度方面又优于广度优先搜索，因此是一个总体性能比较均衡的策略。

参考词条

1. 深度优先搜索
2. 广度优先搜索

延伸阅读

[1] RICHAR D K. Depth-first Iterative-Deepening: An Optimal Admissible Tree Search [J]. Artificial Intelligence, 1985, 27: 97-109.

［2］RUSSELL S J，NORVIG P. 人工智能：现代方法［M］. 张博雅，等译. 北京：人民邮电出版社，2023：68-69.

典型题目

IOI1994 The Buses

（赵启阳　胡伟栋）

2.4.7　图论算法

2.4.7.1　最小生成树：Prim 和 Kruskal 等算法

对于图 $G=(V,E)$，记 $n=|V|$，$m=|E|$。如果有 $V'=V$ 且 $E'\subseteq E$，则称图 $G'=(V,E')$ 为 G 的生成子图。如果无向连通图 $G=(V,E)$ 的某个生成子图 T 是一棵树，则称 T 为无向图 G 的生成树。图中在树外的边被称为 T 的弦。

将有向图 $G=\langle V,E\rangle$ 中所有的边去掉方向后，得到的无向图称为 G 的底图或基础图，记作 $UG(G)$。有向图的底图可能包含端点相同的边。对于有向图 G 的生成子图 T，如果 $UG(T)$ 是 $UG(G)$ 的生成树，则称 T 为 G 的生成树。

如果图 G 的所有边都是带权值的，则称其为带权图。记边 (u,v) 的权值为 $w_{u,v}$。图 G 的生成树的权值，被定义为树中所有边的权值之和。权值最小的生成树，被称为是图 G 的最小生成树。

求解无向图最小生成树的常用方法有 Prim 算法和 Kruskal 算法。

1. Prim 算法

Prim 算法由 Vojtěch Jarník 于 1930 年提出，并在其后由 Robert C. Prim 于 1957 年再次发表，因此又称 Jarník 算法。Prim 算法通过每次添加距离当前的树最近的树外顶点来实现，因此是一种贪心算法。记 V' 为已选顶点的集合，E' 为已选边的集合。对于某个 V' 外的顶点 u，定义其到顶点集合 V' 的距离为：

$$d_{u|V'}=\begin{cases}\min\{w_{u,v}\mid(u,v)\in E,v\in V'\},&\text{如果 }u\text{ 与 }V'\text{ 中的顶点邻接；}\\+\infty,&\text{否则。}\end{cases}$$

如果 $d_{u|V'}$ 有限，取 V' 中使 $w_{u,v}$ 最小的顶点 v，称其为 u 在 V' 中的最近顶点。

算法的思路如下。

(1) 设置 E' 为空集；任意选择 G 中的某个顶点 v_1，设置 $V'=\{v_1\}$。

(2) 计算更新 V' 外顶点到 V' 的距离；在 V' 外顶点中，选取到 V' 的距离最小的顶点 u。将连接 u 及其在 V' 中最近顶点 v 的边 (u,v) 加入到集合 E' 中，再将 u 加入到集合 V' 中。

(3) 重复步骤(2)，直到 V' 中包含全部 n 个顶点为止。

算法终止时得到的 $T=(V',E')$ 即为最小生成树。在采用邻接矩阵来存储图 G 时，Prim 算法的时间复杂度为 $O(n^2)$。如果使用邻接表来存储图 G，并使用优先队列进行优化，Prim 算法的时间复杂度可以缩减为 $O(m\log n)$，因此在稠密图上的时间复杂度低于 Kruskal 算法。

2. Kruskal 算法

Kruskal 算法由 Joseph Kruskal 于 1956 年发表。算法通过每次添加权值最小、而且不构成环的边来求解，是一种贪心算法。记 E' 为已选边的集合，算法的思路如下。

（1）设置 E' 为空集。

（2）将 E 中的所有边按照权值做升序排序，记该序列为 L。

（3）依次选择 L 中的边，如果当前边与 E' 中的边不构成环，即当前边的两个顶点不在已选边所构成森林的同一棵树中，则将其加入到 E' 中。在具体实现中，森林可以使用并查集来查询和维护。

算法终止时得到的 $T=(V,E')$ 即为最小生成树。

基于并查集实现的 Kruskal 算法的时间复杂度为 $O(m\log m)$。

> **代码示例**

Prim 算法代码如下。

```
// 函数 prim 在图连通时返回最小生成树的边权和,否则返回 -1
// dis:各顶点到当前树的距离
// vis:各顶点是否已加入到树中的标记
// e:二维数组,记录图中各条边的边权
int prim()
{
    int ans = 0,cnt = 0;

    memset(dis,0x3f,sizeof(dis)); //所有距离均初始化为某个很大的值,此处选择
                                  0x3f3f3f3f

    memset(vis,0,sizeof(vis));
    dis[1] = 0; //首先将任意某个顶点加入到树中,此处选择顶点 1
    while (true)
    {
        //查找与当前树的距离最小的顶点
        int mindis = 0x3f3f3f3f,u = 0;
        for (int i = 1; i <= n; i++)
            if (!vis[i] && dis[i] < mindis)
                mindis = dis[i],u = i;
        if (!u)
            break; //不存在连通但在树外的顶点,算法结束
        ans += mindis;
        vis[u] = true;
        cnt++;
        for (int v = 1; v <= n; v++)
```

```
            if (!vis[v])
                dis[v] = min(dis[v],e[u][v]); //对于当前树外的顶点,更新其与树
                                                的距离
    }
    return cnt == n ? ans : -1;
}
```

基于并查集实现 Kruscal 算法的代码如下。

```
struct Edge
{
    int u,v,w; //边的端点和权值
};
bool cmp(Edge ea,Edge eb)
{
    return ea.w < eb.w;
}
// f:整型数组,存储图中顶点所在连通分量的代表
int find(int x)
{
    return f[x] ? f[x] = find(f[x]) : x;
}
// n:图中顶点的数量
// m:图中边的数量
// e:Edge 类型数组,存储图中的边
int kruskal(int n,int m,Edge e[])
{// 返回最小生成树边权和,不连通返回 -1
    memset(f,0,sizeof(f));
    sort(e,e + m,cmp); //按照边权的升序,对所有边进行排序

    int ans = 0,cnt = 0;
    for (int i = 0; i < m; i++)
    {
        int x = find(e[i].u),y = find(e[i].v);
        if (x != y)
        {//x 与 y 不在同一连通分量中
            f[x] = y;
            ans += e[i].w;
            cnt++;
        }
    }
    return cnt == n - 1 ? ans : -1;
}
```

参考词条

1. 并查集
2. 优先队列
3. 最小树形图

延伸阅读

CORMEN T H, LEISERSON C E, RIVEST R L, et al. 算法导论[M]. 殷建平, 等译. 3版. 北京: 机械工业出版社, 2013: 363-370.

典型题目

1. NOIP2013 提高组 货车运输
2. USACO2007Dec Building Roads
3. NOI2018 归程
4. IOI2018 werewolf

（赵启阳　叶国平）

2.4.7.2　次小生成树

次小生成树分为严格次小生成树和非严格次小生成树。

严格次小生成树, 即为权值大于最小生成树权值的树中, 权值最小的生成树。非严格次小生成树, 即在不同于给定的最小生成树的树中, 权值最小的生成树。因此, 非严格次小生成树可能取到与最小生成树相同的权值。

两种次小生成树的求解方法基本一致。对带权的无向连通图 $G=(V,E)$, 求解严格次小生成树的算法如下。

(1) 求出 G 的某个最小生成树 $T=(V,E')$。

(2) 对于 $E-E'$ 中的边 $e=(u,v)$, 记其权值为 w。在 T 上由 u 到 v 的路径中, 如果存在边权严格小于 w 的边, 则从中选取边权最大的边 e', 向 T 加入 e 并移除 e', 得到新的生成树 T_e。

(3) 对于 $E-E'$ 中的每条边都执行步骤2, 得到一系列新生成树的集合 $\{T_e\}$。

(4) 从集合 $\{T_e\}$ 中选出权值最小的生成树 T', 即为严格次小生成树。

在步骤(2)中, 对于最小生成树 T 上由 u 到 v 的路径, 可以用树上倍增求最近公共祖先(LCA)的方法, 来维护路径上边权最大和严格次大的边。

在求解非严格次小生成树时, 在步骤(2)中不需要限定边 e' 的权值严格小于 w。如果其边权等于 w, 则相应的 T_e 即为非严格次小生成树, 可以作为算法结果直接输出。

算法的时间复杂度为 $O(m\log n)$。

代码示例

次小生成树构造及操作代码如下。

```cpp
// 记录最大值与次大值
struct max2
{
    int fst,sec;
};
// 将两组最大值和次大值进行合并
max2 combine(max2 a,max2 b)
{
    max2 ans = a;
    if (b.fst > ans.fst)
    {
        ans.sec = ans.fst,ans.fst = b.fst;
        if (b.sec > ans.sec)
            ans.sec = b.sec;
    }
    else if (b.fst > ans.sec && b.fst != ans.fst)
        ans.sec = b.fst;
    return ans;
}
// 使用倍增法，维护给定路径上边权的最大值与严格次大值
int anc[N][18];
max2 wt[N][18];
int dep[N];
void DFS(int u)
{
    for (int i = 1; i <= 17; i++)
    {
        anc[u][i] = anc[anc[u][i - 1]][i - 1];
        wt[u][i] = combine(wt[u][i - 1],wt[anc[u][i - 1]][i - 1]);
    }
    for (int i = head[u]; i; i = e[i].nxt)
        if (e[i].tv != anc[u][0])
        {
            anc[e[i].tv][0] = u;
            DFS(e[i].tv);
        }
}
// 查询结点 u,v 之间路径上边权的最大值和严格次大值
max2 query(int u,int v)
{
```

```
        max2 r = {0,0};
        if (dep[u] < dep[v])
            swap(u,v);
        for (int d = dep[u] - dep[v],i = 0; d; d >>= 1,i++)
            if (d & 1)
            {
                r = combine(r,wt[u][i]);
                u = anc[u][i];
            }
        if (u == v)
        {
            if (anc[u][i] != anc[v][i])
            {
                r = combine(r,wt[u][i]);
                r = combine(r,wt[v][i]);
                u = anc[u][i];
                v = anc[v][i];
            }
        }
        r = combine(r,wt[u][0]);
        r = combine(r,wt[v][0]);
        return r;
}
// 函数 secondMST 求解次小生成树
// INF:某个极大的定值
// MST:最小生成树的边权和
// n  :图中的顶点数
// m  :图中的边数
int secondMST()
{
    int ans = INF;
    for (int i = n; i < m; i++)
    {//逐一枚举最小生成树外的边
        max2 x = query(g[i].u,g[i].v); //路径上的最大值和严格次大值
        if (g[i].w != x.fst) //最大值小于当前树外边的边权
            ans = min(ans,MST - x.fst + g[i].w); //用树外边的边权替换路径上的边
                                                 //  权最大值
        else if (x.sec != INF) //路径上边的边权存在严格次大值
            ans = min(ans,MST - x.sec + g[i].w); //用树外边的边权替换路径上的边
                                                 //  权次大值
    }
    return ans;
}
```

参考词条

1. 最小生成树：Prim 和 Kruskal 等算法
2. 最近公共祖先

延伸阅读

CORMEN T H, LEISERSON C E, RIVEST R L, et al. 算法导论[M]. 殷建平，等译. 3 版. 北京：机械工业出版社，2013：370-372.

（叶国平）

2.4.7.3 单源最短路：Bellman-Ford、Dijkstra、SPFA 等算法

给定加权图 $G=(V,E)$ 和其中的某个源点 v_1，记 $|V|=n$，$|E|=m$，$V=\{v_1, v_2, \cdots, v_n\}$。单源最短路径问题的求解目标是从源点 v_1 到每个顶点 v_i 的最短路径长度 d_i，这里有 $1 \leq i \leq n$。

常用的单源最短路径算法包括 Bellman-Ford 算法、Dijkstra 算法和 SPFA 算法。这三种算法都依赖于在边上的松弛操作：对于一条边 (v_i, v_j)，记其权值为 w，比较 d_j 与 d_i+w 的大小关系；如果 $d_j > d_i+w$，则置 d_j 为 d_i+w。上述操作称为对边 (v_i, v_j) 的松弛。

1. Bellman-Ford 算法

Bellman-Ford 算法由 Richard Bellman 和 Lester Ford Jr. 分别于 1958 年和 1956 年发表。算法对所有边进行多轮松弛，求得最短路径。算法可以处理有负权边的图，流程如下：

(1) 将 d_1 设为 0，将其它顶点 v_i 到源点的距离 d_i 值设成一个足够大的数值；

(2) 对所有边依次进行松弛操作；

(3) 重复执行步骤(2)共 $n-1$ 轮。

对于不存在负环的图 G，从源点 v_1 到每个顶点 v_i 的最短路所包含的边数均不超过 $n-1$，因此算法在终止时必然可以得到从源点到其余各个顶点的最短路。

在 $n-1$ 轮松弛后，如果还存在可松弛的边，则说明 G 中存在负环。

Bellman-ford 算法的时间复杂度为 $O(nm)$。

2. Dijkstra 算法

Dijkstra 算法由 Edsger W. Dijkstra 于 1956 年提出，并在 1959 年正式发表。

算法的思路为：算法每次选择未确定最短路的顶点中已知路径长度最小的顶点，确定为最短路径，并将该顶点关联的边松弛。算法无法处理有负权边的图。

在算法执行过程中，顶点集合 V 分成两组：S 及其补集 $T=V-S$。其中，S 表示最短路径及其长度已经确定的顶点的集合，T 表示最短路径及其长度尚未确定的顶点的集合。算法流程如下：

(1) 置 $S=\varnothing$，$T=V$，$d_1=0$，对于其他顶点 v_i，置 d_i 为一个足够大的数值；

(2) 从 T 中选取一个 d_i 值最小的顶点 v_i，将其加入到集合 S 中，并将 v_i 从 T 中删除；

（3）对 v_i 所关联的每一条边 (v_i,v_j) 进行松弛操作；

（4）重复上述步骤（2）和（3），直到 S 中包含了目标顶点 v_k 或者所有顶点。

Dijkstra 算法可以在步骤（2）中使用优先队列，此时时间复杂度为 $O((m+n)\log n)$。

3. SPFA 算法

SPFA（Shortest Path Faster Algorithm）算法是基于队列优化的 Bellman-Ford 算法。SPFA 算法由 Edward F. Moore 于 1959 年首先发表并命名为"Algorithm D"，其后由段凡丁于 1994 年再次发表并命名为"Shortest Path Faster Algorithm（SPFA）"。

在 Bellman-Ford 算法中，对于最短路径长度未曾更新过的顶点，不必松弛由它引出的边，因此可以使用一个队列来避免这种无效松弛：该队列在初始状态下只包含源点 v_1，仅当某个顶点的最短路径长度更新后，将该顶点加入队列中。算法在每一轮取队首的顶点，并松弛其所关联的边，直到队列为空。

在队列的使用方面，SPFA 算法的常见策略有：

（1）使用循环队列，以减小队列的空间耗用；

（2）小标优先（Small Label First，SLF），即设要加入的顶点为 v_j，队首元素为 v_i，若 $d_j<d_i$，则将 v_j 插入到队首，否则插入到队尾。

SPFA 算法在稀疏图上的平均性能较好，但在一般图上的最坏时间复杂度仍然是 $O(nm)$。

代码示例

以下代码实现了 Bellman-Ford 算法。

```
// n   ：图中顶点的数量
// m   ：图中边的数量
// INF ：某个极大的定值
// dis ：记录顶点到指定顶点 S 的最小距离
bool Bellman_Ford()
{
    //对距离数组进行初始化
    for (int i = 1; i <= n; i++)
    {
        dis[i] = INF;
    }
    dis[S] = 0;
    
    for (int t = 1; t <= n; t++)
    {//每轮新增一个顶点用作松弛
        bool flag = 0; //记录本轮是否有更新
        for (int i = 1; i <= m; i++)
        {
            if (dis[g[i].u] + g[i].w < dis[g[i].v])
```

```
                {
                    dis[g[i].v] = dis[g[i].u] + g[i].w;
                    flag = 1;
                }//松弛操作
            }
            if (!flag) //本轮不存在距离更新,算法结束
                break;
            if (t == n) //图中存在负环
                return 0;
        }
        return 1;
    }
```

以下代码实现了 Dijkstra 算法。

```
// head  : 邻接表表头数组,其中 head[u] 为结点 u 的邻接表表头
// e     : 邻接表结构体,其中 e[i].nxt 指向下一条边
// dis   : 记录与所有顶点距离的数组
// S     : 源顶点
// val   : 记录各条边边权的数组
typedef pair<int,int> Distance_Node; //记录顶点到源顶点的距离,以及顶点编号
priority_queue<Distance_Node,vector<Distance_Node>,greater<Distance_Node> > q;
//基于小根堆的优先队列
void Dijkstra()
{
    for (int i = 1; i <= n; i++)
    {
        dis[i] = INF;
    }
    dis[S] = 0; // 对距离数组进行初始化
    q.push(make_pair(0,S));
    while (!q.empty())
    {
        Node cur = q.top();
        q.pop();
        int u = cur.second;
        if (dis[u] != cur.first)
            continue;
        for (int i = head[u]; i; i = e[i].nxt)
        {
            int v = e[i].tv;
            if (dis[u] + val[i] < dis[v])
            {
                dis[v] = dis[u] + val[i];
```

```cpp
                q.push(make_pair(dis[v],v));
            } // 松弛并将松弛成功的顶点加入堆
        }
    }
}
```

以下代码实现了 SPFA 算法。

```cpp
// head   : 邻接表表头数组,其中 head[u] 为结点 u 的邻接表表头
// e      : 邻接表结构体,其中 e[i].nxt 指向下一条边
// dis    : 记录与所有顶点距离的数组
// S      : 源顶点
// val    : 记录各条边边权的数组
// in_que : 记录各顶点是否在队列内的标记数组
void SPFA()
{
    for (int i = 1; i <= n; i++)
    {
        dis[i] = INF;
        in_que[i] = 0;
    }
    dis[S] = 0; // 对距离数组进行初始化
    queue<int> q; // 待松弛结点的队列
    q.push(S);
    in_que[S] = 0;
    while (!q.empty())
    {
        int u = q.front();
        q.pop();
        in_que[u] = 0;
        for (int i = head[u]; i; i = e[i].nxt)
        {
            int v = e[i].tv;
            if (dis[u] + val[i] < dis[v])
            {
                dis[v] = dis[u] + val[i];
                if (!in_que[v])
                {
                    q.push(v);
                    in_que[v] = 1;
                }
            }
        } // 松弛所有出边结点
    }
}
```

参考词条

优先队列

延伸阅读

CORMEN T H, LEISERSON C E, RIVEST R L, et al. 算法导论[M]. 殷建平，等译. 3版. 北京：机械工业出版社，2013：374-386.

典型题目

1. NOIP2009 提高组 最优贸易
2. NOIP2014 提高组 寻找道路
3. NOIP2017 提高组 逛公园
4. USACO2008Jan Telephone Lines
5. USACO2011Jan Roads and Planes

（赵启阳　叶国平）

2.4.7.4 单源次短路

单源次短路径指的是在某个无向图 $G=(V,E)$ 中，给定某个源点 v_1，由 v_1 到其他顶点的所有路径中长度为次短的路径。单源次短路径问题是单源 k 最短路径问题的特例。对于一般的单源 k 最短路径问题，可以通过扩展 Dijkstra 或 Bellman-Ford 算法来求解。

单源次短路径区分严格次短和非严格次短，其中非严格次短路径的长度可以与最短路径的长度相同，只是路径中的顶点序列不同。

记边 (v_i,v_j) 的权值为 $w_{i,j}$。算法的流程如下。

（1）置 $S=\varnothing$，$T=V$。

（2）求解出从 v_1 到其它顶点 v_i 的最短路径 P_i 及其长度 d_i。

（3）对每个顶点 $v_i \neq v_1$，枚举与 v_i 邻接但不在 P_i 中的顶点 $v_{i'}$，计算 $f_i = \min\limits_{\substack{(v_{i'},v_i) \in E \\ v_{i'} \notin P_i}} (d_{i'}+w_{i',i})$。

如果不存在这样的顶点，则置 f_i 为足够大的数值。

（4）从 T 中选取 f_{i*} 值最小的顶点 v_{i*}，将其加入到 S 中并从 T 中删除。

（5）对 v_i 所关联的每一条边 (v_i,v_j)，若 $v_j \in T$ 则在边 (v_i,v_j) 上做松弛操作，同时更新 f_j 的值。

（6）重复步骤(4)和(5)，直到 S 中包含了目标顶点 v_k 或者包含了所有顶点为止。

算法终止时的 f_i 即为顶点 v_i 到源点 v_1 的次短路径长度（$1 \leq i \leq n$）。在求解单源严格次短路径时，需要在步骤(2)中严格限定 $f_i > d_i$。

算法的时间复杂度为 $O((m+n)\log n)$。

代码示例

以下实现了次短路径的算法，代码如下。

```
// dis  : 从源点到各顶点的最短路径长度数组
// f    : 从源点到各顶点的次短路径长度数组
// head : 邻接表表头数组,其中 head[u] 为结点 u 的邻接表表头
// e    : 邻接表结构体,其中 e[i].nxt 指向下一条边,e[i].w 为边权
void SecondShortestPath() {
    for (int i = 1; i <= n; i++) {
        dis[i] = INF; // 源点 S 到顶点 i 的最短路径长度
    }
    dis[S] = 0;
    Dijkstra(dis); // 计算出最短路数组
    for (int u = 1; u <= n; u++) {
        f[u] = INF; // 源点 S 到 u 的次短路径长度
    }
    for (int u = 1; u <= n; u++) {
        for (int i = head[u]; i; i = e[i].nxt) {
            int v = e[i].tv;
            if (dis[u] + e[i].w < f[v] && dis[u] + e[i].w > dis[v]) {
                f[v] = dis[u] + e[i].w;
            }
        }
    } // 求解得到部分次短路
    Dijkstra(f); // 用类似最短路的松弛操作得到最终结果
}
```

参考词条

单源最短路：Bellman-Ford、Dijkstra、SPFA 等算法

延伸阅读

CORMEN T H, LEISERSON C E, RIVEST R L, et al. 算法导论[M]. 殷建平，等译. 3 版. 北京：机械工业出版社，2013：374-386.

（赵启阳　叶国平）

2.4.7.5　Floyd-Warshall 算法

Floyd-Warshall 算法由 Robert Floyd 和 Stephen Warshall 分别于 1962 年独立发表，是一种基于动态规划的算法。Floyd-Warshall 算法可以求解任意两个顶点之间的最短路，图中可以有负权边但是不能有负权回路。

记图 $G=(V,E)$，$n=|V|$，V 中的顶点为 $v_1, v_2, \cdots, v_n$，边 $(v_i, v_j) \in E$ 的权值记为

$w_{i,j}$。状态 $d_{k,i,j}$ 表示第 k 阶段顶点 v_i 到 v_j 的最短路径长度，其中路径的中间顶点编号不超过 k。$d_{n,i,j}$ 即为从顶点 v_i 到 v_j 的最短路径长度。

由第 $k-1$ 阶段状态到第 k 阶段状态 $d_{k,i,j}$ 的转移包括两种情形。

（1）经过 v_k 的、自顶点 v_i 到 v_j 的最短路径：$d_{k,i,j} = d_{k-1,i,k} + d_{k-1,k,j}$。

（2）不经过 v_k 的、自顶点 v_i 到 v_j 的最短路径：$d_{k,i,j} = d_{k-1,i,j}$。

在算法实现时，可以使用滚动数组压缩状态的第一个维度，即以 $d_{i,j}$ 表示顶点 v_i 到 v_j 的最短路径长度，其转移方程为：$d_{i,j} = \min\{d_{i,j}, d_{i,k} + d_{k,j}\}$。

算法的时间复杂度为 $O(n^3)$，空间复杂度为 $O(n^2)$。

Floyd-Warshall 算法可用于处理有向图上的传递闭包问题，即判断给定有向图上的任意两个顶点之间是否存在有向路径。此时有向图的边权仅取 0 或 1，状态转移计算可以改为或运算，因此可以使用按位操作（例如 bitset）将时间复杂度优化至 $O\left(\dfrac{n^3}{l}\right)$，其中 l 为位长。

代码示例

以下为 Floyd-Warshall 算法求解全源最短路的代码片段。

```cpp
// dis : 存储所有顶点之间距离的二维数组
// n   : 图中的顶点数量
for (int k = 1; k <= n; k++)
    for (int i = 1; i <= n; i++)
        for (int j = 1; j <= n; j++)
            if (dis[i][k] + dis[k][j] < dis[i][j])
                dis[i][j] = dis[i][k] + dis[k][j];

// 以下为 Floyd-Warshall 算法求解有向图传递闭包的代码片段
// b    : 存储顶点之间到达关系的数组
// MaxN : 不小于顶点数量的某个定值
bitset<MaxN> b[MaxN];
for (int k = 1; k <= n; k++)
    for (int i = 1; i <= n; i++)
        if (b[i][k])
            b[i] |= b[k];
```

参考词条

动态规划的基本思路

延伸阅读

CORMEN T H, LEISERSON C E, RIVEST R L, et al. 算法导论[M]. 殷建平，等译. 3版. 北京：机械工业出版社，2013：404-408.

典型题目

1. NOI2007 社交网络
2. USACO Training Cow Tours
3. USACO2007Nov Cow Relays
4. CEOI1999 Sightseeing Trip

（叶国平）

2.4.7.6　有向无环图的拓扑排序

有向无环图 $G=(V,E)$ 的拓扑排序，是由 G 中所有顶点构成的线性序列，满足对于任意的有向边 $\langle u,v \rangle \in E$，顶点 u 在序列中的位置都在顶点 v 之前。

每个有向无环图都有至少一个拓扑排序。可以使用 Arthur B. Kahn 于 1962 年提出的算法对有向无环图求解拓扑排序。记 L 为已排序的顶点序列。算法的流程如下。

（1）置 $L=\varnothing$。

（2）找到入度为 0 的所有顶点，并将其放入 L 中。

（3）对于步骤(2)中找到的顶点，对于所有以其为起点的边，将其终点处的顶点入度减 1。

（4）重复步骤(2)和(3)，直到找不到入度为 0 的顶点为止。

在算法结束时，如果 $|L|=|V|=n$，则 L 为图 G 的拓扑排序；否则图 G 中必存在环，不存在拓扑排序。

算法的时间复杂度为 $O(n+m)$。

代码示例

有向无环图的拓扑排序代码如下。

```
// deg   ：存储每个顶点的入度
// n     ：图中的顶点数
// m     ：图中的边数
// head  ：邻接表表头数组,其中 head[u] 为结点 u 的邻接表表头
// e     ：邻接表结构体,其中 e[i].nxt 指向下一条边
// ans   ：存储有向图顶点的拓扑排序
for (int i = 1; i <= m; i++)
{
    int u,v;
    cin >> u >> v;
    add(u,v);
    ++deg[v]; // 统计每个顶点的入度
}
for (int i = 1; i <= n; i++)
{ // 预先加入入度为 0 的点
```

```
            if (deg[i] == 0)
                ans[++tot] = i;
    }
    int pos = 1;
    while (pos <= tot)
    {
        int u = ans[pos++];
        for (int i = hed[u]; i; i = e[i].nxt)
        {
            int v = e[i].tv;
            deg[v]--;
            if (deg[v] == 0)  //统计新的入度,若入度为 0,则将该顶点入队
                ans[++tot] = v;
        }
    }
```

参考词条

1. 广度优先遍历
2. 有向无环图

延伸阅读

CORMEN T H, LEISERSON C E, RIVEST R L, et al. 算法导论[M]. 殷建平, 等译. 3 版. 北京：机械工业出版社, 2013: 355-356.

典型题目

1. NOIP2003 提高组 神经网络
2. NOIP2013 普及组 车站分级
3. NOIP2020 排水系统
4. NOI2010 航空管制

（叶国平）

2.4.7.7 欧拉道路和欧拉回路

对于图 $G=\langle V, E \rangle$，记 $n=|V|$，$m=|E|$。记顶点序列 $P=v_1 v_2 \cdots v_k$ 为一条路径。如果 P 中的各边均不相同，则称其为简单路径；如果 P 中的各顶点均不相同，则称其为基本路径。

如果简单路径 P 包含了 E 中的所有边，则称其为一条欧拉道路。

如果路径 P 中的首尾顶点相同，即 $v_1=v_k$，则称其为一条回路。如果简单路径 P 是一个包含了 E 中所有边的回路，则称其为一条欧拉回路，图 G 被称为是一个欧拉图。

无向图 G 是一个欧拉图，当且仅当 G 不包含度数为奇数的顶点，且所有度数非零

的顶点都属于同一个连通分支。无向图 G 中有一条欧拉道路, 当且仅当 G 中恰好包含零个或者两个度数为奇数的顶点, 且所有度数非零的顶点都属于同一个连通分支。

有向图 G 是一个欧拉图, 当且仅当每个顶点的入度和出度均相同, 且所有度数非零的顶点都属于同一个强连通分支。有向图 G 中有一条欧拉道路, 当且仅当 G 是欧拉图, 或者 G 可以在加上某条边后成为欧拉图。

Carl Hierholzer 在 1873 年提出了求解欧拉回路的算法。算法也可以用于求解欧拉道路。对于包含欧拉道路或欧拉回路的图 G, 记 P 为路径, 算法的思路如下:

(1) 如果 G 不是欧拉图, 则根据图中顶点的度数, 加入一条新边 e 使得 G 成为欧拉图;

(2) 置 P 为空, 不断地查找新的回路, 将其与 P 合并, 直到找不到新的回路为止;

(3) 如果在步骤 1 向图 G 加入了新边 e, 则将其从 P 中删除。

算法终止时 P 即为待求的欧拉道路或欧拉回路。时间复杂度为 $O(m)$。

代码示例

以下代码为无向图欧拉回路算法。

```cpp
// st  : 以顶点序列形式存储欧拉回路的栈
// top : 栈 st 的栈顶位置索引
// head: 邻接表表头数组,其中 head[u] 为结点 u 的邻接表表头
// e   : 邻接表结构体,其中 e[i].nxt 指向下一条边
struct Node
{
    int tv,id,nxt; //边的端点和编号
} e[M << 1];
void dfs(int u)
{
    for (int &i = head[u]; i; i = e[i].nxt)
    {
        if (used[e[i].id])
            continue; //如果边已经访问过,则直接略过
        used[e[i].id] = 1;
        dfs(e[i].tv);
    }
    st[++top] = u; //将顶点入栈
}
void find_euler_circuit()
{
    dfs(1);
    reverse(st + 1,st + top + 1); //栈 st 中存储的是欧拉回路的反序,翻转后即为正序
}
```

参考词条

1. 欧拉图
2. 深度优先遍历

延伸阅读

MARK A W. 数据结构与算法分析 C++描述[M]. 张怀勇,等译. 3 版. 北京:人民邮电出版社,2007:279-282.

典型题目

1. USACO2005Jan Watchcow
2. IOI2016 Railroad

(赵启阳　叶国平)

2.4.7.8　二分图的判定

二分图的判定可以采用黑白染色法或奇环判定法。

在黑白染色法中,一般采用深度优先或者广度优先的方式对图的顶点进行黑白染色;当发现有两个邻接顶点的颜色相同时,则判定该图不是二分图。

在奇环判定法中,由于二分图中不存在边数为奇数的环,因此可以对图进行深度优先遍历或广度优先遍历,并且在遍历过程中对发现的环的长度进行判定;如果有奇环,则判定该图不是二分图。

代码示例

以下采用黑白染色法和深度优先遍历判定二分图,代码如下。

```
// head : 邻接表表头数组,其中 head[u] 为结点 u 的邻接表表头
// e    : 邻接表结构体,其中 e[i].nxt 指向下一条边
// c    : 记录每个顶点的颜色,0/1/-1 分别表示黑/白/未经过
bool dfs(int i)
{
    for (int j = head[i]; j; j = e[j].nxt)
    {
        int k = e[j].tv; // e.tv 表示边的端点
        if (c[k] == -1)
        {
            c[k] = c[i] ^ 1; //未访问过这个点,将其染成与当前顶点不同的颜色
            if (!dfs(k))
                return 0;
        }
        else if (c[k] == c[i])
```

```
            return 0; //如果存在某条边的两个顶点的颜色相同,则该图不是二分图
        }
    return 1;
}

bool check()
{
    memset(c,-1,sizeof c);
    for (int i = 1; i <= n; i++)
        if (c[i] == -1)
        {
            c[i] = 0;
            if (!dfs(i))
                return 0;
        }
    return 1;
}
```

参考词条

1. 偶图(二分图)
2. 深度优先遍历
3. 匈牙利算法

延伸阅读

严蔚敏,吴伟民. 数据结构[M]. 2版. 北京:清华大学出版社,2022:193-197.

典型题目

1. NOIP2008 提高组 双栈排序
2. NOIP2010 提高组 关押罪犯

(叶国平)

2.4.7.9 强连通分量

在有向图上,顶点之间的互相到达关系是一种等价关系,其等价类对应着图的强连通分量。由于等价类划分的唯一性,每个有向图都会唯一地分解成多个强连通分量。

有向图的强连通分量可以结合深度优先遍历求解。在深度优先遍历有向图 G 时,每个顶点至多有一条该顶点首次被访问时所经由的边,这些边和 G 的所有顶点构成了 G 的生成森林,称为深度优先搜索森林(DFS 森林)。给定一个 DFS 森林,图 G 的边将分成如下类型。

(1) 树边(tree edge):DFS 森林中某棵树上的边。

(2) 后向边(back edge):由森林中某棵树上的一个顶点指向其祖先顶点的边。

(3) 前向边(forward edge)：由森林中某棵树上的一个顶点指向其后代顶点的边。前向边即便删除，也不会改变强连通分量分解的结果。

(4) 交叉边(cross edge)：又称横叉边，是在两个不构成"祖先—后代"关系的顶点之间的边。这两个顶点可以来自 DFS 森林中的同一棵树，也可以来自不同的树。对于交叉边，起点的 DFS 序必然大于终点的 DFS 序。

一个有向图及其 DFS 森林，以及相应的四种类型的边，如图 2.17 所示，其中圆圈内的数字为顶点的 DFS 序。

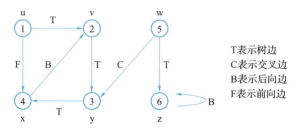

图 2.17　有向图及其 DFS 森林

Robert Tarjan 于 1972 年提出了有向图的强连通分量算法。在基于栈的有向图深度优先遍历中，记 $dfn(u)$ 为顶点 u 的 DFS 序，$low(u)$ 为顶点 u 或 u 在 DFS 森林中的后代能够到达的所有栈内顶点的最小 DFS 序。

算法维护一个栈 S，并递归地处理每个顶点。在首次访问顶点 u 时，处理流程如下。

(1) 标记 u 的 DFS 序 $dfn(u)$。置 $low(u)=dfn(u)$，并且将 u 压入 S 的栈顶。

(2) 依次处理以 u 为起点的每一条边 (u,v)。

　a) 如果 v 未访问过，则递归处理 v，计算并返回 $low(v)$。置 $low(u)=\min\{low(u),low(v)\}$。

　b) 如果 v 已在栈 S 中，则置 $low(u)=\min\{low(u),dfn(v)\}$。

(3) 若 $low(u)$ 与 $dfn(u)$ 相等，则当前栈内顶点从 u 到栈顶属于同一个强连通分量，将该强连通分量中的顶点全部退栈。

算法时间复杂度与深度优先遍历算法相同，为 $O(n+m)$。

除 Tarjan 算法外，还可以使用 Korasaju 算法来求解强连通分量，其主要思想是对给定有向图做深度优先遍历并对顶点进行标号，再根据标号对各边反向后的有向图做深度优先遍历，即可得到各个强连通分量。

在求出有向图的强连通分量后，可以将每个强连通分量表示成一个新的顶点，并根据原强连通分量之间的连边确定新顶点之间的边，这种操作被称为有向图强连通分量的缩点。对有向图的强连通分量进行缩点，将构造出一个新的有向无环图。

对于一个给定的有向图，缩点后得到的新有向图如图 2.18 所示。

设图 G 中有 k 个强连通分量，依次编号为 $1,2,\cdots,k$；每个顶点 v 所属的强连通分量的编号为 $SCC(v)$。算法的流程如下。

2.4 算 法

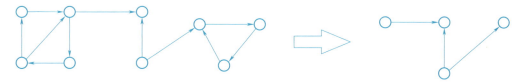

图 2.18 有向图的缩点

(1) 对有向图 G 进行强连通分量分解。

(2) 置 $V' = \{v'_1, v'_2, \cdots, v'_k\}$，$E' = \varnothing$。

(3) 对于每一条边 $(u,v) \in E$，如果 $(v'_{SCC(u)}, v'_{SCC(v)}) \notin E'$，则将 $(v'_{SCC(u)}, v'_{SCC(v)})$ 加入到 E' 中。

算法在终止时得到的 $G' = (V', E')$ 即为强连通分量缩点的结果。算法的时间复杂度为 $O(n+m)$。

代码示例

以下代码实现了强连通分量的 Tarjan 算法。

```
// dfc   :记录已经访问过的顶点数量,初始值为 0
// dfn   :记录各顶点的 DFS 序
// stk   :栈
// head  :邻接表表头数组,其中 head[u] 为结点 u 的邻接表表头
// e     :邻接表结构体,其中 e[i].nxt 指向下一条边
// instk :记录各顶点是否在栈 stk 中
// low   :顶点 u 及 u 在 DFS 森林中的后代,所能到达的所有栈内顶点的最小 DFS 序
// scnt  :当前已发现的强连通分量的数量
void Tarjan(int u)
{
    low[u] = dfn[u] = ++dfc;
    stk[++top] = u;
    instk[u] = true;
    for (int i = head[u]; i; i = e[i].nxt) // head 表示邻接表表头指针,e 即邻接表
    {
        int v = e[i].tv; // 遍历与 x 相邻的顶点 v
        if (!dfn[v])
        {
            Tarjan(v);
            low[u] = min(low[u],low[v]);
        }
        else if (instk[v])
            low[u] = min(low[u],dfn[v]);
    }
    if (low[u] == dfn[u])
    { // u 为 SCC 的根,将整个强连通分量 SCC 从栈中弹出
```

```
            ++scnt;
            int tp;
            do
            {
                tp = stk[top--];
                scc[tp] = scnt;
                instk[tp] = false;
            } while (tp != u);
        }
    }
```

🔗 参考词条

1. 栈
2. 深度优先遍历
3. 连通图与强连通图
4. 等价类

📖 延伸阅读

CORMEN T H, LEISERSON C E, RIVEST R L, et al. 算法导论[M]. 殷建平, 等译. 3版. 北京：机械工业出版社，2013：357-359.

📚 典型题目

1. NOIP2009 提高组 最优贸易
2. NOIP2015 提高组 信息传递
3. IOI1996 Network of Schools
4. USACO2006Jan The Cow Prom
5. USACO2008Dec Trick or Treat on the Farm

（赵启阳　叶国平）

2.4.7.10　割点、割边

对于无向图 $G=(V,E)$，如果在删去某个顶点 u 及其关联的边后，G 的连通分量数量增多，则称 u 为图 G 的割点（cut vertex）；如果删去某条边 e 但保留其关联顶点后，G 的连通分量数量增多，则称 e 是图 G 的割边或桥（cut edge 或 bridge）。

不存在割点的无向图称为 2-连通图（2-connected），有的文献也将其称为点双连通图；不存在割边的无向图称为 2-边连通图（2-edge-connected），有的文献也将其称为边双连通图。G 的极大 2-连通子图称为 G 的 2-连通分量，G 的极大 2-边连通子图称为 G 的 2-边连通分量。

在图的生成森林或生成树中，2-连通分量和 2-边连通分量都对应某棵子树，因此割点和割边问题都可以基于能够表现树上"父-子"结点偏序关系的序列来解决，序列值可以取深度、DFS 序等。

1. 割点

John Hopcroft 和 Robert Tarjan 于 1973 年提出了基于深度优先搜索的割点求解算法。记 $\text{dep}(u)$ 为每个顶点 u 在 DFS 森林某棵树中的深度，记 $\text{low}(u)$ 为在顶点 u 及其所有后代的邻接顶点中，除 u 的父结点外的深度最小值。算法在首次访问顶点 u 时，处理流程如下。

（1）标记 u 的深度 $\text{dep}(u)$。置 $\text{low}(u) = \text{dep}(u)$。

（2）依次处理 u 关联的每一条边 (u,v)。

  a）如果 v 未访问过，递归处理 v，计算并返回 $\text{low}(u)$；置 $\text{low}(u) = \min\{\text{low}(u), \text{low}(v)\}$；如果 $\text{low}(v) \geq \text{dep}(u)$，且 u 的度数不小于 2，则 u 为割点。

  b）如果 v 已访问过，且 v 不是 u 在 DFS 森林中的父结点，置 $\text{low}(u) = \min\{\text{low}(u), \text{dep}(v)\}$。

一般可以结合上述算法思想和基于栈的深度优先遍历实现割点的求解。将 G 中的边按照给定的深度优先遍历森林分成两类：①树边（tree edge）：DFS 森林中某棵树上的边。②后向边（eack edge）：由森林中某棵树上的一个顶点指向其祖先顶点的边。记 $\text{dfn}(u)$ 为顶点 u 的 DFS 序，$\text{low}(u)$ 为顶点 u 或 u 的后代能够到达的所有栈内顶点的最小 DFS 序。如果某条树边 (u,v) 有 $\text{low}(v) \geq \text{dfn}(u)$，而且 u 是非根结点，则 u 是图 G 的割点；对于根结点，需要再结合其子结点数量判定，如图 2.19 所示。

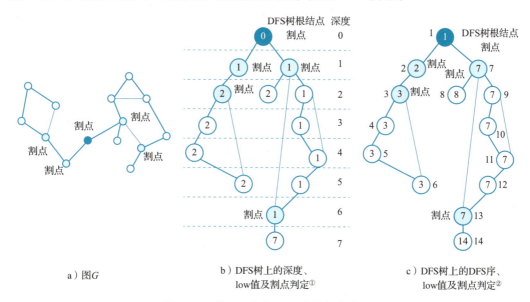

图 2.19 基于深度和 DFS 序的割点求解

注：加粗边为树边，其余为反向边。
① 圆圈内为 low 值。
② 圆圈附近为 DFS 序，圆圈内为 low 值。

算法的时间复杂度为 $O(n+m)$。

2. 割边

Robert Tarjan 于 1974 年提出了割边的求解算法，算法的思想如下。

（1）求出 G 的生成森林 F。对森林 F 做前序遍历并且对每个结点依次编号。

（2）对每个编号为 u 的结点。

    1）置 $ND(u)$ 为以 u 为根的子树的结点数量。

    2）对于以 u 为根的子树。

        a）在子树结点的前序编号、子树结点通过非树边邻接的结点的前序编号中，取最小值 $L(u)$。

        b）在子树结点的前序编号、子树结点通过非树边邻接的结点的前序编号中，取最大值 $H(u)$。

（3）依次判定 u 的每个子结点 v：如果 $L(v)=v$ 且 $H(v)<v+ND(v)$，则边 (u,v) 为割边。

同样地，一般可以结合上述算法思想和基于栈的深度优先遍历实现割边的求解：如果某个顶点 u 及其子结点 v 满足 $low(v)=dfn(v)$，则树边 (u,v) 必为割边，如图 2.20 所示。

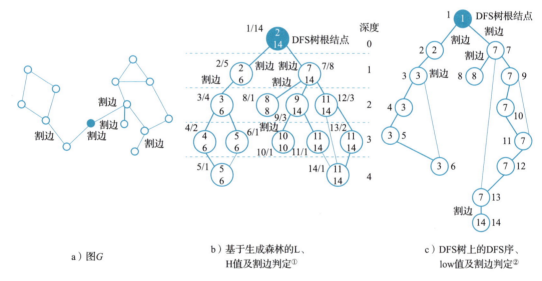

a）图 G b）基于生成森林的 L、H 值及割边判定①   c）DFS 树上的 DFS 序、low 值及割边判定②

图 2.20   基于生成森林（树）和深度优先遍历的割边求解

注：加粗边为树边，其余为非树边或反向边。
① 圆圈附近为前序遍历编号/子树结点数 ND，圆圈内为 L、H 值。
② 圆圈附近为 DFS 序，圆圈内为 low 值。

算法的时间复杂度为 $O(n+m)$。

代码示例

以下代码为点双连通分量算法。

```
// bcc  : 记录每个非割点所属的点双连通分量的数组,而属于多个点双连通分量的点则为割点
          (即 bcc[u] = -1)
// head : 邻接表表头数组,其中 head[u] 为结点 u 的邻接表表头
// e    : 邻接表结构体,其中 e[i].nxt 指向下一条边
void Tarjan(int u)
{
    dfn[u] = low[u] = ++dfc;
    stk[++top] = u;
    for (int i = head[u]; i; i = e[i].nxt)
    {
        int v = e[i].tv; //当前边的另一结点
        if (!dfn[v])
        {
            Tarjan(v);
            low[u] = min(low[u],low[v]);
            if (low[v] >= dfn[u])
            {
                int tp,sz = 1;
                ++bid;
                do
                {
                    tp = stk[top--];
                    if (bcc[tp])
                        bcc[tp] = -1;
                    else
                        bcc[tp] = bid;
                    ++sz;
                } while (tp != v);
                if (bcc[u])
                    bcc[u] = -1;
                else
                    bcc[u] = bid;
            }
        }
        else
            low[u] = min(low[u],dfn[v]);
    }
}
```

参考词条

1. 深度优先遍历
2. 强连通分量

延伸阅读

CORMEN T H, LEISERSON C E, RIVEST R L, et al. 算法导论[M]. 殷建平, 等译. 3 版. 北京:机械工业出版社, 2013:357-359.

典型题目

1. POI2008 BLO-Blockade
2. USACO2006Jan Redundant Paths

(赵启阳　叶国平)

2.4.7.11　树的重心、直径、DFS 序与欧拉序

1. 树的重心

如果在树中选择某个结点并删除,这棵树将分为若干棵子树,统计子树结点数并记录最大值。取遍树上所有结点,使此最大值取到最小的结点称为整个树的重心。树的重心具有如下性质:

(1) 以树的重心为根时,所有子树的大小都不超过整棵树大小的一半;

(2) 树中所有点到某个点的距离和中,到重心的距离和是最小的,如果有两个重心,那么到它们的距离和一样;

(3) 把两棵树通过一条边相连得到一棵新的树,那么新的树的重心在连接原来两棵树的重心的路径上;

(4) 在一棵树上添加或删除一个叶子,那么它的重心最多只移动一条边的距离。

2. 树的直径

图中任意两点之间的最短简单路径的最大值,称为图的直径。

树作为一种特殊的图,其直径可以通过两次 BFS 和树型 DP 两种方法求出。

(1) 两次 BFS 法:

在树上,以任意结点出发所能到达的最远结点,一定是该树的直径的端点之一。从任意一个结点 s 出发,对树进行一次广度优先遍历,求出与 s 距离最远的结点 p。从结点 p 出发,对树再进行一次遍历,求出与 p 距离最远的结点 q。从 p 到 q 的路径上所有边权之和即为树的直径。

(2) 树型 DP 法:

设 D_x 表示在结点 x 为根的子树 T_x 中,结点 x 与其他结点的最远距离。设 x 的子结点为 $y_1, y_2, \cdots, y_t, w_{x,y_i}$ 表示边 (x, y_i) 的边权,有 $D_x = \max\limits_{1 \leqslant i \leqslant t} D_{y_i} + w_{x,y_i}$。对于 x 的任意两个结点 $y_i, y_j (j<i)$,$F_x = \max\limits_{1 \leqslant j \leqslant i \leqslant t} D_{y_i} + D_{y_j} + w_{x,y_i} + w_{x,y_j}$。对每个结点 x,求出 T_x 中经过结点 x 的最长链上边权之和,记为 F_x,整棵树的直径就是 $\max\limits_{1 \leqslant x \leqslant n} F_x$。

3. DFS 序

对一棵树进行深度优先遍历时,按结点第一次被访问的顺序,记录结点的编号,得到一个长度为 n 的序列,称为树的一般 DFS 序,常记作 dfn。

对一棵树进行深度优先遍历时，在结点第一次被访问和即将回溯时，各记录一次结点的编号，得到一个长度为 $2n$ 的序列，称为带回溯的 DFS 序。在这种 DFS 序中，每个结点的编号恰好出现两次。设结点 x 两次出现的位置为 l_x, r_x，则闭区间 $[l_x, r_x]$ 是以 x 为根的子树的 DFS 序。可以通过带回溯的 DFS 序将子树的统计转化为序列上的区间统计。

4. 欧拉序

对一棵树进行深度优先遍历时，在每次到达一个结点时记录其编号，得到一个长度为 $2n-1$ 的序列，称为树的欧拉序。

树上任意两个结点 x, y 在欧拉序中第一次出现位置为 l_x, l_y，则闭区间 $[l_x, l_y]$ 之间深度最小的结点就是 x, y 的最近公共祖先。由此，结合 ST 表，可以 $O(n)$ 的时间复杂度求解最近公共祖先问题。

如图 2.21 所示的树，其一般 DFS 序(dfn)、带回溯的 DFS 序和欧拉序如下。

一般 DFS 序：1，2，5，6，9，3，7，4，8。

带回溯的 DFS 序：1，2，5，5，6，9，9，6，2，3，7，7，3，4，8，8，4，1。

欧拉序：1，2，5，2，6，9，6，2，1，3，7，3，1，4，8，4，1。

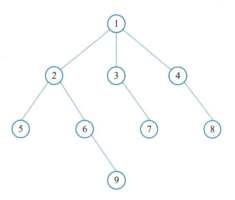

图 2.21　树及其结点编号

代码示例

两次广度优先遍历求树的直径，代码如下。

```
int v[N],dis[N];
int p;
queue<int> q;

int bfs(int t) {
    memset(v,0,sizeof(v));
    memset(dis,0,sizeof(dis));
    q.push(t);
    v[t] = 1;
    int maxx = 0;
    int index = t;
    while(q.size()) {
        int x = q.front(); q.pop();
        for(int i = head[x]; i; i = Next[i]) {
            int y = ver[i];
            if(!v[y]) {
                dis[y] = dis[x] + edge[i];
```

```
                if(dis[y] > maxx){
                    maxx = dis[y];
                    index = y;
                }
                v[y] = 1; q.push(y);
            }
        }
    }
    return index;
}

int diameter() {
    p = bfs(1);
    p = bfs(p);
    return dis[p];
}

// 树型动态规划求树的直径
int ans = 0;
int v[N],d[N];
void dp(int x) {
    v[x] = 1;
    for(int i = head[x]; i; i = Next[i]) {
        int y = ver[i];
        if(v[y]) continue;
        dp(y);
        ans = max(ans,d[x] + d[y] + edge[i]);
        d[x] = max(d[x],d[y] + edge[i]);
    }
}
```

参考词条

图的定义与相关概念

典型题目

1. NOI2003 逃学的小孩
2. NOIP2007 提高组 树网的核
3. APIO2010 巡逻
4. NOI2013 树的计数
5. CSP2019-S 树的重心

（金靖）

2.4.7.12 树上差分、子树和与倍增

1. 树上差分

将序列 a 中所有相邻元素的差值记录在序列 b 中，即 $b_1=a_1$，$b_i=a_i-a_{i-1}$ ($i\in[2,n]$)，则序列 b 称为 a 的差分序列。差分是前缀和的逆运算，对差分序列 b 求出其所有的前缀和，可得到序列 a。如需在序列 a 上对区间 $[l,r]$ 中的所有元素的值均增加 d，时间复杂度为 $O(n)$。该修改可转换为在差分序列 b 上做 $b_l=b_l+d$ 和 $b_{r+1}=b_{r+1}-d$ 两次操作，时间复杂度为 $O(1)$。

树上差分是沿着树上的路径进行差分操作，根据修改或统计的对象，可分为点差分和边差分。

点差分即对树上结点的值进行修改或统计时应用差分运算。记树上两点 s 与 t 的最近公共祖先为 $\text{lca}(s,t)$，其父结点为 $\text{fa}_{\text{lca}(s,t)}$，$s,t$ 之间路径 (s,t) 可分为两段 $(s,\text{lca}(s,t))$ 和 $(\text{lca}(s,t),t)$。如需在 (s,t) 上对所有结点的值均增加 d，可以在差分数组 b 上做 $b_s=b_s+d$，$b_{\text{lca}(s,t)}=b_{\text{lca}(s,t)}-d$，$b_{\text{fa}_{\text{lca}(s,t)}}=b_{\text{fa}_{\text{lca}(s,t)}}-d$，$b_t=b_t+d$ 四次操作。

边差分与点差分类似，修改或统计的对象是边权。一般可将边权修改记录在这条边的两个结点中深度较大的结点上。如需在 (s,t) 上对所有边权的值均增加 d，可以在差分数组 b 上做 $b_s=b_s+d$，$b_{\text{lca}(s,t)}=b_{\text{lca}(s,t)}-2d$，$b_t=b_t+d$ 三次操作。

2. 子树和

子树和指统计以某个结点为根的子树中所有结点的值。对整棵树执行 DFS，在递归进入某个结点 x 时，记录当前的统计值 x_{in}，在即将回溯时记录统计值 x_{out}，两者的差值即为以 x 为根的子树和。

树上差分可以与子树和一起使用：对有 n 个结点的树，对每次修改某条路径上的结点权值或边权的操作，转为树上差分运算。在 m 次修改之后，再对整棵树进行一次 DFS 以统计子树和，时间复杂度为 $O(n+m)$。

3. 树上倍增

树上倍增是倍增法在树上的应用。设 $f_{u,i}$ 表示结点 u 的第 2^i 个祖先，即从 u 向根结点走 2^i 步到达的结点。可得：

$$f_{u,i} = \begin{cases} \text{fa}_u & (i=0) \\ f_{f_{u,i-1},i-1} & (1\leqslant i \leqslant \lceil \log n \rceil) \\ 0 & (\text{结点不存在}) \end{cases}$$

树上倍增法可以用来求解包括最近公共祖先、次小生成树在内的很多问题。

参考词条

最近公共祖先

典型题目

1. NOIP2015 提高组 运输计划

2. NOIP2016 提高组 天天爱跑步
3. NOI2018 情报中心
4. CSP2022-S 数据传输
5. NOI2011 道路修建
6. NOIP2012 提高组 疫情控制
7. NOIP2018 提高组 保卫王国

（金靖）

2.4.7.13 最近公共祖先

树上两个结点的最近公共祖先（Lowest Common Ancestor，LCA），是这两个结点的共同祖先中深度最大的结点。记树 $T=(V,E)$ 的结点数为 $n=|V|$，$\text{LCA}(u,v)$ 为结点 u,v 的最近公共祖先。

常用的算法包括倍增算法和 Tarjan 算法。此外，树链剖分和欧拉环游序等算法也可用于最近公共祖先问题的求解。

1. 倍增算法

倍增算法是倍增法在树上的应用。算法通过对向祖先结点方向移动的步数进行倍增，以减少关键操作的计算量。

记 $f_{u,i}$ 为结点 u 向祖先结点方向移动 2^i 步后到达的结点，d_u 为 u 的深度；当 $u=0$ 或 $2^i > d_u$ 时定义 $f_{u,i}=0$；则有 $f_{u,i}=f_{f_{u,i-1},i-1}$。因此可以结合树的深度优先遍历等算法预先求出所有的 $f_{u,i}$。

给定任意两个结点 u_0, v_0，设 $d_{u_0} > d_{v_0}$。初始置 $u=u_0$，$v=v_0$。求解 $\text{LCA}(u_0, v_0)$ 的思路如下：

（1）将结点 u 向祖先结点方向移动到与 v 相同的深度；

（2）如果此时有 $u=v$，则 $\text{LCA}(u_0, v_0)=v$ 并结束；

（3）找到合适的 i，使得 $f_{u,i} \neq f_{v,i}$，$f_{u,i+1}=f_{v,i+1}$；置 $u=f_{u,i}$，$v=f_{v,i}$；

（4）重复步骤（3），直到找不到这样的 i 为止，则 $\text{LCA}(u_0, v_0)=f_{u,0}$ 并结束。

在倍增时可以结合二进制完成计算，单次求解 LCA 的时间复杂度为 $O(\log n)$。

2. Tarjan 算法

求解最近公共祖先的 Tarjan 算法是由 Robert Tarjan 在 1979 年提出的。算法采用并查集和深度优先遍历相结合来实现，需要预先确定所有待查询的结点对，是一种离线算法。

在算法执行中的每一时刻，每个结点 $u \in V$ 都属于并查集中的某个集合，记为 S_u。每个集合 S_u 均有唯一的祖先结点标记，记为 f_{S_u}。算法从树的根结点开始执行，流程如下：

（1）对每个结点 u，设置仅包含其自身的集合 $S_u = \{u\}$，置 $f_{S_u}=u$，且结点状态为"未访问"。

（2）从根结点开始，对树 T 递归地进行深度优先遍历。

a）对当前结点 u，逐一处理其子结点：如果某个子结点 v 的状态为"未访问"，

则对以 v 为根结点的子树进行深度优先遍历，在遍历完成后将集合 S_v 并入 S_u，并将合并后的集合的祖先标记设置为 $f_{S_u}=u$。

b）处理完 u 的所有子结点后，将 u 的状态置为"已访问"；对于每个包含 u 的待查询结点对 (u,u')，如果 u' 的状态为"已访问"，则设置查询结果为 $\text{LCA}(u,u')=f_{S_{u'}}$。

算法的时间复杂度为 $O(n+m)$，其中 m 表示待查询结点对的数量。

代码示例

以下代码实现了求解 LCA 的倍增算法。

```
void prep()
{
    for (int i = 1; i < 20; i++)
        for (int u = 1; u <= n; u++)
            fa[u][i] = fa[fa[u][i - 1]][i - 1];
}
// 函数 LCA 求解结点 u 和 v 的最近公共祖先
// dep：存储各结点深度的数组
// fa ：存储各结点的祖先的二维数组
int LCA(int u,int v)
{
    if (dep[u] < dep[v])
        swap(u,v);
    for (int i = 19; i >= 0; i--)
        if (dep[u] - dep[v] >= (1 << i))
            u = fa[u][i];
    if (u == v)
        return u;
    for (int i = 19; i >= 0; i--)
        if (fa[u][i] != fa[v][i])
            u = fa[u][i],v = fa[v][i];
    return fa[u][0];
}
```

以下代码实现了求解 LCA 的 Tarjan 算法，其中以当前子树树根为子树结点集合的代表元和祖先标记。

```
// head  ：邻接表表头数组,其中 head[u] 为结点 u 的邻接表表头
// e     ：邻接表结构体,其中 e[i].nxt 指向下一条边
// fa    ：结点的父结点数组,其中 fa[u] 表示结点 u 的父结点
// f     ：记录每个结点为代表元的结点集合的公共祖先
// query ：记录查询信息的结构体数组,采用与邻接表一致的结构体记录待查询的结点对信息
// ans   ：记录最近公共祖先查询结果的数组
```

```
// vis    :记录各个结点访问标记的数组
int find(int x) { return f[x] == x ? x : f[x] = find(f[x]); }
void tarjan(int u)
{
    f[u] = u;
    for (int i = head[u]; i; i = e[i].nxt)
    {
        int v = e[i].tv; // 边的另一结点
        if (v == fa[u])
            continue;
        tarjan(v);
    }
    for (int i = query[u]; i; i = e[i].nxt)
    { // 处理所有包含结点 u 的询问
        int v = e[i].tv;
        if (vis[v])
            ans[query[i].id] = find(v);
    }
    vis[u] = 1;
    f[u] = fa[u];
}
```

参考词条

1. 倍增法
2. 并查集

典型题目

1. NOIP2016 提高组 天天爱跑步
2. USACO2015Dec Max Flow

（赵启阳　叶国平）

2.4.8 动态规划

2.4.8.1 树型动态规划

树型动态规划，是在树形结构上进行动态规划。一般来说，树型动态规划采用深度优先遍历的方式进行，在回溯时从子结点向父结点进行状态转移。主要思想如下：

（1）确定状态定义；

（2）确定父结点状态与子结点状态之间的关系，即状态转移方程；

（3）从根结点开始进行深度优先遍历，回溯时根据状态转移方程计算当前结点状态。

树型动态规划的常用模型包含树的最大独立集、树上背包等。

在树的最大独立集模型中，有一棵大小为 n 的有根树，第 i 个结点有权值 w_i，要从中选出若干结点，使其权值和最大，且每个结点与其父结点不能同时被选中。

该问题使用树型动态规划解决如下。

(1) 状态定义：$f_{i,0}$ 表示 i 为根的子树，结点 i 没有被选中时，子树最大的权值和；$f_{i,1}$ 则表示结点 i 被选中时，子树最大的权值和；叶结点 $f_{i,0}$ 为 0，$f_{i,1}$ 为 w_i；求解目标为 $\max(f_{r,0}, f_{r,1})$，r 为根结点编号。

(2) 状态转移方程：当 i 被选中时，$f_{i,1} = w_i + \sum_{u \in S_i} f_{u,0}$；当 i 未被选中时，$f_{i,0} = \sum_{u \in S_i} \max\{f_{u,0}, f_{u,1}\}$；$S_i$ 为 i 的子结点集合。

算法时间复杂度为 $O(n)$。

在无根树上进行树型动态规划，需要指定根结点。对于一类"不定根"的树型动态规划问题，需要枚举每个结点作为根进行统计，时间复杂度为 $O(n^2)$。可以通过两次深度优先遍历来优化：第一次任意选择一个结点作为根进行树型动态规划，第二次依然从选定的根结点出发进行深度优先遍历，在不改变树的形态的前提下，可以直接计算出以当前结点为根时的状态信息。优化后的算法时间复杂度为 $O(n)$。

代码示例

以下代码基于深度优先遍历实现了树型动态规划，以求解树的最大独立集问题。

```
// head：邻接表表头数组,其中 head[u] 为结点 u 的邻接表表头
// e   ：邻接表结构体,其中 e[i].nxt 指向下一条边
// fa  ：父结点
// f   ：对每个结点,记录该结点在被选中或未被选中时,以其为根的子树中的最大独立集结果
int val[N];
int f[N][2];
void dfs(int u, int fa)
{
    f[u][1] = val[u];
    for (int i = head[u]; i; i = e[i].nxt)
    {
        int v = e[i].tv; // 边的另一结点
        if (v == fa)
            continue; // 不需要处理连接父结点的边
        dfs(v, u);
        f[u][1] += f[v][0]; // u 已被选中:子结点 v 不能被选中
        f[u][0] += max(f[v][0], f[v][1]); // u 未被选中:子结点 v 可以被选中,也可
                                           //           以不选中
    }
}
```

参考词条

1. 深度优先搜索
2. 简单背包类型动态规划

典型题目

1. CTSC1997 选课
2. NOIP2003 提高组 加分二叉树
3. CSP2019-S 括号树
4. NOIP2022 提高组 建造军营
5. BOI2003 Gem
6. IOI2005 Riv
7. USACO2012FEB Nearby Cows
8. POI2013 LUK-Triumphal arch
9. APIO2014 连珠线
10. IOI2014 friend

（金靖　叶国平）

2.4.8.2　状态压缩动态规划

状态压缩动态规划是指将状态进行压缩存储的动态规划。例如在设计动态规划的状态时，可使用 n 位二进制数表示长度为 n 的布尔数组，并利用位运算实现状态的转移。

例如：在 6×6 的棋盘里面放 K 个国王，使得在八连通意义下任何两个国王都不相邻，统计方案数。

如图 2.22 所示，棋盘中每行的国王放置情形可以用长度为 6 的布尔数组来表示，因此可以压缩为 0 到 2^6-1 之间的整数。如下图所示行的状态压缩后为 $(100101)_2 = 37$。

图 2.22　国王放置情形

定义 $f_{i,j,s}$ 为前 i 行放置 s 个国王、第 i 行的国王放置情形压缩后为 j 的方案数。

状态转移方程为：$f_{i,j,s} = \sum_k f_{i-1,k,s-T(j)}$。其中 k、j 所表示的上下两行国王放置情形应不存在两个国王相邻，$T(j)$ 表示 j 的二进制表示中的 1 的数量。

代码示例

以下代码采用状态压缩求解国王放置方案的数量。

```
// sta:记录1的数量的数组,其中sta[i]为sit[i]二进制表示中1的数量
// f:记录方案数的数组,其中f[i][j][s]为前i行放置s个国王、第i行的国王放置情形压
    缩后为sit[j]的方案数
// ans:记录所有方案的数量
void dfs(int x,int num,int cur)
{
    if (cur >= n)
    { // 新的合法状态
        sit[++cnt] = x;
        sta[cnt] = num;
        return;
    }
    dfs(x,num,cur + 1); // cur位置不放国王
    dfs(x + (1 << cur),num + 1,cur + 2); // cur位置放国王,与它相邻的位置不能再放
                                          国王
}
void dp(int x)
{
    for (int j = 1; j <= cnt; j++) // 初始化
        f[1][j][sta[j]] = 1;
    for (int i = 2; i <= n; i++)
        for (int j = 1; j <= cnt; j++)
            for (int x = 1; x <= cnt; x++)
            {
                if (!judge(j,x)) // judge(i,j)表示在八连通意义下第i行和第j
                                    行的任何两个国王是否都不相邻
                    continue; // 排除不合法转移
                for (int num = sta[j]; num <= k; num++)
                    f[i][j][num] += f[i - 1][x][num - sta[j]];
            }
    long long ans = 0;
    for (int i = 1; i <= cnt; i++)
        ans += f[n][i][k]; // 累加答案数量
}
```

参考词条

位运算:与(&)、或(|)、非(~)、异或(^)、左移(<<)、右移(>>)

典型题目

1. NOI2001 炮兵阵地
2. NOIP2016 提高组 愤怒的小鸟
3. NOIP2017 提高组 宝藏

4. NOI2015 寿司晚宴
5. USACO2006Nov Corn Fields
6. USACO2013Nov No Change

(金靖　叶国平)

2.4.8.3　动态规划的常用优化

动态规划的优化指在不改变状态定义的前提下，根据所研究的问题性质，对空间复杂度或时间复杂度进行优化。常用的动态规划优化方法有以下几种：

1. 滚动数组优化

每个阶段 i 的状态只与上一阶段 $i-1$ 的状态有关，无需维护 $i-1$ 阶段之前的状态值。可压缩动态规划数组的阶段，根据阶段奇偶性交替记录当前阶段状态值，这种方式称为"滚动数组优化"。

例如背包问题，设 $dp[i,j]$ 表示将在前 i 个物品中选一部分放入背包使得背包剩余体积为 j 时能获得的最大价值，状态转移方程为 $dp[i,j] = \max(dp[i-1, j-v[i]]+c[i], dp[i-1,j])$。通过滚动数组优化，将 $dp[i,j]$ 记录到 $G[i\%2, j]$ 中，状态转移方程为 $G[i\%2, j] = \max(G[(i-1)\%2, j-v[i]]+c[i], dp[(i-1)\%2, j])$。空间复杂度从 $O(nV)$ 优化为 $O(V)$，其中 n 为物品类型数，V 为背包容量。

2. 单调队列优化

如果动态规划转移方程形如 $dp_i = \min\limits_{L(i) \leq j \leq R(i)} \{dp_j + g(j)\} + h(i)$，其中可行决策 j 的上下界 $L(i)$ 和 $R(i)$ 分别是关于变量 i 的单调递增函数。方程的最优决策与 $h(i)$ 无关，因此可以按照 $dp_j + g(j)$ 的单调性选择出部分决策，并维护这些决策组成的双端队列，称为单调队列优化。

例如：给定 n 个数 $a_1, a_2, \cdots, a_n$ 和常数 d，要求选出一个和最大的子序列 $a_{i_1}, a_{i_2}, \cdots, a_{i_k}(i_1 < i_2 < \cdots < i_k)$，满足 $i_j - i_{j-1} \leq d (1 < j \leq k)$。此问题可以使用动态规划求解：设 dp_i 表示子序列最后一个元素的下标为 i 时和的最大值，状态转移方程为 $dp_i = \max\limits_{j=i-d}^{i-1} \{dp_j\} + a_i$，时间复杂度为 $O(nd)$。

以上方程中，$L(i) = i-d$，$R(i) = i-1$ 是关于 i 的单调递增函数，令 $g(j) = 0$，$h(i) = a_i$，方程即表示为可使用单调队列优化的形式。

将每个决策用它的下标 k 表示，并按以下方式维护一个双端队列 q：

1) 判断队首决策 ql 与 i 的距离是否超过 d 的范围，若超出则将队首决策出队；

2) 此时队首决策 ql 的值 dp_{ql} 就是对于 i 的最优选择；

3) 对于队尾决策 q_r，如果 $dp_{q_r} \leq dp_i$，则将队尾决策出队，直至新的队尾决策的 dp 值大于 dp_i 或队列为空，再将 i 作为新的决策入队，即可确保从队首至队尾对应的 dp 值为单调递减。

每个下标最多入队一次、出队一次，算法的时间复杂度因此优化为 $O(n)$。

代码示例

单调队列优化算法代码如下。

```cpp
class Monotone_Queue
{
    static const int bound = 1e5 + 10;
    int value[bound],time[bound],head,tail;

public:
    Monotone_Queue()
    {
        head = 1,tail = 0;
    }
    void pushElement(int _value,int _time)
    {
        while (head <= tail && value[tail] <= _value)
            tail--;
        value[++tail] = _value,time[tail] = _time;
    }
    int query(int _time)
    {
        while (head <= tail && time[head] < _time)
            head++;
        if (head <= tail)
            return value[head];
        throw "Empty queue.";
    }
};
```

参考词条

单调队列

典型题目

1. NOIP2012 提高组 开车旅行
2. NOI2011 NOI 嘉年华
3. NOI2013 书法家
4. NOIP2017 普及组 跳房子
5. NOIP2018 普及组 摆渡车
6. CSP2019-S Emiya 家今天的饭
7. CSP2019-S 划分

8. USACO2009Open Tower of Hay
9. USACO2010Nov Buying Feed
10. USACO2013Nov Pogo-Cow
11. POI2011 TEM-Temperature
12. POI2014 PTA-Little Bird
13. APIO2020 粉刷墙壁

（金靖）

2.5 数学与其他

2.5.1 初等数学

2.5.1.1 代数（高中部分）（略）

2.5.1.2 几何（高中部分）（略）

2.5.2 初等数论

2.5.2.1 同余式

给定一个正整数 m，如果两个整数 a 和 b，除以 m 余数相同，也就是 $a \bmod m = b \bmod m$，称 a 和 b 对于 m 同余，m 称为同余的模。同余的概念也可以这样理解：$a-b$ 是 m 的整倍数，也就是 $m \mid (a-b)$。同余记做 $a \equiv b \pmod{m}$。

▶ 参考词条

1. 整除、因数、倍数、指数、质（素）数、合数
2. 中国剩余定理

▶ 延伸阅读

CORMEN T H, LEISERSON C E, RIVEST R L, et al. 算法导论[M]. 殷建平，等译. 3版. 北京：机械工业出版社，2013：544.

（胡伟栋　李曙）

2.5.2.2 欧拉定理和欧拉函数

对于正整数 n，定义欧拉函数（Euler's Totient Function）$\varphi(n)$ 表示 1 到 n 中与 n 互质

的数的个数，即：
$$\varphi(n) = |\{i \mid 1 \leqslant i \leqslant n, (i,n) = 1\}|$$

其中(i,n)表示i和n的最大公约数。

设n的唯一分解为$n = \prod_{i=1}^{m} p_i^{\alpha_i}$，则
$$\varphi(n) = n \prod_{i=1}^{m} \frac{p_i - 1}{p_i}$$

欧拉定理：对于整数a和正整数m，如果a和m互质，即$(a,m) = 1$，则$a^{\varphi(m)} \equiv 1 (\bmod m)$。

参考词条

1. 费马小定理
2. 整数唯一分解定理

延伸阅读

CORMEN T H, LEISERSON C E, RIVEST R L, et al. 算法导论[M]. 殷建平，等译. 3版. 北京：机械工业出版社，2013：552.

（胡伟栋　李曙）

2.5.2.3　费马小定理

费马小定理是欧拉定理的特殊形式。

费马小定理：对于正整数a和质数p，若$p \nmid a$，则$a^{p-1} \equiv 1 (\bmod p)$。

费马小定理可用于求一个整数a在模p意义下的逆。因为$a^{p-1} \equiv a \cdot a^{p-2} \equiv 1 \equiv a \cdot a^{-1} (\bmod p)$，所以$a^{-1} \equiv a^{p-2} (\bmod p)$。要求$a^{-1}$，只需用快速幂计算$a^{p-2} \bmod p$即可，时间复杂度为$O(\log p)$。

参考词条

欧拉定理和欧拉函数

延伸阅读

GRAHAM R L, KNUTH D E, PATASHNIK O. 具体数学：计算机科学基础[M]. 张明尧，张凡，译. 2版. 北京：人民邮电出版社，2013：108-109.

（胡伟栋）

2.5.2.4　威尔逊定理

威尔逊定理：当且仅当p为质数时，有$(p-1)! \equiv -1 (\bmod p)$。

威尔逊定理可以双向使用，既可以用来对质数p计算$(p-1)! \bmod p$，也可以根据$(p-1)! \bmod p$的值判断p是否为质数。

参考词条

同余式

延伸阅读

GRAHAM R L, KNUTH D E, PATASHNIK O. 具体数学：计算机科学基础[M]. 张明尧, 张凡, 译. 2版. 北京：人民邮电出版社, 2013：109-110.

（胡伟栋）

2.5.2.5 裴蜀定理

裴蜀定理是数论中的重要定理，用于确定不定方程 $ax+by=m$ 是否有整数解。

裴蜀定理：对于整数 a，b，设 $d=(a,b)$，对于整数 m，方程 $ax+by=m$ 有解当且仅当 m 是 d 的倍数。其中 (a,b) 表示 a 和 b 的最大公约数。

特别地，$ax+by=1$ 有解当且仅当 a 与 b 互质。

对于给定的整数 a，b，m，求解方程 $ax+by=m$ 可使用扩展欧几里得算法。

参考词条

扩展欧几里得算法

（胡伟栋）

2.5.2.6 模运算意义下的逆元

一个整数 a 在模 m 意义下的逆元是指一个整数 a^{-1} 满足 $a \cdot a^{-1} \equiv 1 \pmod{m}$。当 a 与 m 互质时，逆元存在，否则逆元不存在。在信息学中，一般取 m 为质数 p，当 a 不是 p 的整数倍时，逆元存在。

在模 p 的意义下，两个整数 b 和 a 相除定义为 $\frac{b}{a} \equiv b \cdot a^{-1} \pmod{p}$。

求整数 a 在模质数 p 意义下的逆元，可使用费马小定理，因 $a^{p-1} \equiv 1 \pmod{p}$，因此 $a^{-1} \equiv a^{p-2} \pmod{p}$，可使用快速幂在 $O(\log p)$ 的时间内计算。

求整数 a 在模 m 意义下的逆元，即求 $ax \equiv 1 \pmod{m}$ 中的 x，该同余式等价于不定方程 $ax+my=1$，其中 x，y 为未知数，可使用扩展欧几里得算法求解，时间复杂度为 $O(\log m)$。

如果要求整数 1 到 $p-1$ 在模质数 p 下的逆元，可以使用递推求解。其基本原理为：令 $p=q \cdot i+r$，其中 q，r 分别为 p 整除 i 的商和余数，则 $0 \equiv q \cdot i+r \pmod{p}$，将等式两边同时乘以 $i^{-1}r^{-1}$ 得 $0 \equiv q \cdot r^{-1}+i^{-1} \pmod{p}$，即 $i^{-1} \equiv -q \cdot r^{-1} \pmod{p}$。在实现时，令 $\text{inv}[i]$ 表示 i 在模 p 下的逆元，可利用递推公式求：

$$\text{inv}[i] = \begin{cases} 1 & (i=1) \\ -\left\lfloor \frac{p}{i} \right\rfloor \cdot \text{inv}[p \bmod i] \bmod p & (i>1) \end{cases}$$

以上递推法可在 $O(p)$ 时间内求 1 到 $p-1$ 的逆元。

🔗 参考词条

同余式

📖 延伸阅读

CORMEN T H, LEISERSON C E, RIVEST R L, et al. 算法导论[M]. 殷建平, 等译. 3 版. 北京: 机械工业出版社, 2013: 550.

（胡伟栋）

2.5.2.7 扩展欧几里得算法

扩展欧几里得算法是指利用欧几里得算法（辗转相除法）求解不定方程，即：对于整数 a, b, m, 求整数 x, y, 使得 $ax+by=m$。

令 $d=(a,b)$ 表示 a 和 b 的最大公约数，由裴蜀定理，上式有解当且仅当 m 是 d 的整数倍。在实际应用时，通常先求 $ax_d+by_d=d$ 的一组解 x_d, y_d, 然后将 x_d, y_d 乘以 $\frac{m}{d}$ 即可得到 $ax+by=m$ 的一组解。

扩展欧几里得算法的基本原理为：要求 $ax+by=m$ 的一组解，令 $a=b\cdot q+r$, 其中 q 和 r 分别表示 a 除以 b 的商和余数，则可以转化为求解方程 $(b\cdot q+r)\cdot x+by=m$, 即 $b\cdot(qx+y)+rx=m$, 令 $x'=qx+y$, $y'=x$, 则有 $bx'+ry'=m$。任何一组解 x, y 与一组解 x', y' 一一对应，只需要解 $bx'+ry'=m$ 即可。通过该步骤可以将系数 a、b 变为系数 b、r, 与欧几里得算法（辗转相除法）过程一致，只需要 $O(\log(a+b))$ 步即可将系数变为 d、0, 此时取 $x'=\frac{m}{d}$, y' 取任意值（常取 0）即可回溯求得原方程的解。

扩展欧几里得算法一般使用递归实现，一般实现一个函数 exgcd, 其基本流程如下。

(1) 若 $b=0$, $d=a$, 解为 $x=\frac{m}{d}$, $y=0$。特别地，当 $m=d$ 时，$x=1$。

(2) 调用 exgcd 求出方程 $bx'+ry'=m$ 的解 x',y', 其中 r 取 a 除以 b 的余数。

(3) 计算 $x=y', y=x'-qx$, 其中 q 取 a 整除 b 的商。

求得一组解 x_0、y_0 后，可以得到方程的通解（所有解）$x=x_0+k\cdot\frac{b}{d}$、$y=y_0-k\cdot\frac{a}{d}$, 其中 k 为任意整数。

💻 代码示例

```
// 求 ax+by=d 的一组解,其中 d 为 a,b 的最大公约数
void exgcd(long long a,long long b,long long &x,long long &y)
{
    if(!b)
    {
```

```
            x = 1; y = 0;
            return;
    }
    exgcd(b,a%b,y,x);
    y -= a/b* x;
}
```

参考词条

1. 递归法
2. 辗转相除法（欧几里得算法）

延伸阅读

CORMEN T H，LEISERSON C E，RIVEST R L，et al. 算法导论[M]. 殷建平，等译. 3版. 北京：机械工业出版社，2013：548-549.

典型题目

1. NOIP2012 提高组 同余方程
2. NOIP2017 提高组 小凯的疑惑
3. NOI2018 屠龙勇士

（胡伟栋）

2.5.2.8 中国剩余定理

中国剩余定理用于求一元线性同余方程组的解。一元线性同余方程组的形式如下：

$$\begin{cases} c_1 x \equiv b_1 (\bmod\ m'_1) \\ c_2 x \equiv b_2 (\bmod\ m'_2) \\ \vdots \\ c_n x \equiv b_n (\bmod\ m'_n) \end{cases}$$

方程组存在解的前提是每个方程均有解，即 b_i 是 (c_i, m'_i) 的整数倍。单个方程可以使用扩展欧几里得算法将解描述为 $x = k \cdot m + a$，即 $x \equiv a (\bmod\ m)$，其中 k, a 为整数。方程组可以转化为：

$$\begin{cases} x \equiv a_1 (\bmod\ m_1) \\ x \equiv a_2 (\bmod\ m_2) \\ \vdots \\ x \equiv a_n (\bmod\ m_n) \end{cases}$$

中国剩余定理：对于上述方程组，若 $m_1, m_2, \cdots, m_n$ 两两互质，则在模 $M = m_1 m_2 \cdots m_n$ 下，方程有且仅有一个解。令 $M_i = \dfrac{M}{m_i}$，$v_i \equiv M_i^{-1} (\bmod\ m_i)$ 则方程组的解为：

$$x \equiv a_1 M_1 v_1 + a_2 M_2 v_2 + \cdots + a_n M_n v_n (\bmod M)$$

方程的通解为 $x = kM + a_1 M_1 v_1 + a_2 M_2 v_2 + \cdots + a_n M_n v_n$，其中 k 是整数。

在应用中，可以用扩展欧几里得算法求一般情况的解。一元线性同余方程组的求解过程是，先合并前两个方程，再将结果与第三个方程合并，依此类推，直到所有方程合并为一个，即得到方程组的解。

设有两个一元线性同余方程组成的方程组 $\begin{cases} x \equiv a_1 (\bmod m_1) \\ x \equiv a_2 (\bmod m_2) \end{cases}$，即 $\begin{cases} x = a_1 + y m_1 \\ x = a_2 + z m_2 \end{cases}$，其中 y，z 为未知整数。可得 $y m_1 - z m_2 = a_2 - a_1$，由裴蜀定理，该式有解当且仅当 m_1 和 m_2 的最大公约数是 $a_2 - a_1$ 的约数，并可由扩展欧几里得算法求出解 $y = y_0$，$z = z_0$，通解为 $y = y_0 + k \cdot \dfrac{m_2}{(m_1, m_2)}$，$z = z_0 + k \cdot \dfrac{m_1}{(m_1, m_2)}$，令 $M_t = \text{lcm}(m_1, m_2) = \dfrac{m_1 m_2}{(m_1, m_2)}$，其中 $\text{lcm}(m_1, m_2)$ 表示 m_1 和 m_2 的最小公倍数，将通解代入方程组得：

$$x = a_1 + y_0 m_1 + k M_t = a_2 + z_0 m_2 + k M_t$$

此时以上两个一元线性同余方程合并为一个：

$$x \equiv a_1 + y_0 m_1 (\bmod M_t)$$

由此可以推导出，一元线性同余方程组在模 $M = \text{lcm}(m_1, m_2, \cdots, m_n)$ 下，至多有一个解。

参考词条

扩展欧几里得算法

延伸阅读

CORMEN T H, LEISERSON C E, RIVEST R L, et al. 算法导论[M]. 殷建平，等译. 3版. 北京：机械工业出版社，2013：556-558.

（胡伟栋　李曙）

2.5.3　离散与组合数学

2.5.3.1　多重集合

多重集合，是指由一些确定的对象构成的整体，多重集合中的对象可以重复出现。

多重集合是集合概念的推广，不满足集合的互异性，因此多重集合不是集合。多重集合一般采用与集合类似的表示方法，例如：$\{1,2,2,3,3,3\}$。多重集合的另一个表示方法为 $M = \{n_1 \cdot a_1, n_2 \cdot a_2, \cdots, n_m \cdot a_m\}$，其中有 m 种不同的元素，每种元素 a_i 的重复数为 n_i，当 $n_i = \infty$ 时表示有无限个 a_i。

一个元素在多重集合中出现的次数称为该元素在该多重集中的重数。

（胡伟栋）

参考词条

集合

2.5.3.2 等价类

一个定义在非空集合 S 上的二元关系 R 被称为是等价关系，当且仅当其满足。

自反性：$\forall x \in S, (x,x) \in R$。

对称性：$\forall x,y \in S,$ 若 $(x,y) \in R,$ 则 $(y,x) \in R$。

传递性：$\forall x,y,z \in S,$ 若 $(x,y),(y,z) \in R,$ 则 $(x,z) \in R$。

在 S 中与给定元素 x 等价的所有元素构成的子集称为 x 的等价类，记作 $[x]_R$。等价类构成对 S 的一个划分。例如整数的同余、图形的全等、连通、强连通等都是等价关系。

在信息学中，并查集中的每个子集可以被看做等价类。

参考词条

集合

延伸阅读

SAHNI S. 数据结构、算法与应用：C++语言描述[M]. 汪诗林，等译. 北京：机械工业出版社，2000：117-122.

（汪星明）

2.5.3.3 多重集上的排列

多重集排列（multiset permutation）有如下两种常见情形。

（1）多重集的每种元素个数有限。设多重集 $M = \{n_1 \cdot a_1, n_2 \cdot a_2, \cdots, n_m \cdot a_m\}$，记元素个数的总数 $n = n_1 + n_2 + \cdots + n_m$，则该多重集的全排列（所有元素全部做排列）数量为：

$$\frac{n!}{n_1! n_2! \cdots n_m!}$$

（2）多重集的每种元素个数无限。即 $M = \{\infty \cdot a_1, \infty \cdot a_2, \cdots, \infty \cdot a_m\}$，对于多重集的长度为 r 的排列，其每个位置都有 m 种选择，由乘法原理可知排列数量为 m^r。

参考词条

1. 排列
2. 多重集合
3. 多重集上的组合

延伸阅读

CORMEN T H, LEISERSON C E, RIVEST R L, et al. 算法导论[M]. 殷建平，等译. 3版. 北京：机械工业出版社，2013：693-694.

（胡伟栋）

2.5.3.4 多重集上的组合

常见多重集上的组合(multiset combination)为：设多重集 $M=\{n_1 \cdot a_1, n_2 \cdot a_2, \cdots, n_m \cdot a_m\}$，对 $\forall i, n_i \geq r$ 即任一元素的重复次数均大于等于 r，那么该可重集的 r 组合个数为：

$$C_{r+m-1}^{r}=C_{r+m-1}^{m-1}$$

参考词条

1. 组合
2. 多重集上的排列

延伸阅读

CORMEN T H, LEISERSON C E, RIVEST R L, et al. 算法导论[M]. 殷建平, 等译. 3版. 北京: 机械工业出版社, 2013: 693-694.

（胡伟栋　张超　李曙）

2.5.3.5 错排列、圆排列

对于给定某个集合全部元素的一个排列，错排列(derangement)指的是各元素的位置与给定排列中的位置均相异的其他排列。

n 个元素的错排列个数记为 D_n，其计算方式有两种。

（1）递推。

$$D_n = \begin{cases} 0 & n=1 \\ 1 & n=2 \\ (n-1)(D_{n-1}+D_{n-2}) & n>2 \end{cases}$$

该递推式的组合意义为，错排列中第 n 个元素的位置有 $n-1$ 种可能，假设 n 放在位置 i，那么对于原来位于位置 i 的元素可能放在位置 n 或其它位置，当放在位置 n 时，剩下 $n-2$ 个元素进行错排列，方案数为 D_{n-2}；当不放在位置 n 时，变为除掉位置 n 以外的 $n-1$ 个元素错排列，方案数为 D_{n-1}。

由以上递推式可以推导出另一个递推式：$D_n = nD_{n-1}+(-1)^n$。

（2）通项公式。

$$D_n = n!\sum_{i=0}^{n}(-1)^i \frac{1}{i!}$$

圆排列(circular permutation)指的是从 n 个元素中选出 r 个元素排成一个圆所构成的排列。全部元素沿着圆整体做循环移动被认为是同一个圆排列。从 n 个元素中选出 r 个元素的圆排列方案数记为 Q_n^r，其计算公式为：

$$Q_n^r = \frac{A_n^r}{r}$$

参考词条

1. 排列

2. 容斥原理

延伸阅读

CORMEN T H, LEISERSON C E, RIVEST R L, et al. 算法导论[M]. 殷建平, 等译. 3版. 北京: 机械工业出版社, 2013: 693-694.

（胡伟栋　张超　李曙）

2.5.3.6 鸽巢原理

鸽巢原理(pigeonhole principle)又称抽屉原理，它描述将 n 个物品放入 m 个抽屉时，每个抽屉内最多物品个数的下界，或最少物品个数的上界。

鸽巢原理的简化形式为，将 $n+1$ 个物品放入 n 个抽屉时，至少有一个抽屉有 2 件物品。

鸽巢原理的一般形式为，设有 $x_1+x_2+\cdots+x_m=n$，其中 n 为总物品数，x_i 为非负整数，表示每个抽屉中的物品数，则：

$$\left(\max_{1\leqslant i\leqslant m} x_i\right) \geqslant \left\lceil \frac{n}{m} \right\rceil$$

$$\left(\min_{1\leqslant i\leqslant m} x_i\right) \leqslant \left\lfloor \frac{n}{m} \right\rfloor$$

延伸阅读

BRUALDI R A. 组合数学[M]. 冯速, 等译. 5版. 北京: 机械工业出版社, 2012.

（胡伟栋　张超　李曙）

2.5.3.7 二项式定理

二项式定理(binomial theorem)描述了形如 $(x+y)^n$ 的幂次展开式。对于任意正整数 n 有如下公式：

$$(x+y)^n = C_n^0 x^n + C_n^1 x^{n-1} y + C_n^2 x^{n-2} y^2 + \cdots + C_n^{n-1} x y^{n-1} + C_n^n y^n$$

上式也可以简写为：

$$(x+y)^n = \sum_{i=0}^{n} C_n^i x^{n-i} y^i$$

其中组合数 C_n^i 称为二项式系数。

利用二项式定理可以推导出一些常用的公式，例如设 $x=1$，$y=1$ 有：

$$2^n = \sum_{i=0}^{n} C_n^i$$

参考词条

1. 组合
2. 杨辉三角

延伸阅读

CORMEN T H, LEISERSON C E, RIVEST R L, et al. 算法导论[M]. 殷建平, 等

译. 3 版. 北京：机械工业出版社，2013：694.

（胡伟栋）

2.5.3.8 容斥原理

容斥原理（inclusion-exclusion principle）在组合数学中用来求 n 个有限集的并集的基数（又称势，即集合元素个数）。设 n 个有限集分别为 $S_1, S_2, \cdots, S_n$，那么它们的并集的基数可以表示为：

$$|S_1 \cup \cdots \cup S_n| = \sum_i |S_i| - \sum_{i<j} |S_i \cap S_j| + \sum_{i<j<k} |S_i \cap S_j \cap S_k| + \cdots + (-1)^{n-1} |S_1 \cap \cdots \cap S_n|$$

对上述公式的解释：要计算若干个集合并集的基数，可以先将单个集合的基数求和，然后减去任意两个集合交集的基数，再加上任意三个集合交集的基数，再减去任意四个集合交集的基数，依此类推。

参考词条

错排列、圆排列

延伸阅读

BRUALDI R A. 组合数学[M]. 冯速，等译. 5 版. 北京：机械工业出版社，2012：100-104.

典型题目

POI2007 Zap

（胡伟栋）

2.5.3.9 卡特兰数

卡特兰数（Catalan Number）又称卡塔兰数、明安图数，是在多个与递归相关的计数问题中的自然数数列。第 n 个卡特兰数记为 C_n，可以表示：

(1) n 个结点的二叉树的数量；
(2) n 对括号组成的合法括号序列的数量；
(3) 凸 $n+2$ 边形的三角划分数；
(4) n 个元素入栈、出栈序列的数量。

可以使用递推式或通项公式计算卡特兰数。

卡特兰数的递推式为：

$$C_n = \begin{cases} 1 & n \leq 1 \\ \sum_{i=0}^{n-1} C_i C_{n-i-1} & n > 1 \end{cases}$$

卡特兰数的通项公式为：

$$C_n = C_{2n}^n - C_{2n}^{n-1} = \frac{(2n)!}{n!(n+1)!}$$

参考词条

组合

延伸阅读

[1] GRAHAM R L, KNUTH D E, PATASHNIK O. 具体数学：计算机科学基础[M]. 张明尧，张凡，译. 2版. 北京：人民邮电出版社，2013：169.

[2] DONALD E K. 计算机程序设计艺术 卷4A：组合算法（一）[M]. 李伯民，贾洪峰，译. 北京：人民邮电出版社，2019：374.

[3] BRUALDI R A. 组合数学[M]. 冯速，等译. 5版. 北京：机械工业出版社，2012：164-169.

典型题目

NOIP2003 普及组栈

（胡伟栋　张超　李曙）

2.5.4　线性代数

2.5.4.1　向量与矩阵的概念

向量（vector）又称矢量，一般用来表示一个点（一般是二维、三维或高维）或者一个点到另一个点的偏移量。用来表示一个点时，其值等于从原点到这个点的偏移量。一个 k 维向量 $\boldsymbol{v}$ 可以表示为 $\begin{pmatrix} a_1 \\ a_2 \\ \cdots \\ a_k \end{pmatrix}$ 或 $(v_1, v_2, \cdots, v_k)$。当一个向量写成一列时，称为列向量（column vector）；当一个向量写成一行时称为行向量（row vector）。

矩阵（matrix）是数字、符号或表达式构成的矩形阵列。$n \times m$ 个元素 $\{a_{i,j} \mid 1 \leqslant i \leqslant n, 1 \leqslant j \leqslant m\}$ 构成的矩阵 $\boldsymbol{A}$ 可以表示为：

$$\boldsymbol{A} = \begin{bmatrix} a_{1,1} & a_{1,2} & \cdots & a_{1,m} \\ a_{2,1} & a_{2,2} & \cdots & a_{2,m} \\ \vdots & \vdots & \vdots & \vdots \\ a_{n,1} & a_{n,2} & \cdots & a_{n,m} \end{bmatrix}$$

上述矩阵称为 n 行 m 列的矩阵，可记为 $\boldsymbol{A}_{n \times m}$。

一个 n 行 m 列的矩阵可以看成由 m 个 n 维的列向量组成，也可以看成由 n 个 m 维的行向量组成。向量是特殊的矩阵，一个 k 维的列向量是一个 k 行 1 列的矩阵，一个 k 维的行向量是一个 1 行 k 列的矩阵。

方阵（square matrix）是行数和列数相等的矩阵，n 行 n 列的矩阵称为 n 阶方阵。

单位矩阵(identity matrix)是一个 n 阶方阵，其对角线上的元素均为 1，其余元素均为 0。n 阶单位矩阵常用符号 $\boldsymbol{I}_n$ 或 $\boldsymbol{E}_n$ 表示，在阶数可由上下文推导时常简记为 $\boldsymbol{I}$ 或 $\boldsymbol{E}$。

（胡伟栋　张超）

2.5.4.2　向量的运算

设 $\boldsymbol{u}=(u_1,u_2,\cdots,u_k)$，$\boldsymbol{v}=(v_1,v_2,\cdots,v_k)$，向量的常见运算有以下几种。

向量的加法：$\boldsymbol{u}+\boldsymbol{v}=(u_1+v_1,u_2+v_2,\cdots,u_k+v_k)$。

向量的减法：$\boldsymbol{u}-\boldsymbol{v}=(u_1-v_1,u_2-v_2,\cdots,u_k-v_k)$。

向量的数乘（伸缩）：$s\boldsymbol{v}=(s\cdot v_1,s\cdot v_2,\cdots,s\cdot v_k)$。

向量的点积：$\boldsymbol{u}\cdot\boldsymbol{v}=u_1\cdot v_1+u_2\cdot v_2+\cdots+u_k\cdot v_k=\|\boldsymbol{u}\|\|\boldsymbol{v}\|\cos\theta$，其中 θ 表示向量 $\boldsymbol{u}$ 与向量 $\boldsymbol{v}$ 之间的夹角。

向量的长度：$\|\boldsymbol{u}\|=\sqrt{\boldsymbol{u}\cdot\boldsymbol{u}}=\sqrt{u_1^2+u_2^2+\cdots+u_k^2}$。

二维向量的叉积：$\boldsymbol{u}\times\boldsymbol{v}=u_1\cdot v_2-u_2\cdot v_1$。$\boldsymbol{u}\times\boldsymbol{v}$ 表示以 $\boldsymbol{u}$ 和 $\boldsymbol{v}$ 为邻边的平行四边形的有向面积。将 $\boldsymbol{u}$ 和 $\boldsymbol{v}$ 的起点都移到原点，当 $\boldsymbol{v}$ 在 $\boldsymbol{u}$ 的逆时针方向时 $\boldsymbol{u}\times\boldsymbol{v}>0$，当 $\boldsymbol{v}$ 在 $\boldsymbol{u}$ 的顺时针方向时 $\boldsymbol{u}\times\boldsymbol{v}<0$。

极角：向量 $\boldsymbol{v}$ 的极角指向量 $(1,0)$ 按逆时针方向旋转到与 $\boldsymbol{v}$ 同方向需要旋转的角。在 C++ 中可以使用 $atan2(y,x)$ 来求向量 $v=(x,y)$ 的极角。

（胡伟栋）

🔗 参考词条

向量与矩阵的概念

2.5.4.3　矩阵的初等变换

矩阵的初等变换（elementary transformation）指的是对矩阵的行（或列）进行如下三种操作：

（1）两行（列）互换；

（2）某行（列）乘上非零常数；

（3）某行（列）乘上常数后加到另一行（列）上。

矩阵的初等变换可以用来求解线性方程组和矩阵的逆。

由单位矩阵经过 1 次初等变换得到的矩阵称为初等矩阵（elementary matrix）。三种初等矩阵的表示方法如下。

（1）$\boldsymbol{T}_{i,j}$，将单位矩阵的第 i 行和第 j 行互换：

$$\boldsymbol{T}_{i,j}=\begin{bmatrix}1 & & & & & & \\ & \ddots & & & & & \\ & & 0 & & 1 & & \\ & & & \ddots & & & \\ & & 1 & & 0 & & \\ & & & & & \ddots & \\ & & & & & & 1\end{bmatrix}$$

（2）$T_i(k)$，将单位矩阵的第 i 行乘上非零常数 k：

$$T_i(k) = \begin{bmatrix} 1 & & & & & & \\ & \ddots & & & & & \\ & & 1 & & & & \\ & & & k & & & \\ & & & & 1 & & \\ & & & & & \ddots & \\ & & & & & & 1 \end{bmatrix}$$

（3）$T_{i,j}(k)$，将单位矩阵的第 i 行加上第 j 行的 k 倍：

$$T_{i,j}(k) = \begin{bmatrix} 1 & & & & & & \\ & \ddots & & & & & \\ & & 1 & & & & \\ & & & \ddots & & & \\ & & k & & 1 & & \\ & & & & & \ddots & \\ & & & & & & 1 \end{bmatrix}$$

针对行(列)的多次初等变换，可以通过在原矩阵依次左(右)乘相应的初等矩阵得到。

参考词条

1. 向量与矩阵的概念
2. 向量的运算
3. 高斯消元法

延伸阅读

CORMEN T H, LEISERSON C E, RIVEST R L, et al. 算法导论[M]. 殷建平，等译. 3版. 北京：机械工业出版社，2013：709-715.

（张康　胡伟栋）

2.5.4.4　矩阵的运算：加法、减法、乘法与转置

矩阵的加减法：对于 $n \times m$ 的矩阵 $A = \{a_{i,j}\}$，$B = \{b_{i,j}\}$，若 $C = A \pm B$，则 $C = \{c_{i,j}\}$ 也是一个 $n \times m$ 的矩阵，且 $c_{i,j} = a_{i,j} \pm b_{i,j}$。

矩阵的乘法：对于 $n \times m$ 的矩阵 A 和 $m \times p$ 的矩阵 B，其乘积 $A \times B$ 为一个 $n \times p$ 的矩阵 C，且 $c_{i,j} = \sum_{k=1}^{m} a_{i,k} \cdot b_{k,j}$。

如果将 A 描述为 n 个行向量的组合，将 B 描述为 p 个列向量的组合，则矩阵乘法等价于计算这些向量的内积：

$$A \times B = \begin{bmatrix} A_1 \\ A_2 \\ \vdots \\ A_n \end{bmatrix} \times \begin{bmatrix} B_1 & B_2 & \cdots & B_p \end{bmatrix} = \begin{bmatrix} A_1B_1 & A_1B_2 & \cdots & A_1B_p \\ A_2B_1 & A_2B_2 & \cdots & A_2B_p \\ \vdots & \vdots & \vdots & \vdots \\ A_nB_1 & A_nB_2 & \cdots & A_nB_p \end{bmatrix}$$

矩阵的转置：对于 $n \times m$ 的矩阵 A，其转置是一个 $m \times n$ 的矩阵，记作 $A^T = \{a'_{i,j}\}$，这里有 $a'_{i,j} = a_{j,i}$。

参考词条

1. 向量与矩阵的概念
2. 向量的运算

延伸阅读

CORMEN T H，LEISERSON C E，RIVEST R L，et al. 算法导论[M]. 殷建平，等译. 3 版. 北京：机械工业出版社，2013：709-715.

典型题目

1. NOI2011 兔农
2. NOI2012 随机数生成器
3. NOI2013 向量内积
4. NOI2013 矩阵游戏
5. NOI2020 美食家

（张康　李曙）

2.5.4.5　特殊矩阵的概念：单位阵、三角阵、对称阵和稀疏矩阵

稀疏矩阵（spare matrix）：在一个矩阵中，当数值为 0 的元素数目远远多于非 0 元素的数目时（对于其比例并没有明确的界定），则称该矩阵为稀疏矩阵。稀疏矩阵往往具有一定的结构特性，可以考虑采用针对性的存储方式或计算方法，有效地提高存储和计算效率。

对角线左下方元素均为 0 的方阵称为上三角矩阵，对角线右上方元素均为 0 的方阵称为下三角矩阵。上三角矩阵和下三角矩阵统称三角矩阵（triangular matrix）。

三角矩阵在线性方程组求解和矩阵分解中均有非常重要的应用。三角矩阵的特殊性质包括：

（1）上（下）三角矩阵间的加、减、乘运算结果仍是上（下）三角矩阵；
（2）上（下）三角矩阵的逆仍是上（下）三角矩阵；
（3）上（下）三角矩阵的行列式是其对角线元素的乘积。

对称矩阵（symmetric matrix）是一种特殊的方阵，其中的元素关于对角线对称，即 $a_{i,j} = a_{j,i}$，显然对称矩阵满足 $A = A^T$。

参考词条

1. 稀疏图
2. 行列式
3. 高斯消元法

延伸阅读

CORMEN T H, LEISERSON C E, RIVEST R L, et al. 算法导论[M]. 殷建平, 等译. 3版. 北京: 机械工业出版社, 2013: 709-715.

（张康 李曙）

2.5.4.6 高斯消元法

高斯消元法可用于解线性方程组、求逆矩阵、求行列式等，其中最基础的为解线性方程组。线性方程组，通常指一个包含 n 个未知数，m 个线性方程的方程组。

线性方程组由如下三部分组成。

（1）未知数组成的向量，称为未知向量 $\boldsymbol{x}$。

（2）未知数在各个方程中的系数，可以用矩阵 $\boldsymbol{A}=\{a_{i,j}\}$ 表示，其中 $a_{i,j}$ 为第 i 个方程中第 j 个未知数的系数。矩阵 $\boldsymbol{A}$ 称为系数矩阵。

（3）常数项组成的向量，称为常数向量 $\boldsymbol{b}$。

线性方程组的一般形式为 $\boldsymbol{Ax}=\boldsymbol{b}$，即：

$$\begin{bmatrix} a_{1,1} & a_{1,2} & \cdots & a_{1,n} \\ a_{2,1} & a_{2,2} & \cdots & a_{2,n} \\ \vdots & \vdots & \vdots & \vdots \\ a_{m,1} & a_{m,2} & \cdots & a_{m,n} \end{bmatrix} \times \begin{bmatrix} x_1 \\ x_2 \\ \vdots \\ x_n \end{bmatrix} = \begin{bmatrix} a_{1,1}x_1+a_{1,2}x_2+\cdots+a_{1,n}x_n \\ a_{2,1}x_1+a_{2,2}x_2+\cdots+a_{2,n}x_n \\ \vdots \\ a_{m,1}x_1+a_{m,2}x_2+\cdots+a_{m,n}x_n \end{bmatrix} = \begin{bmatrix} b_1 \\ b_2 \\ \vdots \\ b_m \end{bmatrix}$$

当方程的常数项均为 0，即 $\boldsymbol{b}$ 为零向量时，这样的方程组称作齐次方程组。

将常数向量作为一个新的列向量合并到系数矩阵右侧，得到一个 $m\times(n+1)$ 的矩阵称为增广矩阵，记作 $(\boldsymbol{A}\mid\boldsymbol{b})$。

如果有一组数 $x_1,x_2,\cdots,x_n$ 使得所有方程都成立，那么这组数就叫做方程组的解。一个线性方程组的所有的解的集合简称为解集。线性方程组解的存在性包括三种情况：

（1）有唯一一组解；

（2）有无穷多组解；

（3）无解。

高斯消元法的思想是，先将增广矩阵按行做初等变换，使其左下方元素均为 0，然后依次尝试求出每一个未知数的值，以此求解线性方程组。

高斯消元法的算法流程如下。

（1）将增广矩阵按行做初等变换，使其左下方元素均为 0：枚举列 $j=1,2,\cdots,n$，找

到一个行 $i \geq j$,且 $a_{i,j} \geq 0$。

a) 若存在这样的 i,则交换第 i 行和第 j 行。然后对于每一个 $k>j$,将第 k 行减去第 j 行 $\times \dfrac{a_{k,j}}{a_{j,j}}$。此处若对 $k \neq j$ 的行都执行,变换后可得到对角矩阵。

b) 若不存在这样的 i,则说明 x_j 是一个自由未知数。

(2) 尝试求出每一个未知数的值:枚举 $i=n,n-1,\cdots,1$,将已经求得的 $x_j(j>i)$ 代入第 i 个方程,如无矛盾,则解出 x_i。

当 x_i 为自由未知数并且第 i 个方程无法对于 x_i 起限定作用时,若其他未知数的值均确定,且带入方程并不满足等式,则方程组无解。否则因为存在自由未知数,方程组有无穷多解。

寻找满足 $a_{j,i}>0$ 的 j 时,需要 $O(n^2)$ 时间进行枚举和交换。第 i 行对于第 j 行进行消元,需要枚举 n 项,总复杂度为 $O(n^3)$。

代码示例

高斯消元法求解线性方程组代码如下。

```cpp
// 假设线性方程组包含 n 个方程 n 个未知数,且有唯一解,
for (int i = 1; i <= n; ++i)
    a[i][n+1] = b[i];
for (int i = 1; i <= n; ++i) {
    int r = i;
    for (int j = i + 1; j <= n; ++j)
        if (fabs(a[j][i]) > fabs(a[r][i]))
            r = j;
    for (int j = i; j <= n + 1; ++j)
        swap(a[i][j],a[r][j]);
    for (int j = i + 1; j <= n; ++j)
    {
        double mu = a[j][i] / a[i][i];
        for (int k = i; k <= n + 1; ++k)
            a[j][k] -= a[i][k] * mu;
    }
}
for (int i = n; i >= 1; --i)
{
    x[i] = a[i][n + 1];
    for (int j = i + 1; j <= n; ++j)
        x[i] -= a[i][j] * x[j];
    x[i] /= a[i][i];
}
```

参考词条

1. 向量与矩阵的概念
2. 向量的运算
3. 矩阵的初等变换

延伸阅读

CORMEN T H, LEISERSON C E, RIVEST R L, et al. 算法导论[M]. 殷建平, 等译. 3版. 北京：机械工业出版社, 2013：481-485.

（张康　李曙）

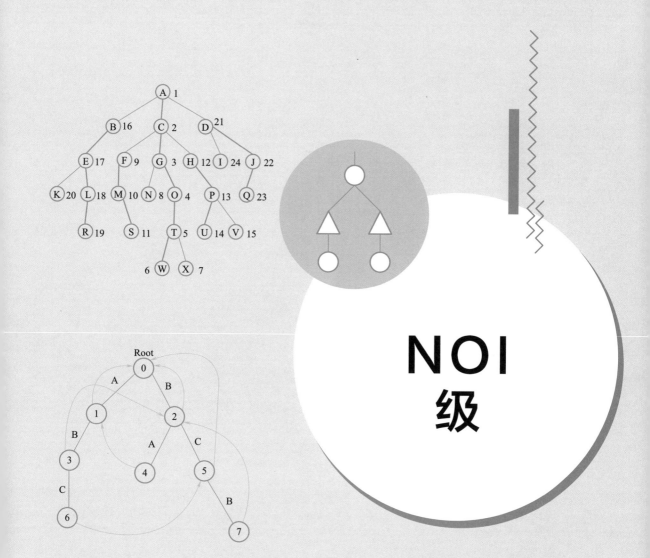
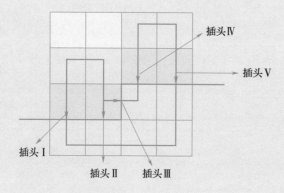

NOI 级

3.1　C++程序设计

面向对象程序设计（Object Oriented Programming，OOP）是一种计算机编程架构。OOP 的一条基本原则是计算机程序由单个能够起到子程序作用的单元或对象组合而成。

面向对象程序设计以对象为核心，该方法认为程序由一系列对象组成。类是对现实世界的抽象，包括表示静态属性的数据和对数据的操作，对象是类的实例化。对象间通过消息传递相互通信，来模拟现实世界中不同实体间的联系。在面向对象的程序设计中，对象是组成程序的基本模块。

面向对象模式有三个主要性质：封装、继承和多态。

1. 封装性

面向对象模式中描述对象使用类（class）的概念，类中定义属性和方法，定义为私有（private）的属性和方法，在类的外部是不可访问的，定义为公开（public）的属性和方法是外部可以调用的，这称为可见性。它实现了隐藏代码细节，仅将可用的属性和方法暴露给外部，称之为封装性。

2. 继承性

出于代码复用的目的，面向对象模式允许一个类可以从另一个类继承，前者称之为子类，后者称为父类。子类继承父类的属性和方法，并额外定义具有子类特性的属性和方法。

3. 多态性

当不同的多个对象同时接收到同一个完全相同的消息之后，所表现出来的动作是各不相同的，具有多种形态；从微观的角度来讲，多态性是指在一组对象的一个类中，可以使用相同的调用方式来对相同的函数名进行调用，即便这若干个具有相同函数名的函数所表示的函数是不同的。

较为常见的面向对象程序设计语言有 C++、Java 和 Python 等。

参考词条

类的概念及简单应用

延伸阅读

STROUSTRUP B. C++程序设计语言（第 1~3 部分）[M]．王刚，杨巨峰，译. 4 版. 北京：机械工业出版社，2016：386-546.

（金靖）

3.2 数据结构

3.2.1 线性结构

块状链表是一种对数组进行分块，并以各块为结点的链表，一般用于数组动态修改及区间信息维护。对于具有 n 个元素且块大小为 $O(\sqrt{n})$ 的块状链表，其基本操作的时间复杂度与数组和链表比较如表 3.1 所示。

表 3.1 数组、链表、块状链表对比

	数组	链表	块状链表
插入	$O(n)$	$O(1)$	$O(\sqrt{n})$
查询	$O(1)$	$O(n)$	$O(\sqrt{n})$
删除	$O(n)$	$O(1)$	$O(\sqrt{n})$

块状链表中每个结点包含的基本信息如下：
(1) 数组 a，存储本块中的元素；
(2) size，本块内元素数量；
(3) 指针 next，标记下一个结点位置。

对于一个总共有 n 个元素的块状链表，其支持的主要操作有如下几种。
(1) 查询：先定位到链表所在结点，链表结点内利用数组直接定位查询。
(2) 插入：在链表中查询到目标位置，对结点中的数组进行插入操作，如果块内元素过多，需要将该结点分裂为两个结点。
(3) 删除：在链表中查询到目标位置，对结点中的数组进行删除操作，如果本块与相邻块内元素都过少，需要将该结点与相邻结点合并为一个结点。

块状链表也支持区间修改以及区间查询，此时需要在结点上附加本结点需要维护的区间信息。对于区间修改，如果某结点被区间完全包含，则在区间上通过懒惰标记标记修改；如果是部分包含，则在相应结点修改被包含的部分。对于区间查询，如果某结点被区间完全包含，则通过区间信息取得查询结果；如果是部分包含，则在相应结点被包含部分遍历元素，取得查询结果。区间操作的时间复杂度一般为 $O(\sqrt{n})$。

参考词条

1. 链表：单链表、双向链表、循环链表
2. 分块

延伸阅读

CORMEN T H, LEISERSON C E, RIVEST R L, et al. 算法导论[M]. 殷建平, 等译. 3 版. 北京：机械工业出版社, 2013：131-134.

典型题目

NOI2003 文本编辑器

（叶金毅　李建）

3.2.2　序列

跳跃表(skip list)又称跳表，跳跃表在原有的有序链表上增加了多级索引，其中每一级索引都是一个有序链表。跳跃表通过索引实现快速查询。

图 3.1 是一个跳跃表示例。表中存储的元素为 $1,2,\cdots,8$，横向箭头表示各层有序链表中的指针，而纵向箭头表示各层相同元素之间的指针。在各层有序链表中，表头都存储一个比待处理数据都要小的值(图中为-1)，以便于插入和删除元素。

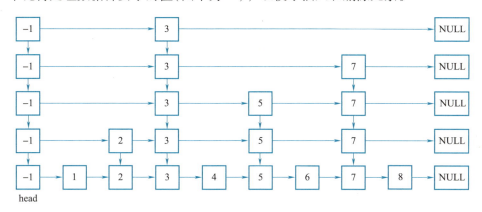

图 3.1　跳跃表

跳跃表支持查询、插入、删除操作。

在跳跃表中查询，从最上层索引开始依次查询，直到找到某个位置，该位置的下一个元素超过了待查询元素，从该位置开始向下到达下一层索引，继续查询，直到在最底层索引中查到待查询元素。

在跳跃表中插入元素，首先找到待插入元素在最底层索引中的位置，先在最底层索引中插入元素，执行一次决策使其有 50%的概率在上一级索引中也插入该元素，到上级索引后继续决策，直到根据概率停止插入操作。

跳跃表中删除元素，首先找到待删除元素在最底层索引中的位置，从下往上依次在每个索引中删除该元素。

跳跃表空间复杂度为 $O(n)$，其查询、插入与删除操作的平均时间复杂度为 $O(\log n)$。

🔗 参考词条

链表：单链表、双向链表、循环链表

延伸阅读

CORMEN T H，LEISERSON C E，RIVEST R L，et al. 算法导论［M］. 殷建平，等译. 3 版. 北京：机械工业出版社，2013：131-134.

（叶金毅　李建）

3.2.3 复杂树

3.2.3.1 树链剖分

树链剖分简称树剖或链剖，是将一棵树分割成若干条链，以便于维护树上路径信息的一种方法。树链剖分有多种形式，如重链剖分，长链剖分和实链剖分，大多数情况下，树链剖分都指重链剖分（heavy path decomposition）。

树链剖分的相关定义如下。

（1）重子结点：子结点中子树最大的一个子结点。

（2）轻子结点：子结点中除了重子结点以外的结点。

（3）重边：结点及其重子结点的连边。

（4）轻边：结点及其轻子结点的连边。

（5）重链：由多条重边连接而成的路径。

将树中每个是轻子结点的叶子结点当成一条重链，整棵树就被剖分成若干条重链。树上每个结点都恰好属于一条重链，根结点以及所有轻子结点都是某条重链的起始结点。

在树上按照重子结点优先的方式，做 DFS 遍历，那么每一条重链内的结点按照深度递增的顺序依次对应 DFS 序上的一段连续子序列，并且任意一棵子树内的所有结点在 DFS 序中也是连续的。

一棵树的剖分以及 DFS 序编号如图 3.2 所示。

记树中的结点数为 n。当从某个结点向下到达某个轻子结点时，该轻子结点所在子树的大小不会超过其父结点子树大小的一半。因此，对于树上的任意一条结点 u 到结点 v 的简单路径 $u \to v$，可将其拆分为 $u \to LCA(u,v)$ 和 $LCA(u,v) \to v$ 两条路径，每条路径分别最多包括 $O(\log n)$ 条轻边，因此，树上的每条路径都可以被拆分为不超过 $O(\log n)$ 段，每段都是某条重链的子链。每个子链都分别对应 DFS 序的一段连续子序列，可使用线段树等数据结构维护子序列信息，以实现树上路径信息的修改和查询。树链剖分也可以用于 LCA 问题。

如使用线段树维护区间信息，树链剖分实现树上路径信息修改、查询等单次操作的时间复杂度为 $O(\log^2 n)$。

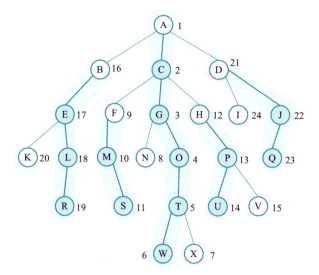

图 3.2 树剖分及 DFS 序编号

代码示例

树链剖分代码如下。

```
int dep[N],f[N],top[N],siz[N]; // dep:结点深度,f:树上父亲,top:重链链首,siz:
                               子树大小
void dfs1(int u,int fa)
{
    siz[u] = 1;
    dep[u] = dep[fa] + 1;
    f[u] = fa;
    for (int i = head[u]; i; i = e[i].nxt)
    {
        int v = e[i].tv;
        if (v == fa)
            continue;
        dfs1(v,u);
        siz[u] += siz[v];
    }
}
void dfs2(int u,int fir)
{
    top[u] = fir;
    int hson = 0;
    for (int i = head[u]; i; i = e[i].nxt)
    {
        int v = e[i].tv;
```

```
            if (v != f[u] && siz[hson] < siz[v])
                hson = v;
    }
    if (!hson)
        return;
    dfs2(hson,fir);
    for (int i = head[u]; i; i = e[i].nxt)
    {
        int v = e[i].tv;
        if (v != f[u] && v != hson)
            dfs2(v,v);
    }
}
int lca(int u,int v)
{
    while (top[u] != top[v])
        if (dep[top[u]] > dep[top[v]])
            u = f[top[u]] else v = f[top[v]];
    return dep[u] < dep[v] ? u : v;
}
int dist(int u,int v)
{
    return dep[u] + dep[v] - 2 * dep[lca(u,v)];
}
void init()
{
    dfs1(1,0);
    dfs2(1,1);
}
```

参考词条

1. 树的定义与相关概念
2. 最近公共祖先

延伸阅读

SLEATOR D D, TARJAN R E. Adata structure for dynamic trees[C]//Proceeding of Thirteenth Annual Acm Symposium on Theory of Computing. New York：Acm, 1981：114-122.

典型题目

1. NOI2015 软件包管理器
2. NOI2021 轻重边

（叶金毅　李建）

3.2.3.2 动态树：LCT

动态树就是形态有动态调整的树。动态树上的问题统称为动态树问题，包括连接森林里两棵树的结点、断开树上某两个结点之间的连边、换根、树上路径信息查询和修改、子树信息查询和修改等。

Robert Tarjan 等人于 1982 年提出的 Link-Cut Tree(LCT)，是最常见的一种解决动态树问题的数据结构。动态树问题还可以使用 Euler Tour Tree 和 Top Tree 等。

LCT 的基本思路为：将原树进行实链剖分，每条实链由一棵 Splay 维护，所有 Splay 组成一个森林，并将它们连接在一起。

在一棵树中，每个结点可任意选择与其一个子结点的连边，被选上的边称为实边，未选上的边称为虚边，将所有实边相连形成的链称为实链，整棵树即可剖分成若干条实链，每个结点的实边选择不是固定的，支持动态修改，这样的剖分就是实链剖分。按照实链剖分方式将一棵树剖分成若干条链，每条链按照结点在原树中的深度建立 Splay，并维护链上结点或边的信息。

下图为一棵树按照实链剖分方式进行剖分后得到的图，如图 3.3 所示，其中实线表示实边，虚线表示虚边。

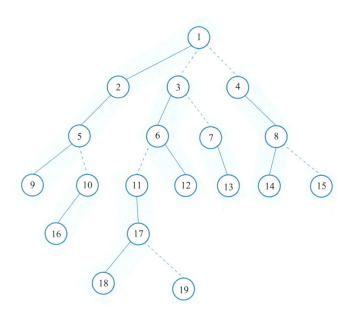

图 3.3　实链剖分方式

将每条实链建立 Splay，如图 3.4 所示。

对原树实链剖分，并将每条实链按照深度建立 Splay，所有 Splay 之间通过虚边相连，这样的树称为辅助树。上图即为一棵辅助树。辅助树中的虚边表示每棵 Splay 的根结点需要记录其表示的实链中深度最小结点在原树中的父结点，该父结点不需要记录该子结点，辅助树中的虚边连接保持了原树中结点的关联。

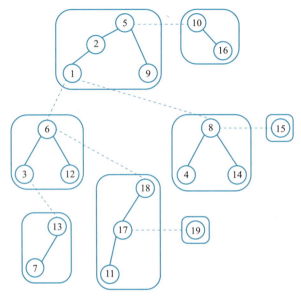

图 3.4 建立 Splay

LCT 的基本操作是 access(x)。该操作将 x 与原树根结点的路径上的边设置成实边，组成新的实链，路径上的每个结点原先所选实边如果不在新实链上则会被改成虚边。其操作步骤如下。

（1）初始设 y 为 0。

（2）判断 x 是否为 0。如果为 0，操作结束。

（3）将 x 旋成其所在 Splay 的根结点，并断开 x 与其右子结点的连接，将其右子结点设为 y；将 y 设为 x，x 设为 x 的父结点。回到步骤(2)。

例如在上图中执行操作 access(17)，第 1 次旋转后得到的辅助树如图 3.5 所示。

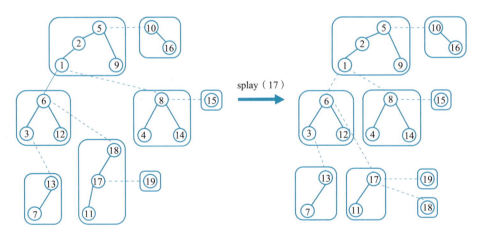

图 3.5　1 次旋转

第 2 次旋转后，得到的辅助树如图 3.6 所示。

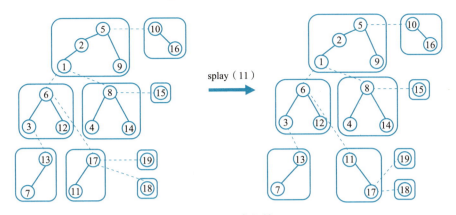

图 3.6　2 次旋转

第 3 次旋转后，得到的辅助树如图 3.7 所示。

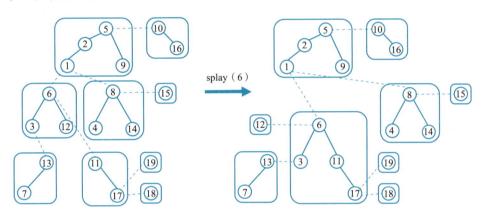

图 3.7　3 次旋转

第 4 次旋转后，得到的辅助树如图 3.8 所示。

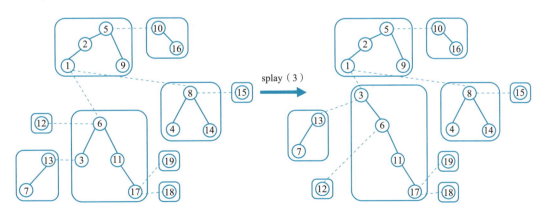

图 3.8　4 次旋转

第 5 次旋转后，得到的辅助树如图 3.9 所示。

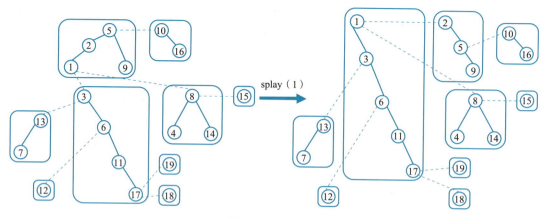

图 3.9 5 次旋转

执行操作 access(17) 后最终得到的实链剖分如图 3.10 所示。

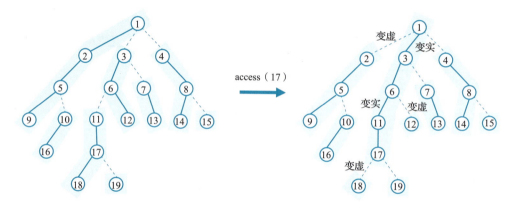

图 3.10 执行 access(17) 后得到的实链剖分示例

access(x) 的代码如下：

```
void access(int x) {
    for (int y = 0; x; y = x,x = fa[x]) {
        splay(x);
        ch[x][1] = y;
        pushup(x);
    }
}
```

其中 splay(x) 为伸展树的伸展操作，表示将 x 旋转为其所在 Splay 的根结点，其旋转函数 rotate( ) 和伸展函数 splay( ) 代码如下：

```
void rotate(int x) {
    int y = fa[x],z = fa[y],k = getson(x);
    if (nroot(y)) ch[z][getson(y)] = x;
```

```
        ch[y][k] = ch[x][k ^ 1];
        if (ch[x][k ^ 1]) fa[ch[x][k ^ 1]] = y;
        ch[x][k ^ 1] = y,fa[y] = x,fa[x] = z;
        pushup(y);
        pushup(x);
    }
    void splay(int x) {
        update(x);
        for (; nroot(x); rotate(x)) {
            if (nroot(fa[x]))
                rotate(getson(fa[x]) == getson(x) ? fa[x] : x);
        }
    }
```

基于 access(x) 的操作，LCT 上的其他操作包括。

（1）makeroot(x)：将结点 x 设为其所在原树的根结点，一般称为换根操作。操作方法是：首先通过 access(x) 将 x 与原树根结点路径上的边设为实链，然后将 x 旋成所在 Splay 的根结点，交换 x 的左右子，并添加该操作的懒惰标记，x 就变成深度最小的结点，即为原树的根。其代码如下：

```
void pushrev(int x) {
    swap(ch[x][0],ch[x][1]);
    rev[x] ^= 1;
}
void makeroot(int x) {
    access(x);
    splay(x);
    pushrev(x);
}
```

（2）findroot(x)：找到结点 x 所在原树的根。操作方法是：首先通过 access(x) 将 x 与原树根结点路径上的边设为实链，然后将 x 旋成所在 Splay 的根结点，接着在 x 为根的 Splay 中找到其最左子结点并将其设为新的 x；将新 x 旋为根结点，x 即为原树的根。其代码如下：

```
int findroot(int x) {
    access(x);
    splay(x);
    while (ch[x][0]) x = ch[x][0];
    splay(x);
    return x;
}
```

(3) link(x,y)：判断结点 x 和结点 y 是否在原森林的一棵树中，如不在一棵树中，将结点 x 和结点 y 之间连一条边，形成一棵新树。操作方法是：首先通过 makeroot(x) 将 x 变为树根，接着通过 findroot(y) 检查 y 的树根是否是 x，如不是，那么在辅助树上将 x 的父结点设为 y，即在 x 和 y 之间添加一条虚边。其代码如下：

```
bool link(int x,int y) {
    makeroot(x);
    if (findroot(y) == x) return false;
    fa[x] = y;
    return true;
}
```

(4) cut(x,y)：判断 x 和 y 之间是否有一条连边，如有，则删除该连边。操作方法是：首先通过 makeroot(x) 将 x 变为树根，接着通过 findroot(y) 检查 y 的树根是否是 x，如果是并且辅助树中 y 的父结点为 x，且 y 所在的 Splay 中左子为空，即 y 为其所在实链中深度最小结点，说明 x 和 y 之间有一条连边，就可以断开这条边。其代码如下：

```
bool cut(int x,int y) {
    makeroot(x);
    if (findroot(y) != x || fa[y] != x || ch[y][0]) return false;
    fa[y] = ch[x][1] = 0;
    pushup(x);
    return true;
}
```

以上 LCT 操作的时间复杂度均为 $O(\log n)$，其中 n 为结点数量。

参考词条

1. 平衡树：AVL、treap、splay 等
2. 树链剖分

延伸阅读

TARJAN R E. Data structures and Network Algorithms[M]．Philadelphia：Society for Industry and Applied Mathmatics，1983：59-70.

典型题目

1. WC2006 水管局长
2. NOI2014 魔法森林
3. NOI2021 轻重边

（叶金毅　金靖　李建）

3.2.3.3 二维线段树

二维线段树是在一棵线段树的每个结点上均包含一棵线段树的数据结构，主要用来解决一类平面信息修改以及查询的问题。

二维线段树首先对第一维区间划分，建立线段树，一般称为外层线段树，对于建好的外层线段树上的每个结点，对第二维区间划分建立线段树，一般称为内层线段树。

一个二维线段树如图 3.11 所示，其中外层线段树每个结点通过虚线指向其所建的内层线段树。

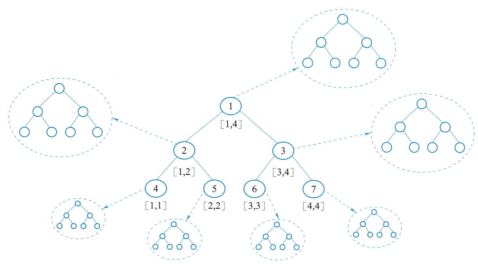

图 3.11　二维线段树

二维线段树的操作有如下两种。

（1）单点修改：在外层线段树上按照线段树修改方法找到所有需要修改的结点，然后在所有找到的结点上对其内层线段树按照第二维进行修改。

（2）查询：在外层线段树上按照待查询的第一维区间找到相应结点，并进入该结点的内层线段树，在内层线段树上按照第二维的区间进行查询，最终得到查询结果。如果查询区间对应多个结点，那么需要对多个结点的查询结果进行合并。

修改、查询操作的时间复杂度均为 $O(\log^2 n)$，其中 $n \times n$ 为平面大小。

代码示例

二维线段树代码如下。

```
//以静态区间第 k 大为例
struct node
{
    int cnt;
    int lc,rc;
```

```
} rt[N + 9];
int tot;
int build(int L = 1, int R = n)
{
    int nw = ++tot;
    rt[nw].cnt = 0;
    int Mid = (L + R) >> 1;
    if (L != R)
    {
        rt[nw].lc = build(L, Mid);
        rt[nw].rc = build(Mid + 1, R);
    }
    return nw;
}
int modify(int now, int pos, int L = 1, int R = n)
{
    int nw = ++tot;
    rt[nw] = rt[now];
    rt[nw].cnt++;
    int Mid = (L + R) >> 1;
    if (L != R)
    {
        if (pos <= Mid)
            rt[nw].lc = modify(rt[now].lc, pos, L, Mid);
        else
            rt[nw].rc = modify(rt[now].rc, pos, Mid + 1, R);
    }
    return nw;
}
int query(int p, int q, int k, int L = 1, int R = n)
{
    int Mid = (L + R) >> 1;
    if (L == R)
        return L;
    else if (rt[rt[p].lc].cnt - rt[rt[q].lc].cnt >= k)
        return query(rt[p].lc, rt[q].lc, k, L, Mid);
    else
        return query(rt[p].rc, rt[q].rc, k - rt[rt[p].lc].cnt + rt[rt[q].lc].cnt, Mid + 1, R);
}
```

参考词条

1. 线段树

2. 可持久化线段树

📖 延伸阅读

DRISCOLL J R，SARNAK N，SLEATOR D D，et al. Making data structures persistent [J]. Journal of computer and system sciences，1989，38(1)：86-124.

📚 典型题目

NOI2012 魔幻棋盘

（叶金毅　李建）

3.2.3.4 树套树

树套树是在一棵树的每个结点上均包含一棵树的数据结构，可以综合多种树形结构的特性维护较为复杂的信息。其中前面的树被称为外层树，一般需要满足分治结构，如树状数组、线段树、平衡树等；外层树的每个结点都包含一棵树，称为内层树，其可以是线段树、平衡树、AC 自动机、SAM、虚树等结构。可根据求解问题的性质，选择不同的树形结构嵌套实现。

以树状数组套线段树解决带修改的区间排名查询为例（此处排名的定义为区间内小于等于该数的数的个数），外层树是树状数组，是关于区间的划分；内层树是将外层树所对应区间内所有结点按照值的大小建立权值线段树，将区间以及区间内值建立关联。该结构还支持查询区间内的第 k 小等。

对于修改操作，在外层树状数组上查询所有包含该位置的结点，在其内层线段树上删除原来的值，并将新值作为结点插入线段树。

对于区间排名查询，设当前需要查询排名的值为 x，询问区间为 $[l,r]$。此时可以考虑差分思想，将答案转化为 $[l,r]$ 中小于等于 x 的数减去 $[1,l-1]$ 中小于等于 x 的数。在外层树状数组上找到 $[1,l-1]$ 和 $[1,r]$ 对应的所有结点，在这些结点对应的内层线段树中求区间 $[1,x]$ 的和，就可以得到 x 在 $[1,l-1]$ 和 $[1,r]$ 中的排名，用后者减去前者即为答案。

对于区间第 k 小查询，需要二分数值值域，设当前二分值为 mid，询问区间为 $[l,r]$。需要在外层树状数组上找到 $[1,l-1]$ 和 $[1,r]$ 对应的所有结点，在这些结点的内层线段树上统计所有小于等于 mid 值的结点数量，可确认 mid 值在区间内的排名，二分时将找出来的所有内层线段树结点根据结果朝左子树或右子树移动，最终找到恰好排第 k 名的最小 mid 值就是查询结果。

设序列长度为 n，值域大小为 a，以上所述操作的时间复杂度均为 $O(\log n \cdot \log a)$。实际应用中可以配合离散化，将 a 变为 $O(n)$ 级别，此时时间复杂度变为 $O(\log^2 n)$。

💻 代码示例

树套树的构造及操作代码如下。

```
// 示例中数值已经经过离散化,值域为 1~n
struct segment_tree
{ //内层动态开点权值线段树
    int cur,rt[maxn * 4],sum[maxn * 60],lc[maxn * 60],rc[maxn * 60];
    void update(int &o,int l,int r,int x,int v)
    {
        if (!o)
            o = ++cur;
        sum[o] += v;
        if (l == r)
            return;
        int mid = (l + r) >> 1;
        if (x <= mid)
            update(lc[o],l,mid,x,v);
        else
            update(rc[o],mid + 1,r,x,v);
    }
    int query(int o,int l,int r,int ql,int qr)
    {
        if (!o || r < ql || l > qr)
            return 0;
        if (l >= ql && r <= qr)
            return sum[o];
        int mid = (l + r) >> 1;
        return query(lc[o],l,mid,ql,qr) + query(rc[o],mid + 1,r,ql,qr);
    }
} st;
int n,cur1,cur2,q1[maxn],q2[maxn];
inline int lowbit(int o) { return (o & (-o)); }
void upd(int o,int x,int v)
{
    //在 o 处加入/删除 x(v=1 时为加入,v=-1 时为删除)
    //把 x 修改为 y 时需要调用两次:upd(o,x,-1),upd(o,y,1)
    for (; o <= n; o += lowbit(o))
        st.update(st.rt[o],1,n,x,v);
}
void gtv(int o,int * A,int &p)
{
    p = 0;
    for (; o; o -= lowbit(o))
        A[++p] = st.rt[o];
}
int qrykth(int l,int r,int k)
{
    if (l == r)
        return l;
    int mid = (l + r) >> 1,siz = 0;
```

```
    for (int i = 1; i <= cur1; i++)
        siz += st.sum[st.lc[q1[i]]];
    for (int i = 1; i <= cur2; i++)
        siz -= st.sum[st.lc[q2[i]]];
    if (siz >= k)
    {
        for (int i = 1; i <= cur1; i++)
            q1[i] = st.lc[q1[i]];
        for (int i = 1; i <= cur2; i++)
            q2[i] = st.lc[q2[i]];
        return qrykth(l,mid,k);
    }
    else
    {
        for (int i = 1; i <= cur1; i++)
            q1[i] = st.rc[q1[i]];
        for (int i = 1; i <= cur2; i++)
            q2[i] = st.rc[q2[i]];
        return qrykth(mid + 1,r,k - siz);
    }
}
int QryRank(int l,int r,int x)
{
    gtv(r,q1,cur1);
    gtv(l - 1,q2,cur2);
    int ret = 0;
    for (int i = 1; i <= cur1; i++)
        ret += st.query(q1[i],1,n,1,x);
    for (int i = 1; i <= cur2; i++)
        ret -= st.query(q2[i],1,n,1,x);
    return ret;
}
int QryKth(int l,int r,int k)
{
    gtv(r,q1,cur1);
    gtv(l - 1,q2,cur2);
    return qrykth(1,n,k);
}
```

参考词条

1. 线段树

2. 平衡树：AVL、treap、splay 等

3. 二维线段树

📚 **典型题目**

APIO2019 路灯

（叶金毅　李建）

3.2.3.5　K-D 树

K-D Tree 是一种对 k 维空间中的点进行存储及快速检索的树形数据结构。树上每个结点都对应空间内一个点，每个子树都对应空间内一个超长方体。

给定 n 个 k 维空间内的点，按照如下方式构建 K-D Tree：若 $n \leq 1$，即不超过 1 个点，那么构建完成；否则选择一个维度 d，并选定一个点作为分割点，将分割点设为当前子树根结点，分割点 d 维的值设为阈值，将 d 维不超过该阈值的点划分到左子树，大于该阈值的点划分到右子树；再递归构建左右子树。

如图 3.12 所示，以 $k=2$ 为例：

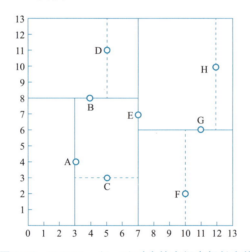

图 3.12　K-D Tree ($k=2$) 对应的空间内超长方体

有 $n=8$ 个点，其坐标分别为 (3,4)，(4,8)，(5,3)，(5,11)，(7,7)，(10,2)，(11,6)，(12,10)，如图 3.13 所示，一种可行的 K-D Tree 是这样的：

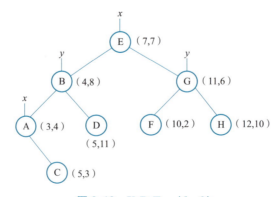

图 3.13　K-D Tree ($k=2$)

图中 x 表示当前划分的是第 1 维，y 表示当前划分的是第 2 维。树上每个结点的坐标是选择的分割点坐标。任意的划分，可能会导致树极不"平衡"，因此作如下两个优化。

(1) 选择的维度需要满足坐标的方差最大，这样将差异度最大的维度割开，能尽量"平衡"。

(2) 选择该维度的中位数，这样左右子树大小尽量相等。

其中，寻找中位数部分可以采用 C++ 中自带的 STL nth_element 以 $O(\text{size})$（size 为当前子树大小）时间复杂度完成。

K-D Tree 中插入、删除操作原理如下。

插入：自根结点开始根据其对应维度数值的大小，将其递归插入左子树或右子树，最终将其插入到某个叶子结点下面。

删除：将要删除的结点打懒惰标记。子树大小可重新定义为未被打标记的结点数。

上述两个操作会使 K-D Tree 的左右子树变得不平衡。可以设定一个重构常数 a，如果发现当前结点 u 的某个子树大小占比超过 a，则将该子树重新构造。时间复杂度仍然是 $O(n\log n)$。

以邻域查询为例：给定平面上的 n 个点，对于每个点求出离它欧几里得距离最近的点。

首先建出 K-D Tree，对于某个点，遍历 K-D Tree，查询距其最近的点。如果遍历到某个结点时，询问点不在当前结点对应的矩形区域中，且当前结点对应的矩形边界到询问点的距离都已经比已找到的最近距离大，那么这整个子树里的点一定都不优，无需继续遍历该子树。

</> 代码示例

K-D 树构造及操作代码如下。

```cpp
//平面最近点
void maintain(int x)
{
    L[x] = R[x] = s[x].x;
    D[x] = U[x] = s[x].y;
    if (lc[x])
        L[x] = min(L[x],L[lc[x]]),R[x] = max(R[x],R[lc[x]]),
        D[x] = min(D[x],D[lc[x]]),U[x] = max(U[x],U[lc[x]]);
    if (rc[x])
        L[x] = min(L[x],L[rc[x]]),R[x] = max(R[x],R[rc[x]]),
        D[x] = min(D[x],D[rc[x]]),U[x] = max(U[x],U[rc[x]]);
}
int build(int l,int r)
{
```

```
    if (l >= r)
        return 0;
    int mid = (l + r) >> 1;
    double avx = 0, avy = 0, vax = 0, vay = 0;  // 方差
    for (int i = l; i <= r; i++)
    {
        avx += s[i].x;
        avy += s[i].y;
    }
    avx /= (double)(r - l + 1);
    avy /= (double)(r - l + 1);
    for (int i = l; i <= r; i++)
        vax += (s[i].x - avx) * (s[i].x - avx),
            vay += (s[i].y - avy) * (s[i].y - avy);
    if (vax >= vay)
    {
        d[mid] = 1;
        nth_element(s + l, s + mid, s + r + 1, cmp1);
    }
    else
    {
        d[mid] = 2;
        nth_element(s + l, s + mid, s + r + 1, cmp2);
    }
    lc[mid] = build(l, mid - 1);
    rc[mid] = build(mid + 1, r);
    maintain(mid);
    return mid;
}
double f(int a, int b)
{ //求矩形到点的最小距离
    double ret = 0;
    if (L[b] > s[a].x)
        ret += (L[b] - s[a].x) * (L[b] - s[a].x);
    if (R[b] < s[a].x)
        ret += (s[a].x - R[b]) * (s[a].x - R[b]);
    if (D[b] > s[a].y)
        ret += (D[b] - s[a].y) * (D[b] - s[a].y);
    if (U[b] < s[a].y)
        ret += (s[a].y - U[b]) * (s[a].y - U[b]);
    return ret;
}
void query(int l, int r, int x)
{
```

```
        if (l > r)
            return;
        int mid = (l + r) >> 1;
        if (mid != x)
            ans = min(ans,dist(x,mid));
        if (l == r)
            return;
        double distl = f(x,lc[mid]),distr = f(x,rc[mid]);
        if (distl < ans && distr < ans)
        {
            if (distl < distr)
            {
                query(l,mid - 1,x);
                if (distr < ans)
                    query(mid + 1,r,x);
            }
            else
            {
                query(mid + 1,r,x);
                if (distl < ans)
                    query(l,mid - 1,x);
            }
        }
        else
        {
            if (distl < ans)
                query(l,mid - 1,x);
            if (distr < ans)
                query(mid + 1,r,x);
        }
    }
```

参考词条

1. 分治算法
2. 分块

延伸阅读

WEISS M A. 数据结构与算法分析：C++语言描述[M]. 冯舜玺, 译. 4 版. 北京：电子工业出版社, 2016：471-474.

典型题目

NOI2019 弹跳

（李建）

3.2.3.6 虚树

对于一类树上的问题，如果树上的结点较多，但是其中很多结点对于答案没有贡献，那么只取对答案有贡献的结点以及这些结点的 LCA 等结点，将这些结点重新构建新的树，以便于求解答案，这样的新树就是虚树。

例如对于一棵有 n 个结点的树，树上每条边均有代价，其上有 k 个询问点，一共有 m 次询问，每次询问对于当前给定的 k_i 个询问点，求最小删边代价使得根结点不能到达当前给定的任意询问点。

对于每次询问，设 dp$[u]$ 表示断开点 u 与其子树内所有当前询问点的最小代价，设所有询问点为集合 S，则转移方程为：

$$\mathrm{dp}[u] = \sum_{v\in \mathrm{son}_u,\, v\in S} w(u,v) + \sum_{v\in \mathrm{son}_u,\, v\notin S} \min(w(u,v),\, \mathrm{dp}[v])$$

每次询问都在原树上求解一次 dp 值，则单次询问复杂度为 $O(n)$，所有询问的总复杂度为 $O(mn)$。

实际该问题中询问较多，每次询问涉及到的询问点比较少，所以每次询问可将根结点、当前询问点以及当前询问点两两之间的 LCA 建立虚树，并在虚树上保持结点在原树上的祖先后代关系。

具体做法是，先做预处理，对原树按照深度优先遍历，得到结点的 DFS 序编号，以及结点的深度，同时按倍增法记录每个结点到其祖先结点路径上的最小值。对于每次询问，首先将其涉及的询问点建立虚树，建立虚树的步骤如下。

（1）当前询问给定的 k_i 个询问点按照 DFS 序从小到大排序。

（2）将根结点入栈，将排好序的询问点依次按照相应情形进行处理。

1）如果当前询问点 t 与栈顶结点的 LCA 就是栈顶结点，则将 t 入栈。

2）如果当前询问点 t 与栈顶结点的 LCA 是栈顶第二个结点（以下称为次栈顶结点），则将栈顶结点与次栈顶结点在虚树中连边，边权为栈顶结点与次栈顶结点在原树路径上的最小值，弹出栈顶结点，将 t 入栈。

3）如果当前询问点 t 与栈顶结点的 LCA 不是次栈顶结点，设该 LCA 为 p。

    a）如果 p 的深度比次栈顶结点的深度大，则将栈顶结点与 p 连边，边权为两点在原树路径上的最小值，弹出栈顶结点，再将 p 和 t 依次入栈；

    b）如果点 p 的深度比次栈顶结点的深度小，则重复将栈顶结点与次栈顶结点连边，并弹出栈顶结点，直到次栈顶结点深度小于 p 的深度或者次栈顶结点即为 p，结束弹出操作，此时回到情形 2）或者情形 3）的第 a）种情况。

（3）处理完所有询问点，最后依次将栈顶结点与次栈顶结点连边，弹出栈顶结点，直到栈为空为止。建好虚树之后，即可在虚树上做动态规划，求得本次询问的结果。动态规划的复杂度为 $O(k_i)$。

由于需要倍增预处理，以及查询树上两点之间路径的最小值，总复杂度为 $O((n+\sum k_i)\log n)$。

代码示例

虚树的构造及操作代码如下。

```
typedef long long ll;
const int N = 25e4 + 5,LogN = 23,INF = 0x3f3f3f3f;
int n,m,ecnt,nxt[N << 1],adj[N],go[N << 1],val[N << 1],dep[N],dfn[N],
times,top,stk[N],fa[N][LogN],mv[N][LogN],vir[N],vn,par[N],vi[N],qwq,yy[N];
ll ans[N];
bool isvir[N];
void add_edge(int u,int v,int w)
{
    nxt[++ecnt] = adj[u]; adj[u] = ecnt; go[ecnt] = v; val[ecnt] = w;
    nxt[++ecnt] = adj[v]; adj[v] = ecnt; go[ecnt] = u; val[ecnt] = w;
}
//处理每个结点的dfs序,树上的深度,以及记录每个结点的倍增信息
void dfs(int u,int fu)
{
    int i; fa[u][0] = fu; dep[u] = dep[fu] + 1;
    for (i = 0; i <= 19; i++)
        fa[u][i + 1] = fa[fa[u][i]][i],
        mv[u][i + 1] = min(mv[u][i],mv[fa[u][i]][i]);
    dfn[u] = ++times;
    for (int e = adj[u],v; e; e = nxt[e])
        if ((v = go[e]) != fu)
            mv[v][0] = val[e],dfs(v,u);
}
//求两个结点的LCA
int lca(int u,int v)
{
    int i;
    if (dep[u] < dep[v]) swap(u,v);
    for (i = 20; i >= 0; i--)
    {
        if (dep[fa[u][i]] >= dep[v]) u = fa[u][i];
        if (u == v) return u;
    }
    for (i = 20; i >= 0; i--)
        if (fa[u][i] != fa[v][i])
            u = fa[u][i],v = fa[v][i];
    return fa[u][0];
}
//求点u到其祖先结点v路径上的最小值
int dis(int u,int v)
```

```
{
    int i,ans = INF;
    for (i = 20; i >= 0; i--)
    {
        if (dep[fa[u][i]] >= dep[v])
            ans = min(ans,mv[u][i]),u = fa[u][i];
        if (u == v) return ans;
    }
    return ans;
}
bool comp(int u,int v)
{
    return dfn[u] < dfn[v];
}
//对于当前询问点建立虚树
void build()
{
    int i,tmp = vn; top = 0;
    sort(vir + 1,vir + vn + 1,comp);
    for (i = 1; i <= tmp; i++)
    {
        int u = vir[i];
        if (!top)
        {
            par[u] = 0;
            stk[++top] = u;
            continue;
        }
        int w = lca(stk[top],u);
        while (dep[stk[top]] > dep[w])
        {
            if (dep[stk[top - 1]] < dep[w]) par[stk[top]] = w;
            top--;
        }
        if (w != stk[top])
        {
            vir[++vn] = w;
            par[w] = stk[top];
            stk[++top] = w;
        }
        par[u] = w; stk[++top] = u;
    }
    sort(vir + 1,vir + vn + 1,comp);
}
```

```
//在建好的虚树上计算 DP 值
void DP()
{
    int i;
    for (i = 1; i <= vn; i++) ans[vir[i]] = 0;
    for (i = vn; i >= 2; i--)
    {
        int u = vir[i];
        if (isvir[u]) ans[par[u]] += 1ll * vi[u];
        else ans[par[u]] += min(1ll * vi[u],ans[u]);
    }
}
```

参考词条

1. 树的定义与相关概念
2. 二叉树的定义与基本性质
3. 最近公共祖先
4. 树型动态规划

典型题目

NOI2021 庆典

（叶金毅）

3.2.4 可合并堆

3.2.4.1 左偏树

左偏树(leftist heap 或者 leftist tree)是一种具有左偏性质的二叉树，具备堆的性质，支持合并操作。

一个结点称为外结点当且仅当该结点的左子树或者右子树为空；结点的阶是结点到它的后代中最近的外结点所经过的结点数。

对于左偏树中每个结点，其左子结点的阶不小于右子结点的阶。该性质称为左偏性。左偏树中外结点的阶均为 1，其余结点的阶等于它右子结点的阶加 1。一棵结点数量为 n 的左偏树，其结点的阶不超过 $\lfloor \log(n+1) \rfloor$。

左偏树上的操作包括：合并、插入、删除。以小根堆为例，其操作方法如下：

（1）合并：设两个左偏树的根分别为 A 和 B，合并步骤如下。

  a) 如果 A 或者 B 为空，则合并结束；

  b) 令 A 为 A,B 中根结点上的值较小的一个，递归合并 A 的右子树和 B，并将合

并后的新树作为 A 的右子树。检查 A 是否满足左偏性质，如不满足，则交换其左右子树。如果 A 的右子树不为空，则 A 的阶为其右子结点的阶加 1。

（2）插入：将待插入的值记录到单个结点中，将其作为一棵左偏树与原树合并。

（3）删除：左偏树仅支持根结点的删除，将根结点左右子树合并即完成根结点删除操作。

左偏树操作的时间复杂度均为 $O(\log n)$。

代码示例

左偏树的操作代码如下。

```
int merge(int x,int y)
{
    if (!x || !y)
        return x | y; // 若一个堆为空则返回另一个堆
    if (t[x].val > t[y].val)
        swap(x,y); // 取值较小的作为根
    t[x].rs = merge(t[x].rs,y); // 递归合并右儿子与另一个堆
    if (t[t[x].rs].d > t[t[x].ls].d)
        swap(t[x].ls,t[x].rs); // 若不满足左偏性质则交换左右儿子
    t[x].d = t[t[x].rs].d + 1; // 更新 dist
    return x;
}
int pop(int x)
{
    return merge(t[x].ls,t[x].rs);
}
```

参考词条

1. 优先队列
2. 二叉堆

延伸阅读

CORMEN T H, LEISERSON C E, RIVEST R L, et al. 算法导论[M]. 殷建平，等译. 3 版. 北京：机械工业出版社，2013：290-300.

典型题目

1. BOI2004 Sequence
2. APIO2012 派遣

（谷多玉　李建）

3.2.4.2 二项堆

二项树 B_k 的递归定义如下：二项树 B_0 只包含一个结点，二项树 B_k 由两棵二项树 B_{k-1} 连接而成，其中一棵树是另一个棵树的根的最左子树。二项树 B_k 共有 2^k 个结点；其树的高度为 k；根的度数为 k，大于树中其他任何结点的度数。

二项堆（binomialheap）是二项树的集合，每棵二项树都满足堆的性质，且不能有两棵或以上的二项树的根有相同的度。可以将二项堆中的二项树按照根的度从小到大连接起来。

一个二项堆如图 3.14 所示。

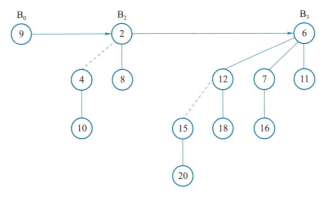

图 3.14 二项堆

二项堆的操作包括：合并、插入、查找、删除。以小根堆为例，其操作的方法如下。

（1）合并：两个二项堆按照根结点的度数 i 从小到大进行合并。两个二项堆中如果只有一棵二项树的度数为 i，则将该二项树加入到结果堆中；如果两个二项堆中均有度数为 i 的二项树，则将其合并为一棵度数为 $i+1$ 的二项树，其合并过程是比较两个二项树根结点的值的大小，取值小的根结点作为新树的根结点，另一棵树为新树的最左子树，新树继续参与后续的合并。

（2）插入：将待插入的值记录到单个结点中，将其作为一个二项堆，与原二项堆合并，即完成插入操作。

（3）查找：二项堆支持堆中最小值的查找，该值为所有二项树的根结点的最小值。

（4）删除：二项堆支持最小值结点或指定结点的删除。在删除最小值结点时，首先查找到最小值所在结点，将其从对应的二项树中删除，再将其子树视为独立的二项堆，与其他二项树合并即可。在删除指定结点时，将待删除结点的值设为无穷小，将其到根的路径上的每个结点的值都与其父结点交换，然后删除最小值结点即可。

二项堆操作的时间复杂度均为 $O(\log n)$，其中 n 为结点数量。

参考词条

1. 进制与进制转换：二进制、八进制、十进制、十六进制

2. 链表：单链表、双向链表、循环链表
3. 优先队列

延伸阅读

CORMEN T H, LEISERSON C E, RIVEST R L, et al. 算法导论[M]. 殷建平，等译. 3版. 北京：机械工业出版社，2013：290-300.

（谷多玉　李建）

3.2.5 可持久化数据结构

3.2.5.1 可持久化线段树

可持久化线段树是一种用来记录和访问线段树的不同历史版本信息的数据结构，它由多棵线段树组合而成。

对于一棵已经建好的线段树，如果对这个线段树进行修改并保留历史版本，那么需要重新建立一个新的线段树，新线段树可以共享前一个线段树未发生修改的子结点，可看作继承了前一个线段树，这样自上而下新建 $\log n$ 个结点即可完成新线段树的构建，其中 n 为元素个数。

可持久化线段树如图 3.15 所示。

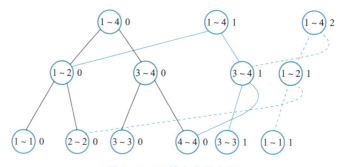

图 3.15　可持久化线段树

可持久化线段树支持区间修改操作。因为可持久化线段树上每个版本需要与前一个版本共用结点，所以如果通过标记记录修改，标记的下放需要新建结点，或者使用标记永久化来避免标记的下放。

可持久化线段树单次查询和修改的时间复杂度与线段树上操作时间复杂度相同。

可持久化线段树可以较好的支持区间第 k 小查询，其建树及查询思路如下。

对于一个长度为 n 的序列，一共建立 $n+1$ 棵线段树，分别称为第 0 个版本到第 n 个版本，其中第 i 个版本统计前 i 个元素值的信息，相对于前一个版本增加了第 i 个元素。依次建立所有版本的线段树，并记录每个版本的根结点。

对于区间 $[l, r]$ 第 k 小元素查询，主要利用前缀和思想，查询方法如下：设 p 指针

指向第 r 个版本根结点，q 指针指向第 $l-1$ 个版本的根结点，比较两个版本的左子树所统计结点个数，如差值大于等于 k，p 指针和 q 指针分别移动到其左子结点，并继续查询第 k 小元素；如差值小于 k，将 k 减去该差值，p 指针和 q 指针分别移动到其右子结点，并继续查询第 k 小元素。p 指针和 q 指针指向叶子结点则找到第 k 小元素。

可持久化线段树除了可在序列上维护历史版本信息，也可以在树上维护历史版本信息。可持久化线段树可以支持树上路径的第 k 小查询，其建树与查询思路如下。

对于一个 n 个结点的树，一共建立 n 棵线段树，其中第 i 个版本统计结点 i 到根的路径上所有点的信息，每个结点与它树上父结点相比只增加一个元素。按照 DFS 序建立所有版本的线段树，并记录每个版本的根结点。

对于结点 x 到结点 y 路径的查询，只需找出 x，y，$\mathrm{lca}(x,y)$，$\mathrm{fa}_{\mathrm{lca}(x,y)}$ 四个版本，其中 $\mathrm{fa}_{\mathrm{lca}(x,y)}$ 结点为 $\mathrm{lca}(x,y)$ 的父结点，之后的操作与区间第 k 小查询类似。

代码示例

可持久化线段树的构造及操作代码如下。

```
struct persistent_segment_tree
{
    int cur,sum[maxn * 60],lc[maxn * 60],rc[maxn * 60];
    // o 表示当前版本的结点,pre 表示上一个版本的结点
    void update(int &o,int pre,int l,int r,int x)
    {
        o = ++cur;
        sum[o] = sum[pre];
        lc[o] = lc[pre];
        rc[o] = rc[pre];
        ++sum[o];
        if (l == r)
            return;
        int mid = (l + r) >> 1;
        if (x <= mid)
            update(lc[o],lc[pre],l,mid,x);
        else
            update(rc[o],rc[pre],mid + 1,r,x);
    }
    int query(int p,int q,int l,int r,int k)
    {
        if (l == r)
            return l;
        int mid = (l + r) >> 1;
        int tmp = sum[lc[p]] - sum[lc[q]]; // 左子树所统计结点个数之差
        if (tmp >= k)
            return query(lc[p],lc[q],l,mid,k);
```

```
            else
                return query(rc[p],rc[q],mid + 1,r,k);
    }
} pst;

int a[maxn],rt[maxn],n,m; // 序列长度为n,值域为[1,m]

void build()
{
    for (int i = 1; i <= n; i++)
        pst.update(rt[i],rt[i - 1],1,m,a[i]);
}
// 查询区间第 k 小 (1 <= k <= r-l+1)
int query(int l,int r,int k)
{
    return pst.query(rt[r],rt[l - 1],1,m,k);
}
```

参考词条

1. 线段树
2. 树套树

延伸阅读

IBTEHAZ N, KAYKOBAD M, RAHMAN M S. Multidimensional segment trees can do range queries and updates in logarithmic time[J]. arXiv preprint arXiv：1811.01226, 2018.

典型题目

IOI2012 Scrivener

（叶金毅 李建）

3.2.5.2 其他可持久化数据结构

可持久化数据结构（persistent data structure）是可以记录、访问和处理其历史版本信息的数据结构。

可持久化数据结构的常用实现方式有两种。

（1）路径复制：将数据结构中修改操作涉及的路径上的结点复制一遍，修改时仅对新复制的结点进行操作，保留没有被修改的结点，根结点记录版本戳。查询时在对应的版本戳根结点上进行查询操作。

（2）标记永久化：修改时在结点上存储修改操作及其版本信息，查询时计算在待查询版本戳之前的修改。

常用的可持久化数据结构有：可持久化线段树、可持久化数组、可持久化并查集、可持久化字典树、可持久化平衡树。

(1) 可持久化线段树：参考词条可持久化线段树，使用路径复制和标记永久化两种方式均可实现。

(2) 可持久化数组：支持在历史版本中单点查询和单点修改，可以用可持久化线段树来实现，可持久化线段树中的每个叶子结点记录数组当前版本的每一位的值。在可持久化线段树的对应版本中查询及修改叶子结点的值，即完成了可持久化数组的历史版本单点查询及修改操作。

(3) 可持久化并查集：支持历史版本的查询和合并操作。可持久化并查集的合并过程采用启发式合并，用可持久化线段树维护每个点的父亲结点信息及深度信息。在可持久化线段树对应版本中递归查询结点的父亲结点，直到父结点值等于结点值，即完成历史版本的查询集合代表元操作。合并时查询到集合代表元的深度信息，在可持久化线段树中将深度较小的结点的父结点修改为深度较大的结点即可。

(4) 可持久化字典树（可持久化 trier）：支持历史版本的查询和修改操作，使用路径复制方式实现可持久化字典树。

在可持久化字典树中插入第 i 个字符串 s 的步骤如下。

1) 设可持久化 trie 当前版本为 $root[i-1]$，新版本为 $root[i]$。令 $p=root[i-1]$，$j=0$。新建结点 q，并赋值给新版本根结点 $root[i]=q$。

2) 复制当前版本 p 的子结点信息，$trie[q][c]=trie[p][c]$，并对字符串 s 的第 j 个字符 s_j 新建结点 q'，$trie[q][s_j]=q'$。

3) 令 $p=trie[p][s_j]$，$q=trie[q][s_j]$，$j=j+1$，重复步骤 2），直到到达字符串 s 结束位置。查询操作：从对应版本的根结点 $root[i]$ 出发沿着字符指针向下即可访问到该版本的字典树。

(5) 可持久化平衡树：数据结构可以持久化的前提是其拓扑结构在使用过程中不会变化，有旋转的平衡树的旋转操作会改变结点之间的拓扑结构，因此有旋平衡树实现可持久化比较困难。在信息学竞赛中可持久化平衡树一般指可持久化无旋 treap，支持历史版本的查询和修改操作，使用路径复制方式实现，思想如下。

新建新版本的根结点，并复制原版本结点的子结点信息，对于分裂操作，每次分裂路径时新建结点指向分出来的路径，对于合并操作，与无旋 treap 相同，按照堆的权值大小合并并返回根结点即可。

可持久化平衡树的修改和查询操作都会生成新的版本。

代码示例

可持久化平衡树的操作代码如下。

```
struct TreapNode
{
    int lc,rc,priority,size,val;
};
TreapNode treap[maxn];
```

```
int idx = 0;
void pushup(int pos)
{
    treap[pos].size = treap[treap[pos].lc].size + treap[treap[pos].rc].size;
}
int merge(int x,int y)
{
    if (!x || !y) return x | y;
    int pos = ++idx;  // 分配新结点
    if (treap[x].priority < treap[y].priority)
        treap[pos] = treap[x],treap[pos].rc = merge(treap[pos].rc,y);
    else
        treap[pos] = treap[y],treap[pos].lc = merge(x,treap[pos].lc);
    pushup(pos);
    return pos;
}
void split(int pos,int k,int &x,int &y)
{
    if (!pos)
    {
        x = y = 0;
        return;
    }
    int ret = ++idx;
    treap[ret] = treap[pos];
    if (treap[pos].val <= k)
    {
        x = ret;
        split(treap[ret].rc,k,treap[ret].rc,y);
        pushup(x);
    }
    else
    {
        y = ret;
        split(treap[ret].lc,k,x,treap[ret].lc);
        pushup(y);
    }
}
// 其余操作同无旋 Treap 的非可持久化版本
```

参考词条

1. 线段树

2. 二叉搜索树的定义和构造

延伸阅读

DRISCOLL J R, SARNAK N, SLEATOR D D, et al. Making data structures persistent [J]. Journal of computer and system sciences, 1989, 38(1): 86-124.

（谷多玉　李建）

3.3　算　法

3.3.1　算法策略

3.3.1.1　分块

分块的基本思想是将整体划分为若干小块，并在划分后的每一小块上维护信息，以利于信息的修改及查询。

分块的典型应用是块状链表。

一般分块后操作的时间复杂度与块长及块数均相关，需要在块长与块数之间取得较好的平衡。例如在块状链表中，一般块长取 $O(\sqrt{n})$。

代码示例

分块算法代码如下。

```
// B 为块大小,接近 sqrt(n)的时候时间复杂度最优
// id[i]:下标 i 所在块的编号
// a[i]:数据 v[i]减去块标记 b[id[i]]后的值
// s[i]:第 i 块内数据之和
// b[i]:第 i 块的标记

// 函数 add 表示利用分块对序列中下标从 l 到 r 的元素增加 x
void add(int l,int r,long long x)
{
    int sid = id[l],eid = id[r];
    if (sid == eid)
    { //在一个块中
        for (int i = l; i <= r; i++)
        {
            a[i] += x;
            s[sid] += x;
```

```
        }
        return;
    }
    for (int i = l; id[i] == sid; i++)
    {
        a[i] += x;
        s[sid] += x;
    }
    for (int i = sid + 1; i < eid; i++)
    {
        b[i] += x;
        s[i] += B * x; //更新区间和数组(完整块)虽然最后一个块的大小未必是B,但是不
                       //     会出现在这里
    }
    for (int i = r; id[i] == eid; i--)
    {
        a[i] += x;
        s[eid] += x;
    }
}
// 函数 query 表示利用分块对序列中下标从 l 到 r 的元素求和
long long query(int l, int r)
{
    int sid = id[l], eid = id[r];
    long long ans = 0;
    if (sid == eid)
    { //在一个块中
        for (int i = l; i <= r; i++)
            ans += a[i] + b[sid];
        return ans;
    }
    for (int i = l; id[i] == sid; i++)
        ans += a[i] + b[sid];
    for (int i = sid + 1; i < eid; i++)
        ans += s[i];
    for (int i = r; id[i] == eid; i--)
        ans += a[i] + b[eid];
    return ans;
}
```

参考词条

块状链表

📚 **典型题目**

NOI2020 时代的眼泪

（李建）

3.3.1.2　离线处理思想

对于一个包含多组询问（或操作）的问题，如果一个算法在处理完当前询问后再读入并处理新的询问，则称该算法为在线算法。如果一个算法首先读入所有询问，再依次处理这些询问，则称该算法为离线算法。

离线算法可以统筹兼顾所有的询问，在某些情况下离线算法的时间和空间性能优于在线算法。通常对于包含多组询问的问题，优先考虑将所有询问读入后使用离线算法解决问题。

离线算法通常通过排序来改变询问的顺序，利用询问之间的关联提高算法性能。

对于图的连通性问题，如果主要的操作是删除边和询问连通性，可以对操作和询问按时间逆序排列，将删除的操作转化为增加的操作，利用并查集来维护连通性。

对于有多个区间询问的问题，可以将所有区间按右端点升序排列，再将数据从左到右依次加入，每加入一个就处理以其为右端点的询问。由于此时右边的数据未加入，区间的询问变为了对当前已经加入的数据中大于等于左端点的询问，即询问由原来的左右端点两个参数变为左端点一个参数，可以使用线段树等数据结构来解决。通过离线处理降低了算法设计的难度，提高了算法的时间效率。

对于有多个区间询问的问题，也可以使用由莫涛提出的莫队算法离线处理。莫队算法的基本思路为：将整个区间按照长度 L 分块并对块顺序编号，将所有区间按照左端点的块号为第一关键字、右端点为第二关键字排序，按照这个顺序依次处理每一个询问。每处理一个询问时，都是将上一个询问的区间左右端点逐步移动到该询问的左右端点位置。当区间大小与询问数量都是 $O(n)$ 时，取 $L=\sqrt{n}$ 可使得总的时间复杂度为 $O(n^{1.5})$。

莫队算法要求区间的左右端点可以高效地扩展或收缩。当区间可以方便的扩展而收缩较复杂时，可以利用莫队算法求区间左端点所在块的右边界到右端点的答案，并存储供下一个区间使用，再暴力将左端点所在块的右边界扩展到左端点，求得本询问的答案，通过额外地扩展避免收缩，通常称这种算法为回滚莫队算法。

🔗 **参考词条**

线段树

📚 **典型题目**

WC2013 糖果公园

（胡伟栋）

3.3.1.3 复杂分治思想

分治思想常用于在数列上解决优化或计数问题。通过拓展可用于解决多维数据的优化或计数问题，典型的方法是 CDQ 分治。分治思想还可以应用在树等复杂的结构上，常见的包括树的点分治。

CDQ 分治用于解决多维数据的优化或计数问题，其基本思路是首先将数据按第一维升序排列好，然后通过归并排序对第二维进行排序并解决剩下维度的问题。该技巧由陈丹琦(Chen Danqi, CDQ)较早引入到 NOI 系列竞赛中。

例如，在 n 个三元组 $T_i = (a_i, b_i, c_i)$ 中统计有多少对三元组 (T_i, T_j) 满足 $a_i \leq a_j$，$b_i \leq b_j$，$c_i \leq c_j$。

利用 CDQ 分治解决此问题，首先将所有的三元组按照 a_i 升序排列，然后对 b_i 执行类似归并排序的分治过程。

(1) 找到这个序列中点 mid。

(2) 将所有三元组对 (T_i, T_j) 划分为 3 类：

    a) $1 \leq i, j \leq \text{mid}$ 的点对；

    b) $1 \leq i \leq \text{mid}$，$\text{mid} < j \leq n$ 的点对；

    c) $\text{mid} < i, j \leq n$ 的点对。

(3) 将整个序列按照下标 i 拆成 $i \leq \text{mid}$(左边)和 $i > \text{mid}$(左边)的两个序列。此时第一类三元组对和第三类三元组对分别在这两个序列之中，递归处理，同时分别将这两个序列按 b_i 排序。

(4) 处理第二类三元组对：对以上两个序列按 b_i 升序归并到一个序列中，当一个右边的三元组 $T_j = (a_j, b_j, c_j)$ 加入时，左边已经加入的三元组的 a_i 和 b_i 都比 T_j 的小，只需用一个树状数组或线段树等数据结构统计第三维比 c_j 小的数量即可。

CDQ 分治也可以用于有修改的序列上的问题，将修改时间戳看成操作序列的第一维，序列的下标看成第二维，利用 CDQ 分治可以减少数据结构的使用。

树的点分治是分治思想在树形结构上的典型应用，常用于解决树上与路径相关的问题。

树的点分治以树的重心作为分割点。树的重心是树上的一个结点，以该结点为根时，其最大子树的大小不大于以其他结点为根时最大子树的大小。树可能有一个或两个重心。

树的点分治的基本思路为：找到树的一个重心，则问题的解可以分为路径经过重心的解和路径不经过重心的解两部分。

(1) 路径经过重心的解：设重心为树根，用数据结构记录重心到每个结点的路径信息，从中取出根的不同子树中的路径信息组合起来即为路径经过重心的解。

(2) 路径不经过重心的解：将重心和其关联的边删除，对分割出来的每棵树递归处理即可求出路径不经过重心的解。

根据需要的数据结构不同，树的点分治的时间复杂度不同，通常为 $O(n \log n)$ 或

$O(n\log^2 n)$,其中 n 为树上的结点数。

如果树的结构比较特殊或者树可以转化为二叉树,也可以使用一条边将树划分为两个部分分治处理,称为树的边分治,其流程与点分治类似。

代码示例

CDQ 分治示例代码如下。

```
// 问题:在 n 个三元组 T_i=(a_i,b_i,c_i) 中统计有多少对三元组 (T_i,T_j) 满足 a_i<=
   a_j,b_i<=b_j,c_i<=c_j。
// s[]:按 a 从小到大排列的三元组
// ans:保存满足条件的三元组总对数
// change(p,d):用树状数组将位置 p 增加 d
// query(p):用树状数组求位置 1 到 p 的和
// tmp:临时数组

// CDQ 函数用于对区间 l 到 r 进行 CDQ 分治并统计满足条件的三元组对数,顺便将 s 数组按 b
   排序
void CDQ(int l,int r) {
    if (l == r)
        return;
    int mid = (l + r) / 2;
    CDQ(l,mid);
    CDQ(mid + 1,r);
    int p = l,q = mid + 1;
    for (int i = l; i <= r; i++)
    {
        if (q > r || p <= mid && s[p].b <= s[q].b)
        {
            change(s[p].c,s[p].cnt);
            tmp[i] = s[p++];
        }
        else
        {
            ans += query(s[q].c);
            tmp[i] = s[q++];
        }
    }
    for (int i = l; i <= mid; i++)
        change(s[i].c,-s[i].cnt);
    for (int i = l; i <= r; i++)
        s[i]= tmp[i];
}
```

参考词条

分治算法

典型题目

1. BalkanOI2007 Mokia
2. JOISC2014 稻草人
3. WC2010 重建计划
4. IOI2011 Race
5. COCI2018 Transport
6. USACO2018Jan Cow at Large
7. APIO2019 路灯

（胡伟栋　李建）

3.3.1.4　平衡规划思想

平衡规划思想是指在解决具体问题时，根据问题的规模或计算资源限制等条件，在不同的算法或计算资源之间进行规划，从而在不同算法的使用上取得平衡，或在不同资源的耗用上取得平衡，以达到性能的优化。

常用的平衡规划思想包括时间空间平衡、多算法时间效率的平衡、正确率和效率的平衡等。

时间空间平衡常用于搜索问题，当搜索中出现重复搜索的状态，但是总状态数过多无法全部用记忆化搜索存储时，可以保存下一部分最常出现的重复搜索状态，对其他状态重复搜索。

多算法时间效率平衡通常用于有多解的问题，当一个问题可以使用多个算法解决，但是不同算法在不同的数据范围表现各有优劣时，可以将问题根据数据范围分段，每段分别使用该范围内表现较优的算法解决。例如一个问题的数据规模为 $n \times m \leq 225$，存在 $O(n \times 3^m)$ 和 $O(m \times 3^n)$ 两个算法，可以根据 n 和 m 的大小关系来选择使用第一个或第二个算法。替罪羊树、分块等算法是算法的时间效率平衡的典型应用。

正确率和效率的平衡通常用于随机算法，通过随机算法来求解一个问题时，通常要在时间限定的范围内尽量多次运行，达到正确率和效率之间的平衡。

参考词条

分块

（胡伟栋）

3.3.1.5　构造思想

构造思想常用于构造题，也可能用于最优解问题或计数问题。

构造题是给定了一个数据结构的目标，要求构造（生成）一个数据结构的实例，满足该目标。常见的包括构造一个序列、一棵树或一个图。

从形式上来看，问题的解往往具有某种规律，当问题规模增大时，通过构造仍能按相同规律求解。

构造题通常可以使用增量构造法、递归构造法、增加限制法等方法求解。

增量构造法：根据 $n-1$ 或 $n-2$ 的解来构造 n 的解。

例如：平面上有 n 条直线，将平面划分为若干个区域，要对这些区域黑白染色，使得相邻的区域颜色不同。该问题构造解时，从 0 条直线开始，每次新加入一条直线，只需将直线一侧区域的颜色取反即可。

递归构造法：将问题转化为 $\frac{n}{2}$ 或者其他更小的规模，然后构造 n 的解。

例如：有 $n+1$ 根柱子，前 n 根柱子每根柱子上有 m 个球，分别有各自的颜色，需要将所有同种颜色的球移到同一根柱子上，一次操作能将一根柱子最上方的球移到另一根柱子最上方，且移完后任何柱子上不能有超过 m 个球。该问题通过构造来生成移动方案。考虑只有两种颜色的情况，存在至多 $5m$ 次的合法方案。对于 n 种颜色，可对颜色分治，假设当前颜色区间为 $[l,r]$，取区间中点 mid，颜色 $[l,\text{mid}]$ 设为 0，颜色 $[\text{mid}+1,r]$ 设为 1，则变成 2 种颜色的情况，递归求解即可。

增加限制法：有时候问题的限制过于自由，可对问题加以限制来构造。

例如：给定两个多重集 A，B。A，B 的元素个数均为 n，它们中每个元素的大小 $x \in [1,n]$。请分别找出 A，B 的子集，使得它们中的元素之和相等。该问题选择一个子集不好处理，对其加以限制，变成选择两段区间，使和相同。令 sa_i 和 sb_j 分别表示 a 和 b 序列的前缀和，假设 $sa_n \leq sb_n$。对于每一个 $i \in [0,n]$，找到一个最大 j 使其满足 $sb_j \leq sa_i$，易知，$sa_i - sb_j \in [0, n-1]$。则 $n+1$ 种 $sa_i - sb_j$ 只有 n 种取值，根据鸽巢原理可知肯定有两对 $sa_i - sb_j$ 相同，设 $sa_{i_1} - sb_{j_1} = sa_{i_2} - sb_{j_2}$，则 $sa_{i_2} - sa_{i_1} = sb_{j_2} - sb_{j_1}$，所求答案即为区间 $a[i_1+1 \cdots i_2]$ 和 $b[j_1+1 \cdots j_2]$。

最优解问题或计数问题有时要将模型进行转换，构造一个新的模型来解决，常见的构造包括构造最短路的模型、构造欧拉回路的模型、构造最大流或最小割的模型、构造球盒模型等。

参考词条

1. 分治算法
2. 多重集合
3. 鸽巢原理

典型题目

1. NOIP2020 移球游戏
2. NOIP2022 喵了个喵
3. IOI2014 game

4. IOI2015 Scales

5. IOI2016 molecules

6. IOI2017 The Big Prize

7. IOI2019 Split the Attractions

8. IOI2020 Supertrees

（李建）

3.3.2 字符串算法

3.3.2.1 Manacher 算法

Manacher 算法由 Clenn Manacher 于 1975 年提出，用于求解给定字符串中最长回文子串的问题。

为避免边界和回文串长度为偶数时的讨论，首先在字符串 S 的相邻字符之间及字符串首尾填充特殊字符，如字符串 S="abbaba" 变为 S="@#a#b#b#a#b#a#$"。

Manacher 算法主要利用对称信息求每个点为中心的最长回文半径。设 p_i 表示以 i 为中心点的最长回文串半径，mx 表示计算过程中到达过的最右边界，id 表示取到 mx 时的中心点。Manacher 算法流程如下。

（1）自左往右依次计算 p_i，令此时 i 关于 id 的对称点为 j，根据对称性，当 $i<$mx 时，则 p_i 的初始值为 $\min\{p_j,\text{mx}-2\}$，否则 p_i 为 1。

（2）不断将 p_i 的值加 1，直到 $S[i-p_i]\neq S[i+p_i]$ 为止。

（3）当 $i+p_i>$mx 时，用 i 和 $i+p_i$ 分别更新 id 和 mx，如图 3.16 所示。

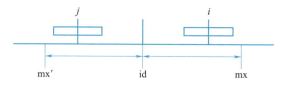

图 3.16 Manacher 算法示例

Manacher 算法的时间复杂度为 $O(n)$，其中 n 为字符串 S 的长度。

> 代码示例

Manacher 算法代码如下。

```
void manacher() {
    mx = 0,p[0] = 0;
    for (int i = 1; i < len; i++)
    {
        if (i <= mx)
            p[i] = min(mx - i + 1,p[2 * id - i]); //将已知的 p[j] 信息重复使用
```

```
        else
            p[i] = 1;  //从第一个位置开始暴力比较
        while (s[i - p[i]] == s[i + p[i]])
            p[i]++; //逐位判断
        if (p[i] + i - 1 > mx)
            mx = p[i] + i - 1,id = i; //更新计算过程中到达过的最右位置
    }
}
```

参考词条

扩展 KMP 算法

延伸阅读

MANACHER G. A New Linear-Time "On-Line" Algorithm for Finding the Smallest Initial Palindrome of a String[J]. Journal of the ACM (JACM), 1975, 22(3): 346-351.

（叶国平　李建）

3.3.2.2 扩展 KMP 算法

扩展 KMP 算法(又称 Z 算法)是由 Michael G. Main 和 Richard J. Lorentz 于 1984 年提出。扩展 KMP 算法是一种字符串匹配算法，可用来查找模式串的所有前缀在文本串中的出现。

定义 $S[l\cdots r]$ 为串 S 中第 l 位到第 r 为构成的子串。给定文本串 S 和模式串 T，定义 $n=|S|$，$m=|T|$，$\text{extend}[i] = \max\limits_{S[i\cdots i+k-1]=T[1\cdots k]} k$ 即 $\text{extend}[i]$ 表示 $S[i\cdots n]$ 与 T 的最长公共前缀长度，扩展 KMP 算法能在线性的时间复杂度内，求出 extend 数组的所有值。

扩展 KMP 算法的思想如下。

(1) 设数组 $\text{next}[i]$ 表示 $T[i\cdots m]$ 与 T 的最长公共前缀长度，其计算方法与求 extend 数组的方法相同。

(2) 依次计算 extend 数组：假设 $\text{extend}[1]$ 到 $\text{extend}[k]$ 已经求解完成，并且在以前的匹配过程中访问过的最远位置是 p，即 $p = \max\limits_{1 \leq i \leq k}(i+\text{extend}[i]-1)$；记对应的 i 为 a，根据定义有 $S[a\cdots p] = T[1\cdots p-a+1]$，因此 $S[k+1\cdots p] = T[k-a+2\cdots p-a+1]$；令 $b = \text{next}[k-a+2]$，有以下两种情形。

第一种情形为 $k+b<p$，如图 3.17 所示。

图 3.17　KMP 算法第一种情形($k+b<p$)

区间②中字符串 $S[k+1 \cdots k+b]$ 和 $T[1 \cdots b]$ 是相等的，区间③中的字符串不相等，得到：$extend[k+1] = b$。

第二种情形为 $k+b \geqslant p$，如图 3.18 所示。

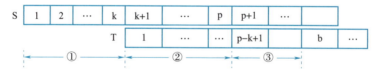

图 3.18　KMP 算法第二种情形（$k+b \geqslant p$）

区间②中字符串 $S[k+1 \cdots p]$ 和 $T[1 \cdots p-k]$ 是相等的，区间③中字符串匹配情况未知，这时从 $S[p+1]$ 与 $T[p-k+1]$ 开始匹配，直到失配为止。

扩展 KMP 的时间复杂度为 $O(n+m)$。

代码示例

扩展 KMP 算法代码如下。

```
void Z(char * s,int n)
{ // n = |s|
    z[1] = 0;
    for (int i = 2,l = 0,r = 0; i <= n; i++)
    {
        if (i <= r && z[i - l + 1] < r - i + 1)
            z[i] = z[i - l + 1];
        else
        {
            z[i] = max(0,r - i + 1);
            while (i + z[i] <= n && s[z[i] + 1] == s[i + z[i]])
                z[i]++;
        }
        if (r < i + z[i] - 1)
        {
            r = i + z[i] - 1;
            l = i;
        }
    }
}
```

参考词条

Manacher 算法

延伸阅读

CORMEN T H, LEISERSON C E, RIVEST R L, et al. 算法导论[M]. 殷建平，等

译. 3 版. 北京：机械工业出版社，2013：585-593.

典型题目

NOIP2020 字符串匹配

（叶国平　李建）

3.3.2.3　有穷自动机

有穷自动机(Finite Automaton，FA)是包含有穷数量个状态的数学模型，其中根据当前状态和输入数据确定下一个状态。有穷自动机可以用于识别特定性质和结构的字符串，是处理字符串的重要工具。有穷自动机包括确定有穷自动机(Deterministic Finite Automaton，DFA)和非确定有穷自动机(Nondeterministic Finite Automaton，NFA)。

一个确定性有穷自动机 M 是一个五元组 (Q,Σ,δ,q_0,F)，其中 Q 是一个有限状态集合，Σ 是一个有限字符集，δ 是一个转移函数 $\delta:Q\times\Sigma\to Q$，$q_0\in Q$ 是一个开始状态，$F\subseteq Q$ 是一个接受状态集合。

对于字符集 Σ 上长为 n 的一个字符串 $w=a_1a_2\cdots a_n$，它能被一个 DFA M 接受，当且仅当存在一个状态序列 $r_0,r_1,r_2,\cdots,r_n(r_i\in Q)$，满足如下条件：

（1）$r_0=q_0$；

（2）$r_{i+1}=\delta(r_i,a_i)$，$0\leqslant i\leqslant n-1$；

（3）$r_n\in F$。

DFA 通常采用有向图实现，其中转移函数对应图中的有向边。例如一棵 trie 树，在用于识别字符串是否属于给定的字符串集合时，可被视为一个转移函数受限的 DFA。其中 Q 为树中的所有结点，Σ 为给定字符集，δ 对应所有的树边，q_0 对应根结点，F 为树中所有叶结点。

一个非确定性有穷自动机 M 是一个五元组 (Q,Σ,δ,q_0,F)，其中 Q 是一个有限状态集合，Σ 是一个有限字符集，δ 是一个转移函数 $\delta:Q\times\Sigma\to\mathcal{P}(Q)$，$q_0\in Q$ 是一个开始状态，$F\subseteq Q$ 是一个接受状态集合。这里 $\mathcal{P}(Q)$ 表示 Q 的幂集。

对于字符集 Σ 上长为 n 的一个字符串 $w=a_1a_2\cdots a_n$，它能被一个 NFA M 接受，当且仅当存在一个状态序列 $r_0,r_1,r_2,\cdots,r_n(r_i\in Q)$，满足如下条件：

（1）$r_0=q_0$；

（2）$r_{i+1}\in\delta(r_i,a_i)$，$0\leqslant i\leqslant n-1$；

（3）$r_n\in F$。

设待识别的字符串长度为 n，NFA 的状态集合大小为 s，在 NFA 上识别一个字符串，每步转移最多可能存在 s 种转移，采用暴力判断时的时间复杂度为 $O(ns^2)$，空间复杂度为 $O(n+|\Sigma|s^2)$。

NFA 的常用优化如下。

（1）使用按位操作(例如 bitset)优化，优化后的时间复杂度为 $O\left(\dfrac{ns^2}{w}\right)$，其中 w 为计

算机的字长。

（2）使用分块算法优化。将状态集合分块，设分块大小为 t，总共 $O\left(\dfrac{s}{t}\right)$ 块，预处理每一块的 $Q(2^t)$ 种转移，容易做到时间复杂度为 $O\left(\dfrac{s^2 2^t |\Sigma|}{tw}+\dfrac{ns^2}{tw}\right)$，当 $t=O\left(\log \dfrac{n}{|\Sigma|}\right)$ 时即可做到时间复杂度为 $O\left(\dfrac{ns^2}{w\log \dfrac{n}{|\Sigma|}}\right)$，空间复杂度为 $O\left(\dfrac{ns^2}{\log \dfrac{n}{|\Sigma|}}+|\Sigma|s^2\right)$。

参考词条

1. 字典树（Trie 树）
2. AC 自动机
3. 后缀自动机

延伸阅读

［1］CORMEN T H，LEISERSON C E，RIVEST R L，et al. 算法导论［M］. 殷建平，等译. 3 版. 北京：机械工业出版社，2013：583-587.

［2］SEDGEWICK R，WAYNE K. 算法［M］. 谢路云，译. 4 版. 北京：人民邮电出版社，2012：518-526.

（叶国平　李建）

3.3.2.4　AC 自动机

AC 自动机由 Alfred V. Aho 和 Margaret J. Corasick 于 1975 年发明，用于查找多个字符串（称为模式串）在一个字符串（称为文本串）中的全部出现位置，是著名的多模式串匹配算法。

AC 自动机在一棵 Trie 树上构建了一个有穷状态自动机。相比正常的 Trie 树，结点之间有一些额外的边，这些边让匹配字符串失配的时候得以快速定位到下一处待匹配的位置，减少重复匹配，可以看成是树上的 KMP 算法。

设模式串为 $s_1,s_2,\cdots,s_n$，构造 Trie 树 T，从 T 的根到 T 中结点 x 的路径构成的字符串记为 $P(x)$。

失配指针，也称 fail 指针：T 上一个结点 x 的失配指针指向 y，则说明 $P(y)$ 为 $P(x)$ 在 T 上最长后缀，图 3.19 为失配指针（红色为失配指针）的示例。

AC 自动机算法流程如下。

（1）依次将每一个模式串添加到 Trie 树 T 中。

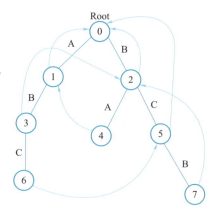

图 3.19　失配指针示例

（2）构造 fail 指针：按广度优先遍历的方法求 T 中每个结点的 fail 指针。设当前结点为 u，其父亲结点为 v，且 v 到 u 的边上的字符为 c，即 $T_{v,c}=u$。如果 $T_{\text{fail}_v,c}$ 存在，则令 fail_u 指向它，否则依次往上取失配指针进行判断，直到 $T_{x,c}$ 存在，x 为依次往上取的结点；若 x 为根结点时仍不存在符合条件的点，则将失配指针指向根结点。

（3）匹配：需要将文本串在 T 上进行遍历。设当前匹配到的结点为 u。若 u 或 u 跳若干次失配指针到达的结点为任一模式串的终止结点，则该模式串在文本串的当前位置匹配成功；继续匹配下一字符，如果 $T_{u,c}$ 不存在，则通过失配指针向上寻找，直到找到第一个存在的子结点或到达根结点，令 $u=T_{u,c}$。

构造算法的时间复杂度为 $O(\sum|s_i|)$，$|s_i|$ 表示第 i 个模式串的长度，匹配的时间复杂度为 $O(\ell)$，ℓ 为文本串的长度。

> **</>** 代码示例
>
> AC 自动机算法代码如下。

```cpp
// ac,fail:AC 自动机和对应的 fail 指针

// 将 trie 转换为 AC 自动机
void buildFail(){
    queue<int> q;
    for(int i = 0; i < 95; i++)
        if (ac[1][i])
            q.push(ac[1][i]);
    while (!q.empty())
    {
        int u = q.front();
        q.pop();
        if (!fail[u])
        {
            fail[u] = 1;
            cnt[u] += cnt[1];
        }
        for(int i = 0; i < 95; i++)
        {
            if (ac[u][i])
            {
                fail[ac[u][i]]=ac[fail[u]][i];
                q.push(ac[u][i]);
                cnt[ac[u][i]]+=cnt[fail[ac[u][i]]];
            }
            else
                ac[u][i]=ac[fail[u]][i];
        }
    }
}
```

```
// 查询长度为 m 的字符串 s 包含多少次模板串
ll queryOccCnt(char * s,int m){
    int u = 1;
    ll num = 0;
    for(int i = 0; i < m; i++)
    {
        if (ac[u][s[i]])
            u = ac[u][s[i]];
        else
            u = 1;
        hv[u] = 1;
        num += cnt[u];
    }
    return num;
}
```

参考词条

1. 字典树(Trie 树)
2. 字符串匹配：KMP 算法

延伸阅读

AHOAV，CORASICK M J. Efficient string matching：an aid to bibliographic search[J]. Communications of the ACM，1975，18(6)：333-340.

典型题目

1. POI2000 病毒
2. NOI2011 阿狸的打字机
3. USACO2015Feb-G Censoring
4. USACO2012Jan Video Game

（叶国平　李建）

3.3.2.5　后缀数组

后缀数组(suffix array)是对字符串所有后缀经过排序后得到的数组。

对于一个长度为 n 的字符串，令 $S=s_1s_2\cdots s_n$，设 $S[i\cdots j]$ 表示 S 从第 i 个字符到第 j 个字符组成的子串，$S[i\cdots n]$ 称为下标为 i 的后缀或称为后缀 i。S 的后缀数组 sa 被定义为一个数组，其值为 S 的所有后缀字典排序后的下标，$sa[i]=j$ 表示排名第 i 小的是后缀 j。将 sa 数组下标和值互换后得到 rk 数组，其中 $rk[j]=i$ 表示后缀 j 的排名为 i。

后缀数组可通过倍增法求得，其基本思路如下。

设已经得到所有长为 2^{k-1} 的子串的字典序排名，将 $S[i \cdots n+2^{k-1}-1]$ 的排名记入 rk$[i]$，那么对所有长为 2^k 的字符子串按字典序排序，根据 $S[i \cdots i+2^k-1] = S[i \cdots i+2^{k-1}-1] + S[i+2^{k-1} \cdots i+2^k-1]$，可将二元组（rk$[i]$，rk$[i+2^{k-1}]$）进行基数排序，即可得到所有长为 2^k 的子串的字典序排名。

当 $k \geq \log n$ 时，以上子串的排名即为后缀的排名。

初始设 $k=0$，就是对每个字符的 ASCII 码进行排序，然后根据上述思路逐步倍增子串长度，最终求出所有后缀的字典序排名。

求后缀数组的时间复杂度为 $O(n\log n)$。

后缀数组的应用主要需要结合最长公共前缀使用，相关定义如下：

（1）height$[i]$ 表示后缀 sa$[i]$ 和后缀 sa$[i-1]$ 的最长公共前缀长度；

（2）$h[i]$ = height$[$rk$[i]]$ 表示后缀 i 和排序后在其前一名的后缀的最长公共前缀长度；

（3）LCP(i,j) 表示后缀 i 和后缀 j 的最长公共前缀长度。

对于后缀 $i-1$，设在后缀数组中排其前一名的为后缀 x，可以得到 LCP$(i-1,x)$ = height$[$rk$[i-1]]$。后缀 $i-1$ 和后缀 x 各自去除第一个字符后则分别对应后缀 i 和后缀 $x+1$，如果 height$[$rk$[i-1]]>=1$，得到后缀 $x+1$ 的排名还是在后缀 i 之前，并且 LCP$(i,x+1)$ = height$[$rk$[i-1]]-1$，根据字典序的特征，后缀 i 与其前一名的后缀的最长公共前缀一定不小于 LCP$(i,x+1)$，可得结论 height$[$rk$[i]]$ >= height$[$rk$[i-1]]-1$，即有 $h[i] \geq h[i-1]-1$，根据该结论，可以在 $O(n)$ 的时间复杂度内求出 height 数组的值。

对于询问 sa$[i]$ 和 sa$[j]$ 的最长公共前缀，利用 height 数组可得结论 LCP$($sa$[i]$，sa$[j])$ = min$\{$height$[k] \mid i<k\leq j\}$ $(i<j)$。如果结合线段树则可以在 $O(\log n)$ 时间复杂度内求得这类区间最值问题的解。

后缀数组的典型应用包括求最长重复子串、不同子串数量等。

代码示例

后缀数组代码如下。

```
void suffix_array()
{
    m = max(n,300);
    for (i = 1; i <= n; ++i)
        ++cnt[rk[i] = s[i]];
    for (i = 1; i <= m; ++i)
        cnt[i] += cnt[i - 1];
    for (i = n; i >= 1; --i)
        sa[cnt[rk[i]]--] = i;
    for (w = 1; w < n; w <<= 1)
```

```
    {
        memset(cnt,0,sizeof(cnt));
        for (i = 1; i <= n; ++i)
            id[i] = sa[i];
        for (i = 1; i <= n; ++i)
            ++cnt[rk[id[i] + w]];
        for (i = 1; i <= m; ++i)
            cnt[i] += cnt[i - 1];
        for (i = n; i >= 1; --i)
            sa[cnt[rk[id[i] + w]]--] = id[i];
        memset(cnt,0,sizeof(cnt));
        for (i = 1; i <= n; ++i)
            id[i] = sa[i];
        for (i = 1; i <= n; ++i)
            ++cnt[rk[id[i]]];
        for (i = 1; i <= m; ++i)
            cnt[i] += cnt[i - 1];
        for (i = n; i >= 1; --i)
            sa[cnt[rk[id[i]]]--] = id[i];
        memcpy(oldrk,rk,sizeof(rk));
        for (p = 0,i = 1; i <= n; ++i)
        {
            if (oldrk[sa[i]] == oldrk[sa[i - 1]] && oldrk[sa[i] + w] == oldrk[sa[i - 1] +w])
                rk[sa[i]] = p;
            else
                rk[sa[i]] = ++p;
        }
    }
}
```

参考词条

1. 倍增法
2. 基数排序

延伸阅读

SEDGEWICK R，WAYNE K. 算法[M]. 谢路云，译. 4 版. 北京：人民邮电出版社，2012：573-580.

::: 典型题目

1. NOI2015 品酒大会
2. NOI2016 优秀的拆分
3. NOI2018 你的名字
4. USACO2006Dec Milk Patterns

（叶金毅　李建）

3.3.2.6　后缀树

字符串所有后缀的字典树经过压缩后被称为后缀树。后缀树上根结点到每个叶子结点的路径都唯一对应串的一个后缀。后缀树的概念最早由 P. Weiner 于 1973 年提出，后由 E. McCreight 在 1976 年和 E. Ukkonen 在 1992 年和 1995 年加以改进。

可将字符串的每个后缀插入 Trie 树中得到关于后缀的 Trie 树，图 3.20 为字符串 bananas 所有后缀的 Trie 树。

将 Trie 树中除根结点外所有只有一个子结点的结点删除，并将删除结点前后边的信息合并，就得到后缀树，图 3.21 为 bananas 的压缩字典树，也就是后缀树。

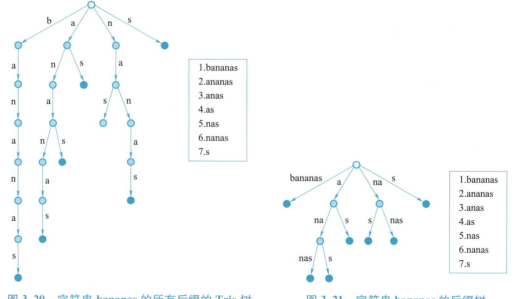

图 3.20　字符串 bananas 的所有后缀的 Trie 树　　图 3.21　字符串 bananas 的后缀树

后缀树中的边不代表某个字符，而是通过一对整数表示其在字符串中的起始位置和结束位置，代表了一段连续的子串。

后缀树的一些性质：

（1）长度为 n 的字符串的后缀树的结点数为 $O(n)$；

（2）两个后缀的最长公共前缀，是这两个后缀所代表的后缀树上的结点的最近公共祖先所代表的字符串。

代码示例

利用 SAM 构造反串后缀树，代码如下。

```
// for (int i = n; i >= 1; i--) sam_extend(s[i]);
void sam_extend(char c)
{
    int cur = sz++;
    st[cur].len = st[last].len + 1;
    int p = last;
    while (p != -1 && !st[p].next.count(c))
    {
        st[p].next[c] = cur;
        p = st[p].parent;
    }
    if (p == -1)
    {
        st[cur].parent = 0;
    }
    else
    {
        int q = st[p].next[c];
        if (st[p].len + 1 == st[q].len)
        {
            st[cur].parent = q;
        }
        else
        {
            int clone = sz++;
            st[clone].len = st[p].len + 1;
            st[clone].next = st[q].next;
            st[clone].parent = st[q].parent;
            while (p != -1 && st[p].next[c] == q)
            {
                st[p].next[c] = clone;
                p = st[p].parent;
            }
            st[q].parent = st[cur].parent = clone;
        }
    }
    last = cur;
}
```

参考词条

1. 后缀数组
2. 后缀自动机

延伸阅读

[1] EDWARD M. McCreight，A space-economical suffix tree construction algorithm[J]. Journal of the ACM，1976，23：262-272.

[2] UKKONEN E. On-line construction of suffix trees[J]. Algorithmica，1995，14(3)：249-260.

典型题目

NOI2015 品酒大会

（叶金毅　李建）

3.3.2.7 后缀自动机

后缀自动机是仅识别字符串 S 的所有后缀的最小 DFA，由 Blumer 等人于 1983 年提出。

设 n 为字符串 S 的长度，当 $n \geq 2$ 时，S 的后缀自动机只有最多 $2n-1$ 个状态和 $3n-3$ 条转移边。

对于一个字符串 T，记 $\mathrm{endpos}(T)$ 为 T 在 S 中所有右端点的集合。如果 T 不是 S 的子串，则 $\mathrm{endpos}(T) = \varnothing$；如果 T 为空串，则 $\mathrm{endpos}(T) = U = \{1, 2, \cdots, n\}$。

如 $S = \mathrm{aabaa}$，$T = \mathrm{aa}$ 时，$\mathrm{endpos}(T) = \{2, 5\}$。

如果 $\mathrm{endpos}(T_1) = \mathrm{endpos}(T_2) \neq \varnothing$，则称 T_1, T_2 是 endpos 等价，简称等价，并称一个极大两两等价的子串集合为一个 endpos 等价类，简称等价类。后缀自动机上每一个状态对应一个等价类。全集 U 也是一个等价类，对应自动机的初始状态。

对于等价类 E 及字符 c，令 $\mathrm{son}_{E,c}$ 表示 E 中所有子串末尾添加 c 后得到的串所在的等价类。特别地，$\mathrm{son}_{U,c}$ 为 c 所在等价类。可以发现对于两个等价的串 T_1, T_2，T_1+c, T_2+c 也等价。

记等价类 E 中最短的串为 $\min(E)$，最长的串为 $\max(E)$，并记 $\mathrm{len}(E) = |\max(E)|$。特别的，$\min(U)$，$\max(U)$ 均为空串。

对于不为空串的等价类 E，令 fa_E 表示 $\min(E)$。长为 $|\min(E)|-1$ 的后缀所在的等价类。特别地，$|\min(E)| = 1$ 时 $\mathrm{fa}_E = U$。

以等价类为结点，所有结点以及每个结点的 fa 边构成一棵以 U 为根的树，称为 parent 树。

对于子串 T_1, T_2，如果 $|T_1| \leq |T_2|$ 且 T_1, T_2 等价，则 T_1 是 T_2 的后缀。进一步地，有：

引理 等价类 E 中的子串长度是连续的：令 E 中的子串按长度排序以后得到的序列为 $T_1, T_2, \cdots, T_k$，则 $|T_i|+1 = |T_{i+1}|$，且 T_i 是 T_{i+1} 的后缀。

一般采用增量的方式构造后缀自动机：初始包含一个结点，设为结点 1。设已经得到 S 的后缀自动机，构造 $S+c$ 的后缀自动机，其中 c 是一个字符。

添加一个 endpos $=\{|S|+1\}$ 的结点，找到 $S+c$ 的最长后缀使其 endpos $\neq \{|S|+1\}$，并维护该后缀对应结点。可通过在 parent 树上移动实现，其做法如下。

首先新建一个状态(等价类)p，endpos$(p) = \{|S|+1\}$，len$(p) = |S|+1$。令 last 表示 endpos 为 $\{|S|\}$ 的结点，重复跳 last→fa$_{last}$ 直到 son$_{last,c} \neq \emptyset$ 或无法再跳，并令跳过的所有结点 v 的 son$_{v,c} \leftarrow p$。停止后，若 son$_{last,c} = \emptyset$，则 fa$_p \leftarrow 1$。否则令 $q \leftarrow$ son$_{last,c'}$，分如下两种情形进行处理。

1）如果 len$(q) =$ len$(last)+1$，则 q 表示的子串是 p 表示的子串的后缀，令 fa$_p \leftarrow q$，相当于 q 及 parent 树上所有 q 及 q 的祖先 endpos 并上 $\{|S|+1\}$。

2）如果 len$(q) >$ len$(last)+1$，新建一个结点 nq，nq 的 endpos 为 endpos$(q) \cup \{|S|+1\}$，并维护 son 和 fa。具体地，son$_{nq,h} \leftarrow$ son$_{q,h}(\forall h \in \Sigma)$，fa$_{nq} \leftarrow$ fa$_q$，fa$_q \leftarrow$ nq，fa$_p \leftarrow$ nq，且继续令 last→fa$_{last}$ 直到 son$_{last,c} \neq q$，并令跳过的所有结点 v 的 son$_{v,c} \leftarrow$ nq，相当于 parent 树上所有 q 的祖先 endpos 并上 $\{|S|+1\}$。

此算法的时间和空间复杂度是 $O(|S||\Sigma|)$。

后缀自动机的常见应用有：查询 T 在 S 中出现次数、查询 S 中的第 k 大子串等。

代码示例

后缀自动机代码如下。

```
//各变量的定义与上文相同。cnt 表示当前最大的结点编号。
//初始化时令 last=cnt=1,其他值均为 0。
//每加入一个字符 x 调用 extend(x)
void extend(int x)
{
    int p = ++cnt;
    len[p] = len[last] + 1;
    for (; last && !son[last][x]; last = fa[last])
        son[last][x] = p;
    if (!last)
    {
        fa[p] = 1;
        last = p;
        return;
    }
    int q = son[last][x];
```

```
        if (len[q] == len[last] + 1)
        {
            fa[p] = q;
            last = p;
            return;
        }
        ++cnt;
        len[cnt] = len[last] + 1;
        fa[cnt] = fa[q];
        fa[q] = fa[p] = cnt;
        memcpy(son[cnt],son[q],sizeof son[cnt]);
        for (; son[last][x] == q; last = fa[last])
            son[last][x] = cnt;
        last = p;
}
```

参考词条

有向无环图

延伸阅读

［1］BLUMERA，BLUMER J，EHRENFEUCHT，et al. Linear Size Finite Automata for the Set of All Subwords of a Word-An Outline of Results［J］. Bulletin of EATCS，1983，21：12-20.

［2］UKKONEN E. On-line construction of suffix trees［J］. Algorithmica，1995，14(3)：249-260.

典型题目

1. NOI2018 你的名字
2. APIO2014 回文串

（叶国平　李建）

3.3.3　图论算法

3.3.3.1　基环树

基环树（fundamental-circuited pseudotree）是一种特定的图，其边集除了与全部顶点构成一棵树以外，还包括一条不在树中的边。基环树不是树，其自身或底图是一种伪树（pseudotree）：伪树至多包含一个环，但也可以不包含环，因此不一定是基环树。

无向图的生成树及其任意的一条弦，均可构成基环树，此时基环树中的环形结构被称为关于该生成树的基本环(fundamental circuit)。对于该环形结构上的每一个结点，都有一个以该结点为根的子树，且该子树不再包含环上的其他结点。

基环树的边分有向和无向两种。如果是无向边，那么基环树就是一个具有 n 个顶点，n 条边的连通图。对于所有边均有向的基环树，如果所有结点的出度均为 1 则称为内向基环树，如果所有结点入度均为 1 则称为外向基环树。

基环树综合了树和环的特征，所以一般可以结合树上的方法和环上的方法来解决基环树上的问题。例如求无向基环树上最远距离问题，该最远距离要么在以环上某结点为根的一棵子树内，这种情况采用树型动态规划就可求出问题的解，要么答案就是一棵子树的最深结点到另一棵子树的最深结点之间的距离，这种情况下求出所有子树的最大深度，然后拆环为链，使用动态规划求解即可。

参考词条

1. 树的定义与相关概念
2. 图的定义与相关概念
3. 最小生成树：Prim 和 Kruskal 等算法

延伸阅读

[1] AIGNER M, GÜNTER M Z. Proofs from THE BOOK[M]. Berlin：springer，1998：141-146.

[2] ALVAREZ C, BLESA M, SERNA M. Universal stability of undirected graphs in the adversarial queueing model[C]// Proc. 14th ACM Symposium on Parallel Algorithms and Architectures, New York：ACM，2002：183-197.

[3] PICARD J C, QUEYRANNE M. A network flow solution to some nonlinear 0-1 programming problems, with applications to graph theory[J]. Networks，1982，12(2)：141-159.

典型题目

1. IOI2008 Island
2. NOI2012 迷失游乐园
3. NOI2013 快餐店
4. POI2012 RAN-Rendezvous

（叶金毅）

3.3.3.2 最小树形图

如果有向图的一个生成树除根结点外每个结点入度为 1，则称为树形图。有向图的边权和最小的树形图称为最小树形图(directed minimum spanning tree)。

求最小树形图的常用算法是朱刘算法(又称 Edmonds 算法)，分别由 Chu Yoeng-Jin

和 Liu Tseng-Hong 在 1965 年,以及 Jack Edmonds 在 1967 年提出。设有向图 $G=(V,E)$,其树形图的根为 r,朱刘算法求解最小树形图的步骤如下。

(1) 求最短弧集合 E_0:对于除 r 外的每个顶点 v_i,求出所有以 v_i 为弧头的弧中的最小值。如果某个顶点没有入边,则不存在最小树形图,算法结束。

(2) 检查 E_0:若 E_0 不存在有向环且没有收缩点,则 E_0 即为最小树形图,算法结束;若 E_0 存在有向环,转步骤(3);若 E_0 不存在有向环但是有收缩点,转步骤(4)。

(3) 将图 G 中的一个有向环 C 收缩成一个顶点 u,生成新图 G_1,有向图 G 中的弧可分为以下四种情形:

  a) 对于弧 $\langle v,v'\rangle$,如果两端顶点都不属于环 C,则在 G_1 中加入弧 $\langle v,v'\rangle$,边权与 G 中的边权相同;

  b) 对于弧 $\langle v,v'\rangle$,如果 v 不属于环 C,v' 属于环 C,则在 G_1 中加入弧 $\langle v,u\rangle$,设弧 $\langle v,v'\rangle$ 的边权为 w_1,环 C 中指向 v' 的弧的边权为 w_2,则新弧 $\langle v,u\rangle$ 的边权为 w_1-w_2;

  c) 对于弧 $\langle v',v\rangle$,如果 v' 属于环 C,v 不属于环 C,则在 G_1 中加入弧 $\langle u,v\rangle$,设弧 $\langle v',v\rangle$ 的边权为 w,则新弧 $\langle u,v\rangle$ 的边权为 w;

  d) 对于弧 $\langle v,v'\rangle$,如果两端顶点都属于环 C,则不在 G_1 中加入新弧。

处理完后将新图 G_1 执行步骤(1)。

(4) 当前图 G' 的最小树形图 T' 中的边一定属于原图 G 的最小树形图 T。G' 中的一个收缩点 u 对应环 C,环 C 中除了与 T' 中具有相同终点的一条弧不选之外,其他弧都属于 T。

朱刘算法的执行过程如图 3.22 所示。

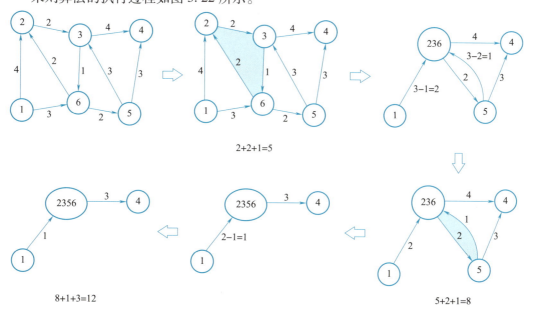

图 3.22 朱刘算法执行过程

朱刘算法求解最小树形图的时间复杂度为 $O(|V| \cdot |E|)$。

1986 年，Gabow，Galil，Spencer 和 Tarjan 提出了复杂度更好的最小树形图的实现，其核心思想是基于朱刘算法的一种优化。

算法优化思路如下。

（1）朱刘算法步骤（1），对于每个顶点 v_i，维护 v_i 为弧头的所有弧的左偏树，可以 $O(1)$ 的时间复杂度得到以 v_i 为弧头的最短弧。

（2）为了避免朱刘算法步骤（2）中有向环的存在性的判断，可通过添加边权为 $+\infty$ 的边将原图变为强连通图，例如在图中添加一个由所有顶点组成的环。这样新图最终一定会缩为一个点。如果强连通图的最小树形图中选择了添加的边，则原图不存在最小树形图。

（3）在寻找有向环的过程中，维护一个栈，将当前顶点 v_i 为弧头的最短弧的弧尾顶点入栈，并将该弧尾顶点作为新的当前结点继续选择其最短弧，如新结点的弧尾顶点已经在栈内，则出现了环，使用并查集维护该环所有顶点。

（4）朱刘算法步骤（3）中，如果出现了环 C，设图 C 中顶点 v_i 属于环 C，环 C 中指向 v_i 的弧的边权为 w，则在以 v_i 为弧头的所有弧的左偏树中通过懒惰标记将所有弧的边权减去 w。

优化后，该算法求最小树形图的时间复杂度为 $O(|E| + |V| \log |E|)$。

代码示例

朱刘算法的代码如下。

```
bool ChuLiu()
{
    ans = 0;
    int u,v,root = 0;
    for (;;)
    {
        for (int i = 0; i < n; ++i)
            in[i] = 1e100;
        for (int i = 0; i < m; ++i)
        {
            u = e[i].s;
            v = e[i].t;
            if (u != v && e[i].w < in[v])
            {
                in[v] = e[i].w;
                pre[v] = u;
            }
        }
        for (int i = 0; i < m; ++i)
```

```
            if (i != root && in[i] > 1e50)
                return 0;
        int tn = 0;
        memset(id,-1,sizeof id);
        memset(vis,-1,sizeof vis);
        in[root] = 0;
        for (int i = 0; i < n; ++i)
        {
            ans += in[i];
            v = i;
            while (vis[v] != i && id[v] == -1 && v != root)
            {
                vis[v] = i;
                v = pre[v];
            }
            if (v != root && id[v] == -1)
            {
                for (int u = pre[v]; u != v; u = pre[u])
                    id[u] = tn;
                id[v] = tn++;
            }
        }
        if (tn == 0)
            break;
        for (int i = 0; i < n; ++i)
            if (id[i] == -1)
                id[i] = tn++;
        for (int i = 0; i < m; ++i)
        {
            u = e[i].s;
            v = e[i].t;
            e[i].s = id[u];
            e[i].t = id[v];
            if (e[i].s != e[i].t)
                e[i].w -= in[v];
        }
        n = tn;
        root = id[root];
    }
    return ans;
}
```

Tarjan 的最小树形图算法代码如下。

```cpp
const int MAXN = 1e4 + 7;
int N,M,R,rt[MAXN];
int fr[MAXN],to[MAXN],val[MAXN],ch[MAXN][2],h[MAXN],mrk[MAXN];

void mark(int x,int v)
{
    mrk[x] += v;
    val[x] += v;
}
void down(int x)
{
    if (mrk[x])
    {
        mark(ch[x][0],mrk[x]);
        mark(ch[x][1],mrk[x]);
        mrk[x] = 0;
    }
}

int merge(int p,int q)
{
    if (!p || !q)
        return p + q;
    
    down(p);
    down(q);
    
    if (val[p] > val[q])
        swap(p,q);
    
    ch[p][1] = merge(ch[p][1],q);
    
    if (h[ch[p][1]] > h[ch[p][0]])
        swap(ch[p][0],ch[p][1]);
    
    h[p] = h[ch[p][1]] + 1;
    return p;
}
void del(int &x)
{
    down(x);
    x = merge(ch[x][0],ch[x][1]);
}

struct dsu
```

```cpp
{
    int fa[MAXN];
    dsu()
    {
        for (int i = 1; i < MAXN; ++i)
        {
            fa[i] = i;
        }
    }
    int find(int x)
    {
        return fa[x] == x ? x : (fa[x] = find(fa[x]));
    }
    void merge(int p,int q)
    {
        fa[find(q)] = find(p);
    }
} connect,extnode;
int out[MAXN],cnode;
vector <int> sml[MAXN],ansseq;

int id;
void addedge(int u,int v,int w)
{
    ++id;
    val[id] = w;
    to[id] = u;
    fr[id] = v;
    rt[v] = merge(rt[v],id);
}

int tarjan()
{
    int ans = 0;
    queue <int> q;

    for (int i = 1; i <= N; ++i)
        if (i != R)
            q.push(i);

    while (!q.empty())
    {
        int t = q.front();
        q.pop();
```

```
        while (rt[t] && extnode.find(to[rt[t]]) == extnode.find(t))
            del(rt[t]);

        if ( !rt[t])
        {
            cout << -1;
            return 0;
        }

        out[t] = rt[t];
        ans += val[out[t]];
        mark(rt[t],-val[out[t]]);

        if (connect.find(t) == connect.find(to[out[t]]))
        {
            q.push(++cnode);
            connect.merge(t,cnode);

            while (t != cnode)
            {
                extnode.merge(cnode,t);
                sml[cnode].push_back(t);
                rt[cnode] = merge(rt[cnode],rt[t]);
                t = extnode.find(to[out[t]]);
            }
        } else
            connect.merge(t,to[out[t]]);
    }

    return ans;
}
```

参考词条

1. 最小生成树：Prim 和 Kruskal 等算法
2. 强连通分量
3. 左偏树

延伸阅读

[1] GABOW H N, GALIL Z, SPENCER T, et al. Efficient algorithms for finding minimum spanning trees in undirected and directed graphs[J]. Combinatorica, 1986, 6(2)：109-122.

[2] UNO T. An algorithm for enumerating all directed spanning trees in a directed graph

[C]//International Symposium on Algorithms and Computation. Berlin: Springer, 1996: 166-173.

[3] CHU Y J. On the shortest arborescence of a directed graph[J]. Scientia Sinica, 1965, 14: 1396-1400.

(叶金毅 李建)

3.3.3.3 2-SAT

可满足性问题(Satisfiability, SAT)指的是判定命题逻辑公式的可满足性，有时还要对可满足公式给出使其为真的逻辑变量赋值。

逻辑变量是取值仅可为真(记为1)或假(记为0)的变量，又称布尔变量。命题逻辑公式，指的是一组逻辑变量在联结词(与∧、或∨、非¬、蕴含→、异或⊕等)的作用下，根据指定的规则而构成的公式，又称命题逻辑合式公式，或者布尔公式。如果对命题逻辑公式中的所有变量均赋以真或假，则可以计算出整个公式的值：真或假。对于给定的命题逻辑公式，如果存在对其所有逻辑变量的赋值组合，使得该公式的值为真，则称该公式为可满足的。

SAT问题中的命题逻辑公式一般为若干子句的合取形式，即合取范式。整个公式可满足，当且仅当所有子句同时可满足。这里的子句，指的是若干个逻辑变量或者其否定形式(统称为"文字")仅用联结词"或"构成的公式。例如，$p \vee \neg q \vee r$和$\neg p \vee -r$都是逻辑变量p、q和r构成的子句，而$(p \vee \neg q \vee r) \wedge (\neg p \vee \neg r)$则是在此基础上的合取范式。与、或和非($\wedge, \vee, \neg$)是完全的联结词集，即所有命题逻辑公式都可以转换成等价的合取形式。因此，通过研究合取范式的可满足性问题，即可涵盖所有的命题逻辑公式。

SAT问题一般被认为是首个被证明的NP完全(NP-Complete)的问题，即目前学术界倾向于认为不存在多项式时间算法的一类问题。如果对命题逻辑公式加以限定，使得其每个子句都至多包含k个文字，则称限定后的可满足性问题为k-SAT问题。显然，k-SAT问题是SAT问题的子问题。已经证明，对于所有$k \geq 3$，相应的k-SAT问题也都是NP完全问题。

2-SAT问题是k-SAT问题中的特例，可以通过将公式F建模成有向图G，然后在多项式时间内解决。该算法由Aspvall、Plass和Tarjan在1979年提出，主要思路如下。

(1) 对于F中的每个逻辑变量p，均在G中设置两个顶点，分别对应p和$\neg p$(下面简称顶点p和顶点$\neg p$)。

(2) 对于F中每个子句，假定子句中的逻辑变量为p和q：

1) 如果在$p=q=0$时子句为假，则在G中加上两条有向边$(\neg p,q)$和$(q,\neg p)$；

2) 如果在$p=q=1$时子句为假，则在G中加上两条有向边$(p,\neg q)$和$(\neg q,p)$；

3) 如果在$p=0$, $q=1$时子句为假，则在G中加上两条有向边$(\neg p,\neg q)$和(q,p)；

4) 如果在$p=1$, $q=0$时子句为假，则在G中加上两条有向边(p,q)和$(\neg q,\neg p)$。

(3) 对于F中的每个逻辑变量p及其否定$\neg p$，判断G中的顶点p及其否定$\neg p$是否属于同一个强连通分支。如果存在这样的逻辑变量，则 F 就是不可满足的，否则是可满足的。

（4）对于可满足的 F，如果需要输出使其为真的某个赋值组合，思路如下。

1）对 G 中的强连通分量进行缩点，随后对缩点后的有向图 G′ 进行拓扑排序。

2）对于 F 中的每个逻辑变量 p：

    a）如果在拓扑排序中，p 所在的强连通分量在 ¬ p 所在的强连通分量之后，则赋以 p=1；

    b）否则赋以 p=0。

例如，对于公式 $(p \lor \neg q) \land (\neg p \lor \neg q) \land (p \lor \neg r)$，对应的有向图如图 3.23 所示。

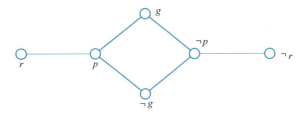

图 3.23　2-SAT 公式对应的有向图

可以采用 Tarjan 算法对有向图 G 完成强连通分量的求解和缩点。算法的时间复杂度为 $O(n+m)$。

📖 参考词条

1. 图的定义与相关概念
2. 强连通分量
3. 有向无环图的拓扑排序

📚 延伸阅读

［1］Bengt A，MICHAEL F P，ROBERT E T. A linear-time algorithm for testing the truth of certain quantified boolean formulas［J］. Information Processing Letters，1979，8（3）：121-123.

［2］STEPHEN C. The complexity of theorem proving procedures［C］//Proceedings of the Third Annual ACM Symposium on Theory of Computing，New York：ACM，1971：151-158.

📕 典型题目

1. NOI2017 游戏
2. POI2011 KON-Conspiracy

（赵启阳）

3.3.3.4 网络流

1. 流网络

流网络 $G=(V,E)$ 是一个有向图,记 $n=|V|$,$m=|E|$,图中的每条有向弧 $(u,v)\in E$ 有一个非负的权值 $c(u,v)$ 表示弧 (u,v) 上的容量限制。流网络的源点记为 s,汇点记为 t。流网络中的自环无意义,因此不予考虑。

流网络中的流是一个实值函数 $f:V\times V\to R$,称 $f(u,v)$ 为从顶点 u 到顶点 v 的流量,它满足如下性质。

(1)容量限制:$\forall u,v\in V$,有 $0\leqslant f(u,v)\leqslant c(u,v)$。

(2)流量守恒:$\forall u\in V-\{s,t\}$,有 $\sum_{v\in V}f(v,u)=\sum_{v\in V}f(u,v)$。

一个流 f 的值 $|f|$ 定义为从源点流出的总流量减去流入源点的总流量:$|f|=\sum_{v\in V}f(s,v)-\sum_{v\in V}f(v,s)$。

图 3.24 为流网络 G,每条弧上标注了容量 c 和流量 f 的值。

网络流问题中的常见问题包含最大流问题和费用流问题等。

2. 最大流问题

给定一个流网络 G、源点 s 和汇点 t,最大流问题的目标是找到值最大的一个流,即从源点 s 向汇点 t 能够流通的最大流量。

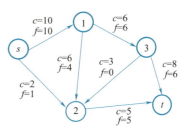

图 3.24 流网络示例

(1)Ford-Fulkerson 算法。

Ford-Fulkerson 算法通过在流网络中不断寻找增广路求解最大流。一条增广路是一条从 s 到 t 的路径,路径中可以包含正向边或反向边。正向边 (u,v) 是满足 $f(u,v)<c(u,v)$ 的未饱和边;反向边 (u,v) 对应于原流网络中的边 (v,u),满足 $f(v,u)>0$。

一条增广路 p 的可更新流量是指路径上所有边的可更新流量的最小值。其中,正向边 (u,v) 的可更新流量为 $c(u,v)-f(u,v)$,反向边 (u,v) 的可更新流量为 $f(v,u)$。

Ford-Fulkerson 算法的步骤如下。

1)初始化流网络的流 f,令 $f(u,v)=0$,$(u,v)\in E$。

2)在流网络中寻找增广路 p,如果找不到增广路,算法结束,当前流 f 即为最大流。

3)计算增广路 p 的可更新流量 a。

4)沿增广路 p 更新当前流 f:对于正向边 (u,v),将 $f(u,v)$ 增加 a,对于反向边 (u,v),将 $f(v,u)$ 减少 a;回到步骤 2)。

在实现时,通常使用残量网络 G_f 来反映一个流网络在流 f 下的可调整限度。对于流网络中的每一条边 (u,v),若 $c(u,v)-f(u,v)>0$,则 G_f 中也包含一条容量为 $c(u,v)-$

$f(u,v)$ 的边 (u,v)；若 $f(u,v)>0$，则 G_f 中包含一条容量为 $f(u,v)$ 的边 (v,u)。残量网络随流 f 的变化而动态调整。在原流网络中的增广路对应于残量网络中的一条从 s 到 t 的路径。

Ford-Fulkerson 算法的时间复杂度为 $O(m|f^*|)$，其中 f^* 表示流网络 G 的最大流。

（2）Edmonds-Karp 算法。

Edmonds-Karp 算法是对 Ford-Fulkerson 算法的改进，指定寻找增广路的方式为广度优先搜索，时间复杂度为 $O(nm^2)$。

图 3.25 为在流网络 G 上使用 Edmonds-Karp 算法，逐步求得最大流的过程。

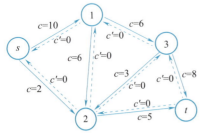
a）初始时，所有正向边流量均为0，反向边的容量为0（容量为0的边用虚线表示）

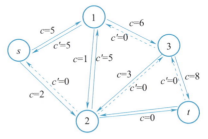
b）增广路为源点 s 途径1、2至汇点 t，流量为5，反向边容量增至5，2号点至汇点 t 的容量降至0

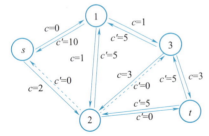
c）增广路为源点 s 途径1、3至汇点 t，流量为5，汇点至3号点、3号点到2号点容量增至5，1号点至源点 s 反向边容量增至10，正向边容量降至0

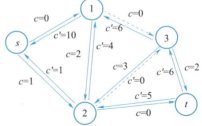
d）增广路为源点 s 途径2、1、3至汇点 t，流量为1，1号点至2号点的流量从原来的5降为4，撤销了1的流量。残余网络中无法继续找到增广路，达到最大流

图 3.25　在流网络 G 上使用 Edmonds-Karp 算法逐步求得最大流的过程示例

（3）Dinic 算法。

Dinic 算法也是对 Ford-Fulkerson 算法的改进，通过分层图来寻找增广路。算法的步骤如下。

1）初始化流网络的流 f，令 $f(u,v)=0(u,v)\in E$。并构建残量网络 G_f。

2）从源点 s 开始沿着 $c_f(u,v)>0$ 的弧进行广度优先遍历，记距离 dis_i 为源点到顶点 i 经过的边数，构建出分层图。如果遍历不到汇点，即找不到增广路，算法结束。

3）从源点 s 开始寻找增广路，对于顶点 i，只选择距离为 dis_i+1 的顶点进行扩展。如扩展到汇点 t，则构成一条增广路 p，沿增广路 p 更新流 f，并动态调整残量网络 G_f。

4）重复步骤3）直到在当前分层图找不到增广路，回到步骤2）。

在实现时，可以使用"多路增广"的技巧以深度优先的方式找到并增广当前分层图中的所有增广路。

Dinic 算法的时间复杂度为 $O(n^2m)$。

3. 最小割

有向图 $G=(V,E)$ 的一个 $s-t$ 割是指将点集 V 划分为 S 和 $T=V-S$ 两个集合，使得 $s \in S$，$t \in T$。定义割 (S,T) 的大小为 $c(S,T) = \sum_{u \in S, v \in T} c(u,v)$，其中 $c(u,v)$ 表示边 (u,v) 的权值。同样可以定义无向图上的割。

最大流最小割定理：设 f 为流网络 $G=(V,E)$ 中的一个以 s 为源点、t 为汇点的最大流，(S,T) 为 G 作为有向图时的一个最小 $s-t$ 割，则 $|f|=c(S,T)$。

最小割模型可以解决的常见问题包括：最大权闭合图、二分图的最小点权覆盖集与最大点权独立集等。

4. 容量有上下界的网络流

容量有上下界的网络流是指在流网络 $G=(V,E)$ 中求源点 s 到汇点 t 的最大流，满足 $\forall u,v \in V$，$b(u,v) \leq f(u,v) \leq c(u,v)$，其中 $b(u,v)$ 和 $c(u,v)$ 分别称为弧 (u,v) 容量的下界和上界。求解思路为，先构建一个无下界限制的流网络 G'，验证是否存在满足条件的可行流，然后在其残量网络上求出最大流。基本步骤如下。

(1) 构建流网络 $G'=(V',E')$，其中 $V'=V \cup \{s',t'\}$，s' 为新增源点，t' 为新增汇点。

1) 对于 $\forall (u,v) \in E$，在 E' 中包含一条边 (u,v)，容量为 $c(u,v)-b(u,v)$。

2) 在 E' 中包含一条边 (t,s)，容量为 $+\infty$。

3) 对于 $\forall u \in V$，如果 $\sum_{v \in V} b(v,u) > \sum_{v \in V} b(u,v)$，在 E' 中包含一条边 (s',u)，容量为 $c(s',u) = \sum_{v \in V} b(v,u) - \sum_{v \in V} b(u,v)$。

4) 对于 $\forall u \in V$，如果 $\sum_{v \in V} b(v,u) < \sum_{v \in V} b(u,v)$，在 E' 中包含一条边 (u,t')，容量为 $c(u,t') = \sum_{v \in V} b(u,v) - \sum_{v \in V} b(v,u)$。

图 3.26 展示了容量有上下界的流网络 G 和根据上述步骤建立的流网络 G'。

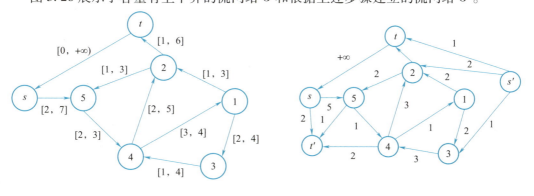

a) 流网络 G　　　　　　　　　　b) 流网络 G'

图 3.26　流网络 G 和流网络 G'

(2)在 G' 中求 s' 到 t' 的最大流,如果边 $\{(s',u)\} \cup \{(u,t')\}$ 均达到满流,说明满足 G 中的容量下界条件,在 G 中存在可行流,记作 f_1,其值为边 (t,s) 的流量值。否则在 G 中不存在可行流,无法求出最大流。

(3)在 f_1 对应的残量网络中,求 s 到 t 的最大流,记作 f_2。

(4)在 G 中满足容量上下界限制时可求得的最大流即为 f_1+f_2。

5. 费用流问题

在流网络 $G=(V,E)$ 中,每条弧除了容量限制 $c(u,v)$,还有费用参数 $s(u,v)$,表示每从弧 (u,v) 流过单位流量,就要付出 $s(u,v)$ 的费用。最小费用最大流,指在流网络的最大流中费用最小的流。

(1)朴素增广路法。

这个方法与基础 Ford-Fulkerson 方法十分类似,只是在每次寻找增广路时需要找到费用最小的增广路,其中反向边的费用定义为原边费用的相反数。通常使用 SPFA 算法求最小费用增广路。

图 3.27 展示了在流网络 G 上使用 SPFA 算法,逐步求得最小费用最大流的过程。

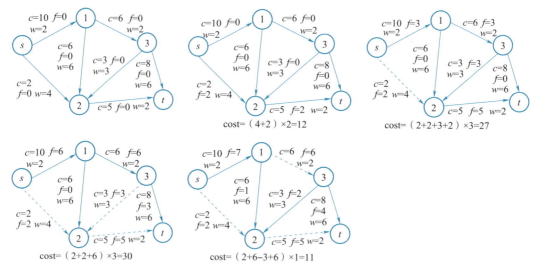

图 3.27 在流网络 G 上使用 SPFA 算法求得最小费用最大流的过程示例

算法的时间复杂度为 $O(nm|f^*|)$,其中 f^* 表示流网络 G 的最大流。

(2)消圈。

如果在流网络 G 中存在总费用为负的环路,简称负环或负圈,可使用消圈法求解得到最小费用最大流,基本思路如下:

1)使用最大流算法求出一个可行流 f;

2)在残量网络 G_f 中使用 Bellman-Ford 算法求从源点到汇点的最短路,其中边权定义为流网络中边的费用,若经过 n 轮迭代,仍有能产生更新的边 (u,v),则存在负环;

3）对于找到的某个负环，不断增加环上的流量，直到环上一条边满流；

4）当 G_f 中不存在负环时，即求得当前流量下的最小费用流。

消圈算法的时间复杂度为 $O(nm^2cw)$，其中 c 为 G 的所有弧的容量的最大值，w 为 G 的所有弧的费用的最大值。

代码示例

Edmonds-Karp 算法代码如下。

```
// previousEdge[i]:结点 i 在增广路上的前一个点
// flow[i]:结点 i 的可改进流量
// dis[i]:源点 S 到结点 i 的距离
// oo:一般取整数范围内较大的值,表示无穷大

// 找增广路
int getAugmentingPath(int S,int T)
{
    queue<int> queue;
    for (int i = 1; i <= n; ++i)
        dis[i] = oo;
    dis[S] = 0,flow[S] = oo,queue.push(S);
    while (!queue.empty())
    {
        int u = queue.front();
        queue.pop();
        for (int i = head[u]; i; i = edge[i].nxt)
        {
            int v = edge[i].to;
            if (dis[v] <= dis[u] + 1 || !edge[i].cap)
                continue;
            dis[v] = dis[u] + 1,queue.push(v);
            previousEdge[v] = i,flow[v] = min(flow[u],edge[i].cap);
        }
    }
    return dis[T] != oo;
};

// Edmond-Karp 最大流
int Edmond_KarpMaxFlow(int S,int T)
{
    int maxFlow = 0;
    while (getAugmentingPath(S,T))
    {
        // 修改残量网络
```

```
            maxFlow += flow[T];
            for (int i = T; i != S; i = edge[previousEdge[i] ^ 1].to)
            {
                if (i == 0)
                    break;
                edge[previousEdge[i]].cap -= flow[T];
                edge[previousEdge[i] ^ 1].cap += flow[T];
            }
            if (flow[T] == 0)
                break;
        }
        return maxFlow;
    }
```

Dinic 算法代码如下。

```
// first,es: 图的邻接表
bool bfs()
{
    memset(dis,-1,sizeof(dis));
    static int q[1010];
    int l = 1,r = 0;
    q[++r] = 1,dis[1] = 0;
    while(l <= r)
    {
        int now = q[l++];
        for(int i = first[now]; i; i = es[i].next)
        {
            int t = es[i].to;
            if(es[i].v && dis[t] == -1)
            {
                dis[t] = dis[now] + 1;
                q[++r] = t;
            }
        }
    }
    return dis[n]!= -1;
}
int dfs(int now,int low)
{
    if(now == n)
        return low;
    int ret = 0;
    for(int &i = first[now]; i; i = es[i].next)
    {
```

```
            int t = es[i].to;
            if(es[i].v && dis[t] == dis[now]+1)
            {
                int f = dfs(t,min(low,es[i].v));
                ret += f,low -= f;
                es[i].v -= f,es[i^1].v += f;
                if(!low)
                    return ret;
            }
        }
        return ret;
    }
    int dinic()
    {
        int ans = 0;
        memcpy(tmp,first,sizeof(tmp));
        while(bfs())
        {
            ans += dfs(1,1e9);
            memcpy(first,tmp,sizeof(first));
        }
        return ans;
    }
```

参考词条

单源最短路：Bellman-Ford、Dijkstra、SPFA 等算法

延伸阅读

CORMEN T H, LEISERSON C E, RIVEST R L, et al. 算法导论[M]. 殷建平, 等译. 3 版. 北京：机械工业出版社, 2013：414-427.

典型题目

1. CTSC1999 家园
2. NOI2008 志愿者招募
3. NOI2009 植物大战僵尸
4. NOI2010 海拔
5. NOI2012 美食节

（梁霄　叶金毅　金靖　张超　李曙）

3.3.3.5　图的支配集、独立集与覆盖集

1. 图的支配集

设图 $G=(V,E)$ 是简单无向图，$S \subseteq V$，$S \neq \varnothing$。若对于 $\forall u \in V$-S，u 都与 S 里至少一

个顶点相连，则称 S 是图 G 的支配集；若 S 是图 G 的支配集，但 S 的任何真子集都不是支配集，则称 S 为图 G 的极小支配集；S 是图 G 的支配集，若不存在任何其它支配集 S'，使得 $|S'|<|S|$，则称 S 是图 G 的最小支配集。若 S 是图 G 的最小支配集，则称 $|S|$ 为图 G 的支配数，记作 $\gamma(G)$。

定理 1：图 G 的支配集 S 是 G 的极小支配集当且仅当 S 中的每一个顶点 u 满足如下条件之一：

1) $N(u) \cap S = \varnothing$（其中 $N(u)$ 表示 u 的邻接点集合）；
2) 存在顶点 $v \in V-S$ 使得 $N(v) \cap S = \{u\}$。

定理 2：如果 G 中没有孤立顶点，且 S 是 G 的极小支配集，那么 S 的补集 $\overline{S}=V-S$ 也是 G 的支配集。

推论 1：如果 G 是一个 n 阶无孤立顶点的图，则 $\gamma(G) \leq \dfrac{1}{2}n$。

推论 2：若图 G 中无孤立顶点，对 G 的任意一个极小支配集 S_1，必然存在另一个极小支配集 S_2 使得 $S_1 \cap S_2 = \varnothing$。

求图的最小支配集问题是 NP 难的。

2. 图的独立集

对于无向图 $G=(V,E)$，若 $V' \subseteq V$ 且 V' 中的任意两个顶点都不相邻，则称 V' 是图 G 的一个独立集。图 G 中顶点数最多的独立集，被称为 G 的最大独立集。

图的最大独立集求解问题是 NP 难的。

3. 图的覆盖集

（1）点覆盖。

对于无向图 $G=(V,E)$，若 $V' \subseteq V$ 且 E 中的任意边至少有一个顶点在 V' 中，则称 V' 是图 G 的一个点覆盖。图 G 中顶点数最少的点覆盖，被称为 G 的最小点覆盖。

图的最小点覆盖求解问题是 NP 难的。

如果图 G 中没有孤立顶点，且 S 是 G 的一个点覆盖，则 S 是 G 的支配集；但 G 的支配集不一定是 G 的点覆盖。一个点集是点覆盖的充要条件是其补集是独立集，因此最小点覆盖的补集是最大独立集。一个图的任何一个匹配的大小都不超过其任何一个点覆盖的大小。

（2）边覆盖。

对于图 $G=(V,E)$，若 $E' \subseteq E$ 且 V 中的任意顶点与 E' 中的至少一条边相关联，则称 E' 是图 G 的一个边覆盖。图 G 中边数最少的边覆盖，被称为 G 的最小边覆盖。只有无孤立顶点的图才有边覆盖。

最小边覆盖可以由最大匹配而贪心地求解得到：最大匹配中的边加上每一个未匹配顶点的任意一条邻边就构成了一组最小边覆盖，因此最小边覆盖的大小加上最大匹配数等于 V 中的顶点数；图的最大独立集的大小不超过最小边覆盖大小。

最大匹配也可以由最小边覆盖求解得到：从最小边覆盖开始，从每对有公共顶点的边中删去其中一条，直到集合中的边无公共顶点，即可得到最大匹配。

参考词条

匈牙利算法

延伸阅读

CORMEN T H，LEISERSON C E，RIVEST R L，et al. 算法导论[M]. 殷建平，等译. 3版. 北京：机械工业出版社，2013：20-22.

（梁霄 李曙）

3.3.3.6 匈牙利算法

1. 最大匹配和完美匹配

无向图 $G=(V,E)$ 的一个匹配是 E 的一个子集 M，使得每个顶点最多与 M 中的一条边相关联。匹配 M 中的任意两条边都没有公共顶点。M 中的边称为匹配边，$E-M$ 中的边称为未匹配边。与匹配边相关联的顶点称为匹配点，其他顶点称为未匹配点。

边数最多的匹配，称为最大匹配。

对于图的某个匹配，如果所有顶点都是匹配点，则称该匹配为完美匹配。

完美匹配一定是最大匹配，但是并非每一个图都存在完美匹配。

求解一个二分图的最大匹配常用最大流方法或匈牙利算法。

对于二分图 $G=(V,E)$，顶点集划分为 L 和 R，在使用最大流方法求解 G 的最大匹配时，可以构造流网络 $G'=(V',E')$ 如下：

（1）建立源点 s 和汇点 t，则 $V'=V\cup\{s,t\}$；

（2）添加 s 到 L 中所有顶点的有向边，添加 R 中所有顶点到 t 的有向边，将 E 中所有的边定向为从 L 中的顶点指向 R 中的顶点，以上所有边构成 E'，每条边的容量均为 1。

对流网络 G' 求解最大流，即可得到二分图 G 的最大匹配。使用 Dinic 算法实现，时间复杂度为 $O(m\sqrt{n})$。

2. 匈牙利算法

匈牙利算法是在二分图上进行增广，最终求得最大匹配的算法，其定义如下。

交替路：设 M 是图 G 的一个匹配，从一个未匹配点出发，依次经过未匹配边→匹配边→未匹配边→匹配边→⋯形成的路径叫交替路。

增广路：一条交替路的两端均为未匹配点，称为增广路。增广路中未匹配边比匹配边多一条。

匈牙利算法求解最大匹配的过程是不断在二分图上寻找增广路，对于一条增广路，把增广路中的匹配边改为未匹配边，未匹配边改为匹配边，直到不存在增广路。

匈牙利算法流程如下。

（1）初始化所有边都是未匹配边。

(2) 任选一个之前没有选中过的未匹配点 $u \in L$，从点 u 出发深度优先寻找增广路。如果访问到 L 中的点，可以选择它的一个未访问过的邻接点继续访问；如果访问到 R 中的点，继续访问其匹配点。当访问到 R 中的点没有匹配点时，即找到增广路。对增广路进行增广，得到一个更大的匹配。

(3) 重复步骤(2)，直到 L 中的所有点都被选中过为止。

匈牙利算法的时间复杂度为 $O(nm)$。

3. 二分图的最小点覆盖和最大独立集

二分图 G 的最小点覆盖中点的数量等于二分图最大匹配中边的数量。

求二分图最小点覆盖的方法如下：

(1) 首先用 Dinic 算法或者匈牙利算法求出二分图的最大匹配。

(2) 从 L 的每一个非匹配点出发，遍历从该点出发的所有交替路，标记路上经过的所有点。

(3) 选取左部点 L 中没有被标记过的点和右部点 R 中被标记过的点，则这些点形成了该二分图的最小点覆盖。

最小点覆盖的补集是最大独立集。

4. 二分图的最小点权覆盖集和最大点权独立集

一个二分图 $G = (V, E)$，每一个顶点 $\forall v \in V$，都有一个非负点权 w_v。

最小点权覆盖集是在带点权无向图 G 中，点权和最小的点覆盖集。

最大点权独立集是在带点权无向图 G 中，点权和最大的点独立集。

最小点权覆盖的补集是最大点权独立集。

求解二分图的最小点权覆盖集的思路为，先构建一个流网络 G'，求出最小割，由最小割得出最小点权覆盖集。基本步骤如下：

(1) 构建流网络 $G' = (V', E')$，其中 $V' = V \cup \{s, t\}$，s 为新增源点，t 为新增汇点。

1) 对于 $\forall u \in L$，在 E' 中包含一条边 (s, u)，容量为 w_u。

2) 对于 $\forall u \in R$，在 E' 中包含一条边 (u, t)，容量为 w_u。

3) 对于 $\forall (u, v) \in E$，在 E' 中包含一条边 (u, v)，容量为 $+\infty$。

(2) 求解 G' 的最大流 f。值 $|f|$ 为最小点权覆盖集的点权和。

(3) 由流 f 构造出图 G' 的最小 s–t 割 (S, T)。最小点权覆盖集即为 $L \cap T$ 与 $R \cap S$ 的并集。

代码示例

二分图的最小点权集算法，代码如下。

```
// n:左边点数
// m:右边点数
// p[x][i]:左边的 x 到右边的 i 是否有边
// vis[x]:点 x 是否遍历过,用于防止重复遍历
// match[i]:i 当前匹配的是谁
```

```
int find(int x)
{
    if (vis[x])
        return 0;
    vis[x] = 1;
    for (int i = 1; i <= m; ++i)
        if (p[x][i] && (!match[i] || find(match[i])))
        {
            match[i] = x;
            return 1;
        }
    return 0;
}
int hungary()
{
    int ans = 0;
    for (int i = 1; i <= n; ++i)
    {
        for (int j = 1; j <= m; ++j)
            vis[j] = 0;
        ans += find(i);
    }
    return ans;
}
```

参考词条

1. 偶图(二分图)
2. 网络流

延伸阅读

CORMEN T H, LEISERSON C E, RIVEST R L, et al. 算法导论[M]. 殷建平, 等译. 3版. 北京：机械工业出版社, 2013：20-22.

典型题目

1. NOI2009 变换序列
2. NOI2011 兔兔与蛋蛋游戏
3. USACO2005Jan Muddy Fields
4. USACO2005Nov Asteroids
5. USACO2006Feb Steady Cow Assignment
6. USACO2011Nov Cow Steeplechase

7. COCI2017 Planinarenje

（梁霄　张超　李曙）

3.3.3.7 KM 算法

1. 二分图最佳匹配问题

给定二分图 $G=(V,E)$，其中每一条边都带有一个权值，如果图 G 存在完美匹配，匹配边的权值和最大的完美匹配称为最佳匹配，又称最大权匹配。

二分图最佳匹配问题的常用求解方法包括费用流和 KM 算法。

2. Kuhn-Munkres 算法

Kuhn-Munkres 算法（简称 KM 算法），是 Harold Kuhn 在 1955 年提出的一个能够在多项式时间内解决二分图最佳匹配问题的算法。其后 Edmonds、Karp 和 Tomizawa 对算法进行了优化。

设二分图 $G=(V,E)$ 左、右两部的顶点数都为 n，G 的顶点集划分为 $V=L\cup R$。对于 $u\in L$，$v\in R$，若 u，v 之间没有边，则增加一条权值为 $-\infty$ 的边；记 $w(u,v)$ 为边 (u,v) 的权值。

顶点标号：对于 $u\in V$，赋予标号 f_u。可行的顶点标号需要满足：$\forall u\in L$，$v\in R$，$f_u+f_v\geq w(u,v)$。

相等子图：相等子图 $G_f=(V,E_f)$ 是指由所有顶点和满足 $f_u+f_v=w(u,v)$ 的边所构成的子图。

邻域：顶点 u 的邻域是指 u 在相等子图中的所有邻接顶点的集合。顶点集合 S 的邻域是 S 中所有顶点邻域的并集。

Kuhn-Munkres 定理：当可行顶点标号对应的相等子图 G_f 中存在一个完美匹配时，该匹配就是原图的一个最佳匹配。

Kuhn-Munkres 算法的主要思路是通过调整顶点标号扩充相等子图的边集，直至相等子图存在完美匹配。算法流程如下：

（1）在初始时，对于 $u\in L$，置标号 $f_u=\max\{w(u,v)\}$；对于 $v\in R$，置标号 $f_v=0$。此时匹配集合 $M=\varnothing$，即所有边都是未匹配边。

（2）若匹配集合 M 是完美匹配，算法结束；否则执行步骤(3)。

（3）任选一个未匹配顶点 $u\in L$，从顶点 u 出发，在相等子图中寻找增广路，找到增广路并完成增广，得到一个更大的匹配，然后回到步骤(2)；若相等子图中没有以顶点 u 为起点的增广路，执行步骤(4)。

（4）记步骤(3)搜索增广路的过程中所形成的交替树中的点集合为 X，X 与左部点集 L 的交集为 X_L，与右部点集 R 的交集为 X_R，设 $X'_R=R-X_R$。记 $\Delta=\min\{f_u+f_v-w(u,v)\mid u\in X_L, v\in X'_R\}$。按如下方式修改顶点标号：给 X_L 中的所有点的顶标增加 Δ，X_R 中的所有点的顶标减小 Δ。然后回到步骤(3)，在扩展了边集 E_f 的相等子图中寻找以 u 为起点的增广路。

KM 算法的时间复杂度为 $O(|V|^3)$。

3.3 算 法

📝 代码示例

KM 算法代码如下。

```cpp
// n:左右两边分别的点数
// weight[i][j]:边权,边不存在时为负无穷
// leftLabel,rightLabel:左右顶点标号
// matchedVertex[],previousVertex[]:用于存储交替树结构

void augment(int u)
{
    for (int i = 1; i <= n; ++i)
    {
        visited[i] = previousVertex[i] = 0, delta[i] = valueBound;
    }
    matchedVertex[0] = u;
    int v = 0;
    while (matchedVertex[v])
    {
        visited[v] = 1;
        int64_t minDeltaAll = valueBound;
        int w = -1;
        int u = matchedVertex[v];
        for (int i = 1; i <= n; ++i)
            if (!visited[i])
            {
                int64_t value = leftLabel[u] + rightLabel[i] - weight[u][i];
                if (value < delta[i])
                    delta[i] = value, previousVertex[i] = v;
                if (delta[i] < minDeltaAll)
                    minDeltaAll = delta[i], w = i;
            }
        for (int i = 0; i <= n; ++i)
        {
            if (visited[i])
            {
                leftLabel[matchedVertex[i]] -= minDeltaAll;
                rightLabel[i] += minDeltaAll;
            }
            else
                delta[i] -= minDeltaAll;
        }
        v = w;
    }
```

```
        while (v)
            matchedVertex[v] = matchedVertex[previousVertex[v]],v = previous-
Vertex[v];
    }

    int64_t Kuhn_Munkres()
    {
        for (int i = 1; i <= n; ++i)
        {
            leftLabel[i] = -valueBound,rightLabel[i] = 0;
            for (int j = 1; j <= n; ++j)
                leftLabel[i] = std::max(leftLabel[i],(int64_t)weight[i][j]);
        }
        for (int i = 1; i <= n; ++i)
            augment(i);
        int64_t maximumMatchedValue = 0;
        for (int i = 1; i <= n; ++i)
            maximumMatchedValue += weight[matchedVertex[i]][i];
        return maximumMatchedValue;
    }
```

参考词条

1. 偶图(二分图)
2. 匈牙利算法
3. 网络流

(梁霄 张超 李曙)

3.3.3.8 一般图的匹配

1. 一般图匹配问题

无向图 $G=(V,E)$ 的一个匹配是 E 的一个子集 M，使得每个顶点最多与 M 中的一条边相关联。边数最多的匹配，称为最大匹配。无向图的最大匹配问题，也称为一般图匹配问题。

2. 带花树算法

带花树算法，是 Jack Edmonds 于 1965 年提出的一个能够在多项式时间复杂度内解决无向图最大匹配问题的算法。

类似匈牙利算法，带花树算法需要寻找增广路。如果在找增广路时遇到奇环，则需要将环缩点，得到新图，继续增广。

对一般图 G，从一个未匹配顶点 s 出发，按交替路径搜索，若搜索过程中找到奇环，该奇环称为"花"。如图 3.28 所示。图中蓝色的边是匹配边，黑色的边是未匹配边，一个花中未匹配边比匹配边多一条，花中两条相邻未匹配边的公共顶点称为"花根"。交替路从花根进入花，通过选择路径的方向，可以从花中的任意顶点出去。

根据上述性质，可以将花缩成一个顶点。设原图为 G，缩点后的新图为 G'，G 中存在从顶点 s 出发的增广路，当且仅当 G' 中也存在从顶点 s 出发的增广路。因此可以通过缩点和"开花"的方法来求解有奇环时的一般图匹配问题。

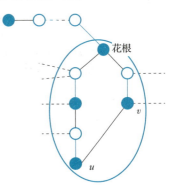

图 3.28 带花树算法

带花树算法流程如下。

（1）初始化 $M=\varnothing$，所有边都是未匹配边。

（2）枚举一个未匹配顶点，设为 s，标记 s 为已访问。使用搜索算法，从 s 出发寻找增广路。同时对增广过程中的顶点染色，将 s 染为深色。设当前访问顶点为 u，枚举它的未匹配边，沿这条未匹配边走到的顶点设为 v，可以分为以下四种情况。

1）v 未访问过，且 v 是一个未匹配顶点：此时找到了一条以 s 为起点，v 为终点的增广路，层层展开被缩点的花，还原出原图的增广路，沿增广路增广。

2）v 未访问过，且 v 是一个匹配顶点：将 v 染成白色，将 v 的匹配对象染为深色，继续从 v 的匹配对象开始搜索。

3）v 已经访问过，且为白色：此时找到了一个偶环，不需要处理，枚举 u 的下一条未匹配边继续搜索。

4）v 已经访问过，且为深色：此时找到了一朵花，将花缩成一个顶点，新顶点标记为黑色，得到新图 G'，在 G' 上继续寻找增广路。

在算法实现时，可使用 BFS 来搜索，队列中存放所有深色的点；用并查集记录每个顶点在哪朵花中。

带花树算法的总时间复杂度为 $O(n^3)$，其中 n 为顶点数。

代码示例

带花树算法的代码如下。

```
// n:图的顶点数
// head[],edge[]:图的邻接表

int color[verticesBound], matchedVertex[verticesBound], previousVertex[verticesBound];

class UnionFindSet
{
private:
    int father[verticesBound];
```

```cpp
public:
    void initiate()
    {
        for (int i = 1; i <= n; ++i)
            father[i] = i;
    }
    int getFather(int u)
    {
        return father[u] != u ? father[u] = getFather(father[u]) : u;
    }
    int &operator[](const int &queryId)
    {
        getFather(queryId);
        return father[queryId];
    }
} id;

void augment(int u)
{
    while (u)
    {
        int v = matchedVertex[previousVertex[u]];
        matchedVertex[matchedVertex[previousVertex[u]] = u] = previousVertex[u];
        u = v;
    }
}
int getLCA(int u, int v)
{
    static int timeStamp, lastVisited[verticesBound];
    timeStamp++;
    while (1)
    {
        if (u)
        {
            u = id[u];
            if (lastVisited[u] == timeStamp)
                return u;
            lastVisited[u] = timeStamp;
            u = previousVertex[matchedVertex[u]];
        }
        std::swap(u, v);
    }
}
```

```cpp
std::queue<int> queue;
void shrinkBlossom(int u,int v,int f)
{
    while (id[u] != f)
    {
        previousVertex[u] = v,v = matchedVertex[u];
        if (color[v] == 1)
            color[v] = 0,queue.push(v);
        if (id[u] == u)
            id[u] = f;
        if (id[v] == v)
            id[v] = f;
        u = previousVertex[v];
    }
}

int getAugmentingPath(int st)
{
    for (int i = 1; i <= n; ++i)
        color[i] = -1,previousVertex[i] = 0;
    id.initiate();
    while (!queue.empty())
        queue.pop();
    queue.push(st),color[st] = 0;
    while (!queue.empty())
    {
        int u = queue.front();
        queue.pop();
        assert(! color[u]);
        for (int i = head[u]; i; i = edge[i].nxt)
        {
            int v = edge[i].to;
            if (id[u] == id[v])
                continue;
            if (color[v] == -1)
            {
                color[v] = 1, previousVertex[v] = u;
                if (! matchedVertex[v])
                    return augment(v), 1;
                color[matchedVertex[v]] = 0, queue.push(matchedVertex[v]);
            }
            else if (color[u] == color[v])
            {
```

```
                int LCA = getLCA(u, v);
                shrinkBlossom(u, v, LCA);
                shrinkBlossom(v, u, LCA);
            }
        }
    }
    return 0;
}

int generalGraphMaximumMatching_BlossomAlgorithm()
{
    int matchingCount = 0;
    for (int i = 1; i <= n; ++i)
        matchingCount += ! matchedVertex[i] && getAugmentingPath(i);
    return matchingCount;
}
```

参考词条

1. 并查集
2. 匈牙利算法

延伸阅读

PETERSON P A，LOUI M C. The general maximum matching algorithm of micali and vazirani [J]. Algorithmica，1988，3：1-4.

典型题目

WC2016 挑战 NPC

（梁霄　张超　李曙）

3.3.4 动态规划

3.3.4.1 复杂动态规划模型的构建

1. 基于连通性状态压缩的动态规划模型

基于连通性状态压缩的动态规划是指在状态中记录若干个元素的连通情况的动态规划，又称轮廓线 DP 或插头 DP，最早由陈丹琦引入到信息学竞赛中。此类动态规划常见于棋盘模型中，以回路覆盖问题举例如下。

在一个有障碍格子的 $m×n$ 的棋盘中，求用一条回路能遍历所有非障碍格子恰好一次的方案总数，如图 3.29 所示。

对于一个 4 连通的格子，定义"插头"为与外界相连的方向。回路经过每个非障碍格子恰好一次，共有 6 种不同的"插头"状态，如图 3.30 所示。

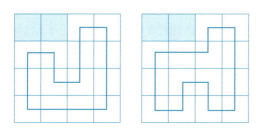

图 3.29 遍历非障碍格子的回路

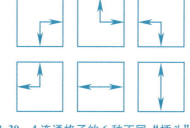

图 3.30 4 连通格子的 6 种不同"插头"状态

按照从上到下、从左到右的顺序逐格递推，如图 3.31 所示刻画出轮廓线，递推至第 3 行第 2 列的格子。按照轮廓线从左到右的顺序，与其直接相连的格子有 n 个，直接相连的插头有 $n+1$ 个，包括 n 个格子的下插头以及第 3 行第 2 列的格子的右插头。

记 S_0 为一个 $n+1$ 位的二进制数，记录 $n+1$ 个插头是否存在。序列 S_1 表示 n 个格子的连通性，如果同属一个连通块

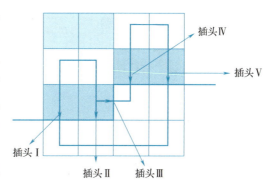

图 3.31 逐格递推轮廓线

则采用相同的整数表示。动态规划的状态为 $f(i,j,S_0,S_1)$，表示当前转移完 (i,j) 这个格子，记录插头为 S_0，连通性为 S_1 的方案总数。下图给出了方案 1 的由格子 $(3,1)$ 到格子 $(3,3)$ 的状态转移过程，如图 3.32 所示。

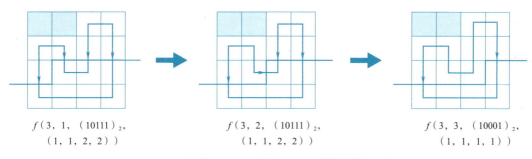

图 3.32 由格子 $(3,1)$ 到格子 $(3,3)$ 的状态转移过程

也可将格子的连通性记录在插头上，状态为 $f(i,j,S)$，上图 3 个状态依次为 $f(3,1,(1,0,1,2,2))$，$f(3,2,(1,0,1,2,2))$，$f(3,3,(1,0,0,0,1))$。

任何时候只有轮廓线上方与其直接相连的格子和插头才会对轮廓线以下的格子产生影响。当状态 $f(i,j-1,S)$ 转移到 $f(i,j,S')$ 时，轮廓线上 n 个格子仅有 $(i-1,j)$ 被改为 (i,j)，$n+1$ 个插头中仅有 2 个插头被改动，即 $(i,j-1)$ 的右插头修改成 (i,j) 的下插头和

$(i-1,j)$ 的下插头修改成 (i,j) 的右插头。状态转移时枚举 (i,j) 的状态，分为新建一个连通分量、合并两个连通分量和保持原有的连通分量共三种情况讨论，并计算出新的状态 S'。

由于轮廓线上方由若干条互不相交的路径构成，每条路径的两端恰好对应了轮廓线上的两个插头，并且一条路径上的所有格子对应的是一个连通块，每条路径的两个端口对应的两个插头是连通的而且不与其他任何一个插头连通。因此可使用括号匹配的方式来表示。将轮廓线上每一个连通分量中左侧插头标记为左括号，右侧插头标记为右括号，左括号与右括号一一对应。用 3 进制表示插头：0 表示无插头，1 表示左括号插头，2 表示右括号插头。

基于轮廓线和括号表示法来解决连通性状态压缩的动态规划，还可以应用于棋盘上的路径覆盖和染色等多个问题。

2. 双重动态规划

双重动态规划，指在动态规划的状态转移过程中，使用另一个动态规划来计算状态的值。

代码示例

轮廓线 DP 动态规划代码如下。

```
int len = 1 << (m + 1),u = 0; // u 用来滚动数组,第一个二进制为表示 i,j-1 的右插头,剩
                             //    下的 m 个二进制位分别表示 1~m 的下插头
dp[0][0] = 1;
for (int i = 1; i <= n; ++i)
    for (int j = 1; j <= m; ++j)
    {
        u ^= 1;
        for (int k = 0; k < len; ++k)
            dp[u][k] = 0;
        for (int k = 0; k < len; ++k)
        {
            if (j == 1 && (k & 1))
                continue; // i-1,m 的右插头没有被匹配
            int p1 = k & 1,p2 = (k >> j) & 1,v = k ^ p1 ^ (p2 << j);
                        // p1 表示右插头,p2 表示下插头
            if (!a[i][j])
            { //障碍格子
                if (p1 || p2)
                    continue;
                dp[u][v] += dp[u ^ 1][k];
                continue;
            }
```

```
            if (!p1 && !p2)
                dp[u][v ^ 1 ^ (1 << j)] += dp[u ^ 1][k];
                    //这个格子会形成两个新的插头
            else if (!p1 || !p2)
            {       //匹配掉一个插头
                dp[u][v ^ 1] += dp[u ^ 1][k]; //剩下一个右插头
                dp[u][v ^ (1 << j)] += dp[u ^ 1][k]; //剩下一个下插头
            }
            else
                dp[u][v] += dp[u ^ 1][k]; //插头都和之前的插头匹配了
        }
    }
```

参考词条

状态压缩动态规划

延伸阅读

CORMEN T H, LEISERSON C E, RIVEST R L, et al. 算法导论[M]. 殷建平, 等译. 3版. 北京：机械工业出版社, 2013：20-22.

典型题目

1. NOI2010 旅行路线
2. NOIP2018 提高组 保卫王国
3. NOI2020 制作菜品
4. NOI2022 移除石子

（金靖　李建）

3.3.4.2 复杂动态规划模型的优化

1. 斜率优化

如果动态规划的状态转移方程形如：$dp_i = \min\limits_{j}\{dp_j - h(i) \cdot g(j)\} + p(i)$，$0 \leq j < i \leq n$，最优决策的选取与 $h(i) \cdot g(j)$ 有关。将方程转化为斜截式直线方程，决策可表示为平面直角坐标系中与 j 相关的坐标形式，以线段连接多个相邻决策点，并通过比较线段的斜率来维护部分决策集合，即称为斜率优化，又称凸包优化。基本思路如下：

记 $dp_i^{(j)} = dp_j - h(i) \cdot g(j) + p(i)$，则有 $dp_j = h(i) \cdot g(j) + dp_i^{(j)} - p(i)$，表示为在以 $g(j)$ 为横坐标、以 dp_j 为纵坐标的平面直角坐标系中、$h(i)$ 为斜率、$dp_i^{(j)} - p(i)$ 为截距的一个直线方程。所有决策 j 可以对应坐标系中的点 $(g(j), dp_j)$。

对于某个确定的 i，可令斜率为 $h(i)$ 的直线过每个决策点，都可求得一个截距。根据转移方程可知，其中截距最小的直线方程经过的决策点就是最优决策，如图3.33所示。

在决策集合中筛选出部分决策，使得在 $g(j)$ 递增的顺序下，相邻的所选决策对应的点所连成的线段的斜率单调递增。对于任意连续的三个所选决策 j_1,j_2,j_3，对应的点为 $(g(j_1),\mathrm{dp}_{j_1})$，$(g(j_2),\mathrm{dp}_{j_2})$，$(g(j_3),\mathrm{dp}_{j_3})$，则有：

$$\frac{\mathrm{dp}_{j_2}-\mathrm{dp}_{j_1}}{g(j_2)-g(j_1)}<\frac{\mathrm{dp}_{j_3}-\mathrm{dp}_{j_2}}{g(j_3)-g(j_2)}$$

对应在坐标系中，相邻点之间连成的线段连在一起呈现出"下凸"形态，即构成下凸曲线，如图 3.34 所示。

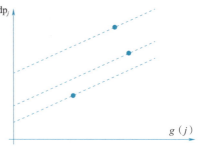

图 3.33　斜率优化（一）

j 的取值范围与 i 有关，随着 i 的增大，每次会有一个新的决策产生。当 i 变化时，对应的直线斜率也随之变化，根据条件不同，问题分类如下。

（1）如果斜率函数 $h(i)$ 和横坐标函数 $g(j)$ 均为单调递增函数，随着 j 的递增，决策点的横坐标单调递增，新决策会出现在整个下凸曲线最右端。又因为斜率函数的单调性，每次需求解的直线斜率 $h(i)$ 也单调递增。决策集合仅保留下凸曲线上相邻线段斜率大于 $h(i)$ 的部分决策点，所以下凸曲线最左端的点就是最优决策，如图 3.35 所示。

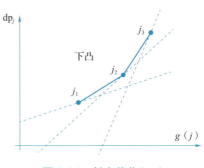

图 3.34　斜率优化（二）

根据如上性质，建立双端队列 $q[l\cdots r]$ 维护下凸曲线，队列中保存部分决策，对应下凸曲线上的点，满足横坐标递增、连接相邻两点的线段斜率也递增。对于每个状态执行以下算法。

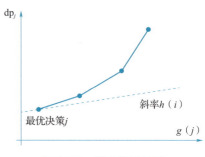

图 3.35　斜率优化（三）

1）为了保证队头是最优决策，只需保留下凸曲线上斜率大于 $h(i)$ 的点。从队头开始检查决策 $q[l]$ 和后继决策 $q[l+1]$ 对应点连接线段的斜率，若斜率小于等于 $h(i)$，则把 $q[l]$ 出队，继续检查新的队头和后继决策，直至线段斜率大于 $h(i)$。

2）直接取队头决策 $j=q[l]$ 为最优决策，执行状态转移，根据 dp_j 计算 dp_i。

3）将当前状态 i 作为新的决策从队尾插入。在插入前维护下凸曲线性质，即三个决策 $q[r-1]$，$q[r]$，i 对应的相邻线段需满足斜率单调递增，否则把决策 $q[r]$ 出队，继续检查 $q[r-2]$，$q[r-1]$，i 三个决策，直至满足要求。

以上斜率优化算法使用单调队列维护决策集合，时间复杂度为 $O(n)$。

（2）如果斜率函数 $h(i)$ 无单调性，横坐标函数 $g(j)$ 为单调递增函数，队头不再是最优决策，必须保留整个下凸曲线。可在队列中二分查找，求出一个位置 k，使得 k 左

侧线段斜率小于 $h(i)$，右侧线段斜率大于 $h(i)$，则 k 为最优决策。队尾维护斜率单调性的方式不变。因为仅在尾部增删元素，可采用栈代替双端队列。

以上斜率优化算法在队列或栈上用二分查找最优决策，时间复杂度为 $O(n\log n)$。

（3）如果斜率函数 $h(i)$ 和横坐标函数 $g(j)$ 均无单调性，则需实现一个能在下凸曲线任意位置插入点并动态查询的数据结构，可以使用平衡树来实现决策的动态插入、删除和查询。

2. 数据结构优化

根据所研究问题的性质，选择合适的数据结构来维护决策的集合，以降低决策插入、决策删除、最值或前缀和查询等操作的时间复杂度，称为数据结构优化。

常见的数据结构优化方式有以下几种。

（1）使用线段树维护决策集合，以 $O(\log n)$ 的时间复杂度实现对区间进行修改、查询最值等操作。

（2）使用线段树维护坐标系中多个线性函数的信息，以 $O(\log n)$ 的时间复杂度查询多个线性函数在某处的最值，可用于斜率优化动态规划。此方法由李超较早地引入信息学竞赛中，在国内称为李超线段树。

（3）使用树状数组维护决策集合，以 $O(\log n)$ 的时间复杂度实现修改单个元素、查询给定值的前缀和等操作。

（4）使用平衡树维护决策集合，以 $O(\log n)$ 的时间复杂度实现动态插入元素、查询区间第 k 小值等操作。

3. 矩阵乘法优化

当动态规划的转移方程符合线性常系数递推的形式，可使用矩阵乘法表示动态规划转移方程。

使用矩阵乘法优化动态规划的具体思路为：用向量 $\boldsymbol{v}$ 表示动态规划中的连续若干个状态上的值，动态规划的转移方程看作对 $\boldsymbol{v}$ 的一个线性变换，用矩阵 $\boldsymbol{M}$ 来表示。根据矩阵乘法的结合律，连续 k 次转移等价于用 $\boldsymbol{M}^k$ 作一次变换，因此可以利用快速幂方法提高计算效率。

当转移满足结合律时，可定义广义矩阵运算，同样使用矩阵乘法优化动态规划。

在矩阵乘法优化动态规划时，如果其中涉及转移矩阵的变化，可以使用线段树维护矩阵的修改信息和区间乘积，这种方式被称为动态 DP。

在树上进行矩阵乘法优化动态规划，需要用链式结构来表达树形结构，可以使用全局平衡二叉树或重链剖分来得到静态链剖分结构，采取重链剖分方式进行矩阵乘法优化动态规划的具体思路如下。

（1）对树进行重链剖分。

（2）对于每个结点维护其所有轻子结点的信息，得到该结点的状态相对于其重子结点状态的变换矩阵 $\boldsymbol{M}$；用线段树维护所有结点的变换矩阵。

（3）对于一条重链顶端的结点，其状态的值为重链底端的结点状态的值的向量 $\boldsymbol{v}$，乘以该链上变换矩阵的乘积，该乘积用线段树可以快速求解。

代码示例

斜率优化的代码如下。

```
const int statesBound = 1e6 + 10;

int n,f[statesBound],g[statesBound],a[statesBound],b[statesBound],dp[statesBound];
class Point
{
public:
    int x,y;
    Point() {}
    Point(int x,int y) : x(x),y(y) {}
    int getIntercept(int k)
    {
        return y - k * x;
    }
} queue[statesBound];
int head = 1,tail;
int compareSlope(Point a,Point b,Point c)
{
    // (c.y-b.y)/(c.x-b.x)>=(b.y-a.y)/(b.x-a.x);
    return 1ll * (c.y - b.y) * (b.x - a.x) >= 1ll * (b.y - a.y) * (c.x - b.x);
}
void push(Point p)
{
    while (head < tail && compareSlope(queue[tail - 1],queue[tail],p))
        tail--;
    queue[++tail] = p;
}
int query(int k)
{
    while (head < tail && queue[head].getIntercept(k) <= queue[head + 1].getIntercept(k)) head++;
    return queue[head].getIntercept(k);
}

int main()
{
    // input
    // ....
    // end input
    dp[0] = 0;
```

```
    for (int i = 1; i <= n; ++i)
    {
        push(Point(-b[i - 1],dp[i - 1] + g[i - 1]));
        dp[i] = f[i] + query(a[i]);
    }
}
```

数据结构优化的代码如下。

```
int max(int value1,int value2)
{
    return value1 > value2 ? value1 : value2;
}
class BinaryIndexTree
{
    int value[1000010];

public:
    void modifyPoint(int position,int _value)
    {
        while (position <= n)
            value[position] = max(value[position],_value),position += position & -position;
    }
    int queryPrefixMaximum(int position)
    {
        int maximum = 0;
        while (position)
            maximum = max(value[position],maximum),position -= position & -position;
        return maximum;
    }
} tree;

int main()
{
    int n;
    scanf("%d",&n);
    int LIS = 0;
    for (int i = 1,value; i <= n; ++i)
    {
        scanf("%d",&value);
        int length = tree.queryPrefixMaximum(value - 1) + 1;
        LIS = max(LIS,length);
        tree.modifyPoint(value,LIS);
```

```
        }
        printf("%d\n",LIS);
}
```

参考词条

1. 单调队列
2. 树状数组
3. 线段树
4. 平衡树：AVL、treap、splay 等
5. 矩阵的运算：加法、减法、乘法与转置

典型题目

1. NOI1998 免费的馅饼
2. IOI2000 Post Office
3. IOI2002 Batch Scheduling
4. NOI2007 货币兑换
5. NOI2009 诗人小 G
6. NOI2014 购票
7. NOI2016 国王饮水记
8. NOI2019 回家路线
9. NOI2020 命运
10. APIO2010 特别行动队
11. APIO2016 烟火表演
12. IOI2014 Holiday
13. IOI2016 Aliens

（金靖　李建）

3.4 数学与其他

3.4.1 初等数论

3.4.1.1 原根和指数

对于一个正整数 m，如果一个整数 r 满足 $(m,r)=1$ 且 $r^0, r^1, r^2, \cdots, r^{\varphi(m)-1}$ 除以 m 的

余数两两不同，则 r 称为 m 的一个原根(primitive root)。其中(m,r)表示 m 和 r 的最大公约数，$\varphi(m)$ 表示欧拉函数。

m 存在原根，当且仅当 m 为以下类型之一：

（1）$m=1$ 或 $m=2$ 或 $m=4$；

（2）$m=p^\alpha$，其中 p 是奇质数，α 是正整数；

（3）$m=2p^\alpha$，其中 p 是奇质数，α 是正整数。

特别地，所有质数都有原根。如果一个正整数 m 有原根，则其在从 1 到 m 的范围中总共有 $\varphi(\varphi(m))$ 个原根。

一些质数对应的最小原根如表 3.2 所示。

表 3.2 部分质数对应的最小原根

p	最小原根	p	最小原根	p	最小原根	p	最小原根
2	1	19	2	47	5	79	3
3	2	23	5	53	2	83	2
5	2	29	2	59	2	89	3
7	3	31	3	61	2	97	5
11	2	37	2	67	2	998244353	3
13	2	41	6	71	7	1000000007	5
17	3	43	3	73	5	1004535809	3

指数(index)：对于一个整数 m 和它的一个原根 r，使得 $r^e \equiv w \pmod{m}$ 的 e 称为以 r 为底时 w 对模 m 的一个指数，通常可简称为 e 是 w 的指数，记为 $e=\text{ind}_r w$。指数又称为离散对数。

在给定整数 m 和原根 r 时，可以使用大步小步法计算某个整数 w 的指数。

原根可用于求解部分高次同余方程。例如，可以将 $u^x \equiv v \pmod{n}$ 转换成 $(r^s)^x \equiv r^t \pmod{n}$，即 $s \cdot x \equiv t \pmod{\varphi(n)}$，该模线性方程可以使用扩展欧几里得求解。其中 r 是 n 的一个原根，u、v 均与 n 互质。

原根可以用于快速傅里叶变换(FFT)中的计算优化。某些质数 p（例如 998244353，有原根 3）满足 $\varphi(\varphi(p))$ 是 2 的整数次幂的整数倍，求出原根后可以构造一个在模 p 意义下次数为 2 的整数次幂的单位根，替代 FFT 的复数单位根，从而提高 FFT 的计算效率，并避免浮点运算的计算误差。这种方法称为快速数论变换(NTT)。

原根的求解一般采用枚举法，即从小到大枚举 1 到 m，并逐一验证其是否为原根。

原根的验证：设 $\varphi(m)$ 有 $P_1, P_2, \cdots, P_k$ 这 k 个质数约数，在验证 a 是否为原根时，仅需检查 $a^{\frac{\varphi(m)}{P_1}}$、$a^{\frac{\varphi(m)}{P_2}}$、$\cdots$、$a^{\frac{\varphi(m)}{P_k}}$；如果这些数都不是 1，则 a 是原根。

中国科学院院士王元于 1959 年证明：如果 m 至少有一个原根，则最小的原根不大于 $m^{0.25+\epsilon}$ 量级。

参考词条

1. 同余式
2. 欧拉定理和欧拉函数
3. 大步小步(Baby Step Giant Step, BSGS)算法

延伸阅读

[1] 潘承洞, 潘承彪. 初等数论[M]. 3版. 北京: 北京大学出版社, 2013: 241.

[2] SILVERMAN. 数论概论[M]. 孙智伟, 等译. 3版. 北京: 机械工业出版社, 2018: 145-157.

[3] APOSTOL T M. 解析数论导论影印版[M]. 北京: 世界图书出版公司, 2012: 204-223.

（胡伟栋）

3.4.1.2 大步小步算法

大步小步(Baby Step Giant Step, BSGS)算法是数论中用于求解指数的算法。给定底数 a、幂 b, 该算法用于求解模 m 下的最小指数, 即满足 $a^x \equiv b \pmod m$ 的最小正整数 x。

下文仅讨论 $(a, m) = 1$ 的情形。此时 a 存在逆元 a^{-1}。特别地, 当 a 是 m 的一个原根时, a 的逆元存在。

根据欧拉函数定理（费马-欧拉定理）, $a^{x \bmod \varphi(m)} \equiv a^x \pmod m$。因此, 如果方程 $a^x \equiv b \pmod m$ 有解, 则必然存在一个不超过 $\varphi(m)$ 的解, 也必然存在一个不超过 m 的解。

大步小步法的主要思想如下：

第一步（小步）, 令 $S = \lceil \sqrt{m} \rceil$, 逐个枚举不超过 S 的指数 $i = 1, 2, \cdots, S$, 并构造映射 f 使得 $f(b \cdot a^i \bmod m) = i$。可以用 map 来实现该映射。

第二步（大步）, 令 $G = a^S \bmod m$, 从 1 到 S 枚举 j, 并检查 $G^j \bmod m$ 是否在 f 中有对应的值。若 $f(G^j \bmod m) = i$, 则 $b \cdot a^i \equiv G^j \pmod m$, 即 $b \equiv a^{jS-i} \pmod m$ 得到 $x = jS - i$。

代码示例

BSGS算法代码如下。

```cpp
long long BSGS(long long a, long long b, long long m)
{
    map<long long, long long> f;
    long long S = sqrt(m) + 1, G = 1, Gj = 1;
    for (int i = 1; i <= S; ++i)
        f[b * (G = G * a %m) %m] = i;
    for (int j = 1; j <= S; ++j)
        if (f.find(Gj = Gj * G %m) != f.end())
            return j * S - f[Gj];
```

```
    return -1;
}
```

🔗 **参考词条**

1. 原根和指数
2. 欧拉定理和欧拉函数

（胡伟栋）

3.4.1.3 狄利克雷卷积

狄利克雷卷积（Dirichlet Convolution）是定义在两个数论函数（number-theoretic function）上的运算，运算结果为一个新的数论函数。数论函数又称算术函数（arithmetic function），是指定义域为正整数集，值域为复数集或复数集的子集的函数。两个数论函数 f 和 g 的狄利克雷卷积 $h=f \circ g$ 被定义为：

$$h(n) = \sum_{d \mid n} f(d) g\left(\frac{n}{d}\right)$$

狄利克雷卷积满足如下交换律和结合律。

（1）交换律：$f \circ g = g \circ f$。

（2）结合律：$(f \circ g) \circ h = f \circ (g \circ h)$。

在下文中，对于正整数 n，记唯一分解定理（算术基本定理）所确定的 n 的标准分解式为：$n = p_1^{a_1} p_2^{a_2} \cdots p_k^{a_k}$。常用的数论函数如下。

- 幺元函数（identity function）

$$I(n) = \left[\frac{1}{n}\right] = \begin{cases} 1 & (n=1) \\ 0 & (n>1) \end{cases}$$

- 常函数 1

$$u(n) = 1$$

- 标号函数：即恒等函数，也记为 $id(n)$

$$N(n) = n$$

- 欧拉函数：从 1 到 n 中与 n 互质的数的个数

$$\varphi(n) = n \prod_i \left(1 - \frac{1}{p_i}\right)$$

- 莫比乌斯函数（Möbius Function）

$$\mu(n) = \begin{cases} (-1)^k & (a_1 = a_2 = \cdots = a_k = 1) \\ 0 & (otherwise) \end{cases}$$

- 约数的数量

$$d(n) = \prod_i (a_i + 1)$$

上述部分数论函数的狄利克雷卷积如下：

$$\mu \circ N = \varphi$$
$$\mu \circ u = I$$
$$u \circ \varphi = N$$
$$u \circ u = d$$

参考词条

1. 整除、因数、倍数、指数、质(素)数、合数
2. 整数唯一分解定理

延伸阅读

APOSTOL T M. 解析数论导论影印版[M]. 北京：世界图书出版公司，2012：24-30.

（胡伟栋）

3.4.1.4 二次剩余

对于整数 m 和与 m 互质的整数 d，若方程：
$$x^2 \equiv d \pmod{m}$$
有解，则称 d 是模 m 的二次剩余(quadratic residue mod m)，又称平方剩余。

对于奇质数 p，正好有 $\frac{p-1}{2}$ 个模 p 的二次剩余，一个数 d 是模 p 的二次剩余的充要条件是：$d^{\frac{p-1}{2}} \equiv 1 \pmod{p}$。

例如对于质数 11，$1^2 \equiv 10^2 \equiv 1 \pmod{11}$，$2^2 \equiv 9^2 \equiv 4 \pmod{11}$，$3^2 \equiv 8^2 \equiv 9 \pmod{11}$，$4^2 \equiv 7^2 \equiv 5 \pmod{11}$，$5^2 \equiv 6^2 \equiv 3 \pmod{11}$，因此 1，3，4，5，9 是模 11 的二次剩余，2，6，7，8，10 不是模 11 的二次剩余。

在编程实现时，可以使用快速幂来计算 $d^{\frac{p-1}{2}} \bmod p$。

参考词条

同余式

延伸阅读

[1] SILVERMAN. 数论概论[M]. 孙智伟，等译. 3版. 北京：机械工业出版社，2018：93-98.

[2] APOSTOL T M. 解析数论导论影印版[M]. 北京：世界图书出版公司，2012：178-179.

（胡伟栋）

3.4.1.5 二次同余式

二次同余式(Quadratic Congruence)也称为二次同余方程，是指如下形式的方程：

$$ax^2+bx+c \equiv 0 (\bmod m)$$

其中 x 是未知数，a、b、c、m、x 为整数，$m>1$。以下称此式为一般式。

最简二次同余式或最简二次同余方程的形式为：

$$x^2 \equiv d (\bmod M)$$

对于一般式，可以通过配方将其转换成最简二次同余式。等式两边同时乘以 $4a$ 再加上 b^2，整理得：

$$(2ax+b)^2 \equiv b^2-4ac (\bmod 4am)$$

令 $y=2ax+b$，$d=b^2-4ac$，则一般式等价于：

$$y^2 \equiv d (\bmod 4am)$$

即转换成最简二次同余式。

根据中国剩余定理，最简二次同余式可以由 $M=\prod p_i^{\alpha_i}$ 转换成对于 M 的每个质因数的方程：

$$x^2 \equiv d_i (\bmod p_i^{\alpha_i})$$

可以进一步转换成对于每个质因数 p 的方程：

$$x^2 \equiv r (\bmod p)$$

具体判定和求解方法请参见延伸阅读。

参考词条

1. 同余式
2. 二次剩余

延伸阅读

[1] 潘承洞，潘承彪. 初等数论[M]. 3 版. 北京：北京大学出版社，2013：185-204.

[2] APOSTOL T M. 解析数论导论影印版[M]. 北京：世界图书出版公司，2012：106-128，178-186.

（胡伟栋）

3.4.2 离散与组合数学

3.4.2.1 群及其基本性质

如果一个非空集合 G 和定义在 G 上的运算 $\circ$ 满足：

1) 运算封闭：$\forall a,b \in G$，$a \circ b \in G$。
2) 结合律：$\forall a,b,c \in G$，$(a \circ b) \circ c = a \circ (b \circ c)$。
3) 存在单位元 $e \in G$：$\forall a \in G$，$a \circ e = e \circ a = a$。
4) 任意元素存在逆元：$\forall a \in G$，$\exists b \in G$，s.t. $a \circ b = b \circ a = e$，记 a 的逆元为 a^{-1}。

则称 $(G, \circ)$ 是一个群(group)，简记为群 G。G 中的元素个数 $|G|$ 称为 G 的阶(order)。

如果 $(G, \circ)$ 是一个群，$H \subseteq G$，且 $(H, \circ)$ 是一个群，则称 H 是 G 的子群，记为 $H \leqslant G$。对于有限群 G，$|H|$ 是 $|G|$ 的约数。

设 $(G, \circ)$ 是一个群，非空子集 $M \subseteq G$，由 M 生成的集合 $\langle M \rangle$：

$$\langle M \rangle = \{a_1 \circ a_2 \circ \cdots \circ a_n \mid a_i \in M \cup M^{-1},\ n = 1, 2, \cdots\}$$

$\langle M \rangle$ 构成 G 的一个子群，称为由 M 生成的子群。其中 M^{-1} 由 M 中的元素在 G 中的逆元组成。

当 $M = \{a\}$ 时，$\langle M \rangle$ 记为 $\langle a \rangle$。

如果存在 $a \in G$ 使得 $G = \langle a \rangle$，则 G 称为循环群。

$\forall a \in G$，$\langle a \rangle$ 是 G 的循环子群。$\langle a \rangle$ 的阶称为元素 a 的阶，记为 $o(a)$。对于有限群 G，$o(a)$ 是 $|G|$ 的约数。

设 $(G_1, \cdot)$，$(G_2, \circ)$ 是两个群，若存在双射 $f: G_1 \to G_2$ 满足：

$$\forall g_1, g_2 \in G_1,\ f(g_1 \cdot g_2) = f(g_1) \circ f(g_2)$$

则称 G_1 与 G_2 同构。

🔗 参考词条

置换群与循环群

（胡伟栋）

3.4.2.2 置换群与循环群

有限集 A 到自身的一个变换，称为一个置换。不失一般性，令 $A = \{1, 2, \cdots, n\}$，一个置换 f 可以表示为：

$$f = \begin{pmatrix} 1 & 2 & \cdots & n \\ f(1) & f(2) & \cdots & f(n) \end{pmatrix}$$

其中 $f(1), f(2), \cdots, f(n)$ 为 1 到 n 的一个排列。这个置换称为一个 n 次置换(permutation)。

全体 n 次置换的集合 S_n 有 $n!$ 个元素，对置换的复合构成群，称为 n 次对称群。

n 次对称群的一个子群称为 n 次置换群。

任何一个有限群与一个置换群同构。

对于一个置换 f，如果存在序列 $(q_1, q_2, \cdots, q_k)$ 满足 $f(q_i) = q_{i+1}$ 且 $f(q_k) = q_1$，而对于不在 $q_1, \cdots, q_k$ 中的 j，$f(j) = j$，则 f 称为一个轮换(cycle)。f 可以表示为 $(q_1, q_2, \cdots, q_k)$。当 $k = 2$ 时，f 称为一个对换(transposition)。

$(q_1, q_2, \cdots, q_k)$ 和 $(q_2, \cdots, q_k, q_1)$ 是相同的轮换。

任意置换可以写成轮换的乘积的形式，当轮换中的元素不相交而且不考虑轮换的书写顺序（包括不同轮换的先后顺序和同一个轮换的不同表达）时，表示方法唯一。

任意置换可以写成对换的乘积的形式。一个置换在表达成对换的乘积时，所对应的对换的数量的奇偶性不会变化。如果一个置换可以表达成奇数个对换的乘积，称为奇置换；如果一个置换可以表达成偶数个对换的乘积，称为偶置换。

对于一个群 G，如果存在 $a \in G$ 使得 $G = \langle a \rangle$，则 G 称为循环群。

参考词条

1. 群及其基本性质
2. 错排列、圆排列

延伸阅读

BRUALDI R A. 组合数学[M]. 冯速，等译. 5 版. 北京：机械工业出版社，2012：330-337.

（胡伟栋）

3.4.2.3 母函数

母函数又称生成函数（generating function）是一个用来描述数列的函数。对于一个数列 $\{a_i\} = \{a_0, a_1, a_2, \cdots\}$，定义它的母函数为：

$$G(x) = a_0 + a_1 x + a_2 x^2 + a_3 x^3 + \cdots = \sum_{i=0}^{\infty} a_i x^i$$

在母函数中，字母 x 是一个形式变量，一般研究母函数时不讨论级数和 $G(x)$ 关于变量 x 的收敛区间问题。

母函数通常用来计算与组合相关的数列问题。常用的母函数和其对应的数列如下。

常数数列 $\{1, 1, 1, \cdots\}$ 的母函数为：

$$G(x) = \frac{1}{1-x} = \sum_{i=0}^{\infty} x^i$$

对于非零常数 c，指数数列 $\{c^i\}$ 的母函数为：

$$G(x) = \frac{1}{1-cx} = \sum_{i=0}^{\infty} (cx)^i$$

数列 $\{1, -1, 1, -1, \cdots\}$ 的母函数为：

$$G(x) = \frac{1}{1+x} = \sum_{i=0}^{\infty} (-1)^i x^i$$

数列 $\{1, 0, 1, 0, 1, \cdots\}$ 的母函数为：

$$G(x) = \frac{1}{1-x^2} = \sum_{i=0}^{\infty} x^{2i}$$

数列 $\{1, 2, 3, 4, \cdots\}$ 的母函数为：

$$G(x) = \frac{1}{(1-x)^2} = \sum_{i=0}^{\infty} (i+1) x^i$$

组合数数列 $\{C_{i+k}^k\}$ 的母函数为：

$$G(x) = \frac{1}{(1-x)^{k+1}} = \sum_{i=0}^{\infty} C_{i+k}^{k} x^{i}$$

组合数数列 $\{C_n^i\}$（定义 $i>n$ 时 C_n^i 为 0）的母函数为：

$$G(x) = (1+x)^n = \sum_{i=0}^{\infty} C_n^i x^i$$

Fibonacci 数列的母函数为：

$$G(x) = \frac{x}{1-x-x^2} = -\frac{1}{\sqrt{5}} \frac{1}{1-\frac{(1-\sqrt{5})}{2}x} + \frac{1}{\sqrt{5}} \frac{1}{1-\frac{(1+\sqrt{5})}{2}x}$$

$$= \sum_{i=0}^{\infty} \left[-\frac{1}{\sqrt{5}} \left(\frac{1-\sqrt{5}}{2} \right)^i + \frac{1}{\sqrt{5}} \left(\frac{1+\sqrt{5}}{2} \right)^i \right] x^i$$

指数型母函数也是一个用来描述数列的函数。对于一个数列 $\{a_i\} = \{a_0, a_1, a_2, \cdots\}$，定义它的指数型母函数为：

$$G(x) = \sum_{i=0}^{\infty} a_i \frac{x^i}{i!}$$

指数型母函数通常用来计算与排列相关的数列问题。

🔗 参考词条

1. 错排列、圆排列
2. 二项式定理
3. 泰勒(Taylor)级数

📖 延伸阅读

[1] GRAHAM R L, KNUTH D E, PATASHNIK O. 具体数学：计算机科学基础[M]. 张明尧，张凡，译. 2 版. 北京：人民邮电出版社，2013：268-312.

[2] BRUALDI R A. 组合数学[M]. 冯速，等译. 5 版. 北京：机械工业出版社，2012：128-163.

（胡伟栋）

3.4.2.4 莫比乌斯反演

对于两个数论函数 f, g，如果 $g = 1 \circ f$（其中 $\circ$ 表示狄利克雷卷积），即

$$g(n) = \sum_{d \mid n} f(d)$$

称 g 是 f 的莫比乌斯变换（Möbius Transform），f 是 g 的莫比乌斯逆变换，$f = \mu \circ g$，即

$$f(n) = \sum_{d \mid n} \mu(d) g\left(\frac{n}{d}\right)$$

其中 μ 表示莫比乌斯函数。上式称为莫比乌斯反演公式。

莫比乌斯变换可以用在一些包含倍数和约数项的求和式中，以简化求和式，提高计

算速度。

参考词条

狄利克雷(Dirichlet)卷积

延伸阅读

潘承洞，潘承彪. 初等数论[M]. 3版. 北京：北京大学出版社，2013：418-431.

典型题目

1. NOI2010 能量采集
2. POI2007 ZAP-Queries

（胡伟栋）

3.4.2.5 Burnside 引理与 Pólya 定理

设 G 是一个群，Ω 是一个集合（称为目标集），如果 $\forall g \in G$ 对应 Ω 上的一个变换 $f_g：\Omega \rightarrow \Omega$，满足以下条件：

1) $\forall x \in \Omega$，$f_e(x) = x$，e 为群 G 的单位元；
2) $\forall x \in \Omega$，g_1，$g_2 \in G$，$f_{g_1 g_2}(x) = f_{g_1}(f_{g_2}(x))$。

则称 G 作用于 Ω 上，$f_g(x)$ 称为 g 对 x 的作用。

设有限群 G 作用于有限集 Ω 上，对于 $a \in \Omega$ 则集合：

$$\Omega_a = \{f_g(a) \mid g \in G\}$$

称为 Ω 在 G 作用下的一个轨道(orbit)。

轨道满足 $\forall b \in \Omega_a$，$\Omega_b = \Omega_a$。轨道构成了集合 Ω 的一个划分。

设群 G 作用于有限集 Ω 上，若 $g \in G$，$a \in \Omega$ 满足 $f_g(a) = a$，则称 a 是 g 的一个不动点(fix point)。以 a 为不动点的元素组成 G 的一个子群 G_a，称为 a 的稳定子群(stabilizer)：

$$G_a = \{g \mid g \in G, f_g(a) = a\}.$$

Burnside 引理：设有限群 G 作用于有限集 Ω 上，则 Ω 在 G 作用下的轨道数目为

$$N = \frac{1}{|G|} \sum_{g \in G} \mathcal{X}(g)$$

其中 $\mathcal{X}(g)$ 表示 g 在 Ω 上的不动点数目。

对于图形染色问题，可以将一个染色图像在旋转或翻转下变换到的图像集合看成染色图像在图形的旋转或翻转的变换群 G 的作用下的轨道。本质不同的染色方案数可以看成群 G 作用在所有可能的染色图像集上的轨道数目。

Pólya 原理：设图形上的染色对象集为 $T = \{1, 2, \cdots, n\}$，可用颜色 $C = \{c_1, c_2, \cdots, c_m\}$ 进行染色，图形的旋转或翻转的变换群为 G（是 n 阶置换群的子群），则染色方案数为：

$$N = \frac{1}{|G|} \sum_{\lambda_1 + 2\lambda_2 + \cdots + n\lambda_n = n} c(\lambda_1, \lambda_2, \cdots, \lambda_n) m^{\lambda_1 + \lambda_2 + \cdots + \lambda_n}$$

其中 $c(\lambda_1,\lambda_2,\cdots,\lambda_n)$ 表示在 G 中有多少个元素 g，可以写成 λ_1 个长为 1 的轮换、λ_2 个长为 2 的轮换、$\cdots$、λ_n 个长为 n 的轮换的乘积（$\lambda_1+2\lambda_2+\cdots+n\lambda_n=n$）。

Pólya 原理是 Burnside 引理在图形染色上的应用，其中染色图像集 $\Omega = C^n$，$\mathcal{X}(g) = m^{\lambda_1+\lambda_2+\cdots+\lambda_n}$。

🔗 参考词条

置换群与循环群

📖 延伸阅读

BRUALDI R A. 组合数学[M]. 冯速, 等译. 5 版. 北京：机械工业出版社，2012：330-353.

（胡伟栋）

3.4.2.6 斯特林数

斯特林数（Stirling Numbers）包括第一类斯特林数和第二类斯特林数。

（无符号）第一类斯特林数记为 $\begin{bmatrix} n \\ m \end{bmatrix}$，表示将 n 个不同的数构成 m 个圆排列（不考虑圆的顺序）的方案数。

有符号第一类斯特林数记为 $s(n,m)$，两者关系为：

$$s(n,m) = (-1)^{n-m} \begin{bmatrix} n \\ m \end{bmatrix}$$

第一类斯特林数满足递推公式：

$$\begin{bmatrix} n+1 \\ m \end{bmatrix} = \begin{bmatrix} n \\ m-1 \end{bmatrix} + n \begin{bmatrix} n \\ m \end{bmatrix}$$

$$s(n+1,m) = s(n,m-1) - ns(n,m)$$

第一类斯特林数的常用公式：

$$\sum_{k=0}^{n} \begin{bmatrix} n \\ k \end{bmatrix} = n!$$

$$x^{\underline{n}} = x(x-1)\cdots(x-n+1) = \sum_{k=0}^{n} s(n,k) x^k$$

$$x^{\overline{n}} = x(x+1)\cdots(x+n-1) = \sum_{k=0}^{n} \begin{bmatrix} n \\ k \end{bmatrix} x^k$$

第二类斯特林数表示将 n 个不同的数组成 m 个集合（不考虑集合的顺序）的方案数。记为 $\begin{Bmatrix} n \\ m \end{Bmatrix}$ 或 $S(n,m)$ 或 $S_n^{(m)}$。

第二类斯特林数满足递推公式：

$$S(n+1,m) = S(n,m-1) + mS(n,m)$$

第二类斯特林数的常用公式：

$$x^n = \sum_{k=0}^{n} S(n,k) x^{\underline{n}}$$

$$x^n = \sum_{k=0}^{n} (-1)^{n-k} S(n,k) x^{\overline{k}}$$

🔗 参考词条

错排列、圆排列

📖 延伸阅读

［1］GRAHAM R L, KNUTH D E, PATASHNIK O. 具体数学：计算机科学基础［M］. 张明尧, 张凡, 译. 2 版. 北京：人民邮电出版社, 2013：214-223.

［2］BRUALDI R A. 组合数学［M］. 冯速, 等译. 5 版. 北京：机械工业出版社, 2012：169-180.

（胡伟栋）

3.4.2.7 无根树的 Prüfer 序列

Prüfer 序列也称为 Prüfer 编码，是一种用唯一性的序列表示带标号无根树的方法。Prüfer 序列由 Heinz Prüfer 于 1918 年发明，可以用来证明完全图中生成树计数的凯莱公式。

一棵有 n 个结点的无根树转为 Prüfer 序列的方法为：每次找到标号最小的度为 1 的结点，将其所连的结点标号加进序列，然后删去该结点，直到剩下 2 个结点。最终序列长度为 $n-2$。

一棵无根树转换为 Prüfer 序列的过程如图 3.36 所示。

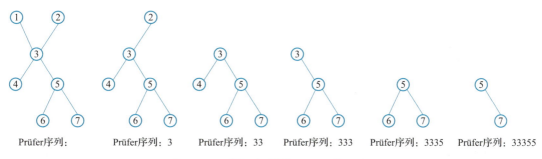

图 3.36　一棵无根树的 Prüfer 序列过程

一个 Prüfer 序列转为无根树的方法为：设结点集 $V=\{1,2,3,\cdots,n\}$，每次取 Prüfer 序列第一个元素 u，接着取点集中编号最小的未在 Prüfer 序列中出现的元素 v，将 u、v 连边，并将其在序列和点集中分别删除，直到 V 中只剩下两个结点，将其连边。

Prüfer 序列的性质如下：

（1）构造完 Prüfer 序列后原树中会剩下两个结点，其中一个一定是编号最大的结点 n。

（2）每个结点在序列中出现的次数为其度数减1。

Prüfer 序列的线性时间复杂度构建方法如下：维护一个指针 p，p 从小到大依次指向所有的结点，如果当前指向结点的度为1，则删除该结点并将其加入 Prüfer 序列，删除 p 之后，如果新产生了度为1的结点并且编号要比指针结点编号小，则直接删除新产生的结点并将其加入 Prüfer 序列；如果新产生了度为1的结点并且编号要比当前指针结点编号大，p 指向下一个结点继续判断。

参考词条

1. 乘法原理
2. 排列
3. 优先队列

延伸阅读

DEO N，MICIKEVICIUS. Prufer-like codes for labeled trees[J]. Congressus Numerantium，2001.

（叶金毅　李建）

3.4.3　线性代数

3.4.3.1　逆矩阵

逆矩阵（matrix inversion）即矩阵的逆，在线性代数相关问题中有着广泛的应用。已知一个 $n×n$ 方阵 A，若存在另外一个同样大小的方阵 B，满足：

$$AB = I$$

其中 I 是一个 $n×n$ 的单位矩阵（identity matrix），则称矩阵 B 为矩阵 A 的逆矩阵，通常用符号 A^{-1} 来表示矩阵 A 的逆矩阵。

求逆矩阵有多种算法，信息学竞赛中比较常用的是高斯消元法。具体方法为：对于给定的 $n×n$ 方阵 A，将单位矩阵 I 按行拼接到 A 的右侧得到增广矩阵 $[A | I]$；然后通过高斯消元法将 $[A | I]$ 化简，如果可以化简为 $[I | B]$ 的形式，那么 B 即为所求逆矩阵，如果不能化简则说明 A 的逆矩阵不存在。

一个方阵存在逆矩阵的充分必要条件为其行列式非零。

参考词条

高斯消元法

（张康　胡伟栋）

3.4.3.2　行列式

一个 $n×n$ 的方阵 A 的行列式（determinant）一般记为 $\det(A)$ 或 $|A|$。行列式是一个

标量，定义为：

$$\det(\boldsymbol{A}) = \sum_{\sigma \in S_n} \mathrm{sgn}(\sigma) \prod_{i=1}^{n} a_{i\sigma(i)}$$

其中 S_n 是 $\{1,2,\cdots,n\}$ 上全体置换的集合；$\mathrm{sgn}(\sigma)$ 是根据排列 $(\sigma(1),\sigma(2),\cdots,\sigma(n))$ 的逆序对数量的奇偶性定义的符号函数。

行列式的基本性质包括：
- 在方阵中，一行(列)元素全为 0，则此行列式的值为 0；
- 在方阵中，某一行(列)有公因子 c，则可以提出该公因子：

$$\begin{vmatrix} a_{11} & a_{12} & \cdots & a_{1n} \\ \vdots & \vdots & \ddots & \vdots \\ ca_{i1} & ca_{i2} & \cdots & ca_{in} \\ \vdots & \vdots & \ddots & \vdots \\ a_{n1} & a_{n2} & \cdots & a_{nn} \end{vmatrix} = c \begin{vmatrix} a_{11} & a_{12} & \cdots & a_{1n} \\ \vdots & \vdots & \ddots & \vdots \\ a_{i1} & a_{i2} & \cdots & a_{in} \\ \vdots & \vdots & \ddots & \vdots \\ a_{n1} & a_{n2} & \cdots & a_{nn} \end{vmatrix}$$

- 在方阵中，某一行(列)的每个元素是两数之和，则此行列式可拆分为两个行列式之和：

$$\begin{vmatrix} a_{11} & a_{12} & \cdots & a_{1n} \\ \vdots & \vdots & \ddots & \vdots \\ a_{i1}+a'_{i1} & a_{i2}+a'_{i2} & \cdots & a_{in}+a'_{in} \\ \vdots & \vdots & \ddots & \vdots \\ a_{n1} & a_{n2} & \cdots & a_{nn} \end{vmatrix} = \begin{vmatrix} a_{11} & a_{12} & \cdots & a_{1n} \\ \vdots & \vdots & \ddots & \vdots \\ a_{i1} & a_{i2} & \cdots & a_{in} \\ \vdots & \vdots & \ddots & \vdots \\ a_{n1} & a_{n2} & \cdots & a_{nn} \end{vmatrix} + \begin{vmatrix} a_{11} & a_{12} & \cdots & a_{1n} \\ \vdots & \vdots & \ddots & \vdots \\ a'_{i1} & a'_{i2} & \cdots & a'_{in} \\ \vdots & \vdots & \ddots & \vdots \\ a_{n1} & a_{n2} & \cdots & a_{nn} \end{vmatrix}$$

- 行列式中的两行(列)互换，改变行列式的正负符号；
- 在行列式中，有两行(列)之间有倍数关系，则此行列式的值为 0；
- 将一行(列)的任意倍加进另一行(列)里，行列式的值不变；
- 对方阵做转置，其行列式的值不变；
- 方阵乘积的行列式等于其行列式的乘积：$\det(\boldsymbol{AB}) = \det(\boldsymbol{A})\det(\boldsymbol{B})$；
- 逆矩阵的行列式等于其行列式的倒数：$\det(\boldsymbol{A}^{-1}) = \dfrac{1}{\det(\boldsymbol{A})}$。

计算行列式的常用方法包括直接计算法和高斯消元法。其中直接计算法按照上述定义式计算，其复杂度为 $O(n!)$，一般只用来处理规模比较小的方阵。通过高斯消元法将矩阵变换为上三角矩阵，将主对角线上的元素相乘得到行列式的值，复杂度为 $O(n^3)$。

参考词条

高斯消元法

（张康　胡伟栋）

3.4.3.3　向量空间与线性相关

向量空间又称线性空间。如果向量集合 V 关于向量的加法和数乘封闭，即：

(1) $\forall \boldsymbol{v}_1, \boldsymbol{v}_2 \in V$，有 $\boldsymbol{v}_1 + \boldsymbol{v}_2 \in V$；

(2) $\forall \boldsymbol{v} \in V, c \in \mathbb{R}$，有 $c\boldsymbol{v} \in V$。

则称向量集合 V 组成一个向量空间。

若向量空间 V_1 是向量空间 V 的子集，即 $V_1 \subseteq V$，则称 V_1 是 V 的子空间。

对于一组向量 $\boldsymbol{v}_1, \boldsymbol{v}_2, \cdots, \boldsymbol{v}_n$，集合 $V = \{c_1\boldsymbol{v}_1 + c_2\boldsymbol{v}_2 + \cdots + c_n\boldsymbol{v}_n \mid c_1, c_2, \cdots, c_n \in \mathbb{R}\}$ 组成一个向量空间，称为向量组 $\boldsymbol{v}_1, \boldsymbol{v}_2, \cdots, \boldsymbol{v}_n$ 张成的向量空间。

对于一组向量 $\boldsymbol{v}_1, \boldsymbol{v}_2, \cdots, \boldsymbol{v}_n$，若存在不全为 0 的 n 个数 $\alpha_1, \alpha_2, \cdots, \alpha_n$ 满足：$\alpha_1\boldsymbol{v}_1 + \alpha_2\boldsymbol{v}_2 + \cdots + \alpha_n\boldsymbol{v}_n = \boldsymbol{0}$，则称这组向量线性相关(Linearly Dependent)，否则称为线性无关。

如果向量空间 V 可以由一组线性无关的向量 $\boldsymbol{v}_1, \boldsymbol{v}_2, \cdots, \boldsymbol{v}_n$ 张成，则称向量组 $\boldsymbol{v}_1, \boldsymbol{v}_2, \cdots, \boldsymbol{v}_n$ 为向量空间 V 的一组基，n 称为向量空间 V 的维数，记为 $\dim(V)$。

参考词条

1. 向量与矩阵的概念
2. 向量的运算

（张康　胡伟栋）

3.4.4 高等数学

3.4.4.1 多项式函数的微分

微分用来描述一个函数 $y = f(x)$ 在自变量发生微小的变化 dx 时，函数值相对于自变量的变化 dy，一般将 dy 写成 dx 的函数。

导数 $f'(x)$ 描述函数 $f(x)$ 在点 x 处的斜率。

当函数 $y = f(x)$ 在点 x 附近可导时，$dy = f'(x)dx$，$f'(x) = \dfrac{dy}{dx}$。

对于幂函数 $y = f(x) = x^n (n \neq 0)$，$f'(x) = nx^{n-1}$，$dy = nx^{n-1}dx$。

对于多项式函数 $y = f(x) = a_n x^n + a_{n-1} x^{n-1} + \cdots + a_1 x + a_0$，$f'(x) = na_n x^{n-1} + (n-1)a_{n-1} x^{n-2} + \cdots + a_1$，$dy = (na_n x^{n-1} + (n-1)a_{n-1} x^{n-2} + \cdots + a_1) dx$。

参考词条

多项式函数的积分

（张康　胡伟栋）

3.4.4.2 多项式函数的积分

积分(integral)通常分为定积分和不定积分两种。对于一个给定的实值函数 $f(x)$，其在一个实数区间 $[a, b]$ 上的定积分可以表示为：

$$\int_a^b f(x)dx$$

上式可以在数值上理解为在二维平面坐标系上，由曲线$(x, f(x))$、直线$x=a$、$x=b$以及x轴围成的图形的面积。

微积分第二基本定理：
$$\int_a^b f(t)dt = F(b) - F(a)$$

其中$f(x)$是$F(x)$的导数。

对于多项式函数$f(x) = a_n x^n + a_{n-1} x^{n-1} + \cdots + a_1 x + a_0$，$\int_a^b f(x)dx = F(b) - F(a)$，其中$F(x) = \frac{1}{n+1} a_n x^{n+1} + \frac{1}{n} a_{n-1} x^n + \cdots + \frac{1}{2} a_1 x^2 + a_0 x$。

参考词条

多项式函数的微分

（张康　胡伟栋）

3.4.4.3 泰勒级数

泰勒级数（Taylor Series）用多项式级数的和来表示函数。泰勒定理：设n是一个正整数，如果函数$f(x)$在a点处$n+1$次可导，那么：

$$f(x) = f(a) + \frac{f^{(1)}(a)}{1!}(x-a) + \frac{f^{(2)}(a)}{2!}(x-a)^2 + \cdots + \frac{f^{(n)}(a)}{n!}(x-a)^n + R_n(a)$$

等号右边的多项式称为函数在a处的泰勒展开式，$R_n(x)$是$(x-a)^n$的高阶无穷小。

如下级数：

$$f(x) = f(a) + \frac{f^{(1)}(a)}{1!}(x-a) + \frac{f^{(2)}(a)}{2!}(x-a)^2 + \cdots$$

称为泰勒级数。

常见的泰勒级数包括：

（1）几何级数

$$\frac{1}{1-x} = \sum_{n=0}^{\infty} x^n = 1 + x + x^2 + \cdots + x^n + \cdots \quad (|x| < 1)$$

（2）二项式级数

$$(1+x)^\alpha = \sum_{n=0}^{\infty} \binom{\alpha}{n} x^n = 1 + ax + \frac{\alpha(\alpha-1)}{2!} x^2 + \cdots + \frac{\alpha(\alpha-1)\cdots(\alpha-n+1)}{n!} x^n + \cdots \quad (|x| < 1, \alpha \in \mathbb{C})$$

（3）指数函数

$$e^x = \sum_{n=0}^{\infty} \frac{x^n}{n!} = 1 + x + \frac{x^2}{2!} + \frac{x^3}{3!} + \cdots + \frac{x^n}{n!} + \cdots$$

（4）自然对数函数

$$\ln(1-x) = -\sum_{n=1}^{\infty} \frac{x^n}{n} = -x - \frac{x^2}{2} - \frac{x^3}{3} - \cdots - \frac{x^n}{n} - \cdots \quad (-1 \leq x < 1)$$

（5）三角函数

$$\sin x = \sum_{n=0}^{\infty} \frac{(-1)^n}{(2n+1)!} x^{2n+1} = x - \frac{x^3}{3!} + \frac{x^5}{5!} - \cdots$$

$$\cos x = \sum_{n=0}^{\infty} \frac{(-1)^n}{(2n)!} x^{2n} = 1 - \frac{x^2}{2!} + \frac{x^4}{4!} - \cdots$$

参考词条

1. 多项式函数的微分
2. 多项式函数的积分

（张康　胡伟栋）

3.4.4.4 快速傅里叶变换

快速傅里叶变换（Fast Fourier Transform，FFT）是计算一个序列的离散傅里叶变换（Discrete Fourier Transform，DFT）的快速算法。

在算法竞赛中 DFT 可以用来计算多项式乘法，使用 FFT 加速后可以将朴素的 $O(n^2)$ 的多项式乘法加速到 $O(n\log n)$ 的时间完成。使用 FFT 加速多项式乘法的主要步骤：

（1）利用 DFT 将多项式从系数表示转变为点值表示；

（2）利用点值表示可以 $O(n)$ 复杂度计算多项式乘法；

（3）将点值表示的多项式乘法的结果通过离散傅里叶反变换得到系数表示。

对于 n 次多项式 $A(x) = \sum_{i=0}^{n} a_i \cdot x^i$，向量 $\{a_0, a_1, \cdots, a_n\}$ 称为 $A(x)$ 的系数表示，又称系数向量。

任取 $n+1$ 个互不相同的数 $x_0, x_1, \cdots, x_n$（也叫插值结点）代入多项式 $A(x)$ 可以得到 $n+1$ 个值 $y_0, y_1, \cdots, y_n$。$n+1$ 个点 (x_i, y_i) 可以唯一确定一个 n 次多项式，称为多项式的点值表示。

对于两个多项式 $A(x)$，$B(x)$ 使用相同的插值结点，可以在 $O(n)$ 的时间内计算出其乘法 $C(x) = A(x) \cdot B(x)$ 的点值表示。

为了得到一个多项式的点值表示，需要使用上述多项式的定义依次计算每个插值结点的取值，如果直接计算，时间复杂度为 $O(n^2)$。当用 $n+1$ 个 $n+1$ 次复根（$x^{n+1}=1$ 在复数域下所有解叫做 $n+1$ 次复根）$\{\omega_{n+1}^i | i=0,1,\cdots,n\}$ 作为插值结点时，可以通过 FFT 计算 $n+1$ 个插值结点的取值，从而将计算复杂度改进为 $O(n\log n)$，其算法原理如下：假设一个多项式 $A(x)$ 的项数为 2 的幂次，即 $n+1 = 2^x$，将 $A(x)$ 中的项按照奇偶分组重新排列可得：

$$A(x) = a_0 + a_1 \cdot x^1 + a_2 \cdot x^2 + a_3 \cdot x^3 + \cdots + a_n \cdot x^n$$
$$= (a_0 + a_2 \cdot x^2 + \cdots + a_{n-1} \cdot x^{n-1}) + (a_1 \cdot x^1 + a_3 \cdot x^3 + \cdots + a_n \cdot x^n)$$
$$= (a_0 + a_2 \cdot x^2 + \cdots + a_{n-1} \cdot x^{n-1}) + x \cdot (a_1 + a_3 \cdot x^2 + \cdots + a_n \cdot x^{n-1})$$

注意上述公式中最后一行两个括号内的多项式只有偶数次项或奇数次项，故可以做如下变换，令

$$A_e(x) = (a_0 + a_2 \cdot x + \cdots + a_{n-1} \cdot x^{(n-1)/2})$$
$$A_o(x) = (a_1 + a_3 \cdot x + \cdots + a_n \cdot x^{(n-1)/2})$$

可得
$$A(x) = A_e(x^2) + x \cdot A_o(x^2)$$

利用上述公式，可以快速计算 $n+1$ 个复根的多项式值 $A(\omega_{n+1}^i)$：
$$A(\omega_{n+1}^i) = A_e((\omega_{n+1}^i)^2) + \omega_{n+1}^i \cdot A_o((\omega_{n+1}^i)^2)$$
$$= A_e(\omega_{n+1}^{2i}) + \omega_{n+1}^i \cdot A_o(\omega_{n+1}^{2i})$$

$n+1$ 次复根可以认为是在复平面上的单位圆做 $n+1$ 等分后得到的复平面上的点，故有 $w_{2n}^{2i} = w_n^i$，该公式的几何意义为单位圆上做 $2n$ 次等分的第 $2i$ 个点等价于做 n 次等分的第 i 个点。利用复根的特性就可以优化 $n+1$ 个复根的多项式求值：
$$A(\omega_{n+1}^i) = A_e(\omega_{(n+1)/2}^i) + \omega_{n+1}^i \cdot A_o(\omega_{(n+1)/2}^i)$$
$$A(\omega_{n+1}^{i+(n+1)/2}) = A_e(\omega_{(n+1)/2}^i) - \omega_{n+1}^i \cdot A_o(\omega_{(n+1)/2}^i)$$

通过上式可知只需要计算一半的复根在多项式 $A_e(x)$，$A_o(x)$ 的取值，之后做一次合并即可得到所有复根的取值 $A(x)$。时间复杂度为 $O(n\log n)$。

通过 FFT 得到多项式 $A(x)$，$B(x)$ 在 $n+1$ 个复根上的点值表示后，直接对应点取值相乘得到 $C(x) = A(x) \cdot B(x)$ 的点值表示。

最后一步是通过点值表示快速计算出系数表示。以 $A(x)$ 举例，其系数向量为 $\{a_0, a_1, \cdots, a_n\}$，取插值结点 $\omega_{n+1}^0, \omega_{n+1}^1, \cdots, \omega_{n+1}^n$ 得到的多项式值记为 $y_0, y_1, \cdots, y_n$，将多项式的取值看作系数向量构造一个新的多项式 $\tilde{A}(x)$：
$$\tilde{A}(x) = y_0 + y_1 \cdot x + \cdots + y_n \cdot x^n$$
对该多项式取插值结点 $\omega_{n+1}^0, \omega_{n+1}^{-1}, \cdots, \omega_{n+1}^{-n}$（$\omega_{n+1}^{-i}$ 是 ω_{n+1}^i 的共轭复数）得到新的多项式值记为 $\tilde{y}_0, \tilde{y}_1, \cdots, \tilde{y}_n$。通过公式化简可得 $a_i = \dfrac{\tilde{y}_i}{n+1}$，即可以对点值表示再做一次插值快速计算出系数表示。

在编程实现时，一般使用蝶形算法，将变换结果的变量按顺序排列在最下方，从下至上每一层放置中间结果变量，每层将偶数次项放在左边，将奇数次项放在右边，组成如图 3.37 所示的蝶形。

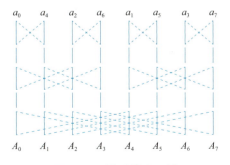

图 3.37　蝶形算法示例

蝶形的第一行的下标转换成二进制后，正好与 0 至 n 的二进制的表示的顺序相反。可以先将每个数的二进制倒序（一般用递推法），将互为倒序的两个下标的值交换，即获得图中的第一行。

之后的行每行分为多组，每组的数量都是 2 的整数次幂，每组分别计算即可。

代码示例

蝶形算法代码如下。

```
struct Complex
{
    double x,y;
    Complex(double x = 0,double y = 0) : x(x),y(y) {}
};

Complex operator+(const Complex &a,const Complex &b) { return Complex(a.x + b.x,a.y + b.y); }
Complex operator-(const Complex &a,const Complex &b) { return Complex(a.x - b.x,a.y - b.y); }
Complex operator*(const Complex &a,const Complex &b) { return Complex(a.x * b.x - a.y * b.y,a.x * b.y + a.y * b.x); }

void FFT(Complex a[],int n,int logN,int f)
{
    rev[0] = 0;
    for (int i = 1; i < n; ++i)
    {
        rev[i] = (rev[i >> 1] >> 1) | ((i & 1) << logN - 1);
        if (i < rev[i])
            swap(a[i],a[rev[i]]);
    }

    for (int i = 1; i < n; i <<= 1)
    {
        Complex wi(cos(pi / i),f * sin(pi / i));
        for (int j = 0; j < n; j += i << 1)
        {
            Complex w(1,0);
            for (int k = 0; k < i; ++k)
            {
                Complex x = a[j + k],y = w * a[j + k + i];
                a[j + k] = x + y;
                a[j + k + i] = x - y;
                w = w * wi;
```

```
                }
            }
        }
        if (f == -1)
        {
            for (int i = 0; i < n; i++)
            {
                a[i].x /= n;
                a[i].y /= n;
            }
        }
    }
```

参考词条

母函数

（张康　胡伟栋）

3.4.5 概率论

3.4.5.1 概率的基本概念

概率模型是对某个试验的结果不确定现象的数学描述。该试验的所有可能结果构成了样本空间 Ω。样本空间的每个子集即某些试验结果的集合，被称为事件。样本空间可以包括有限种试验结果，也可以包括无限多种试验结果。

对样本空间 Ω，如果其中每个事件 A 都关联有确定的数 $P(A)$，且满足如下条件，则称 $P(A)$ 为事件 A 的概率。

(1) 非负性：对于所有事件 A 都有 $P(A) \geqslant 0$。

(2) 可加性：对于两个互不相交的集合 A 和 B（又称互不相容事件），有 $P(A \cup B) = P(A) + P(B)$。

(3) 归一化：$P(\Omega) = 1$。

随机变量是概率模型的样本空间中每个试验结果 ω 的实值函数。例如对于投掷骰子试验，可能的试验结果总共有 6 个，构成了该试验的样本空间；可以根据理想情况下的投掷结果频率，指定每个试验结果的概率为 $\frac{1}{6}$；可以定义一个随机变量 X，X 对每种投掷结果取骰子朝上的面的点数。

根据取值范围的不同，常见的随机变量可以分成离散随机变量和连续随机变量。

(1) 如果随机变量 X 的取值范围是可数集（包括有限个或者无限可数个值），则称 X 为离散随机变量。定义 X 的概率为 $P(X=x) = P(\{\omega \mid X(\omega)=x\})$，简记为 $P_X(x)$ 或 $P(x)$。

（2）如果存在非负函数 f_X，使得 $P(X\in B)=P(\{\omega\mid X(\omega)\in B\})=\int_B f_X(x)dx$ 对于每个实数上的集合 B 都成立，则称 X 为连续随机变量。称 f_X 为 X 的概率密度函数。

样本空间的离散性与随机变量的离散性之间没有必然关联，例如可以在无限不可数样本空间上定义离散随机变量。常见的离散随机变量包括伯努利随机变量、二项随机变量、几何随机变量和泊松随机变量；常见的连续随机变量包括均匀随机变量、高斯（正态）随机变量和指数随机变量。

离散随机变量的联合分布：两个离散随机变量 X 和 Y 的联合概率 $P(X=x,Y=y)$ 被定义为 $P(\{\omega\mid X(\omega)=x,Y(\omega)=y\})$，简记为 $p_{X,Y}(x,y)$。

离散随机变量的独立性：称离散随机变量 X 和 Y 是独立的，当且仅当对于所有可能的取值 x 和 y，都有 $p_{X,Y}(x,y)=p_X(x)p_Y(y)$。

连续随机变量的联合分布：对于两个连续随机变量 X 和 Y，如果对任意集合 $B\subset\mathbb{R}^2$，都有 $P((X,Y)\in B)=P(\{\omega\mid(X(\omega),Y(\omega))\in B\})=\iint_{(x,y)\in B}f_{X,Y}(x,y)dxdy$，则称 $f_{X,Y}$ 为 X 和 Y 的联合概率密度。

连续随机变量的独立性：称连续随机变量 X 和 Y 是独立的，当且仅当对于所有可能的取值 x 和 y，都有 $f_{X,Y}(x,y)=f_X(x)f_Y(y)$。

延伸阅读

[1] GRAHAM R L, KNUTH D E, PATASHNIK O. 具体数学：计算机科学基础[M]. 张明尧，张凡，译. 2版. 北京：人民邮电出版社，2013：320-366.

[2] BERTSEKAS D P, TSITSIKLIS J N. 概率导论[M]. 郑忠国，童行伟，译. 2版. 北京：机械工业出版社，2009.

（张康　赵启阳　胡伟栋）

3.4.5.2 随机变量的期望与方差

随机变量 X 的期望 $E(X)$ 刻画了 X 的"平均"取值；随机变量 X 的方差 $V(X)$ 刻画了 X 对其期望的"平均"偏离。如果同一试验关联有多个随机变量，可以定义随机变量的联合分布，以及随机变量之间的独立性。

离散随机变量的期望：离散随机变量 X 的期望 $E(X)$ 定义为 $E(X)=\sum_x xp_X(x)$。

离散随机变量的方差：离散随机变量 X 的方差 $V(X)$ 定义为 $V(X)=\sum_x (x-E(X))^2 p_X(x)$。

连续随机变量的期望：连续随机变量 X 的期望 $E(X)$ 定义为 $E(X)=\int_{-\infty}^{+\infty} xf(x)dx$。

连续随机变量的方差：连续随机变量 X 的方差 $V(X)$ 定义为 $V(X)=\int_{-\infty}^{+\infty}(x-E(X))^2 f(x)dx$。

参考词条

概率的基本概念

延伸阅读

［1］GRAHAM R L, KNUTH D E, PATASHNIK O. 具体数学：计算机科学基础［M］. 张明尧, 张凡, 译. 2版. 北京：人民邮电出版社，2013：320-366.

［2］BERTSEKAS D P, TSITSIKLIS J N. 概率导论［M］. 郑忠国, 童行伟, 译. 2版. 北京：机械工业出版社，2009.

典型题目

1. NOI2005 聪聪与可可
2. NOI2012 迷失游乐园
3. NOIP2016 提高组 换教室
4. CTSC2018 假面

（张康　赵启阳　胡伟栋）

3.4.5.3 条件概率

条件概率（Conditional Probability）是在给定部分信息时对试验结果的推断。事件 A 和 B 同时发生的事件定义为 $A \cap B$，简记为 AB。如果有 $P(B)>0$，则 B 发生之下事件 A 的条件概率 $P(A|B)$ 被定义为：

$$P(A|B) = \frac{P(A \cap B)}{P(B)}$$

在 $P(B)=0$ 时条件概率无定义。

事件的独立性：如果有 $P(A|B)=P(A)$，则称事件 A 和事件 B 相互独立。

参考词条

概率的基本概念

（张康　胡伟栋）

3.4.5.4 贝叶斯公式

设有 n 个事件 $A_1, A_2, \cdots, A_n$，如果所涉及到的条件概率均有定义且不为 0，则有

$$P(A_1, A_2, \cdots, A_n) = P(A_1, A_2, \cdots, A_{n-1}) P(A_n | A_1 A_2 \cdots A_{n-1})$$
$$= P(A_1) P(A_2 | A_1) \cdots P(A_n | A_1 A_2 \cdots A_{n-1})$$

上式称为概率乘法公式。

设有 n 个互不相容事件 $A_1, A_2, \cdots, A_n$ 构成了样本空间 Ω 的一个分割，且对于每个 i 都有 $P(A_i)>0$，则对于任意事件 B，都有

$$P(B) = \sum_{i=1}^{n} P(B|A_i) P(A_i)$$

上式称为全概率公式。

对于两个事件 A 和 B，如果有 $P(A)>0$，$P(B)>0$，则有

$$P(A\mid B)=\frac{P(B\mid A)P(A)}{P(B)}$$

上式称为贝叶斯公式。

如果 n 个互不相容事件 $A_1,A_2,\cdots,A_n$ 构成了样本空间 Ω 的一个分割，且对于每个 i 都有 $P(A_i)>0$，将全概率公式代入贝叶斯公式，可得

$$P(A_i\mid B)=\frac{P(B\mid A_i)P(A_i)}{\sum_{j=1}^{n}P(B\mid A_j)P(A_j)}$$

参考词条

概率的基本概念

延伸阅读

BERTSEKAS D P, TSITSIKLIS J N. 概率导论[M]. 郑忠国, 童行伟, 译. 2版. 北京: 机械工业出版社, 2009.

（张康　胡伟栋）

3.4.6　博弈论

3.4.6.1　尼姆(Nim)博弈

尼姆博弈是博弈论中经典的零和博弈问题。零和博弈(Zero-sum Game)是博弈论的一个概念。指在博弈中双方严格竞争，一方有收益必然意味着另一方有损失，双方的收益与损失总相等。

Nim 博弈问题(常称为取石子游戏)的定义：有 n 堆石子，第 i 堆石子的数量为 s_i，A 和 B 两人轮流取石子，每次可以选择一堆非空的石子，从中取出任意多个。如果轮到某人取时无法取(每堆石子为空)，则输掉游戏。给定初始时每堆石子的数量，请问先手是否有必胜策略？如果有，第一步如何取？

Nim 博弈问题的解为：将所有的 s_i 按二进制取异或 $r=s_1\oplus s_2\oplus\cdots\oplus s_n$，如果结果为 0，没有必胜策略(对方有必胜策略)，否则有必胜策略。其中 $\oplus$ 表示按位异或。

当所有的 s_i 按二进制取异或的值 r 不为 0 时，必胜的取法为：从高到低找到 r 的第一个不为 0 的二进制位，至少有一个 s_i 的该位不为 0，将其作为取石子对象，使得本堆取完后的石子数量为 $s_i\oplus r$ 即可。

参考词条

SG 函数

（胡伟栋）

3.4.6.2 SG 函数

SG 函数（Sprague-Garundy）是博弈论中的重要工具。用于解决无偏博弈的胜负判定和策略问题。

无偏博弈（Impartial Game）是指一种双人博弈。在游戏中，两人均获得游戏局面的完整信息，轮流进行操作，直到一方无法操作时对方获胜。游戏必须在有限步终止。每个人可做的操作及其操作结果仅与当前的局面有关。

Nim 博弈是一种无偏博弈。

对于无偏博弈，每个局面的 SG 函数值为非负整数，定义为：

（1）如果玩家面对局面 C 时无法操作，对应的 $SG(C)=0$；

（2）如果玩家面对局面 C 时有 k 种操作方案，操作后的局面分别为 $D_1,D_2,\cdots,D_k$，则对应的 $SG(C)=\mathrm{mex}(\{SG(D_1),SG(D_2),\cdots,SG(D_k)\})$，其中 mex 函数表示取不在集合中的最小非负整数。

如果一个局面的 SG 函数值为 0，则这个局面对应一个负状态，玩家在这个局面没有必胜策略（对方有必胜策略）。如果一个局面的 SG 函数值大于 0，则这个局面对应一个胜状态，玩家在这个局面有必胜策略，必胜策略为通过操作到达一个 SG 函数值为 0 的状态。

当一个游戏局面 C 可以分为彼此独立的多个子局面 $C_1,C_2,\cdots,C_k$ 时（在一个子局面操作不影响其他子局面），$SG(C)=SG(C_1)\oplus SG(C_2)\oplus\cdots\oplus SG(C_k)$，其中 $\oplus$ 表示按位异或。

参考词条

尼姆（Nim）博弈

（胡伟栋）

3.4.7 最优化

线性规划解决在线性约束下的线性函数最优化问题。

非负变量：$x_j \geqslant 0 \quad (j=1,2,\cdots,n)$

目标函数：$\min z$，其中

$$z = \sum_{j=1}^{n} c_j x_j$$

约束条件：对于 $i=1,2,\cdots,m$：

$$\sum_{j=1}^{n} a_{ij} x_j \leqslant b_i$$

以上三部分组成线性规划的标准型，其中 $c_j \in \mathbb{R}$，$a_{ij} \in \mathbb{R}$，$b_i \in \mathbb{R}$ 为给定常数。

对于非标准型，可以通过转换变为标准型。

（1）对于求最大值的情形，可以将目标函数的系数取反，即变成求最小值。

(2) 对于约束条件为大于号的情形，可以将约束条件系数取反，即变成小于号。

(3) 对于变量约束为 $x_i \geq v$ 的情形，可以定义 $x'_i = x_i - v$ 转换成 $x_i \geq 0$。

线性规划一般使用单纯形法求解。首先引入松弛变量 $x_{n+1}, x_{n+2}, \cdots x_{n+m} \geq 0$，加入到约束条件左边，使得所有约束条件变为等式：

$$\sum_{j=1}^{n} a_{ij}x_j + x_{n+i} = b_i$$

该方程的一组解为 $x_{n+i} = b_i (i=1,2,\cdots,m)$，$x_i = 0 (i=1,2,\cdots,n)$。

在单纯形法求解过程中，始终保证至少有 n 个变量为 0，称为非基变量，只有 m 个变量可能大于 0，称为基变量。每一轮将一个非基变量变为基变量（进基）并将一个基变量变为非基变量（离基）。初始时第 i 行关联的基变量为 x_{n+i}。

初始时，令 $a_{0j} = -c_j$，$b_0 = 0$，

$$a_{ij} = \begin{cases} 1 & (j = n+i) \\ 0 & (j = n+1, n+2, \cdots, n+i-1, n+i+1, \cdots, n+m) \end{cases}$$

算法通过多轮迭代完成优化，每一轮执行过程如下。

(1) 选择使得 a_{0j} 最大的 j，设为 J，若 $a_{0J} \leq 0$，算法结束。x_J 必然是非基变量。

(2) 取 b_i / a_{iJ} 为正且最小的 i，设为 I，设 x_L 为第 I 行关联的基变量。

(3) 将 x_J 进基，x_L 离基：

    a) 令 $a'_{Ij} = a_{Ij} / a_{IJ}$，$b'_I = b_I / a_{IJ}$；

    b) 令 $a'_{ij} = a_{ij} - a'_{Ij} a_{iJ}$，$b'_i = b_i - b'_I a_{iJ} (i \neq I, i \geq 0)$；

    c) 第 I 行关联的变量改为 x_J。

(4) 用 a'_{ij} 替换 a_{ij}，b'_i 替换 b_i 得到本轮结果，b_0 为 z 改进后的值。

例如，对于以下线性规划问题：

(1) 非负变量 $x_1, x_2 \geq 0$；

(2) 目标函数 $\min z$，其中 $z = -x_1 - 2x_2$；

(3) 约束条件

$$-x_1 + x_2 \leq 2$$
$$-x_1 + 2x_2 \leq 5$$
$$3x_1 - x_2 \leq 9$$

算法执行过程如下。以下各图中，虚线表示 $-z = x_1 + 2x_2$ 的值。

算法初始化如图 3.38 所示。

i	a_{i1}	a_{i2}	a_{i3}	a_{i4}	a_{i5}	b_i(基变量值)	基变量	b_i / a_{i2}
0	1	2	0	0	0	0		
1	−1	1	1	0	0	2	x_3	2
2	−1	2	0	1	0	5	x_4	2.5
3	3	−1	0	0	1	9	x_5	≤0

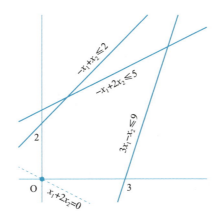

图 3.38 算法初始化

第一轮 $J=2$,$I=1$,x_2 进基,x_3 离基,如图 3.39 所示。

i	a_{i1}	a_{i2}	a_{i3}	a_{i4}	a_{i5}	b_i(基变量值)	基变量	b_i/a_{i1}
0	3	0	−2	0	0	−4		
1	−1	1	1	0	0	2	x_2	≤0
2	1	0	−2	1	0	1	x_4	1
3	2	0	1	0	1	11	x_5	5.5

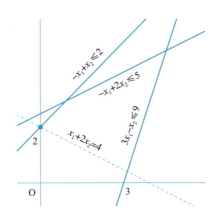

图 3.39 算法执行第一轮

第二轮 $J=1$,$I=2$,x_1 进基,x_4 离基,如图 3.40 所示。

i	a_{i1}	a_{i2}	a_{i3}	a_{i4}	a_{i5}	b_i(基变量值)	基变量	b_i/a_{i3}
0	0	0	4	−3	0	−7		
1	0	1	−1	1	0	3	x_2	≤0
2	1	0	−2	1	0	1	x_1	≤0
3	0	0	5	−2	1	9	x_5	1.8

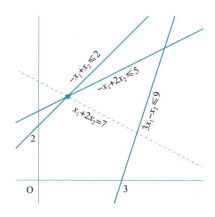

图 3.40　算法执行第二轮

第三轮 $J=3$，$I=3$，x_3 进基，x_5 离基，如图 3.41 所示。

i	a_{i1}	a_{i2}	a_{i3}	a_{i4}	a_{i5}	b_i（基变量值）	基变量	/
0	0	0	0	−1.4	−0.8	−14.2		
1	0	1	0	0.6	0.2	4.8	x_2	/
2	1	0	0	0.2	0.4	4.6	x_1	/
3	0	0	1	−0.4	0.2	1.8	x_3	/

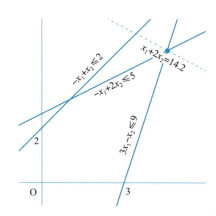

图 3.41　算法执行第三轮

算法结束，基变量 $x_2=4.8$，$x_1=4.6$，$x_3=1.8$；非基变量 $x_4=x_5=0$；最小值为 −14.2。

参考词条

1. 向量与矩阵的概念
2. 矩阵的初等变换

典型题目

NOI2008 志愿者招募

（胡伟栋）

3.4.8 计算几何

3.4.8.1 点、线、面之间位置关系的判定

在二维平面中，点 P 对应向量 $\overrightarrow{OP}$，其中 O 为原点；线段 PQ 一般使用线段的两个端点表示；射线一般使用射线的起点 P 和射线上的一点 Q 表示，记为射线 $\overrightarrow{PQ}$；直线一般使用直线上不重合的两点 P 和 Q 表示，记为直线 PQ。

一条射线和它的反向延长线将平面分成两个部分，在射线的端点处，面向射线正方向，将左右两个半平面分别称为左半平面和右半平面。

对于线段和直线，可以规定正方向，由此也可以按照射线的方式定义左半平面和右半平面。一般用 AB 表示直线时，点 A 指向点 B 的方向为正方向。

如图 3.42 所示，直线 AB 的左半平面用阴影表示，点 P 在 AB 的左半平面中。

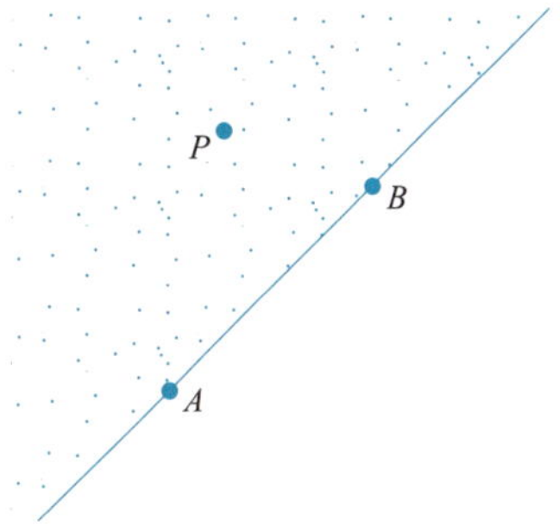

点 P 在直线 AB 上，当且仅当向量 $\overrightarrow{AP}=\overrightarrow{OP}-\overrightarrow{OA}$ 与向量 $\overrightarrow{AB}=\overrightarrow{OB}-\overrightarrow{OA}$ 共线，即 $\overrightarrow{AB}\times\overrightarrow{AP}$ 值为 0。

点 P 在直线 AB 的左半平面，当且仅当向量 $\overrightarrow{AP}$ 在向量 $\overrightarrow{AB}$ 的逆时针方向，即 $\overrightarrow{AB}\times\overrightarrow{AP}$ 值大于 0。

点 P 在直线 AB 的右半平面，当且仅当向量 $\overrightarrow{AP}$ 在向量 $\overrightarrow{AB}$ 的顺时针方向，即 $\overrightarrow{AB}\times\overrightarrow{AP}$ 值小于 0。

图 3.42 直线 AB 的左半平面示意图

点 P 在射线 $\overrightarrow{AB}$ 上，当且仅当点 P 在直线 AB 上且向量 $\overrightarrow{AP}$ 与向量 $\overrightarrow{AB}$ 的点积大于等于 0。

点 P 在线段 AB 上，当且仅当点 P 在射线 $\overrightarrow{AB}$ 上且点 P 在射线 $\overrightarrow{BA}$ 上。

两条直线(线段、射线)AB 与 CD 平行，当且仅当向量 $\overrightarrow{AB}$ 与向量 $\overrightarrow{CD}$ 共线，即 $\overrightarrow{AB}\times\overrightarrow{CD}$ 值为 0。

当两条直线不平行时，可以求出交点 P，

$$P=\frac{\overrightarrow{AD}\times\overrightarrow{AB}\cdot C+\overrightarrow{AB}\times\overrightarrow{AC}\cdot D}{\overrightarrow{AB}\times\overrightarrow{AC}+\overrightarrow{AD}\times\overrightarrow{AB}}$$

两条线段或射线求交，可以先求出对应直线的交点，再判断交点是否在线段或射线上。

在平面内，圆一般用圆心 O 和半径 r 表示。一个多边形通常使用多边形的顶点表示，将顶点按逆时针顺序排列。

点 P 是否在圆 O 内部可以用点到圆心的距离，即 $\|\overrightarrow{OP}\|$，和半径 r 的大小关系来判断。

可以使用射线法判断点 P 是否在多边形内部。取不同于 P 的一点 Q，使得射线 $\overrightarrow{PQ}$ 不经过多边形的任何一个顶点，判断射线 $\overrightarrow{PQ}$ 与多边形的边的交点个数是否为奇数，奇数则表明点 P 在多边形内部。

参考词条

1. 向量与矩阵的概念
2. 向量的运算

典型题目

USACO2021Open Permutation

（胡伟栋）

3.4.8.2　一般图形面积的计算

三角形 ABC 的面积为 $S_{\triangle ABC} = \left|\dfrac{\overrightarrow{AB} \times \overrightarrow{AC}}{2}\right|$。

三角形、梯形、平行四边形、正方形、长方形的面积可以使用中位线长度乘以高计算。

半径为 r 的圆面积为 πr^2。

半径为 r、圆心角为 α 的扇形的面积为 αr^2。

劣弧所对的弓形的面积可以使用扇形的面积减去三角形的面积来计算。优弧所对的弓形面积可以使用圆面积减去劣弧所对的弓形面积来计算。

任意两条非相邻的边没有公共点的多边形称为简单多边形。当简单多边形的顶点依次为 $P_1, P_2, \cdots P_n$ 时，该多边形的有向面积为：

$$S = \dfrac{P_1 \times P_2 + P_2 \times P_3 + \cdots + P_{n-1} \times P_n + P_n \times P_1}{2}$$

当有向面积为正时，面积与有向面积相等，此时顶点为逆时针排列。当有向面积为负时，面积为有向面积的绝对值，此时顶点为顺时针排列。

图 3.43 给出一个求简单多边形的面积的例子。

该多边形一共有 5 个顶点，各部分有向面积如下。

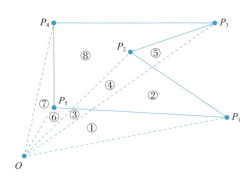

图 3.43　求简单多边形面积示例

- $P_1 \times P_2$：$2(①+②+③+④)$
- $P_2 \times P_3$：$-2(③+④+⑤)$
- $P_3 \times P_4$：$2(③+④+⑤+⑥+⑦+⑧)$
- $P_4 \times P_5$：$-2⑦$
- $P_5 \times P_1$：$-2(①+③+⑥)$

求和后形内部分正好计算两遍。

参考词条

1. 向量与矩阵的概念
2. 向量的运算

典型题目

NOI2017 分身术

（胡伟栋）

3.4.8.3 二维凸包

对于平面上的点集 S，二维凸包（Convex Hull）是指平面内面积最小的一个凸多边形 H，使得 S 中的所有点都在 H 的内部、边上或顶点上。可以证明 H 的所有顶点都在 S 中。

求二维凸包常用的方法是卷包裹法，卷包裹法可以分为极角序和水平序。水平序卷包裹法要处理的特殊情况较少，是最常用的方法。

水平序卷包裹法的步骤如下。

（1）将 S 中的顶点按照 y 坐标从小到大排序，对于 y 坐标相等的点，按 x 坐标从小到大排序。

（2）将排序后的前两个点压入栈中。如图 3.44 中的 P_1 和 P_2。

（3）从第三个点到最后一个点依次处理，设当前点为 P，栈顶为 U，栈顶第二个元素为 V，重复检查 $C = \overrightarrow{VU} \times \overrightarrow{VP}$，若 C 小于等于 0 则删除栈顶元素；直到栈中元素不超过两个或 C 大于 0，将 P 压入栈中。最后一个点处理完后得到右半边凸包。如图 3.44 所示，加入 P_3 和 P_4 时不用删栈顶，加入 P_5 时要将 P_4 和 P_3 依次从栈顶删除。

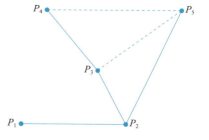

图 3.44 水平序卷包裹法示例

（4）从倒数第二个点到第一个点倒序处理，得到左半边凸包，与上一步判断方法一致。

（5）删除栈顶元素（与第一个元素相同），得到完整凸包。

卷包裹法的排序复杂度为 $O(n\log n)$，求凸包的复杂度为 $O(n)$，总复杂度为 $O(n\log n)$。

求出凸包后，可以使用旋转卡壳来求凸包上距离每个点最远的点和距离每条边最远的点。从而计算出凸包上的最远点对（即点集 S 上的最远点对）、最小宽度等问题。

旋转卡壳的基本思路为：将凸包中的一条边放在地面，其最高点可以使用枚举求得。当凸包与地面重合的边由一条边旋转到其逆时针方向的另一条边时，最高点只会向逆时针方向变动，具有单调性。因此当凸包在地面旋转一圈时，对应的最远点最多旋转一圈，复杂度与凸包顶点数同阶，如图 3.45 所示。

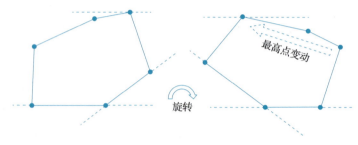

图 3.45　旋转卡壳示例

代码示例

旋转卡壳算法代码如下。

```
bool operator<(const Vec &A,const Vec &B)
{
    if (A.y != B.y)
        return A.y < B.y;
    return A.x < B.x;
}
double cross(const Vec &o,const Vec &A,const Vec &B)
{
    return (A.x - o.x) * (B.y - o.y) - (A.y - o.y) * (B.x - o.x);
}
bool isLeft(const Vec &o,const Vec &A,const Vec &B) { return cross(o,A,B) > 0; }

Vec points[MAXN];
int n,stack[MAXN],top;

void ConvexHull()
{
    sort(points + 1,points + n + 1);
    top = 0;
    stack[top++] = 1;
    stack[top++] = 2;
    for (int i = 3; i <= n; ++i)
    {
```

```
            while (top > 1 && !isLeft(points[stack[top - 2]],points[stack[top -
1]],points[i]))
                --top;
            stack[top++] = i;
        }
        int pTop = top;
        for (int i = n - 1; i >= 1; --i)
        {
            while (top > pTop && !isLeft(points[stack[top - 2]],points[stack
[top - 1]],points[i]))
                --top;
            stack[top++] = i;
        }
    }
```

🔗 参考词条

1. 向量与矩阵的概念
2. 向量的运算
3. 点、线、面之间位置关系的判定

📚 典型题目

1. WC2010 能量场
2. CTS2019 田野
3. USACO2003Fall Beauty Contest
4. USACO2022Jan Multiple Choice Test

（胡伟栋）

3.4.8.4 半平面交

给定 n 条有向直线 $\overrightarrow{A_iB_i}$，半平面的交指的是所有直线的左半平面的交集。

半平面的交可能是一个无限的区域，一般在实际使用时不考虑这种情况。当半平面的交是有限区域时，其一定是一个边数不超过 n 的凸多边形，且每条边都是某一条有向线段的一部分。图 3.46 给了一个半平面的交的示例。

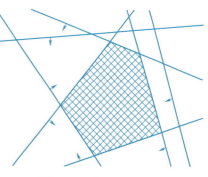

图 3.46 半平面交示例

半平面的交算法基本过程如下。
（1）将所有有向直线按极角排序。
（2）对于极角相同的有向直线，删除右侧直线，只保留最左边的一条。
（3）将第一条直线加入栈 S。

（4）从第二条到最后一条直线依次检查，设当前直线为 l，栈顶直线为 u，栈顶第二条直线为 v，若 u 与 v 的交点 P_{uv} 不在 l 的左边，则删除栈顶 u 并重复检查，直到栈中只剩下一条直线或 u 与 v 的交点在 l 的左边。将 l 加入栈，如图 3.47 中，加入 l 时 u 要出栈。

（5）重复检查栈顶与栈底：若栈顶两条直线的交点不在栈底直线的左边，删除栈顶一条直线；若栈底两条直线的交点不在栈顶直线的左边，删除栈底一条直线。

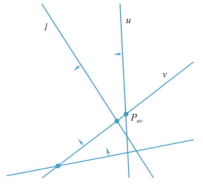

图 3.47　半平面的交算法线段出栈示例

（6）栈中相邻直线的交点（包括栈顶和栈底的交点）即为半平面交的顶点。

半平面的交算法时间复杂度为 $O(n\log n)$。

📎 参考词条

1. 向量与矩阵的概念
2. 向量的运算
3. 点、线、面之间位置关系的判定

📚 典型题目

CTSC1998 监视摄像机

（胡伟栋）

3.4.9　信息论

熵（Entropy），在信息科学中特指信息熵，与热力学中的熵有所区别。信息学奥赛中，熵一般仅限于离散随机变量。信息熵用来表征一个随机变量 X 的平均信息量，定义为：

$$H(X) = -\sum_{i=1}^{n} P(x_i) \log P(x_i)$$

其中随机变量 X 有 n 个取值 $x_i(1 \leqslant i \leqslant n)$，在 x_i 上的概率质量为 $P(x_i)$。上式中对数的底数常取 2，此时对应信息熵 $H(X)$ 的单位为位。

条件熵（Conditional Entropy）用来描述已知一个随机变量 X 的取值、确定另一个随机变量 Y 时所需要的信息量，定义为：

$$H(Y|X) = -\sum_{x \in \mathcal{X}, y \in \mathcal{Y}} P(x,y) \log \left(\frac{P(x,y)}{P(x)} \right)$$

其中 $\mathcal{X}$，$\mathcal{Y}$ 代表随机变量 X，Y 各自的取值集合，$P(x,y)$ 表示联合分布的概率。

相对熵（Relative Entropy），又称 KL 散度（Kullback-Leibler Divergence），用来定量地

描述两个概率分布之间的距离。定义为：

$$D_{KL}(P \| Q) = \sum_{x \in \mathcal{X}} P(x) \log\left(\frac{P(x)}{Q(x)}\right)$$

其中 P, Q 是定义在同一个集合 $\mathcal{X}$ 上的两个概率分布。

互信息（Mutual Information）用来度量已知一个随机变量 X 时，另外一个随机变量的不确定性下降的程度。由于条件熵为已知一个随机变量时确定另一个随机变量所需要的信息量，有：

$$I(X, Y) = H(X) - H(X \mid Y)$$
$$= H(Y) - H(Y \mid X)$$

互信息 $I(X, Y)$ 也可以通过下述公式直接计算得到：

$$I(X, Y) = \sum_{x \in \mathcal{X}, y \in \mathcal{Y}} P(x, y) \log\left(\frac{P(x, y)}{P(y)}\right)$$

其中 $P(x, y)$ 为联合分布的概率，$P(x), P(y)$ 为边缘分布的概率。

🔗 参考词条

概率的基本概念

（张康　胡伟栋）

3.4.10 其他

3.4.10.1 信息复杂度的概念

信息复杂度（Information Complexity）是用来描述在通信任务中，两方为了共同解决某个特定任务所需要披露的最小信息量。通信任务一般可建模为：两方各自有输入 $x \in \mathcal{X}$ 和 $y \in \mathcal{Y}$，通过通信协议 $\Pi(x, y)$ 在两方之间完成信息传递，以计算出函数 $f: \mathcal{X} \times \mathcal{Y} \rightarrow \mathcal{Z}$。根据观测视角的不同，信息复杂度可以分为两种：外部信息复杂度（External Information Complexity）和内部信息复杂度（Internal Information Complexity）。外部信息复杂度可表示为：

$$IC_{\mu\delta}^{ext}(\Pi) = I(XY, \Pi(X, Y))$$

其中 X, Y 是表示双方输入的两个随机变量，其联合概率分布记为 μ，通信过程中错误比例的最大值记为 δ。I 为两个随机变量之间的互信息。对外部信息复杂度的直观理解是：在已知通信协议 $\Pi(X, Y)$ 下，输入组合 X-Y 的不确定性的降低程度（参见熵、互信息等）。内部信息复杂度可表示为：

$$IC_{\mu\delta}(\Pi) = I(X, \Pi(X, Y) \mid Y) + I(Y, \Pi(X, Y) \mid X)$$

其中 $I(X, \Pi(X, Y) \mid Y)$ 为条件互信息，其定义为：

$$I(X, Y \mid Z) = H(X \mid Z) - H(X \mid Z, Y) = H(Y \mid Z) - H(Y \mid Z, X)$$

以 $I(X, \Pi(X, Y) \mid Y)$ 为例，内部信息复杂度是在已知输入 Y 的条件下，通信协议

$\Pi(X,Y)$ 所引起的 X 的不确定性的变化程度。

🔗 参考词条

熵、互信息、条件熵、相对熵

（张康　胡伟栋）

3.4.10.2　描述复杂度的概念

描述复杂度（Descriptive Complexity，又称柯莫哥洛夫复杂度、算法熵）指的是描述一个对象（如一段文字）时所使用的信息量的规模。例如，对于以下两个长度为 64 的字符串：

```
0101010101010101010101010101010101010101010101010101010101010101
1100100001100001110111101110110011110100100001001010111100010110
```

第一个字符串可以用中文简短描述为"重复 32 次 01"，第二个则没有明显的简短描述。一个字符串 s 的描述复杂度定义为该字符串的最短描述长度，即能够输出且仅输出这个字符串的最短的计算机（图灵机）程序的长度。

描述复杂度度量了给定对象内在的信息量和复杂性，与具体的描述方法无关。

（张康　胡伟栋）

3.4.10.3　通讯复杂度的概念

通讯复杂度（Communication Complexity）指的是在某个问题的输入数据分布在多方时，为了解决该问题各方之间需要通信的数据量。通讯复杂度的相关概念在 1979 年由姚期智提出，其正式定义如下：

有函数 $f: X \times Y \to Z$，其中 $X = Y = \{0,1\}^n$，$Z = \{0,1\}$。假设有两方分别持有输入 $x \in X$ 和 $y \in Y$，两方之间的通信每次传递一个二进制位，目标是至少有一方能计算出 $f(x,y)$。该通信问题的最坏通信复杂度 $D(f)$，定义为双方在最坏情况下所需要交换的最少位数。

📚 典型题目

1. IOI2022 囚徒挑战
2. IOI2022 最罕见的昆虫

（张康　胡伟栋）

附录 全国青少年信息学奥林匹克系列竞赛大纲索引

1 入门级

1.1 基础知识与编程环境

1. 【1】计算机的基本构成（CPU、内存、I/O 设备等） 3
2. 【1】Windows、Linux 等操作系统的基本概念及其常见操作 3
3. 【1】计算机网络和 Internet 的基本概念 4
4. 【1】计算机的历史和常见用途 4
5. 【1】NOI 以及相关活动的历史 6
6. 【1】NOI 以及相关活动的规则 7
7. 【1】位、字节与字 8
8. 【1】程序设计语言以及程序编译和运行的基本概念 8
9. 【1】使用图形界面新建、复制、删除、移动文件或目录 9
10. 【1】使用 Windows 系统下的集成开发环境（例如 Dev C++等） 10
11. 【1】使用 Linux 系统下的集成开发环境（例如 Code::Blocks 等） 10
12. 【1】g++、gcc 等常见编译器的基本使用 10

1.2 C++程序设计

1. 程序基本概念 11
   - 【1】标识符、关键字、常量、变量、字符串、表达式的概念 11
   - 【1】常量与变量的命名、定义及作用 12
   - 【2】头文件与名字空间的概念 13
   - 【2】编辑、编译、解释、调试的概念 14
2. 基本数据类型 14
   - 【1】整数型：int、long long 14
   - 【1】实数型：float、double 15
   - 【1】字符型：char 15
   - 【1】布尔型：bool 15
3. 程序基本语句 16
   - 【2】cin 语句、scanf 语句、cout 语句、printf 语句、赋值语句、复合语句 16
   - 【2】if 语句、switch 语句、多层条件语句 18
   - 【2】for 语句、while 语句、do while 语句 19
   - 【3】多层循环语句 21
4. 基本运算 21
   - 【1】算术运算：加、减、乘、除、整除、求余 21
   - 【1】关系运算：大于、大于等于、小于、小于等于、等于、不等于 22
   - 【1】逻辑运算：与(&&)、或(||)、非(!) 22
   - 【1】变量自增与自减运算 22
   - 【1】三目运算 23
   - 【2】位运算：与(&)、或(|)、非(~)、异或(^)、左移(<<)、右移(>>) 23
5. 数学库常用函数 24
   - 【3】绝对值函数、四舍五入函数、下取整函数、上取整函数、平方根函数、常用三角函数、对数函数、指数函数 24
6. 结构化程序设计 25
   - 【1】顺序结构、分支结构和循环结构 25
   - 【2】自顶向下、逐步求精的模块化程序设计 26
   - 【2】流程图的概念及流程图描述 26
7. 数组 27
   - 【1】数组与数组下标 27
   - 【1】数组的读入与输出 28
   - 【3】二维数组与多维数组 28

㊀ 【1】~【10】为学习难度系数。
㊁ C++以外的其他高级程序设计语言可参照本部分内容。

8. 字符串的处理 29
- 【2】字符数组与相关函数 29
- 【2】string 类与相关函数 30

9. 函数与递归 30
- 【2】函数定义与调用、形参与实参 30
- 【3】传值参数与传引用参数 32
- 【2】常量与变量的作用范围 32
- 【2】递归函数 33

10. 结构体与联合体 34
- 【3】结构体 34
- 【3】联合体 35

11. 指针类型 35
- 【4】指针 35
- 【4】基于指针的数组访问 36
- 【4】字符指针 37
- 【4】指向结构体的指针 37

12. 文件及基本读写 38
- 【2】文件的基本概念、文本文件的基本操作 38
- 【2】文本文件类型与二进制文件类型 38
- 【2】文件重定向、文件读写等操作 38

13. STL 模板 40
- 【3】算法模板库中的函数：min、max、swap、sort 40
- 【4】栈(stack)、队列(queue)、链表(list)、向量(vector)等容器 41

1.3 数据结构

1. 线性结构 44
- 【3】链表：单链表、双向链表、循环链表 44
- 【3】栈 46
- 【3】队列 47

2. 简单树 48
- 【3】树的定义与相关概念 48
- 【4】树的表示与存储 49
- 【3】二叉树的定义与基本性质 50
- 【4】二叉树的表示与存储 50
- 【4】二叉树的遍历：前序、中序、后序 51

3. 特殊树 52
- 【4】完全二叉树的定义与基本性质 52
- 【4】完全二叉树的数组表示法 53
- 【4】哈夫曼树的定义和构造、哈夫曼编码 54
- 【4】二叉搜索树的定义和构造 56

4. 简单图 59
- 【3】图的定义与相关概念 59
- 【4】图的表示与存储：邻接矩阵 60
- 【4】图的表示与存储：邻接表 62

1.4 算法

1. 算法概念与描述 65
- 【1】算法概念 65
- 【2】算法描述：自然语言描述、流程图描述、伪代码描述 66

2. 入门算法 66
- 【1】枚举法 66
- 【1】模拟法 67

3. 基础算法 69
- 【3】贪心法 69
- 【3】递推法 70
- 【4】递归法 71
- 【4】二分法 72
- 【4】倍增法 73

4. 数值处理算法 74
- 【4】高精度的加法 74
- 【4】高精度的减法 77
- 【4】高精度的乘法 79
- 【4】高精度整数除以单精度整数的商和余数 81

5. 排序算法 82
- 【3】排序的基本概念 82
- 【3】冒泡排序 84
- 【3】选择排序 85
- 【3】插入排序 86
- 【3】计数排序 87

6. 搜索算法 88
- 【5】深度优先搜索 88
- 【5】广度优先搜索 89

7. 图论算法 90
- 【4】深度优先遍历 90
- 【4】广度优先遍历 91

- 【5】泛洪算法(flood fill) 92
8. 动态规划 93
- 【4】动态规划的基本思路 93
- 【4】简单一维动态规划 95
- 【5】简单背包类型动态规划 96
- 【5】简单区间类型动态规划 97

1.5 数学与其他

1. 数及其运算 100
- 【1】自然数、整数、有理数、实数及其算术运算(加、减、乘、除) 100
- 【1】进制与进制转换：二进制、八进制、十进制、十六进制 100
2. 初等数学 102
- 【1】代数(初中部分) 102
- 【1】几何(初中部分) 102
3. 初等数论 102
- 【3】整除、因数、倍数、指数、质(素)数、合数 102
- 【3】取整 103
- 【3】模运算与同余 104
- 【3】整数唯一分解定理 104
- 【3】辗转相除法(欧几里得算法) 105
- 【4】素数筛法：埃氏筛法与线性筛法 106
4. 离散与组合数学 108
- 【2】集合 108
- 【2】加法原理 109
- 【2】乘法原理 110
- 【4】排列 110
- 【4】组合 111
- 【4】杨辉三角 111
5. 其他 113
- 【2】ASCII 码 113
- 【2】格雷码 113

2 提高级

2.1 基础知识与编程环境

1. 【5】Linux 系统终端中常用的文件与目录操作命令 117
2. 【5】Linux 系统下常见文本编辑工具的使用 118
3. 【5】g++、gcc 等编译器与相关编译选项 119
4. 【5】在 Linux 系统终端中运行程序，使用 time 命令查看程序用时 120
5. 【5】调试工具 GDB 的使用 120

2.2 C++程序设计⊖

1. 类(class) 121
- 【6】类的概念及简单应用 121
- 【6】成员函数和运算符重载 123
2. STL 模板 125
- 【5】容器(container)和迭代器(iterator) 125
- 【5】对(pair)、元组(tuple) 127
- 【5】集合(set)、多重集合(multiset) 128
- 【5】双端队列(deque)、优先队列(priority_queue) 130
- 【5】映射(map)、多重映射(multimap) 132
- 【5】算法模板库中的常用函数 134

2.3 数据结构

1. 线性结构 135
- 【5】双端栈 135
- 【5】双端队列 137
- 【5】单调队列 139
- 【6】优先队列 140
- 【6】ST 表(Sparse Table) 142
2. 集合与森林 144
- 【6】并查集 144
- 【6】树的孩子兄弟表示法 145
3. 特殊树 146
- 【6】二叉堆 146
- 【6】树状数组 148
- 【6】线段树 150
- 【6】字典树(Trie 树) 153
- 【7】笛卡尔树 155
- 【8】平衡树：AVL、treap、splay 等 156
4. 常见图 161
- 【5】稀疏图 161

⊖ C++以外的其他高级程序设计语言可参照本部分内容。

- 【6】偶图(二分图) 162
- 【6】欧拉图 162
- 【6】有向无环图 163
- 【7】连通图与强连通图 164
- 【7】双连通图 165

5. 哈希表 166
- 【5】数值哈希函数构造 166
- 【6】字符串哈希函数构造 167
- 【6】哈希冲突的常用处理方法 168

2.4 算法

1. 复杂度分析 169
- 【6】时间复杂度分析 170
- 【6】空间复杂度分析 172

2. 算法策略 173
- 【6】离散化 173

3. 基础算法 173
- 【6】分治算法 173

4. 排序算法 174
- 【5】归并排序 174
- 【5】快速排序 176
- 【6】堆排序 177
- 【5】桶排序 179
- 【6】基数排序 180

5. 字符串相关算法 182
- 【6】字符串匹配：KMP 算法 182

6. 搜索算法 184
- 【6】搜索的剪枝优化 184
- 【6】记忆化搜索 185
- 【7】启发式搜索 185
- 【7】双向广度优先搜索 186
- 【7】迭代加深搜索 187

7. 图论算法 187
- 【6】最小生成树：Prim 和 Kruskal 等算法 188
- 【7】次小生成树 191
- 【6】单源最短路：Bellman-Ford、Dijkstra、SPFA 等算法 194
- 【7】单源次短路 198
- 【6】Floyd-Warshall 算法 199

- 【6】有向无环图的拓扑排序 201
- 【6】欧拉道路和欧拉回路 202
- 【6】二分图的判定 204
- 【7】强连通分量 205
- 【7】割点、割边 208
- 【6】树的重心、直径、DFS 序与欧拉序 212
- 【6】树上差分、子树和与倍增 215
- 【6】最近公共祖先 216

8. 动态规划 218
- 【6】树型动态规划 218
- 【7】状态压缩动态规划 220
- 【8】动态规划的常用优化 222

2.5 数学与其他

1. 初等数学 224
- 【5】代数(高中部分) 224
- 【6】几何(高中部分) 224

2. 初等数论 224
- 【5】同余式 224
- 【7】欧拉定理和欧拉函数 224
- 【7】费马小定理 225
- 【7】威尔逊定理 225
- 【7】裴蜀定理 226
- 【7】模运算意义下的逆元 226
- 【7】扩展欧几里得算法 227
- 【7】中国剩余定理 228

3. 离散与组合数学 229
- 【6】多重集合 229
- 【6】等价类 230
- 【6】多重集上的排列 230
- 【6】多重集上的组合 231
- 【6】错排列、圆排列 231
- 【6】鸽巢原理 232
- 【6】二项式定理 232
- 【7】容斥原理 233
- 【7】卡特兰(Catalan)数 233

4. 线性代数 234
- 【5】向量与矩阵的概念 234
- 【6】向量的运算 235
- 【6】矩阵的初等变换 235

- 【6】矩阵的运算：加法、减法、乘法与
  转置　　　　　　　　　　　　236
- 【6】特殊矩阵的概念：单位阵、三角阵、
  对称阵和稀疏矩阵　　　　　　237
- 【7】高斯消元法　　　　　　　　238

3　NOI 级

3.1　C++程序设计[一]

- 【8】面向对象的程序设计思想（OOP）　243

3.2　数据结构

1. 线性结构　　　　　　　　　　　244
   - 【8】块状链表　　　　　　　　244
2. 序列　　　　　　　　　　　　　245
   - 【9】跳跃表　　　　　　　　　245
3. 复杂树　　　　　　　　　　　　246
   - 【8】树链剖分　　　　　　　　246
   - 【10】动态树：LCT　　　　　　249
   - 【8】二维线段树　　　　　　　255
   - 【9】树套树　　　　　　　　　257
   - 【9】k-d 树　　　　　　　　　260
   - 【10】虚树　　　　　　　　　264
4. 可合并堆　　　　　　　　　　　267
   - 【8】左偏树　　　　　　　　　267
   - 【10】二项堆　　　　　　　　269
5. 可持久化数据结构　　　　　　　270
   - 【8】可持久化线段树　　　　　270
   - 【9】其他可持久化数据结构　　272

3.3　算法

1. 算法策略　　　　　　　　　　　275
   - 【8】分块　　　　　　　　　　275
   - 【8】离线处理思想　　　　　　277
   - 【9】复杂分治思想　　　　　　278
   - 【9】平衡规划思想　　　　　　280
   - 【9】构造思想　　　　　　　　280
2. 字符串算法　　　　　　　　　　282
   - 【8】Manacher 算法　　　　　282
   - 【9】扩展 KMP 算法　　　　　283
- 【8】有穷自动机　　　　　　　285
- 【8】AC 自动机　　　　　　　286
- 【8】后缀数组　　　　　　　　288
- 【9】后缀树　　　　　　　　　291
- 【10】后缀自动机　　　　　　293

3. 图论算法　　　　　　　　　　　295
   - 【8】基环树　　　　　　　　　295
   - 【10】最小树形图　　　　　　296
   - 【8】2-SAT　　　　　　　　　303
   - 【8】网络流　　　　　　　　　305
   - 【10】图的支配集、独立集与覆盖集　311
   - 【8】匈牙利算法　　　　　　　313
   - 【9】KM 算法　　　　　　　　316
   - 【10】一般图的匹配　　　　　318
4. 动态规划　　　　　　　　　　　322
   - 【9】复杂动态规划模型的构建　322
   - 【9】复杂动态规划模型的优化　325

3.4　数学与其他

1. 初等数论　　　　　　　　　　　330
   - 【8】原根和指数　　　　　　　330
   - 【8】大步小步（Baby Step Giant Step，
     BSGS）算法　　　　　　　　332
   - 【9】狄利克雷（Dirichlet）卷积　333
   - 【10】二次剩余　　　　　　　334
   - 【10】二次同余式　　　　　　334
2. 离散与组合数学　　　　　　　　335
   - 【9】群及其基本性质　　　　　335
   - 【9】置换群与循环群　　　　　336
   - 【9】母函数　　　　　　　　　337
   - 【9】莫比乌斯反演　　　　　　338
   - 【9】Burnside 引理与 Pólya 定理　339
   - 【9】斯特林（Stirling）数　　　340
   - 【9】无根树的 Prüfer 序列　　341
3. 线性代数　　　　　　　　　　　342
   - 【9】逆矩阵　　　　　　　　　342
   - 【9】行列式　　　　　　　　　342
   - 【9】向量空间与线性相关　　　343

[一]　C++以外的其他高级程序设计语言可参照本部分内容。

4. 高等数学 344
- 【8】多项式函数的微分 344
- 【8】多项式函数的积分 344
- 【10】泰勒(Taylor)级数 345
- 【10】快速傅里叶变换 346

5. 概率论 349
- 【8】概率的基本概念 349
- 【10】随机变量的期望与方差 350
- 【9】条件概率 351
- 【9】贝叶斯公式 351

6. 博弈论 352
- 【9】尼姆(Nim)博弈 352
- 【9】SG 函数 353

7. 最优化 353
- 【10】单纯形法 353

8. 计算几何 357
- 【8】点、线、面之间位置关系的判定 357
- 【8】一般图形面积的计算 358
- 【8】二维凸包 359
- 【9】半平面交 361

9. 信息论 362
- 【10】熵、互信息、条件熵、相对熵 362

10. 其他 363
- 【10】信息复杂度的概念 363
- 【10】描述复杂度的概念 364
- 【10】通讯复杂度的概念 364